普通高等教育“十二五”精品规划教材

ASP.NET 程序设计项目教程

主编　李国庆

北京理工大学出版社
BEIJING INSTITUTE OF TECHNOLOGY PRESS

内容提要

全书共10个项目，前9个项目分别是：了解ASP.NET与VisualStudio2005、HTML网页编程基础、母版、主题及外观、应用验证控件、掌握ASP.NET数据库操作、XML、站点导航、状态管理与安全管理、调试及打包与部署，最后一个为综合前9个项目的应用实战：在线购物系统。

本书可用作高等院校计算机网络技术专业的教学用书，也可用作网页编程爱好者的参考书。

图书在版编目（CIP）数据

ASP.NET程序设计项目教程/李国庆主编.—北京：北京理工大学出版社，2010.1（2016.7重印）

ISBN 978-7-5640-2829-9

Ⅰ.A…　Ⅱ.李…　Ⅲ.主页制作-程序设计-教材　Ⅳ.TP393.092

中国版本图书馆CIP数据核字（2009）第155389号

出版发行／北京理工大学出版社
社　　址／北京市海淀区中关村南大街5号
邮　　编／100081
电　　话／(010)68914775(办公室)　68944990(批销中心)　68911084(读者服务部)
网　　址／http://www.bitpress.com.cn
经　　销／全国各地新华书店
印　　刷／北京泽宇印刷有限公司
开　　本／787毫米×1092毫米　1/16
印　　张／20
字　　数／477千字
版　　次／2010年1月第1版　　2016年7月第8次印刷
定　　价／39.00元

责任校对／陈玉梅
责任印制／边心超

前　　言

随着网络技术的迅猛发展和 Internet 的日益普及，人们对 Web 站点建设技术的渴求与日俱增。作为动态网站开发平台 ASP.NET 2.0 是目前较为重要的工具之一，也是微软公司推出的核心产品。ASP.NET 从根本上对 ASP 进行了升级，全面融入面向对象的编程理念，也是.NET 战略的重要组成部分。在默认情况下，ASP.NET 应用程序可以使用 3 种语言编写，即 VB.NET、JScript.NET 和 C#语言。其中 C#是一门随着.NET 的发布而发布的全新面向对象编程语言。因此本书采用了 C#作为.NET 编程的首选语言。

本书详细地介绍了使用 ASP.NET 进行 Web 应用程序开发应该掌握的各方面技术。全书共 10 个项目，前 9 个项目分别是：了解 ASP.NET 与 VisualStudio2005、HTML 网页编程基础、母版、主题及外观、应用验证控件、掌握 ASP.NET 数据库操作、XML、站点导航、状态管理与安全管理、调试及打包与部署，最后是一个综合前 9 个项目的应用实战：在线购物系统。

本书适合于初学者。对于读者的已有知识储备要求不高，只需具备基本的 Windows 操作、网络应用和简单的 HTML 知识即可。本书在编写过程中，力求突出技能培养，注重实践，遵循操作顺序，便于教师演示教学，易于学生学习领会，并且特别适合学生通过上机实践获取实际操作的经验。力求适合当前高等院校学生的认知规律，并依据任务驱动式的教学模式和基于案例的示范教学方法，遵循计算机应用课程的基本教学规律，并根据企业用人的需要，根据岗位的能力需求，努力提高对实践能力的培养。

本书的特色如下：

1. 整书内容适合基于案例的示范教学方法，以案例为点，以项目为线，以任务为驱动，符合高等教育特色。

2. “先案例，后理论”的教学内容组织模式，是符合当前教育规律的。这是程序设计语言类教材的一个新的尝试。

3. ASP.NET Web 应用程序的所有内容全部浓缩在案例中，学会案例就能很好地掌握所有内容。

4. 案例导学，任务驱动设置在“导学实践，跟我学”中，随后的“能力大比拼，看谁做得又好又快”是锻炼学生的技能、知识迁移能力，是“教、学、做”的有机统一。

本书共有十个项目，各部分执笔人分工如下：项目一、二、九由王彬完成，项目三、六、八以及项目实战由周虎完成，项目四及项目七的任务一由邱芬完成，项目五及项目七的任务二由朱佰明完成，最后由主编李国庆统改定稿。

在编写的过程中，由于编者水平有限，并且本书涉及的技能与知识点甚多，尽管编者力求完善，但仍难免有不妥和错误之处，诚恳地期望广大读者和各位专家不吝指教。

有关本书的意见和反馈信息以及读者在学习中遇到困难或想与编者交流请直接发邮件 Wangbinenter@163.com 联系。

编　者

目　　录

项目一 了解 ASP.NET 与 Visual Studio 2005

【项目任务】

本项目通过使用 C#语言来开发 Web 应用程序。在此过程中通过实践来熟悉 ASP.NET 2.0 和 Visual Studio 2005 的集成开发环境（IDE）；通过任务二中案例的导学与实践掌握 ASP.NET Web 应用程序的构成；通过任务三中案例的导学与实践来掌握最为常用的 ASP.NET Web 控件。通过本项目的学习，读者能够熟悉集成的开发环境，Web 应用程序的构成及最为常用的 Web 控件，即使读者从未接触过 ASP.NET 2.0，阅读本书也并不会感到晦涩。

【学习目标】

☆ 掌握 ASP.NET 2.0 的集成开发环境
☆ 学会在 VS2005 中新建 Web 应用程序
☆ 掌握 ASP.NET 程序构成与处理过程
☆ 掌握 ASP.NET 2.0Web 常用控件

任务一 设计“Hello VS2005”

【任务要点】

1. 掌握新建 Web 应用程序
2. 掌握 ASP.NET 2.0 的集成开发环境（IDE）
3. 掌握 ASP.NET 2.0 的程序运行环境

【导学实践，跟我学】

【案例 1】

设计“hello VS2005”

Visual Studio 2005 是微软推出的一个集成开发环境，它既可以开发 Windows 项目，也可以开发 Web 应用程序。ASP.NET 2.0 是其中的一个 Web 应用程序开发平台。在本书中以 ASP.NET 2.0（C#）为例来进行学习。首先将以一个简单的“Hello VS2005”为例讲解在 Visual

【具体步骤】

（1）打开 Visual Studio 2005 后，选择【文件】→【新建网站】命令，在弹出的【新建网站】对话框中，作如图 1–1 所示的设置后单击【确定】按钮。

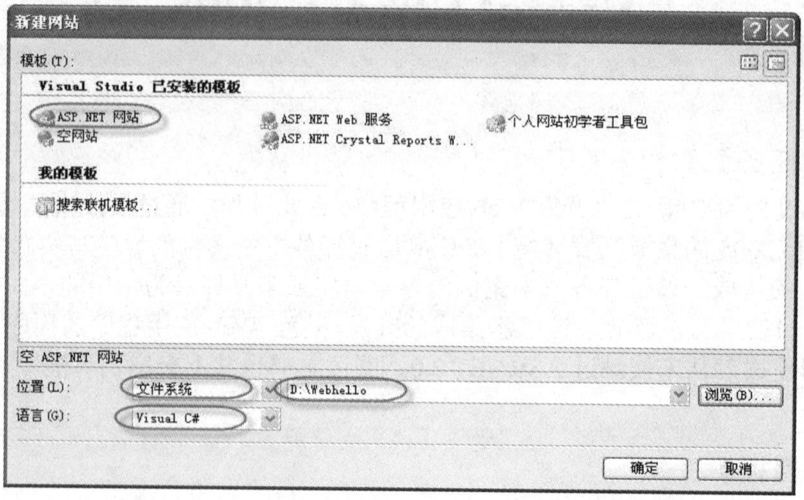

图 1–1 “新建网站”对话框

◎ 小提示

在【位置】下拉列表框中有三个选项：文件系统、HTTP 和 FTP。文件系统表示选择此种方式由系统建立一个临时 HTTP 服务器，端口随机生成，外部不能访问，安全性高；HTTP 表示如果本地计算机架设了 HTTP 服务器，可以直接将文件放在一个配置好的 Web 目录中；FTP 表示将文件存放在远程目录中，这适合对已经存在的 Web 应用程序做小范围的修改。

（2）在 Webhello 的网站开发环境中，用户可以在【解决方案资源管理器】中看到一个自成生成的文件夹 App_Data 和 Default.aspx，Default.aspx.cs 两个文件，如图 1–2 所示。

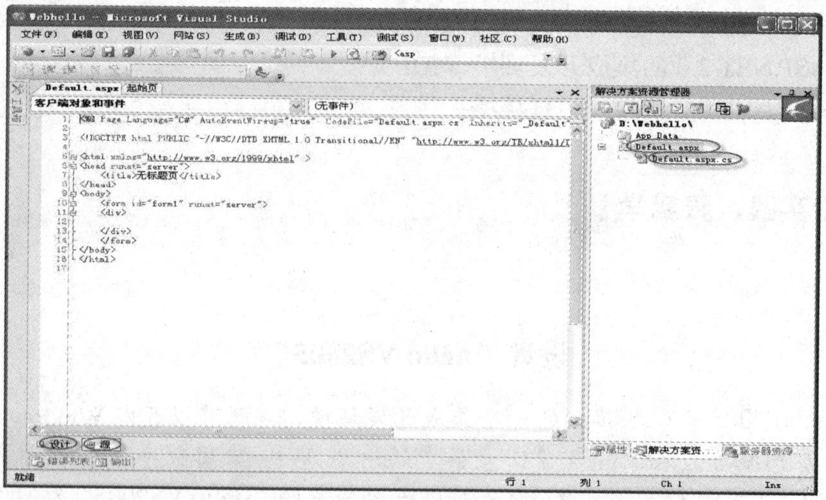

图 1–2 自动生成的文件夹和文件

◎ 小提示

“App_Data” 是 ASP.NET 应用程序为存储数据而设立的目录，如 SQL 数据库的 MDF 文件、XML 文件等，都应该且十分适合放在这个目录下，因为 ASP.NET 会保护 “App_Data” 下的内容，也就是说，外部的用户可通过浏览器浏览 ASP.NET 应用程序中的网页，但是，若要对 App_Data 目录下的内容进行访问，则会遭到拒绝。不过，网站中的程序不受此限，只要有权限就可以自由地访问 App_Data 下的数据，将之展示在网页上。

Default.aspx 和 Default.aspx.cs 是默认生成的。此时可以这样理解：Default.aspx 存放的是设计的页面，Default.aspx.cs 存放的是隐藏的代码。这在一定程度上实现了代码与页面分离。

（3）在图 1–2 中单击【设计】按钮（左下角有标注），就可以转到【设计】视图，在工具箱里将 Label 控件拖动到【设计】视图中，并命名为 lblHello，如图 1–3 所示。

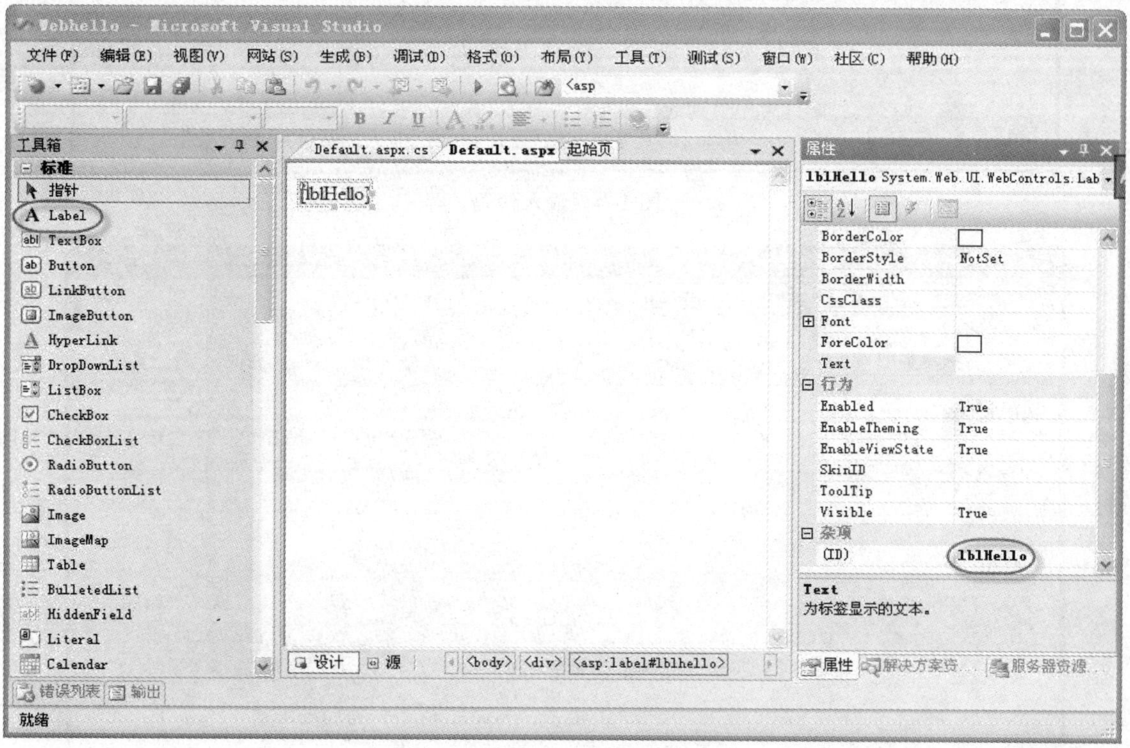

图 1–3 【设计】视图

（4）在【设计】视图下，双击页面空白处，会从 Default.aspx 页面转到 Default.aspx.cs 页面，在页面载入事件 Page_Load()中输入图 1–4 所示的代码。

代码如下：

```
this.lblHello.Text = “Hello VS2005!”;
```

（5）选择【调试】→【启动调试】或【开始执行（不调试）】命令，将出现图 1–5 所示的界面。

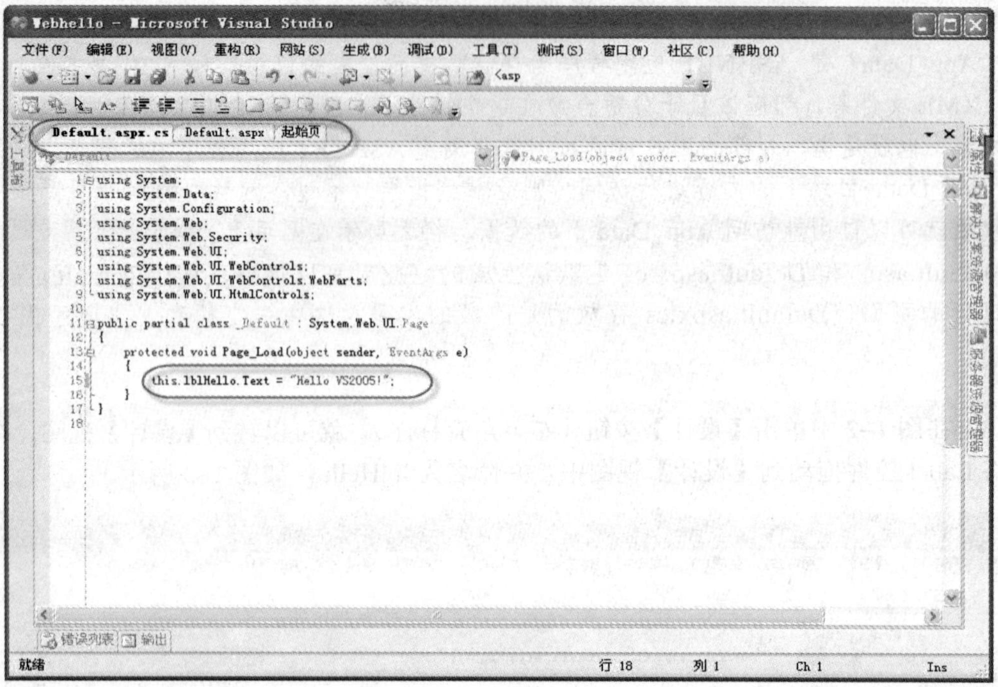

图 1–4 输入代码

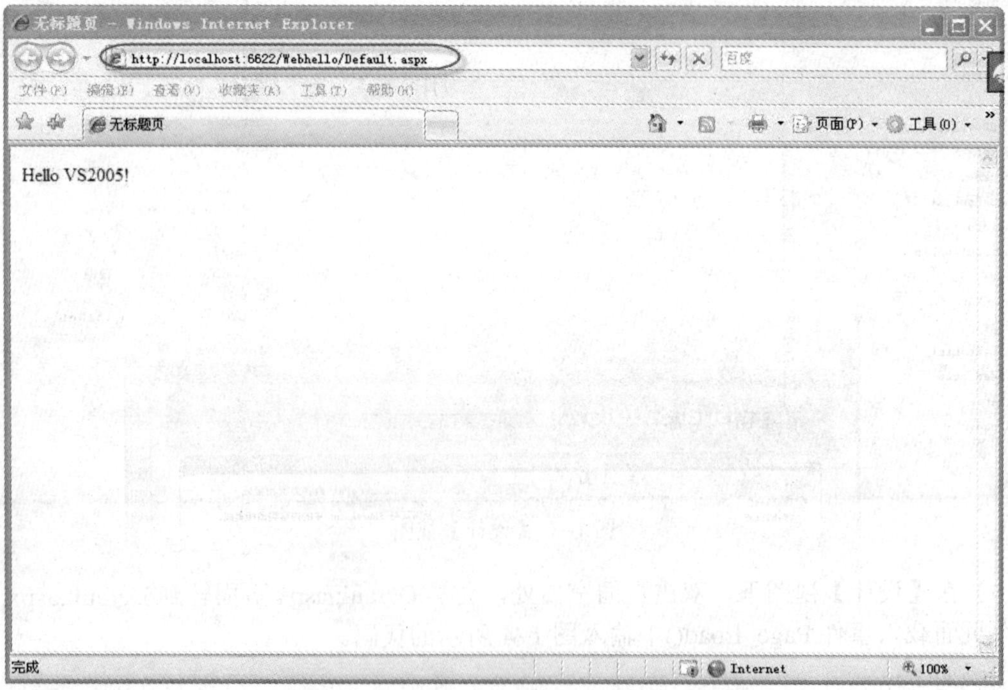

图 1–5 调试界面

【示例解释】

（1）一般来说，第一次运行网站时会弹出【未启用调试】对话框。在【未启用调试】对话框中，用户可以选择添加 Web.Config，单击【确定】按钮，就可以将 Web.Config 文件添加到 Web 应用程序中，并启动调试功能。

（2）本案例利用控件 Label 实现了一个简单的“hello VS2005”的 Web 应用程序（网站），在.NET 框架下利用 C#语言实现了基于 B/S 架构的网站。用 C#语言开发的网站代码页为*.aspx. cs，用 VB.NET 开发的网站代码页为*.aspx.vs（如无特别说明，本书一律采用 C#语言）。很多时候，其实可以这样理解：.cs 文件内存放与数据库连接和与数据库相关的查询、更新、删除等操作，还有各个按钮单击后发生的动作等。而.aspx 文件只是存放各个控件的代码，处理代码一般放在.cs 文件中。

【背景知识】

一、ASP.NET 2.0 的集成开发环境（IDE）

在使用 ASP.NET 2.0 时，建议读者也使用 Visual Studio 2005，它是 Microsoft 最新的 IDE，非常便于建立.NET 组件和应用程序。它为编写 ASP.NET 应用程序提供了最佳的开发环境。

过去，在学习一门语言的同时，还必须学习编写新语言或技术的环境。似乎 Microsoft 有多少语言和技术，就有多少个开发环境。例如，在引入 Visual Studio .NET 2002 之前，Web 开发、Visual Basic、C++开发各自需要不同的环境。必须为特定类型的编程选择合适的环境。而有了新的 Visual Studio 集成开发环境，就可以在同一个环境(Visual Studio)下建立所有的.NET 类、组件和应用程序。

Visual Studio 2005 支持建立任意类型的.NET 组件或应用程序。在使用这个工具时，可以选择任意 Microsoft .NET 兼容的语言来建立应用程序，它还允许创建 Windows Forms、XML Web 服务、.NET 组件、可移式应用程序、ASP.NET 应用程序等。在这个版本中包含大量的新向导和智能标记，简化了开发过程。

ASP.NET2.0 的集成开发环境，如图 1–6 所示。

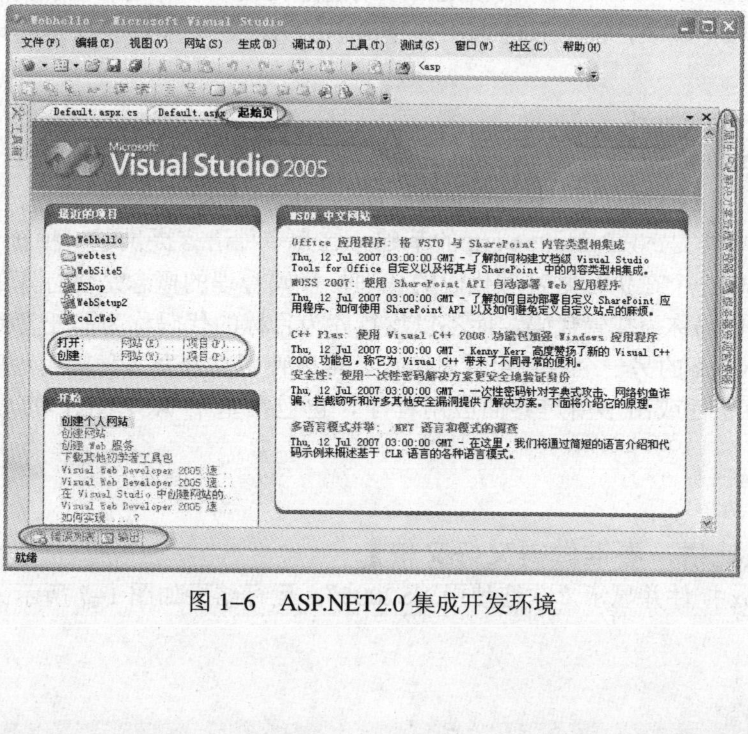

图 1–6　ASP.NET2.0 集成开发环境

二、ASP.NET2.0 的新特性

ASP.NET 技术从 1.0 版本升级到 1.1 版本，变化不是很大。然而，从 ASP.NET 1.x 升级到 2.0，却不是一件轻而易举的事情。ASP.NET 2.0 技术增加了大量方便、实用的新特性，它主要提供控件、页面框架、服务与 APIs 三个方面的技术特性。

1. 控件

在 ASP.NET 1.x 时代，由于内置服务器控件数量有限、功能覆盖面窄，因此，开发人员怨声载道。为了消除这个技术软肋，ASP.NET 2.0 做了突破性改进，新增了数十个服务器控件。根据控件的功能特征，可分为：数据控件（包括数据源控件和数据绑定控件）、登录系列控件、Web 部件、站点导航控件和其他控件等。这些服务器控件对于提高工作效率，降低开发成本有着重要的作用。

2. 页面框架

在页面框架方面，ASP.NET 2.0 同样做了重大改进，主要体现在以下 4 项技术特性上：母版页、主题和皮肤、编译机制和本地化。母版页在大型 Web 站点中应用广泛，它能够在一定程度上代替框架页功能，从而迅速地建立具有统一布局和外观的页面，并且有效地降低维护人员的工作强度。主题和皮肤是 ASP.NET 2.0 的一项新增功能，使用此功能可以一次性设置一种类型的服务器控件外观样式。该外观可方便地应用于单个页面、整个 Web 应用程序，甚至整个服务器。在应用程序编译方面，ASP.NET 2.0 提供了几种替代方案，从而扩大了编译的选择范围，开发人员可以根据特定需要进行选择。另外，ASP.NET 2.0 在本地化方面也做了一些改进。

3. 服务与 APIs

这个部分包括的新特性在 ASP.NET 2.0 中占有较大比例，主要包括成员资格管理、角色管理、用户配置、数据缓存、配置与管理工具等。利用这些功能，可以快速地实现用户和角色管理、个性化用户配置、数据缓存、应用程序可视化配置等任务。以成员资格和角色管理功能为例，在 ASP.NET 1.x 时代，实现这两项功能是比较烦琐和困难的；而在 ASP.NET 2.0 中不仅提供默认数据库表，而且只需调用几个简单的方法，就能够轻松地实现成员和角色管理功能。

三、.NET Framework

.NET Framework 是微软公司推出的完全面向对象的软件开发及运行平台。.NET Framework 具有两个主要部件：公共语言运行库和.NET Framework 类库。

公共语言运行库是.NET Framework 的基础。这为多种语言提供了一种统一的运行环境。可以将运行库看作一个在执行时管理代码的代理，代码管理的概念是运行库的基本原则。以运行库为目标的代码称为托管代码，而不以运行库为目标的代码称为非托管代码。

.NET Framework 的另一个主要组件是类库，可以使用它开发多种应用程序，这些应用程序包括传统的命令行或图形用户界面应用程序，也包括基于 ASP.NET 的最新创建的应用程序。

【能力大比拼，看谁做得又好又快】

使用 TextBox 控件并显示“欢迎使用 VS2005”，运行结果如图 1–7 所示。

图 1-7　运行结果示意图

◎ 小提示

在页面的载入事件中，给 TextBox 的 text 属性赋值。

【任务小结】

——你掌握了吗？

（1）新建一个 Web 应用程序（网站）。

（2）掌握页面载入事件的作用。

（3）掌握新建网站后自动生成了哪些文件。

任务二　ASP.NET 程序构成与处理过程

【任务要点】

1. 掌握 ASP.NET 2.0 页面结构选项
2. 掌握 ASP.NET 2.0 应用程序文件夹
3. 掌握 ASP.NET 2.0 的页面指令
4. 掌握 ASP.NET 2.0 的页面事件

【导学实践，跟我学】

【案例 1】

ASP.NET 程序构成初探

在利用 ASP.NET 2.0 设计 Web 应用程序时，不可避免地要学会并掌握页面结构、指令、事件以及应用程序文件夹、Global.asax 以及程序的编译。下面继续以 “Hello VS2005” 为例讲解以上的知识点。

【具体步骤】

（1）打开 Hello VS2005 后，分别切换到图 1–8 和图 1–9 所示的页面。下面来理解内置代码模型与后台编码模型。

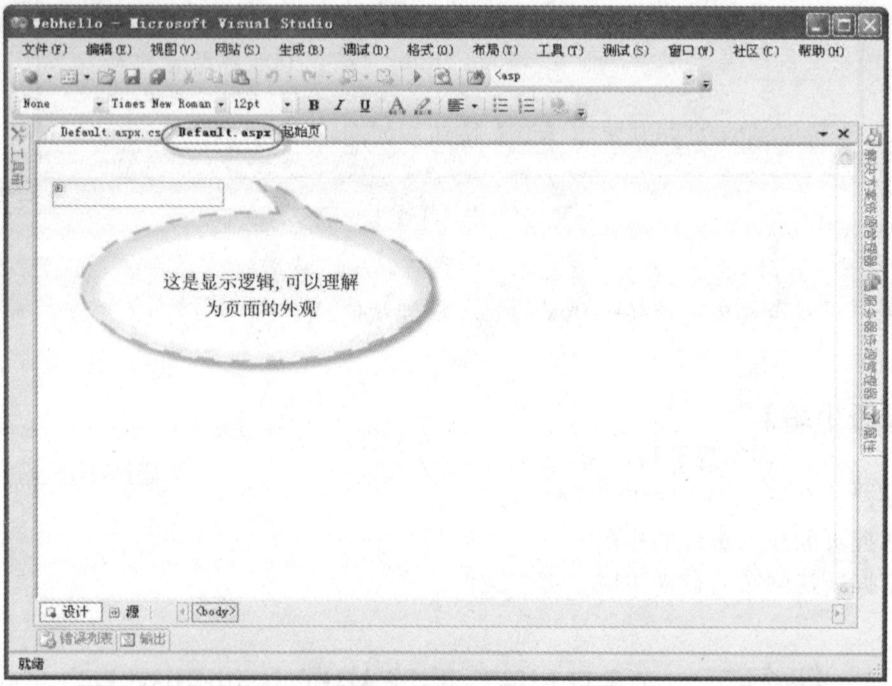

图 1–8　页面示意图

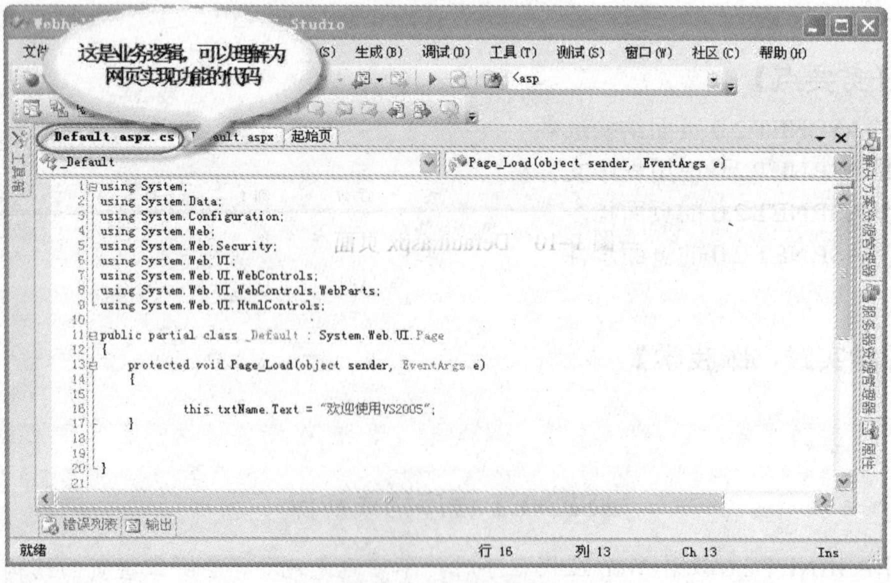

图 1–9　代码示意图

◎ 小提示

ASP.NET 2.0 为构造 ASP.NET 页面的代码提供了两条途径。第一条途径是利用内置代码模型。这个模型对 ASP 开发人员来说很熟悉，因为所有的代码都包含在一个.asp 页面中。第二条途径是使用 ASP.NET 的后台编码模型，它允许把页面的业务逻辑代码与其显示逻辑代码分开。在这个模型中，页面的显示逻辑存储在.aspx 页面中，业务逻辑存储在一个单独的类文件.aspx.cs 中。

ASP.NET 中的后台编码模型是把显示代码和业务逻辑分开的一种新方式。在 Visual Studio. NET 2003 中只能是后台编码模型，而在 Visual Studio .NET 2005 中两者均可。

（2）打开 Default.aspx 页面并单击【源】按钮，如图 1–10 所示。

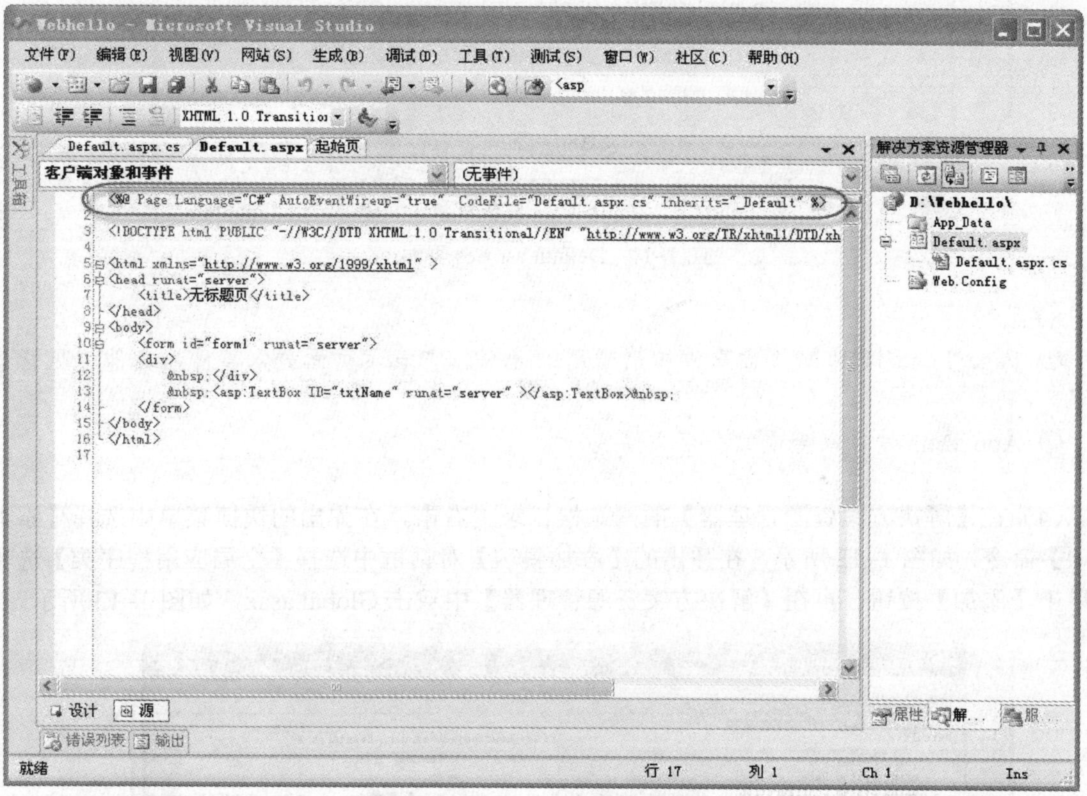

图 1–10　Default.aspx 页面

◎ 小提示

ASP.NET 指令在每个 ASP.NET 页面中都有。使用这些指令可以控制 ASP.NET 页面的行为。上面是 Page 指令的一个例子。@Page 指令允许为 ASP.NET 页面（.aspx）指定解析和编译页面时使用的属性和值。这是最常用的指令。ASP.NET 页面是 ASP.NET 的一个重要组成部分，所以它有许多属性。详见背景知识。

（3）切换到 Default.aspx.cs 页面，如图 1–11 所示。

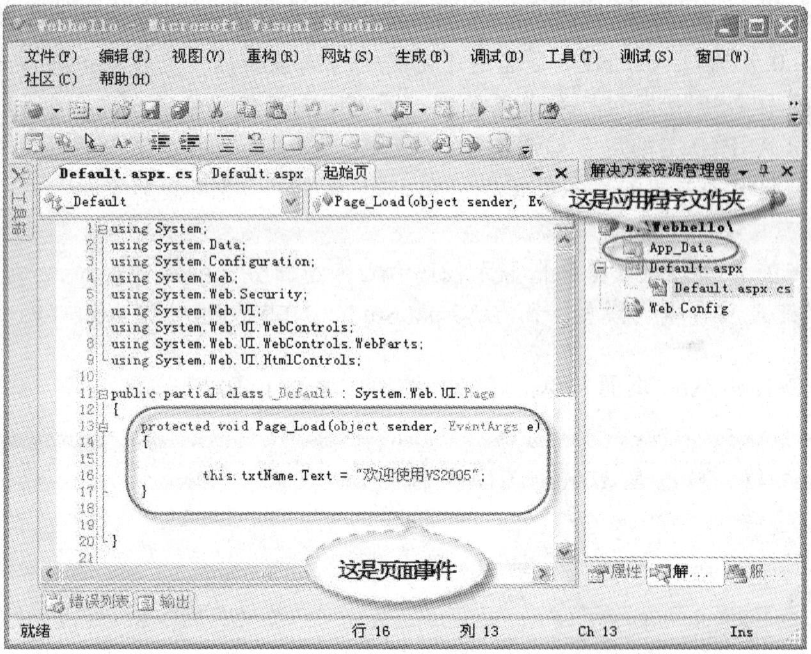

图 1–11 Default.aspx.cs 页面

◎ 小提示

① Page_Load()事件是页面事件中最常用的一个。它表示页面载入事件，其他详见背景知识。

② App_Data 是自动生成的一个文件夹。

（4）在【解决方案资源管理器】的网站根目录上右击，在弹出的快捷菜单中选择【添加新项】命令，如图 1–12 所示，在弹出的【添加新项】对话框中选择【全局应用程序类】选项后单击【添加】按钮，再在【解决方案资源管理器】中双击 Global.asax，如图 1–13 所示。

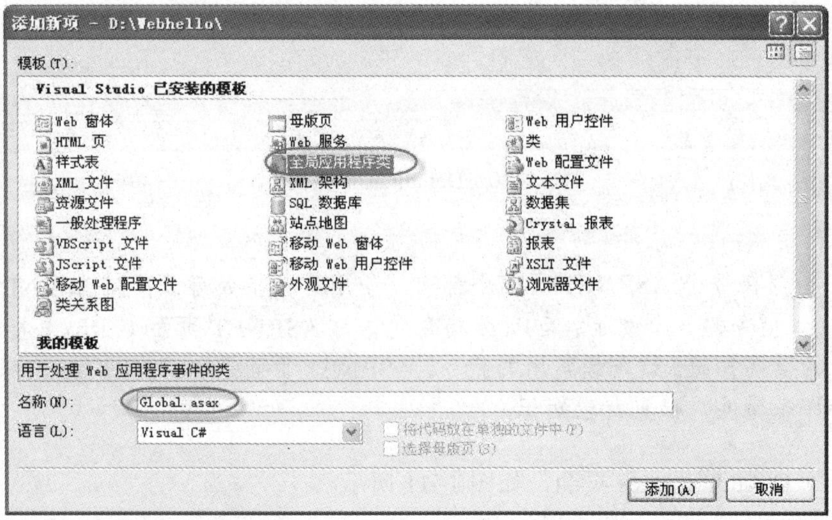

图 1–12 “添加新项”对话框

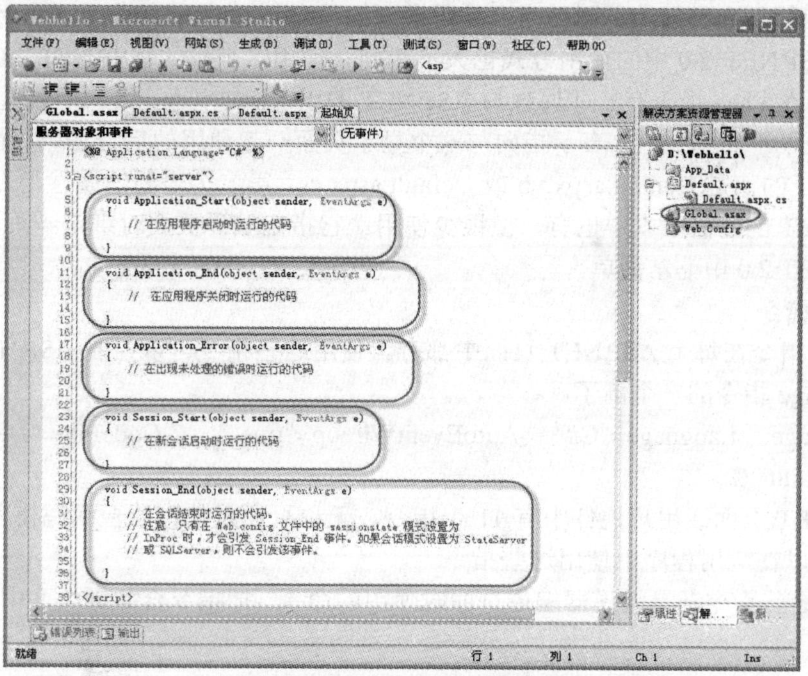

图 1–13　Global.asax 页面

◎ 小提示

ASP.NET 应用程序只能有一个 Global.asax 文件，它自动生成的事件常用的主要有 Application_Start()、Application_End()、Session_Start()、Session_End()等。

【背景知识】

一、ASP.NET 页面结构选项

ASP.NET 2.0 为构造 ASP.NET 页面的代码提供了两条途径。第一条途径是利用内置代码模型。这个模型对 ASP 开发人员来说很熟悉，因为所有的代码都包含在一个.asp 页面中。第二条途径是使用 ASP.NET 的后台编码模型，它允许把页面的业务逻辑代码与其显示逻辑代码分开。在这个模型中，页面的显示逻辑存储在. aspx 页面中，业务逻辑存储在一个单独的一类文件.aspx.cs 或.aspx.vb 中。

Visual Studio .NET 2003 的一个主要缺点是，在开发 ASP.NET 页面时，它要求使用后台编码模型，因为它不理解内置代码模型。ASP.NET 中的后台编码模型是把显示代码和业务逻辑分开的一种新方式。

下面介绍 ASP.NET 2.0 中的内置和后台编码模型。

（1）内置模型的优点是，业务逻辑和显示逻辑都包含在相同的文件中。开发人员发现，把所有的东西都放在一个可访问的实例中，可以使 ASP.NET 页面的处理更简单。另一个优点是 Visual Studio 2005 在处理内置编码模型和 ASP.NET 2.0 时提供了 IntelliSense。过去，这个功能是不存在的。Visual Studio 要求必须使用后台编码模型，如果非法操作，让页面使用内置模型，就会丢失 IntelliSense 功能。

（2）构建 ASP.NET 2.0 页面的另一个选项是使用新的后台编码模型建立文件。这里提出

“新的后台编码模型”是因为，即使后台编码模型的理念与 ASP.NET 的以前版本相同，后台编码模型在 ASP.NET 2.0 中的使用方式也大不相同。使用这个新的 ASP.NET 2.0 后台编码模型的.aspx 页面在 Page 指令有一些属性与 ASP.NET 的以前版本不同。第一个属性是 CodeFile，这是 Page 指令的一个新属性，表示指向与这个显示页面一起使用的后台编码页面。在这个例子中，给它赋予的值是 Default.aspx.vb 或 Default.aspx.cs。第二个需要的属性是 Inherits，这个属性在 ASP.NET 的以前版本中也有，但很少使用。它指定编译页面时绑定到页面上的类名。指令在 ASP.NET 2.0 中非常简单。

二、页面指令

ASP.NET 指令在每个 ASP.NET 页面中都有。使用这些指令可以控制 ASP.NET 页面的行为。下面是 Page 指令的一个例子。

```
<%@ Page Language="C#" AutoEventWireup="true" CodeFile="Default.aspx.cs" Inherits="_Default" %>
```

在 ASP.NET 页面或用户控件中有 11 个指令。无论页面是使用后台编码模型还是内置编码模型，都可以在应用程序中使用这些指令。

基本上，这些指令都是编译器编译页面时使用的命令。把指令合并到页面中是很简单的。指令的格式如下：

```
<%@ [Directive] [Attribute=Value] %>
```

在上面的代码行中，指令以<%@开头，以%>结束。最好把这些指令放在页面或控件的顶部，因为开发人员传统上都把指令放在那里（但如果指令位于其他地方，页面仍能编译）。当然，也可以把多个属性添加到指令语句中，如下所示：

```
<%@ [Directive] [Attribute=Value] [Attribute=Value] %>
```

表 1–1 描述了 ASP.NET 2.0 中的指令。

表 1–1　ASP.NET 2.0 指令表

指　令	说　明
Assembly	把程序集链接到与它相关的页面或用户控件上
Control	用户控件（.ascx）使用的指令，其含义与 Page 指令相当
Implements	实现指定的.NET Framework 接口
Import	在页面或用户控件中导入指定的命名空间
Master	允许指定 master 页面——在解析或编译页面时使用的特定属性和值。这个指令只能与 master 页面（.master）一起使用
MasterType	把类名与页面关联起来，获得包含在特定 master 页面中的强类型化的引用或成员
OutputCache	控制页面或用户控件的输出高速缓存策略
Page	允许指定在解析或编译页面时使用的页面特定属性和值。这个指令只能与 ASP.NET 页面（.aspx）一起使用
PreviousPageType	允许 ASP.NET 页面处理应用程序中另一个页面的回送信息
Reference	把页面或用户控件链接到当前的页面或用户控件上
Register	给命名空间和类名关联上别名，作为定制服务器控件语法中的记号

下面简要介绍这些指令。

1. @Page

@Page 指令允许为 ASP.NET 页面(.aspx)指定解析和编译页面时使用的属性和值。这是最常用的指令。ASP.NET 页面是 ASP.NET 的一个重要部分，所以它有许多属性。表 1–2 总结了@Page 指令的可用属性。

表 1–2 @Page 指令的可用属性表

属　性	说　明
AspCompat	若其值为 True，就允许页面在单线程的单元中执行，这个属性的默认设置是 False
Async	指定 ASP.NET 页面是同步或异步处理
AutoEventWireUp	设置为 True 时，指定页面事件自动触发。这个属性的默认设置是 True
Buffer	设置为 True 时，支持 HTTP 响应缓存。这个属性的默认设置是 True
ClassName	指定编译页面时绑定到页面上的类名
CodeFile	引用与页面相关的后台编码文件
CodePage	指定响应的代码页面值
CompilerOptions	编译器字符串，指定页面的编译选项
CompileWith	包含一个 String 值，指向所使用的后台编码文件
ContentType	把响应的 HTTP 内容类型定义为标准 MIME 类型
Culture	指定页面的语言设置。ASP.NET 2.0 允许把 Culture 属性的值设置为 Auto，支持自动检测浏览器的首选语言并设置该语言
Debug	设置为 True 时，用调试符号编译页面
Description	提供页面的文本描述。ASP.NET 解析器忽略这个属性及其值
EnableSessionState	设置为 True 时，支持页面的会话状态，其默认设置是 True
EnableTheming	设置为 True 时，页面可以使用主题，其默认设置是 False
EnableViewState	设置为 True 时，在页面中维护视图状态，其默认设置是 True
EnableViewStateMac	设置为 True 时，当用户回送页面时，页面会在视图状态上进行机器范围内的身份验证，其默认设置是 False
ErrorPage	为所有未处理的页面异常指定用于发送信息的 URL
Explicit	设置为 True 时，支持 Visual Basic 的 Explicit 选项，其默认设置是 False
Language	定义内置显示和脚本块所使用的语言
LCID	为 Web Form 的页面定义本地标识符
LinePragmas	Boolean 值，指定得到的程序集是否使用行附注
MasterPageFile	带一个 String 值，指向页面所使用的 master 页面的地址。这个属性在内容页面中使用

续表

属　性	说　明
MaintainScrollPositionOnPostback	带一个 Boolean 值，表示在回送页面时，页面是位于相同的滚动位置上，还是在最高的位置上重新生成页面
PersonalizationProvider	带一个 String 值，指定把个性化信息应用于页面时所使用的个性化提供程序名
ResponseEncoding	指定页面内容的响应编码
SmartNavigation	指定是否为功能更丰富的浏览器激活 ASP.NET 智能导航功能。它把回送信息返回到页面的当前位置，其默认值是 False
Src	指向类的源文件，用于所显示的页面的后台编码
Strict	设置为 True 时，使用 Visual Basic Strict 模式编译页面，其默认值是 False
Theme	使用 ASP.NET 2.0 的主题功能，把指定的主题应用于页面
Title	应用页面的标题。这个属性主要用于必须应用页面标题的内容页面，而不是应用 master 页面中指定内容的页面
Trace	设置为 True 时，激活页面跟踪，其默认值是 False
TraceMode	指定激活跟踪功能时如何显示跟踪消息。这个属性的设置可以是 SortByTime 或 SortByCategory，其默认设置是 SortByTime
Transaction	指定页面上是否支持事务处理。这个属性的设置可以是 NotSupported、Supported、Required 和 RequiresNew，其默认设置是 NotSupported
UICulture	UICulture 属性的值指定 ASP.NET 页面使用什么 UI Culture。ASP.NET 2.0 允许给 UICulture 属性使用 Auto 值，支持自动检测 UICulture
ValidateRequest	设置为 True 时，根据一组潜在危险的值检查窗体输入值，帮助防止 Web 应用程序受到有害的攻击，例如 JavaScript 攻击。其默认值是 True
WarningLevel	指定停止编译页面时的编译警告级别，其值可以是 0～4

2. @Master

@Master 指令非常类似于@Page 指令，但@Master 指令用于 master 页面(.master)。在使用@Master 指令时，要指定和站点上的内容页面一起使用的模板页面的属性。内容页面(使用@Page 指令建立)可以继承 master 页面上的所有 master 内容(在 master 页面上使用@Master 指令定义的内容)。尽管这两个指令是类似的，但@Master 指令的属性比@Page 指令少。

3. @Control

@Control 指令类似于@Page 指令，但@Control 指令是在建立 ASP.NET 用户控件时使用的。@Control 指令允许定义用户控件要继承的属性。这些属性值会在解析和编译页面时赋予用户控件。@Control 指令的可用属性比@Page 指令少，但其中有许多都可以在建立用户控件时进行需要的修改。

4. @Import

@Import 指令允许指定要导入到 ASP.NET 页面或用户控件中的命名空间。导入了命名空间后，该命名空间中的所有类和接口就可以在页面和用户控件中使用了。这个指令只支持一个 Namespace 属性。

Namespace 属性带一个 String 值，它指定要导入的命名空间。@Import 指令不能包含多个属性/值对。所以，必须把多个命名空间导入指令放在多行代码上，如下所示。

```
<%@ Import Namespace="System.Data" %>
<%@ Import Namespace="System.Data.SqlClient" %>
```

5. @Implements

@Implements 指令允许 ASP.NET 页面实现特定的.NET Framework 接口。这个指令只支持一个 Interface 属性。

Interface 属性直接指定了.NET Framework 接口。ASP.NET 页面或用户控件实现一个接口时，就可以直接访问其中的所有事件、方法和属性。

6. @Register

@Register 指令把别名与命名空间和类名关联起来，作为定制服务器控件语法中的记号。把一个用户控件拖动到.aspx 页面上时，就使用了@Register 指令。把用户控件拖动到.aspx 页面上，Visual Studio 2005 就会在页面的顶部创建一个@Register 指令。这样就在页面上注册了用户控件，该控件就可以通过特定的名称在.aspx 页面上访问了。

7. @Assembly

@Assembly 指令在编译时把程序集（.NET 应用程序的构建块）关联到 ASP.NET 页面或用户控件上，使该程序集中的所有类和接口都可用于页面。这个指令支持 Name 和 Src 两个属性。

Name：允许指定用于关联页面文件的程序集名称。程序集名称应只包含文件名，不包含文件的扩展名。例如，如果文件是 MyAssembly.vb，Name 属性值则应是 MyAssembly。

Src：允许指定编译时使用的程序集文件源。

8. @PreviousPageType

这个指令用于指定跨页面的传送过程起始于哪个页面。

@PreviousPageType 指令是一个新指令，用于处理 ASP.NET 2.0 提供的跨页面传送的新功能。这个简单的指令只包含 TypeName 和 VirtualPath 两个属性。

TypeName：设置回送时的派生类名。

VirtualPath：设置回送时所传送页面的地址。

9. @MasterType

@MasterType 指令把一个类名关联到 ASP.NET 页面上，以获得特定 master 页面中包含的强类型化引用或成员。这个指令支持 TypeName 和 VirtualPath 两个属性。

TypeName：设置从中获得强类型化的引用或成员的派生类名。

VirtualPath：设置从中检索这些强类型化的引用或成员的页面地址。

下面是它的一个例子。

```
<%@ MasterType VirtualPath="~/Wrox.master" %>
```

10. @OutputCache

@OutputCache 指令控制 ASP.NET 页面或用户控件的输出高速缓存策略。这个指令支持 10 个属性。

11. @Reference

@Reference 指令声明另一个 ASP.NET 页面或用户控件应与当前活动的页面或控件一起编译。这个指令支持 Type Name 和 VirtualPath 两个属性。

TypeName：设置从中引用活动页面的派生类名。

VirtualPath：设置从中引用活动页面的页面或用户控件地址。

下面是使用@Reference 指令的一个例子。

<%@ Reference VirtualPath="~/MyControl.ascx" %>

三、页面事件

在 ASP.NET 页面的生命周期内，Page 对象会公开一些被频繁使用的标准事件。ASP.NET 页面框架在运行时，会自动连接到（连线）这些方法的相应代理实例。这样用户就无须编写必要的“粘接代码”。以下列举按激发顺序提供运行时连线的代理实例。

（1）Page_Init：出现此事件期间，用户可以初始化值或连接可能具有的任何事件处理程序。

（2）Page_Load：出现此事件期间，用户可以执行一系列的操作来首次创建 ASP.NET 页面或响应由投递引起的客户端事件。在此事件之前，已还原页面和控件视图状态。使用 IsPostBack 页面属性检查是否为首次处理该页面。如果是首次处理，请执行数据绑定。此外，请读取并更新控件属性。

（3）Page_DataBind：在页面级别调用 DataBind 方法时，将引发 DataBind 事件。如果在单个控件上调用 DataBind，则它只激发它下面控件的 DataBind 事件。

（4）Page_PreRender：恰好在保存视图状态和呈现控件之前激发 PreRender 事件。用户可以使用此事件在控件上执行所有最后时刻操作。

（5）Page_Unload：完成页面呈现之后，将激发 Page_Unload 事件。此事件是执行最终清理工作的合适位置。这包括清理打开的数据库连接、丢弃对象或关闭打开的文件等操作。

以下列表概括了非确定性事件。

（1）Page_Error：如果在页面处理过程中出现未处理的例外，则激发 Error 事件。错误事件为用户提供了妥善处理错误的机会。

（2）Page_AbortTransaction：如果要指明交易是成功还是失败，交易事件非常有用。此事件通常用于购物车方案，其中此事件可以指示订购是成功还是失败。如果已终止交易，则激发此事件。

（3）Page_CommitTransaction：如果已成功提交交易，则激发此事件。

除了上面的页面事件之外，ASP.NET 2.0 还添加了下述新事件。

（1）InitComplete：表示页面完成了初始化。

（2）LoadComplete：表示页面完全加载到内存中。

（3）PreInit：表示页面初始化前的那一刻。

（4）PreLoad：表示页面加载到内存前的那一刻。

（5）PreRenderComplete：表示页面显示在浏览器中之前的那一刻。

这些新页面事件的构建与前面介绍的页面事件相同。

如果创建一个 ASP.NET 2.0 页面，并打开跟踪功能，就会看到主页面事件的启动顺序，它们按照下面的顺序启动：

（1）PreInit；

（2）Init；

（3）InitComplete；

（4）PreLoad；

（5）Load；

（6）LoadComplete；

（7）PreRender；

（8）PreRenderComplete；

（9）Unload。

添加了这些新的页面事件后，就可以在页面编译期间在许多不同的地方处理页面和页面上的控件。

四、ASP.NET 2.0 应用程序文件夹

1. \App_Code 文件夹

App_Code 文件夹是存储 classes，.wsdl 文件和 typed datasets 的地方。解决方案中的所有页面可以自动访问存储在这个文件夹中的任何一个项目。如果这些项目是一个 class (.vb or .cs)，则 Visual Studio 2005 会自动检测并编译它；也会自动地创建源于.wsdl 文件的 XML Web Service Proxy Class；或者一个源于.xsd 文件的一个 typed dataset。

2. \App_Data 文件夹

App_Data 文件夹是应用程序存储数据的地方，可以包括 Microsoft SQL Express 文件(.mdf files), Microsoft Access 文件(.mdb files), XML 文件等。

3. \App_Themes 文件夹

App_Themes 文件夹是存储 ASP.NET 2.0 新特性主题需要使用的 .skin 文件, CSS 文件和 images 文件的地方。

4. \App_GlobalResources 文件夹

资源文件(.resx) 是一个在应用程序中依据不同变化来改变页面内容的、可以作为数据字典的字串表。除字串外，还可以添加 image 等其他文件。

5. \App_LocalResources 文件夹

用户也可以把资源文件添加到\App_LocalResources 文件夹，只不过\App_GlobalResources 文件夹是应用程序级别，而\App_LocalResources 文件夹是页面级别。

6. \App_WebReferences 文件夹

用户可以使用\App_WebReferences 文件夹自动访在应用程序中引用的远程 Web Services。

7. \App_Browsers 文件夹

存储在\App_Browsers 文件夹中的.browser 文件可以用来判断浏览器的兼容性。

五、ASP.NET 程序的编译

如前所述，在开发人员处理应用程序的各个部分的同时，Visual Studio 2005 就在编译它们(例如，把一个类放在\App_Code 文件夹中)。

在浏览器中第一次引用 ASP.NET 页面时，请求会传送给 ASP.NET 解析器，ASP.NET 解析器用该页面的语言创建类文件，该文件会根据其扩展名(.aspx)传送给 ASP.NET 解析器，因为 ASP.NET 知道，这个文件扩展名类型对其处理是有意义的。在创建了类文件后，类文件就被编译为 DLL，然后写入 Web 服务器的磁盘。此时，实例化 DLL 并处理它，为 ASP.NET 页面的最初请求者生成输出。

下一个预编译选项常常称为用于部署的预编译。这是 ASP.NET 新增的一个优秀功能，它允许把应用程序编译为某些 DLL，然后部署给客户、伙伴或其他地方。这么做不但需要的步骤非常少，而且应用程序在编译后，只需移动这些 DLL 和某些占位符文件，就可以让站点运

转起来。也就是说，在部署时，Web 站点的代码都放在 DLL 中。

要预编译应用程序以用于部署，必须使用 ASP.NET 2.0 附带的 aspnet_compiler.exe 工具。

实际上，bin 文件夹中有一个 Code.dll 文件，其中包含了所有的页面代码。因为它在一个 DLL 文件中，所以还提供了一个重要的代码平台。

注意，这个编译过程没有编译每种类型的 Web 文件。实际上，它只编译了与 ASP.NET 相关的文件类型，没有编译下述文件类型。

① HTML 文件；

② XML 文件；

③ XSD 文件；

④ Web.Config 文件；

⑤ 文本文件。

六、Global.asax

ASP.NET 应用程序只能有一个 Global.asax 文件，该文件支持许多项。

与处理.aspx 页面中页面级的事件一样，也可以在 Global.asax 文件中处理应用程序的事件。除了这个代码示例中列出的事件之外，还可以在这个文件中构建如下所示的事件。

（1）Application_Start：在应用程序接收到第一个请求时调用，这是在应用程序中给应用程序级的变量赋值或指定对所有用户必须保持的状态的理想位置。

（2）Session_Start：类似于 Application_Start 事件，但这个事件在用户第一次访问应用程序时调用。例如，Application_Start 事件只在接收到第一个请求时触发，第一个请求会让应用程序运行，而 Session_Start 事件会在每个终端用户第一次向应用程序发出请求时调用。

（3）Application_BeginRequest：它没有列在 Visual Studio 2005 提供的模板中，但该事件会在每个请求发出之前触发。也就是说，在请求到达服务器，且得到处理之前，会触发 Application_BeginRequest 事件，并在处理该请求之前处理。

（4）Application_AuthenticateRequest：每个请求都会触发该事件，允许为请求建立定制的身份验证。

（5）Application_Error：在应用程序的用户抛出一个错误时触发。它适合于提供应用程序级的错误处理，或者把错误记录到服务器的事件日志中。

（6）Session_End：在 InProc 模式下运行时，这个事件在终端用户退出应用程序时触发。

（7）Application_End：在应用程序结束时触发。大多数 ASP.NET 开发人员都不使用这个事件，因为 ASP.NET 很好地完成了关闭和清理剩余对象的任务。

Global.asax 文件除了可以访问全局应用程序事件之外，还可以在这个文件中使用指令，就像在其他 ASP.NET 页面中一样。Global.asax 文件允许使用如下指令：

① Application；

② Assembly；

③ Import。

这些属性的执行方式与其他 ASP.NET 页面类型相同。

七、ASP.NET Web 应用程序的组成

一般来说，ASP.NET Web 应用程序可以认为由五个部分组成。

（1）一个在 IIS 信息服务器中的虚拟的目录。这个虚拟目录被配置为应用程序的根目录；

（2）一个或多个带.aspx 扩展名的页面文件，还允许放入若干个.htm 或.asp 网页文件。当然用户可以以自己的方式来组织它们的目录结构；

（3）一个或多个 Web.Config 配置文件；

（4）一个以 Global.asax 命名的全局文件；

（5）App_Code 和 App_Data 共享目录。

【能力大比拼，看谁做得又好又快】

新建一个 Web 应用程序，写出此应用程序的组成。

【任务小结】

——你掌握了吗?

（1）内置代码模型与后台编码模型的区别。

（2）ASP. NET 2.0 的页面指令。

（3）ASP. NET 2.0 的应用程序文件夹。

（4）ASP. NET 2.0 的页面事件。

（5）Global.asax 文件中的事件。

任务三　ASP.NET 2.0 Web 常用控件

【任务要点】

1. 掌握文本类型控件
2. 掌握按钮类控件
3. 掌握选择类控件
4. 掌握图形显示类控件
5. 掌握容器类控件
6. 掌握文件上传控件

【导学实践，跟我学】

【案例 1】

设计简单注册界面

在文本类控件中主要掌握 Label 和 TextBox 两个控件，在按钮类里主要介绍 Button、

LinkButton、ImageButton 和 HyperLink 控件，本案例主要讲 Label、TextBox 和 Button 三个控件。

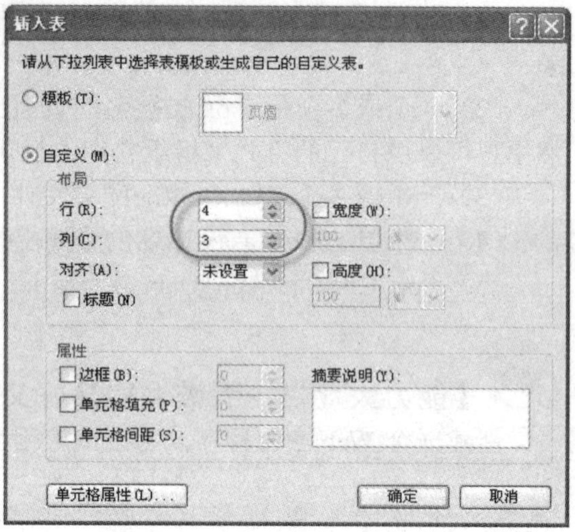

图 1-14 “插入表”对话框

【具体步骤】

（1）打开 Hello VS2005 后，添加一个 Web 窗体并命名为 register.aspx。

（2）选择【布局】→【插入表】命令，在弹出的【插入表】对话框中，插入 4 行 3 列的表格，如图 1-14 所示。

（3）拖动两个标签和三个文本框到表格中，它们的属性见表 1-3，设置分别如图 1-15～图 1-17 所示。

表 1-3 属 性 设 置

名称（类型）	ID	TextMode
Label1	lblName	—
Label2	lblPwd	—
TextBox1	txtName	SingleLine
TextBox2	txtPwd	Password
TextBox3	txtDemo	MultiLine

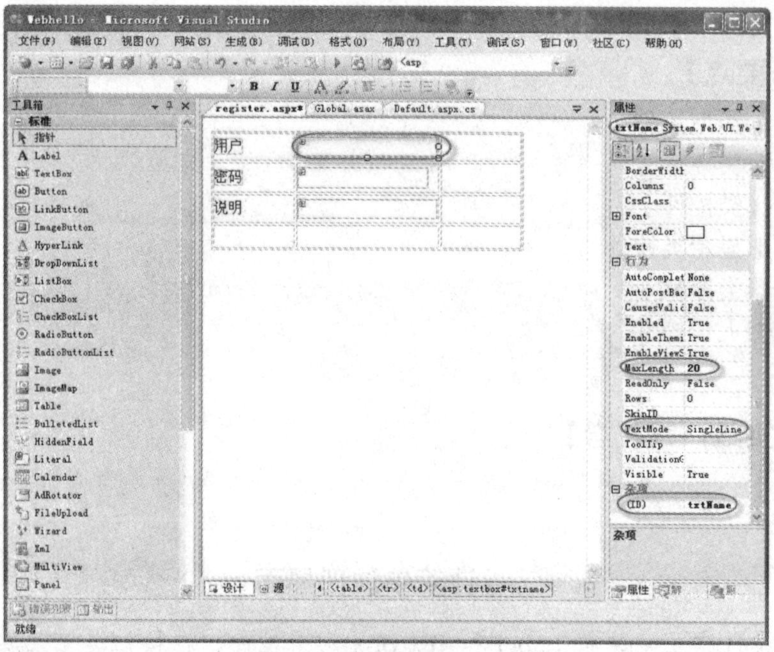

图 1-15 设置表格属性（1）

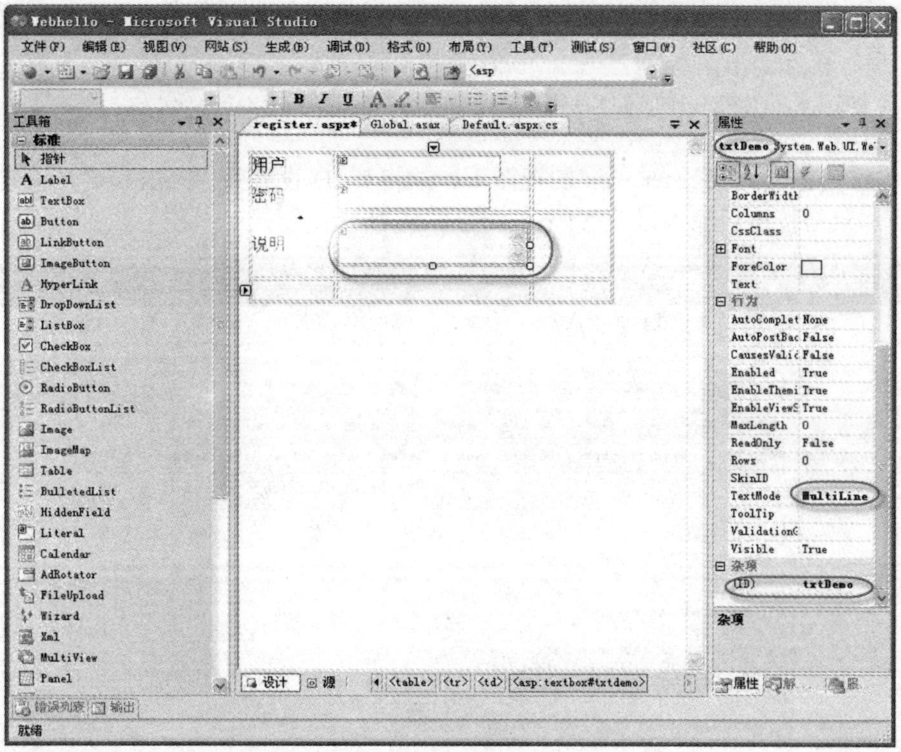

图 1–16　设置表格属性（2）

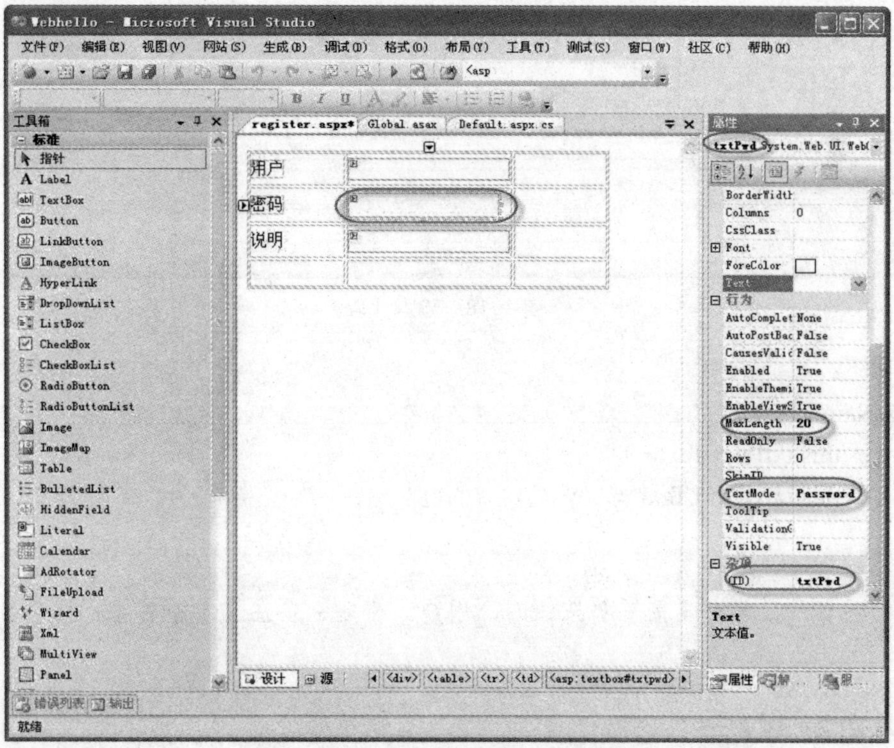

图 1–17　设置表格属性（3）

◎ 小提示

文本框是最为常用的控件，TextMode 是文本框的一个重要属性，主要有三种取值：SingleLine、Password、MultiLine。分别表示单行、密码行、多行文本。

（4）将按钮拖动到 register.aspx 的视图下，并将其 ID 设置为“btnReset”，将其 Text 设置为“重置”，双击按钮后输入以下代码，如图 1–18 所示。

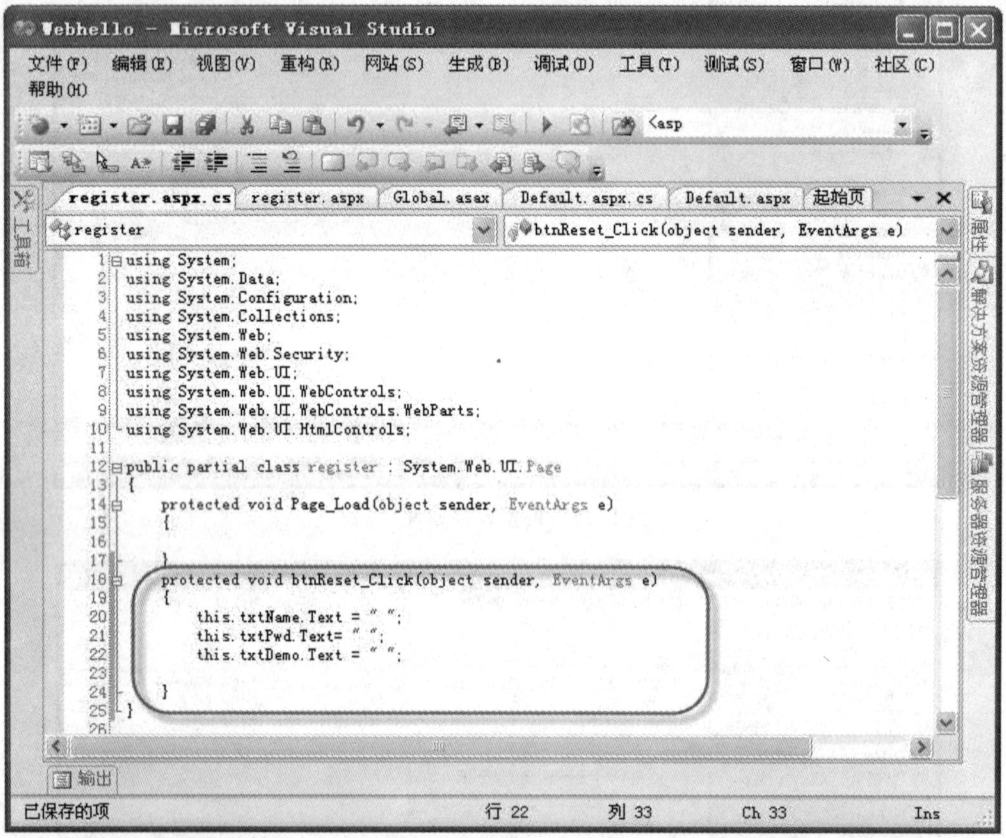

图 1–18 输入代码

代码如下：

```
this.txtName.Text = " ";
        this.txtPwd.Text= " ";
        this.txtDemo.Text = " ";
```

◎ 小提示

三行代码表示在单击【重置】按钮时，用户、密码、备注文本框将全部置空，便于重新输入。

（5）选择【调试】→【开始执行】命令，运行结果如图 1–19 所示。

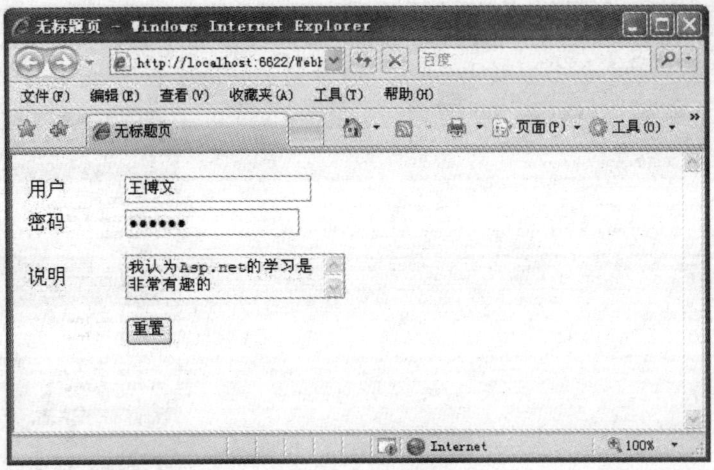

图 1–19　运行结果

【案例 2】

利用 DropDownList 来选择花朵并在图片框中显示

下面的示例通过 DropDownList 和 Image 两个控件的联合使用，来掌握选择类和图形显示类控件的使用，在提示里会涉及到需读者主要掌握的属性。

【具体步骤】

（1）新建一个网站并命名为 ddlimage，从工具箱里把 DropDownList 和 Image 两个控件拖动到 Default.aspx 的视图下，分别命名为 ddlImg 和 imgFlower，此时要注意的是也要把 ddlImg 的 AutoPostBack 的属性设置为 True，如图 1–20 和图 1–21 所示。

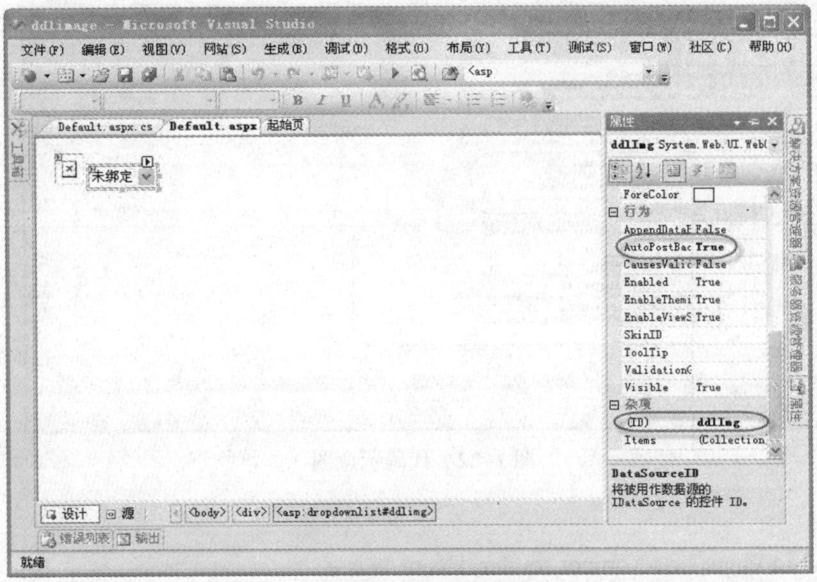

图 1–20　ddlImg 设置

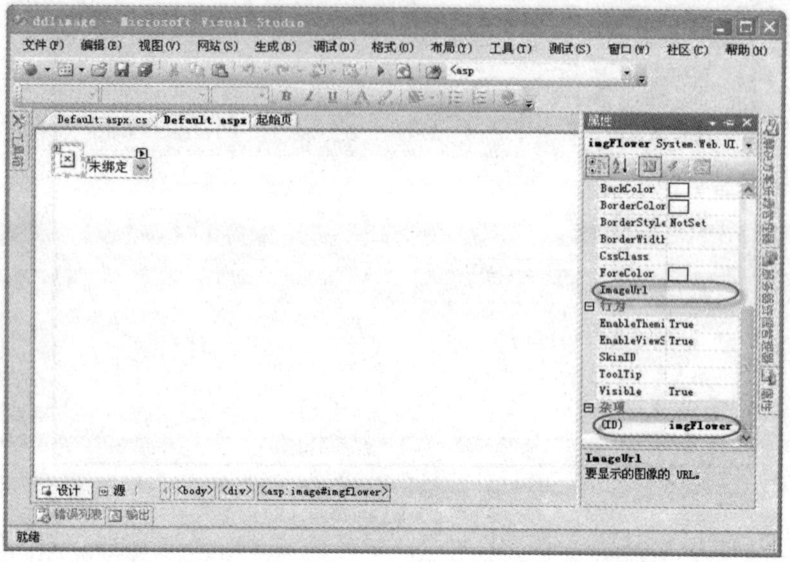

图 1–21　imgFlower 设置

◎ 小提示

若此时把 AutoPostBack 属性设定为 True，并且设定好 SelectedIndexChanged 的事件，则当 ddlImg 中的内容有所改变时，将自动传回控件现在的内容并触发 Page Load 事件及 SelectedIndexChanged 内所设定的事件。

（2）双击 Default.aspx 页面的空白部分，并输入以下代码，如图 1–22 所示。

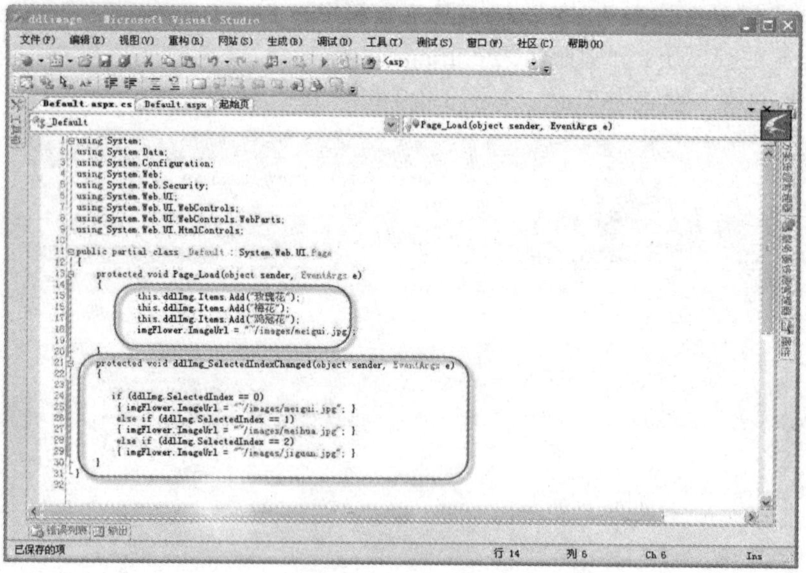

图 1–22　代码示意图

代码如下：

```
protected void Page_Load(object sender, EventArgs e)
    {
```

```
            this.ddlImg.Items.Add("玫瑰花");
            this.ddlImg.Items.Add("梅花");
            this.ddlImg.Items.Add("鸡冠花");
            imgFlower.ImageUrl = "~/images/meigui.jpg";//给图形控件赋初始值

        }
        protected void ddlImg_SelectedIndexChanged(object sender, EventArgs e)
        {

            if (ddlImg.SelectedIndex == 0)//索引值是从 0 开始的
             { imgFlower.ImageUrl = "~/images/meigui.jpg"; }
             else if (ddlImg.SelectedIndex == 1)
             { imgFlower.ImageUrl = "~/images/meihua.jpg"; }
             else if (ddlImg.SelectedIndex == 2)
             { imgFlower.ImageUrl = "~/images/jiguan.jpg"; }
    }
```

◎ 小提示

Page_Load()是页面载入事件，每次载入都会执行相应的代码。一般来讲页面的初始值的设置可以放在本事件中。SelectedIndexChanged（ ）是指每次 DropDownList 控件里的值发生改变时触发的事件，并且它会再次触发 Page_Load()事件。imgFlower 的 ImageUrl 属性指向的图片的路径，可以是绝对路径也可以是相对路径。DropDownList 控件的 SelectedIndex(索引值)是从 0 开始的。

（3）选择【调试】→【开始执行】命令，结果如图 1–23 所示。但改变 DropDownList 控件的值后，就会发现 DropDownList 的值每改变一次，就会增加三个值，如图 1–24 所示。

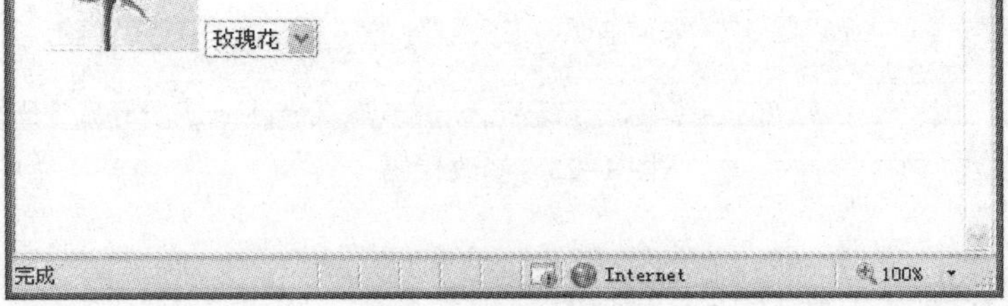

图 1–23　运行结果

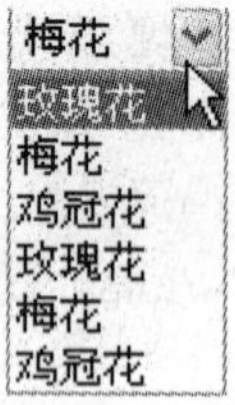

图 1–24　改变 DropDownList 的值

◎ 小提示

SelectedIndexChanged ( ) 事件每次执行时都会触发执行 Page_Load()事件，因此每次改变值时都会再增加三个同样的值。如何避免页面 Page_Load()事件再次执行呢？使用页面的 IsPostBack 就可以避免了。

IsPostBack 是用来检查目前网页是否为第一次加载，当使用者第一次浏览这个网页时，Page.IsPostBack 会传回 False，不是第一次浏览这个网页时就传回 True；所以在 Page_Load 事件中可以使用这个属性来避免做一些重复的动作。

（4）修改页面中的代码，如图 1–25 所示。

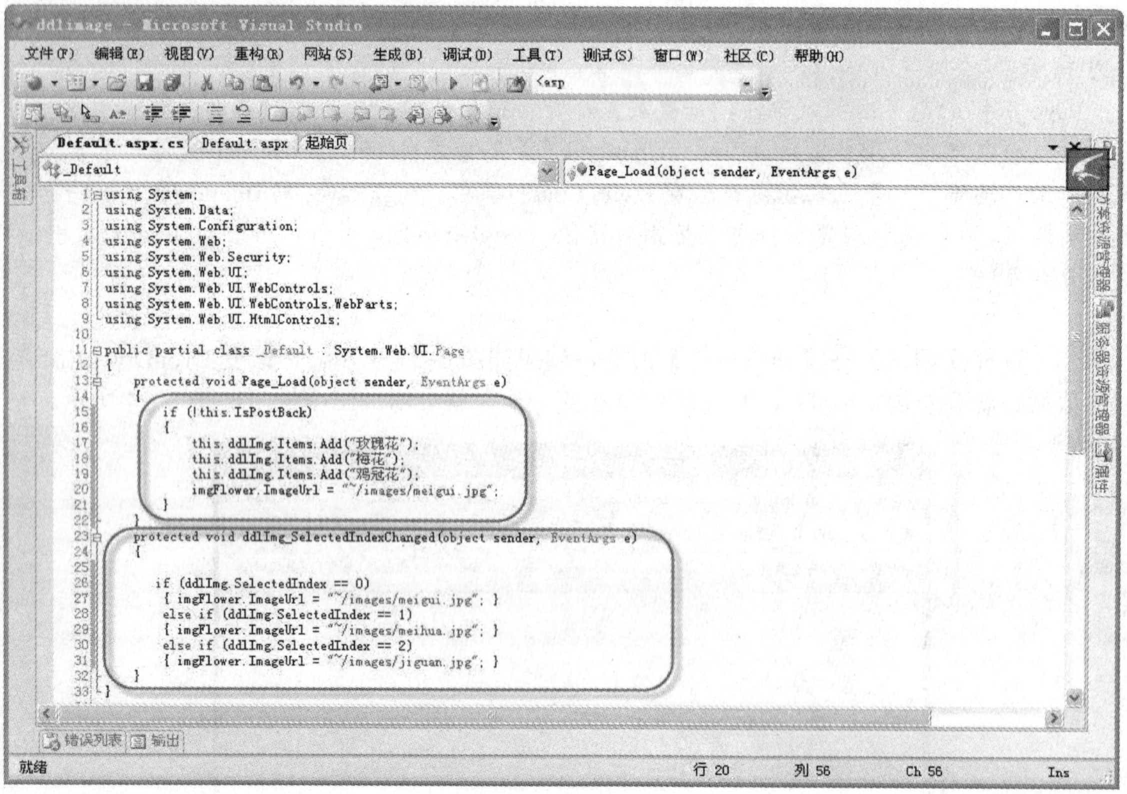

图 1–25　修改代码

代码如下：

```
protected void Page_Load(object sender, EventArgs e)
    {
```

```
        if (!Page.IsPostBack)//当第二次页面载入时，将不执行以下代码
        {
            this.ddlImg.Items.Add("玫瑰花");
            this.ddlImg.Items.Add("梅花");
            this.ddlImg.Items.Add("鸡冠花");
            imgFlower.ImageUrl = "~/images/meigui.jpg";//给图形控件赋初始值

        }
    }
    protected void ddlImg_SelectedIndexChanged(object sender, EventArgs e)
    {

        if (ddlImg.SelectedIndex == 0)//索引值是从 0 开始的
        { imgFlower.ImageUrl = "~/images/meigui.jpg"; }
        else if (ddlImg.SelectedIndex == 1)
        { imgFlower.ImageUrl = "~/images/meihua.jpg"; }
        else if (ddlImg.SelectedIndex == 2)
        { imgFlower.ImageUrl = "~/images/jiguan.jpg"; }
    }
```

（5）选择【调试】→【开始执行】命令，不断改变值，查看结果如图 1–26 所示。

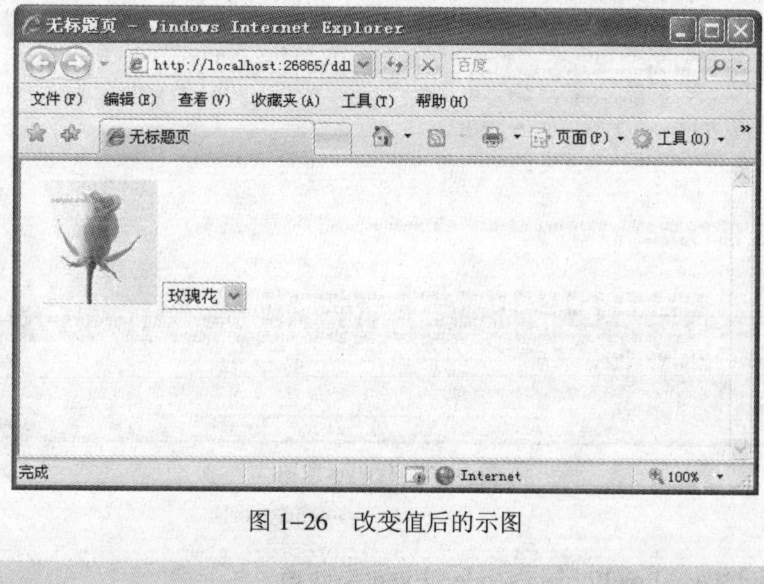

图 1–26　改变值后的示图

◎ 小提示

当!Page.IsPostBack 为真时，表示页面在第二次载入时将不执行代码，意即只有第一次页面载入时才执行代码。本案例的技能还可以用在头像选择的注册界面，在随后的“能力大比拼”中就要读者开始实现头像选择的功能了。

【案例 3】

利用 FileUpload 上传图片

下面的示例通过 FileUpload 和 Image 两个控件的联合使用，来主要介绍上传控件的使用，这里需要主要掌握的属性在提示里会涉及到。

【具体步骤】

（1）新建一个网站并命名为 upload，从工具箱里把 FileUpload、Image、Label、Button 四个控件拖动到 Default.aspx 的视图下，分别命名为 FileUpload1、imgDisplay、Label 1、btnupload。

（2）双击 Default.aspx 页面的空白部分，并输入以下代码，如图 1–27 所示。

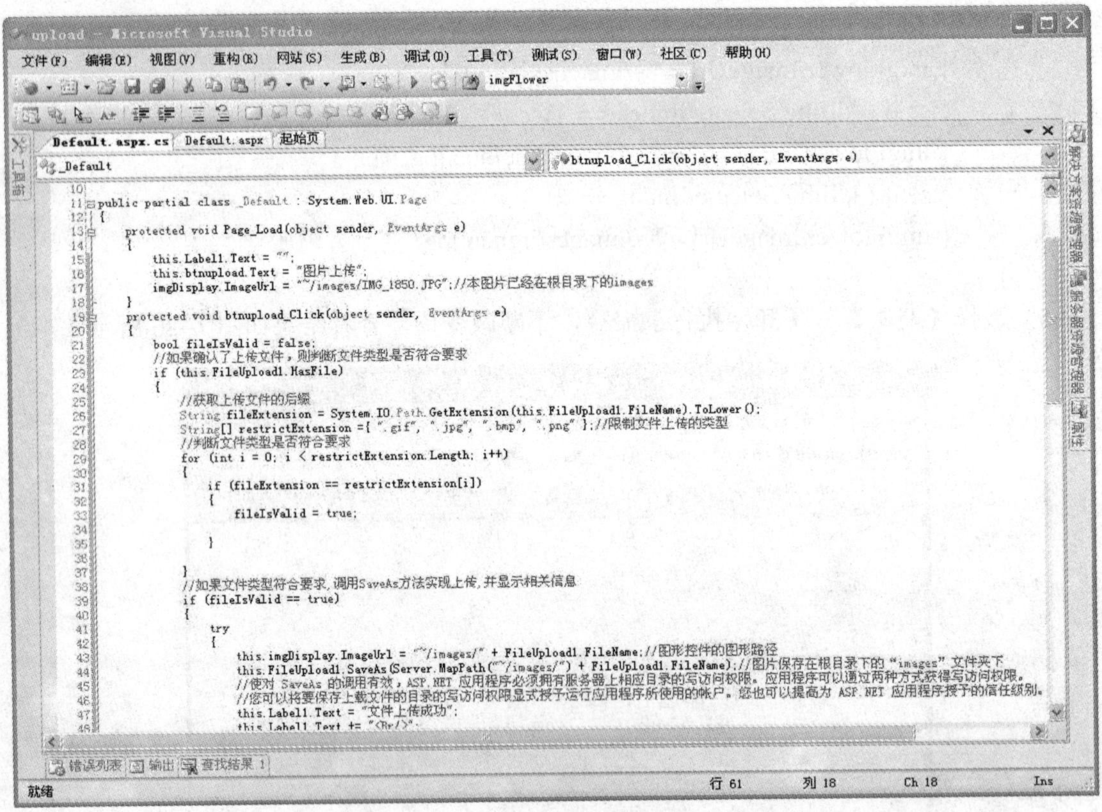

图 1–27　代码示意图

代码如下：

```
protected void Page_Load(object sender, EventArgs e)
    {
        this.Label1.Text = "";
        this.btnupload.Text = "图片上传";
        imgDisplay.ImageUrl  =  "~/images/IMG_1850.JPG";//本图片已经在根目录下的
```

```
images
        }
        protected void btnupload_Click(object sender, EventArgs e)
        {
            bool fileIsValid = false;
            //如果确认了上传文件，则判断文件类型是否符合要求
            if (this.FileUpload1.HasFile)//判断上传的文件是否存在
            {
                //获取上传文件的后缀
        String fileExtension = System.IO.Path.GetExtension(this.FileUpload1.FileName).ToLower();
            String[] restrictExtension ={ ".gif", ".jpg", ".bmp", ".png" };//限制文件上传的类型
                //判断文件类型是否符合要求
                for (int i = 0; i < restrictExtension.Length; i++)
                {
                    if (fileExtension == restrictExtension[i])
                    {
                        fileIsValid = true;

                    }

                }
                //如果文件类型符合要求,调用 SaveAs 方法实现上传,并显示相关信息
                if (fileIsValid == true)
                {
                    try
                    {
    this.imgDisplay.ImageUrl = "~/images/" + FileUpload1.FileName;//图形控件的图形路径
    this.FileUpload1.SaveAs(Server.MapPath("~/images/") + FileUpload1.FileName);
//图片保存在根目录下的“images”文件夹下
                        this.Label1.Text = "文件上传成功";
                        this.Label1.Text += "<Br/>";
                        this.Label1.Text += "<li>" + "原文件路径:
" + this.FileUpload1. PostedFile.FileName;
                        this.Label1.Text += "<Br/>";
                        this.Label1.Text += "<li>" + "文件大小:
" + this.FileUpload1. PostedFile.ContentLength + "字节";
                        this.Label1.Text += "<Br/>";
                        this.Label1.Text += "<li>" + "文件类型:
" + this.FileUpload1. PostedFile.ContentType;
```

//可以通过 PostedFile 属性来访问已经上传的文件来获取相关的信息，比如文件名，大小及类型等

```
                }
                catch
                {       this.Label1.Text = "文件上传不成功！";      }
                finally
                {                       }
            }
            else
            {
                this.Label1.Text = "只能够上传后缀为.gif,.jpg,.bmp,.png 的文件夹";

            }
        }
    }
```

◎ 小提示

在调用 SaveAs 方法之前，应该使用 HasFile 属性来验证 FileUpload 控件是否包含要上传的文件。若 HasFile 返回 True，则调用 SaveAs 方法。为使对 SaveAs 方法的调用有效，ASP.NET 应用程序必须拥有服务器上相应目录的写访问权限。应用程序可以通过两种方式获得写访问权限：用户可以将要保存上载文件的目录的写访问权限显式授予运行应用程序所使用的账户；或者用户也可以提高为 ASP.NET 应用程序授予的信任级别。

（3）选择【调试】→【开始执行】命令，运行结果如图 1–28 所示。

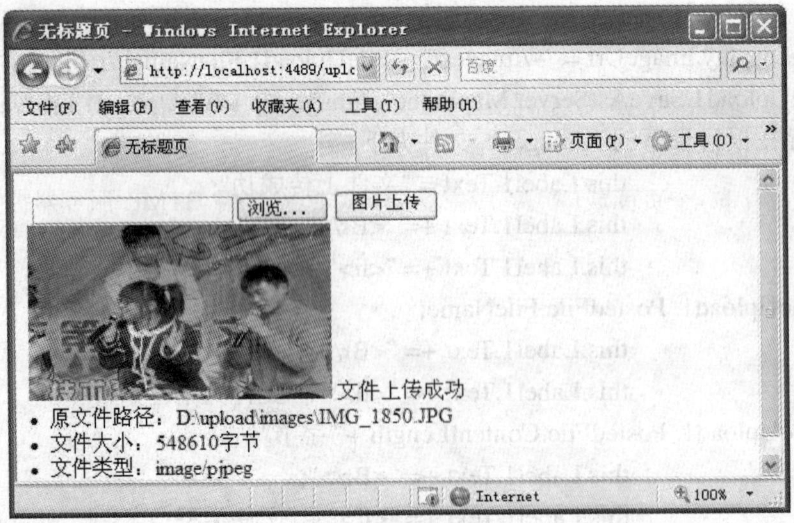

图 1–28 运行结果

【示例解释】

本示例实现图片的上传并在图片控件中显示，用标签来显示上传是否成功，然后显示图片的原路径、大小、类型等。

【背景知识】

一、ASP.NET 服务器控件概述

如前所述，传统的 ASP 使用解释性语言完成最终 HTML 文档的构建，之后把它发送到浏览器上。而 ASP.NET 使用编译语言完成这个任务。下面主要介绍如何在 ASP.NET 页面中使用一种特定类型的对象，即服务器控件，以及如何充分利用这个控件。并讨论一种特殊类型的服务器控件：HTML 服务器控件。

1. ASP.NET 服务器控件

过去，使用传统 ASP 的一个难点是，必须根据所编写的服务器端代码对浏览器输出的所有 HTML 结果负全责。网页浏览请求可能来自同一个浏览器的许多不同版本，所以开发人员常常为用于浏览站点的最低版本开发应用程序。基本上，每个人都把最低版本作为目标。如果应用程序总是为最低版本开发，开发人员就不能利用新浏览器版本提供的高级功能。

ASP.NET 服务器控件克服了这些障碍。在收到一个请求时，ASP.NET 会检查这个请求，确定发出该请求的浏览器类型，以及浏览器的版本，然后输出适合于该浏览器的 HTML 输出。这个过程通过用户代理从 HTTP 请求的标题中确定要发送给浏览器的内容来完成。也就是说，可以为最好的浏览器建立应用程序，而不必担心功能是否会在发出请求给应用程序的浏览器上发挥作用。有了这个功能，这些控件就可以称为智能控件。

2. 服务器控件的类型

ASP.NET 提供了两种不同类型的服务器控件：HTML 服务器控件和 Web 服务器控件。这两种类型的控件大不相同，在使用 ASP.NET 时，就会看出重点是 Web 服务器控件。

那么，哪种控件比较好？答案完全取决于要获得的结果。

在决定是使用 HTML 服务器控件还是 Web 服务器控件时，并没有什么硬性规则。可能一种控件类型使用得比较多，另一种控件类型使用得比较少，但一种控件类型提供的某些功能在另一种控件类型中没有。如果要完成特定的任务，而当前使用的控件类型没有解决方法，就可以看看另一种控件类型，因为它很可能有解决方法。还要注意的是，可以混合和匹配这些控件类型。在同一个页面或应用程序中完全可以同时使用 HTML 服务器控件和 Web 服务器控件。

3. 用服务器控件建立页面

使用服务器控件构建 ASP.NET 页面有两种方式。可以使用专门为处理 ASP.NET 2.0 而设计的工具，该工具允许可视化地把控件拖放到设计界面上，操纵该控件的行为。也可以直接通过输入代码来处理服务器控件,在这里仅讲解在设计界面上使用服务器控件。

Visual Studio 2005 允许可视化地把控件拖放到设计界面上，可视化地创建 ASP.NET 页面。要获得这个可视化的设计选项，可以在查看 ASP.NET 页面时，在这个窗口中修改属性，就会改变突出显示的控件的外观或行为。所有的控件都继承了一个特定的基类（WebControl），所

以还可以同时突出显示多个控件，一次改变这些控件的基本属性。在选择控件时，需要按住 Ctrl 键。

4. 处理服务器控件的事件

ASP.NET 不是使用解释性的代码，而是为页面编写基于事件的结构。

目前 ASP.NET 使用事件驱动的模型。项或编码任务只在特定事件发生时执行。ASP.NET 编程模型中的常见事件是 Page_Load，不但可以处理整个页面，在页面事件的特定时刻处理它的属性和方法，还可以通过特定的控件事件处理页面上包含的服务器控件。例如，窗体上按钮的一个常见事件是 Button_Click。如何触发服务器控件的这些事件？有两种方式。第一种方式是在【设计】视图中打开 ASP.NET 页面，双击要创建服务器端事件的控件。例如，双击【设计】视图中的 Button 服务器控件，无论代码是在后台编码文件中，还是内置代码，都会在服务器端代码中创建 Button1_Click 事件的结构。这会为该服务器控件最常用的事件创建一个处理程序框架。

有了事件的结构后，就可以编写触发事件时希望发生的特定操作了。

5. HTML 服务器控件

ASP.NET 允许提取 HTML 元素，通过少量的工作，把它们转换为服务器端控件。之后，就可以使用它们控制在 ASP.NET 页面中实现的元素的行为和操作了。

首先，Button 元素转换为 HTML 服务器控件后，会出现一个绿色的小三角形。如图 1–29 所示。

图 1–29 绿色的三角形

在【源】视图中，只需添加 runat="server"，就可以把 HTML 元素转换为控件。

<input id="Button1" type="button" value="button" runat="server" />

转换为服务器控件之后，就可以像处理任何 Web 服务器控件那样处理所选的元素了。

二、ASP.NET 服务器控件分类

1. 文本类型控件

（1）Label 控件，又称为标签控件，主要用于显示文本。

它的常用属性见表 1–4。

表 1–4 Label 常用属性表

属　性	说　明
ID	控件的 ID 名称，Label 控件的唯一标志
Text	控件显示的文本
Width	控件的宽度
Height	控件的高度
Visible	控件是否可见
Font	控件是否可用

（2）TextBox 控件

TextBox 又称文本框控件，用于输入或显示文本。TextBox 控件通常用于可编辑文本，但也可以通过设置属性来设置其成为只读控件。

它的常用属性见表 1–5。

表 1–5　TextBox 常用属性表

属　性	说　明
ID	控件的 ID 名称
Text	控件显示的文本
AutoPostBack	值为 True 或 False，表示是否回传服务器并刷新页面
TextMode	主要有三个值，Single 表示只能在一行中输入信息；MultiLine 允许用户输入多行文本并执行换行，并可设置 Rows 来限制行数；Password 表示将用户的输入密码化（用黑点表示）

2. 按钮类型控件

（1）Button 控件

Button 控件可以分为提交按钮和命令按钮控件。提交按钮控件只是将 Web 页面回送到服务器，一般情况下，Button 控件为提交按钮控件；而命令按钮一般也是与控件相关联的命令，用于处理控件命令事件。

它的常用属性见表 1–6。

表 1–6　Button 常用属性表

属　性	说　明
ID	控件的 ID 名称
Text	控件显示的文本
CausesValidation	主要用来确定该控件是否导致激发验证
OnClientClick	获取或设置在引发某个 Button 控件的 Click 事件时所执行的客户端脚本
PostBackUrl	单击 Button 控件时从当前页跳转到的网页 URL

它的常用事件是 Click 事件。

（2）LinkButton 控件

LinkButton 控件又称为超链接控件，该控件在功能上与 Button 控件相似，但它以超链接的形式显示。

它的常用属性见表 1–7。

表 1–7 LinkButton 常用属性表

属　性	说　明
ID	控件的 ID 名称
Text	控件显示的文本
CausesValidation	主要用来确定该控件是否导致激发验证
PostBackUrl	单击 Button 控件时从当前页跳转到的网页 URL

它的常用事件也是 Click 事件。

（3）ImageButton

ImageButton 控件为图像按钮控件，可用于显示具体的图像，在功能上和 Button 控件相同。

它的属性见表 1–8。

表 1–8 ImageButton 属性

属　性	说　明
ID	控件的 ID 名称
AlternateText	控件上的图像无法显示时代替显示的文本
CausesValidation	主要用来确定该控件是否导致激发验证
PostBackUrl	单击 Button 控件时从当前页跳转到的网页 URL
ImageUrl	在 ImageButton 控件中可显示的图像的位置，可以使用相对路径，也可以使用绝对路径

它的常用事件同样也是 Click 事件。

◎ 小提示

三个按钮控件的功能是相似的，它们的区别可从它们的名称上看出来。Button 按钮是一般的按钮，LinkButton 按钮是文字超链接按钮，ImageButton 按钮是图像超链接按钮。

（4）HyperLink 控件

HyperLink 控件又称为超链接控件，该控件只实现导航功能，没有事件功能，只有属性能进行设置，以实现导航链接。

它的属性见表 1–9。

表 1–9　HyperLink 属性表

属　性	说　明
ID	控件的 ID 名称
Text	设置 HyperLink 控件的文本标题
ImageUrl	设置 HyperLink 控件的图像路径
NavigateUrl	设置 HyperLink 控件时链接到的 URL
Target	主要有三个值，_blank 表示在新的窗口中打开见面，_parent 表示在框架集中的父级窗口或页面中显示网页，_self 表示在当前网页中显示网页

3. 选择类型控件

（1）ListBox 控件

ListBox 控件用于显示一组列表项，用户可以从中选择一项或多项。它会自动增加上下滚动条。

它的常用属性见表 1–10。

表 1–10　ListBox 常用属性表

属　性	说　明
ID	控件的 ID 名称
Items	获取列表控件项的集合
SelectionMode	设置 ListBox 控件的选择格式
SelectedIndex	设置 ListBox 控件的最低序号索引
SelectedItem	获取 ListBox 控件中索引最小的选中的项
SelectedValue	获取 ListBox 控件中选定项的值
Rows	设置 ListBox 控件中显示的行数
DataSource	设置数据源

它的常用方法是 DataBind()方法，当 ListBox 控件使用 DataSource 属性附加数据源时，要使用 DataBind()将数据源绑定到 ListBox 控件上。

（2）DropDownList 控件

DropDownList 控件与 ListBox 控件在使用上类似，但 DropDownList 控件只允许用户每次从列表中选择一项，而且在框中仅显示选定项。

它的常用属性见表 1–11。

表 1–11 DropDownList 常用属性表

属 性	说 明
ID	控件的 ID 名称
Items	获取列表控件项的集合
SelectionMode	设置 ListBox 控件的选择格式
SelectedIndex	设置 ListBox 控件的最低序号索引
SelectedItem	获取 ListBox 控件中索引最小的选中的项
SelectedValue	获取 ListBox 控件中选定项的值
AutoPostBack	值为 True 或 False，表示是否回传服务器并刷新页面
DataSource	设置数据源

它的常用方法是 DataBind()方法，当 DropDownList 控件使用 DataSource 属性附加数据源时，要使用 DataBind()将数据源绑定到 DropDownList 控件上。

它的常用事件是 SeclectedIndexChanged，当 DropDownList 控件中的值发生改变时，将会触发 SeclectedIndexChanged 事件。

（3）RadioButton 控件

RadioButton 控件是一种单选按钮，用户可以在页面中添加一组 RadioButton 控件，通过为所有的单选按钮分配一个相同的 GroupName，这样，从一个组里仅能选择一个选项。

它的常用属性见表 1–12。

表 1–12 RadioButton 常用属性表

属 性	说 明
ID	控件的 ID 名称
AutoPostBack	值为 True 或 False，表示是否回传服务器并刷新页面
Checked	值为 True 或 False，表示是否被选中
GroupName	设置多个单选按钮的一个组名
Enabled	控件是否可用
CausesValidation	主要用来确定该控件是否导致激发验证

它的主要事件是 CheckedChanged，当 RadioButton 控件的选中状态发生改变时引发该事件。

（4）CheckBox 控件

CheckBox 控件为某个问题提供多种选项并可以做多种选择。

它的常用属性见表 1–13。

表 1–13 CheckBox 常用属性表

属 性	说 明
ID	控件的 ID 名称
AutoPostBack	值为 True 或 False，表示是否回传服务器并刷新页面
Checked	值为 True 或 False，表示是否被选中
GroupName	设置多个单选按钮的一个组名
Enabled	控件是否可用
CausesValidation	主要用来确定该控件是否导致激发验证

它的主要事件也是 CheckedChanged，当 CheckBox 控件的选中状态发生改变时引发该事件。

4. 图形显示类型控件

（1）Image 控件

Image 控件用于在页面上显示图像，在使用 Image 控件时，可以在设计时或运行时设置其属性，主要是指定图像文件的位置。

它的常用属性见表 1–14。

表 1–14 Image 常用属性表

属 性	说 明
ID	控件的 ID 名称
AlternateText	控件上的图像无法显示时代替显示的文本
ImageUrl	Image 控件中图像所在的位置
Enabled	控件是否可用
ImageAlign	Image 控件相对于页面上其他元素的对齐方式

（2）ImageMap 控件

ImageMap 控件允许在图片中设置一些热点区域。当用户单击这些热点区域时，将会引发超链接或者单击事件。当需要对图片进行局部交互时，可使用 ImageMap 控件。

它的常用属性见表 1–15。

表 1–15 ImageMap 常用属性表

属 性	说 明
ID	控件的 ID 名称
AlternateText	控件上的图像无法显示时代替显示的文本

续表

属　性	说　明
HotSpotMode	单击热点对象时，ImageMap 控件的热点对象的默认行为，主要有四个值
HotSpots	热点对象的集合，表示 ImageMap 控件中图像的作用点区域
ImageAlign	Image 控件相对于页面上其他元素的对齐方式
ImageUrl	Image 控件中图像所在的位置
Target	主要有三个值，_blank 表示在新的窗口中打开见面，_parent 表示在框架集中的父级窗口或页面中显示网页，_self 表示在当前网页中显示网页

5. FileUpload 文件上传控件

FileUpload 控件包括一个文本框和一个浏览按钮。FileUpload 控件不会自动上传文件，需要做进一步的设置，主要设置相关的事件处理程序。

它的常用属性见表 1–16。

表 1–16　FileUpload 常用属性表

属　性	说　明
ID	控件的 ID 名称
FileBytes	获取上传文件的字节数组
FileContent	获取指向上传文件的 Stream 对象
FileName	获取上传文件在客户端的文件名称
HasFile	值为 True 或 False，表示 FileUpload 控件是否已经包含上传的文件
PostedFile	获取一个与上传文件相关的 HttpPostedFile 对象，使用该对象可以获取上传文件的相关属性。

它的常用方法是 SaveAs(String filename)，参数 filename 是指被保存在服务器上上传文件的绝对路径。通常在调用此方法前，应首先判断 HasFile 属性值来确认上传的文件是否存在，为 True 则调用该方法可实现文件上传。这在【案例 3】中是有体现的。

【能力大比拼，看谁做得又好又快】

根据图 1–30 所示的网易 163 邮箱的注册界面，利用 Web 控件做出类似的注册界面，此外根据任务 3 之案例的所学知识完成图片上传功能。

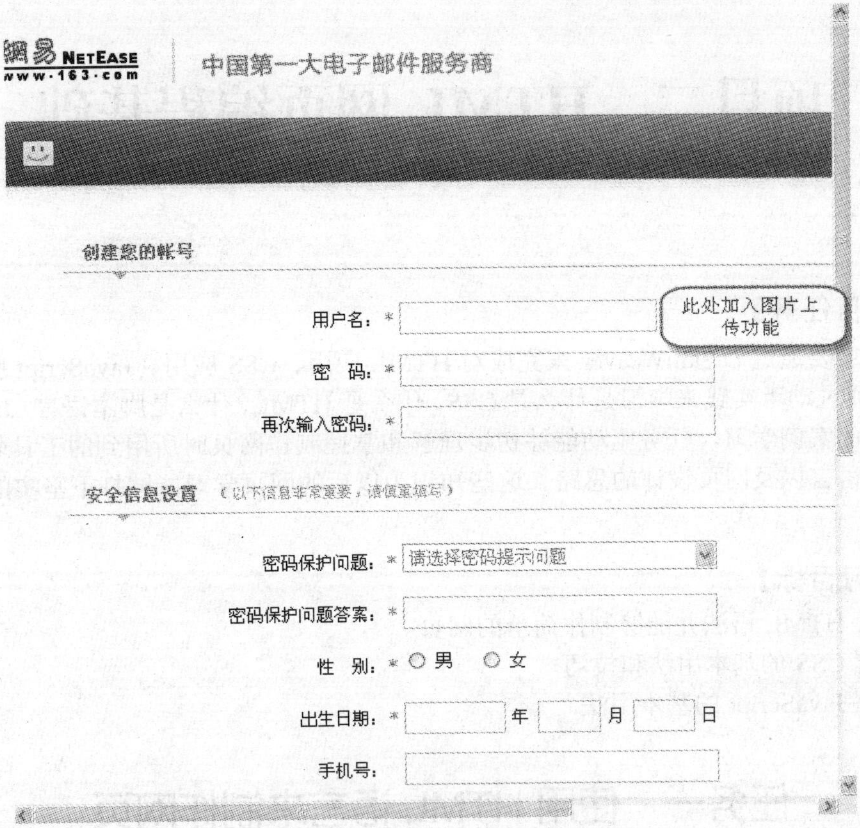

图 1-30　网易 163 邮箱注册界面

【任务小结】

——你掌握了吗？

（1）掌握文本类型控件。
（2）掌握按钮类控件。
（3）掌握选择类控件。
（4）掌握图形显示类控件。
（5）掌握容器类控件。
（6）掌握文件上传控件。

项目二　HTML 网页编程基础

【项目任务】

本项目主要通过 DreamWeaver 来完成对 HTML 应用、CSS 应用、JavaScript 脚本应用实例的学习，通过动手实践来学习是什么是 CSS、什么是 HTML、什么是脚本语言（JavaScript）。通过本项目的案例学习，任务驱动能够初步理解和掌握制作网页时所用到的工具软件和简单的程序设计语言以及网页设计的思路。这些知识为以后的网页学习能够打下坚实的基础。

【学习目标】

☆ 学会 HTML 语法并能够制作简单的网页

☆ 掌握 CSS 的基本用法和技巧

☆ 掌握 JavaScript 的基本用法

任务一　使用 HTML 语言来制作网页

【任务要点】

1. 使用记事本来制作 HTML 网页
2. 使用 DreamWeaver 来制作 HTML 网页

【导学实践，跟我学】

【案例 1】

使用记事本来制作 HTML 网页

现在使用记事本来制作一个简单的主页（index.htm），一般直接将记事本的扩展名.txt 改为.htm，然后使用 IE 浏览器来浏览就可以了，在这里有必要来识记 HTML 网页的主体结构。

任务结果如图 2–1 所示。

【具体步骤】（在 Windows XP 中完成）

（1）双击【我的电脑】图标，选择【工具】→【文件夹选项】命令，从弹出的对话框中打开【查看】选项卡，取消选中【隐藏已知文件类型的扩展名】复选框，再单击【确定】按钮，即可将所有文件的扩展名显示出来。

（2）在【桌面】上右击，在弹出的快捷菜单中选择【新建】→【文本文档】命令，此时会在桌面上出现“新建文本文档.txt”文件，如图 2–2 所示，将文件名改为“index.htm”。图标会马上改为图 2–3 所示的样式。

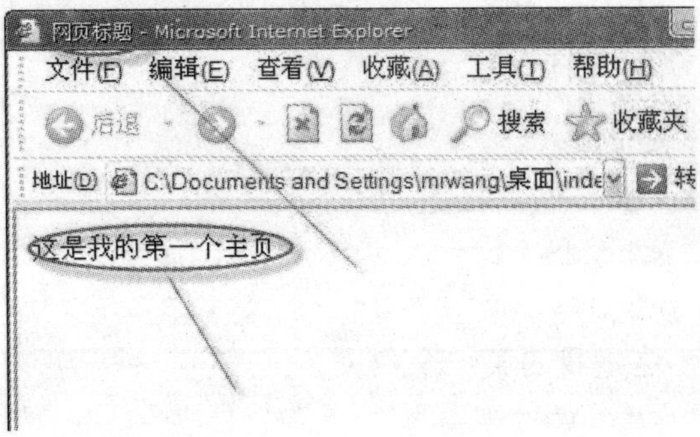

图 2–1 任务结果

图 2–2 新建文本文档.txt

图 2–3 index.htm

◎ 小提示

为了区分不同的文件，必须给每个文件命名，计算机对文件实行按名存取的操作方式。DOS 操作系统规定文件名由文件主名和扩展名组成，文件主名由 1～8 个字符组成，扩展名由 1～3 个字符组成，主名和扩展名之间由一个小圆点隔开，一般称为 8.3 规则。其格式如下：

□□□□□□□□. □□□（即主名.扩展名）

但是到了 Windows 时代，此种命名方法已经不能适应日益增多的文件，因此现在已经突破了所谓的 8.3 规则。现在需要说明的是，主名是用来标识文件名的，而扩展名一般是用来标识文件类型的，比如.txt 是文本文件，.doc 是 Word 文件 .xls 是 Excel 文件。

有的文件修改扩展名就可以做适当的类型转换，比如在本任务中，由空白.txt 文档转换为.htm 文件。

（3）在“index.htm”上右击，在弹出的快捷菜单中选择【打开方式】→【记事本】命令，使用记事本来编缉代码文本，如图 2–4 所示。

图 2–4 “记事本”命令

（4）在打开的记事本中，输入以下代码：

```
<html>
<head>
<title>网页标题</title>
</head>
<body>
这是我的第一个主页
</body>
</html>
```

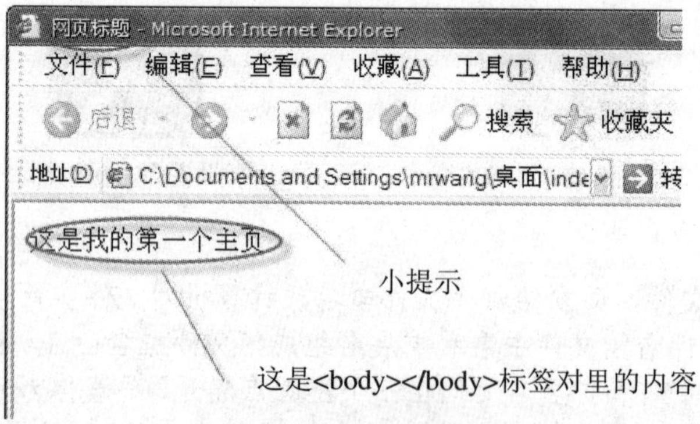

图 2–5　程序运行效果

要浏览这个 index.htm 文件，只需在桌面上双击它，或者打开浏览器，选择【File】→【Open】命令，然后选择这个文件就行了。效果如图 2–5 所示。

【示例解释】

这个文件的第一个 Tag 是<html>，这个 Tag 告诉你的浏览器这是 HTML 文件的头。文件的最后一个 Tag 是</html>，表示 HTML 文件到此结束。

在<head>和</head>之间的内容，是 Head 信息。Head 信息是不显示出来的，用户在浏览器里看不到。但是这并不表示这些信息没有用处。比如用户可以在 Head 信息里加上一些关键词，有助于搜索引擎能够搜索到这个网页。

在<title>和</title>之间的内容，是这个文件的标题。用户可以在浏览器最顶端的标题栏中看到这个标题。

在<body>和</body>之间的信息，是正文。

HTML 文件看上去和一般文本类似，但是它比一般文本多了 Tag，比如<html>，<title>等，通过这些 Tag，可以告诉浏览器如何显示这个文件。

◎ 小提示

关于标签对：目前全部使用成对标签，如果遇到单标签，可将它改造为“标签对”。

举例：
改造后为
——
表示换行。

一般来说，在 HTML 中的单标签有
、<hr>、<img>、<input>、<param>、<meta>、<link>,比较常用的有
、<img>、<link>等。

关于 HTML 编写格式要求：一般来说，目前在编写 HTML 中要遵循以下要求，这可以为后续的学习打下良好的基础。

① 标签对要成对出现；

② 对于不熟悉的标签要做出注释；

③ 标签对只能嵌套使用，不能交叉使用。

【案例 2】

使用 DreamWeaver 来制作 HTML 网页

通常是不使用记事本来制作网页进行网站开发的，目前比较流行的网页编辑软件是 DreamWeaver。这个软件不仅可以编辑软件，而且可以进行网站的发布，是一个功能比较齐全、比较容易上手的网页编辑工具，下面介绍如何使用 DreamWeaver 来制作一个网站的首页。

【具体步骤】（在 DreamWeaver 8 中完成）

（1）在 D 盘根目录下建立文件夹并命名为 website（网站）。

（2）打开 DreamWeaver，选择【文件】→【新建】→【基本页】→【HTML】→【创建】命令，将出现 Unitiled–1（未命名 1）的页面，如图 2–6 所示。

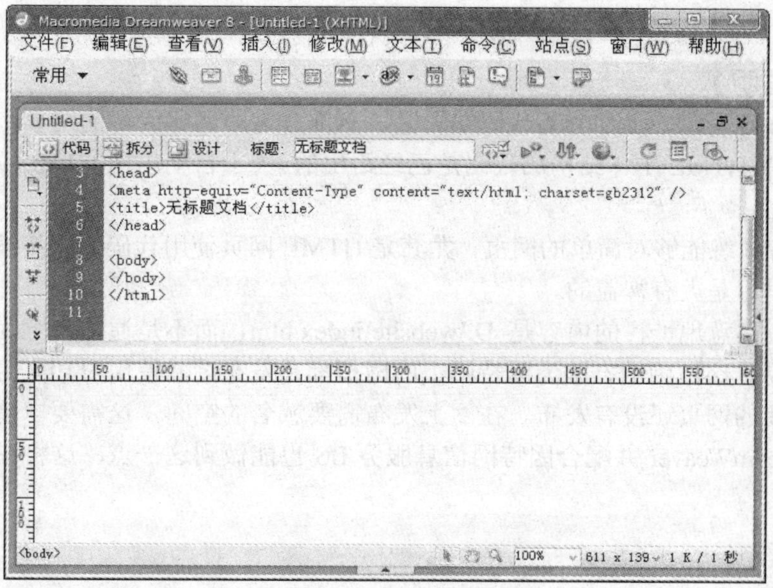

图 2–6 Unitiled–1 页面

（3）选择【文件】→【保存】命令，在弹出的【另存为】对话框的【保存在】下拉列表框中，选择第一步建立的文件夹 website，在【文件名】下拉列表框中输入 index.htm，然后单击【确定】按钮。

◎ 小提示

在给网页取主页名时，一般使用 index 或 default，在其扩展名中可以使用.html 或.htm，使用.htm 居多。

（4）在上半部分的代码区的<title></title>内，输入“我的第一个首页”，在<body></body>内，输入“此处显示网页的主体内容”。

（5）按 F12 键运行网页，得到图 2–7 所示的网页。

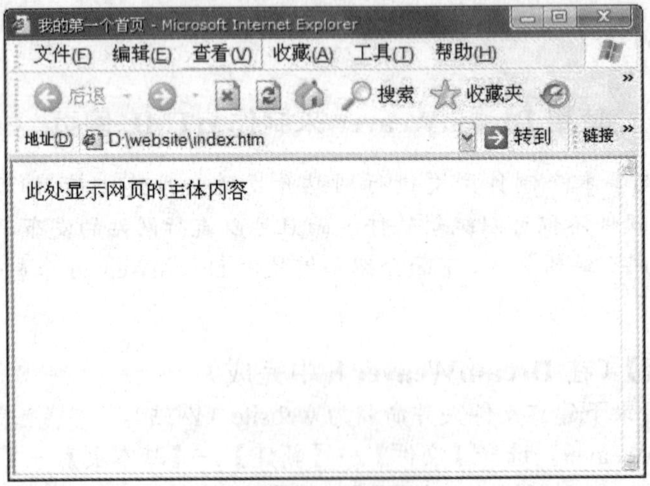

图 2–7 运行结果

【示例说明】

（1）如图 2–6 所示，上部分为代码编辑区，下部分为即见即所得的网页。可以看到，在 DreamWeaver 中，HTML 主体结构的代码是已经给出的。关于自动出现的<Meta/>一般情况下，可以不必理会它。

（2）请读者训练能够对简单的网页，尤其是 HTML 网页使用代码来直接编写，这对以后的动态网页的学习是大有裨益的。

（3）请读者注意地址栏的内容是 D:\website\index.htm，而不是通常浏览因特网时常见的 http://开头，这是什么原因呢？因为因特网上的网页都是发布过并使用 HTTP 协议来传输浏览内容的，而现在的网页还没有发布。在网上发布需要域名的空间，这需要申请并交付一定的费用。使用 DreamWeaver 并配合因特网信息服务 IIS 也能做到这一点，这将在案例 3 中进行讲述。

【案例 3】

在 DreamWeaver 中进行站点发布

如何将 D:\website 的网页在 DreamWeaver 中进行站点发布呢？下面进行详细的讲解。

说明：进行站点的发布一定要先安装 IIS，此处不做详细说明。

【具体步骤】

（1）在【桌面】上右击，在弹出的快捷菜单中选择【管理】命令，弹出【计算机管理】对话框，选择【Internet 信息服务】→【网站】→【默认网站】命令，右击，在弹出的快捷菜单中选择【新建】→【虚拟目录】→【下一步】命令，如图 2–8～图 2–10 所示。

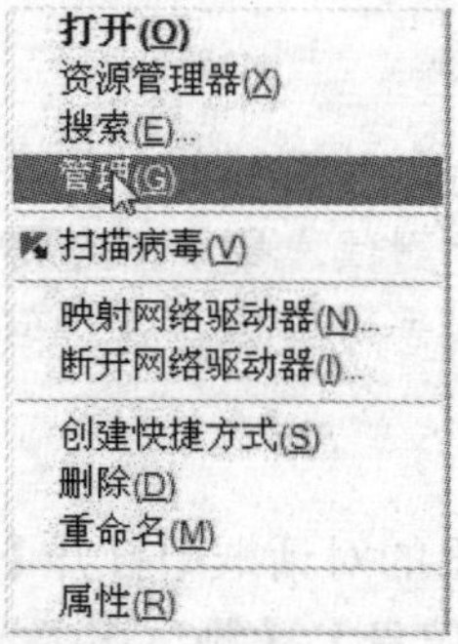

图 2–8　“管理”命令

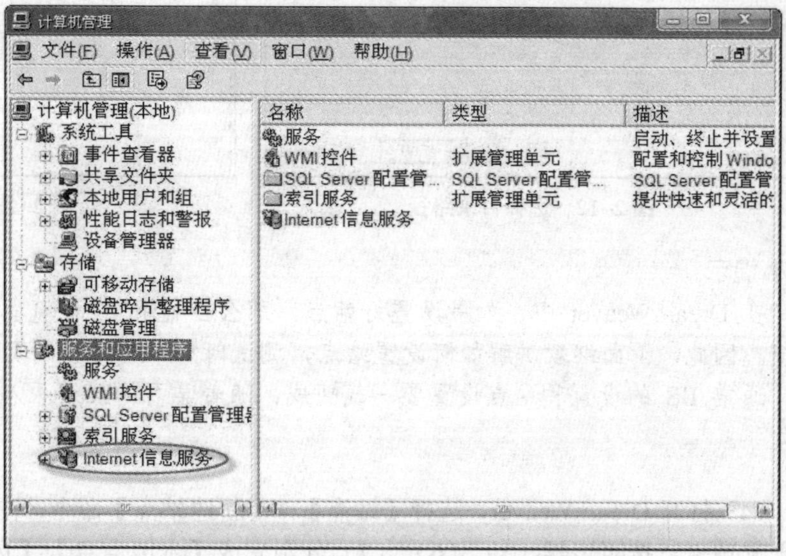

图 2–9　选择【Internet 信息服务】命令

（2）在【别名】文本框中填入要给网站起的别名后，单击【下一步】按钮，单击打开的对话框中【目录】文本框后的【浏览】按钮，选择 D:\website→【下一步】→【下一步】→【完成】命令，如图 2–11 和图 2–12 所示。

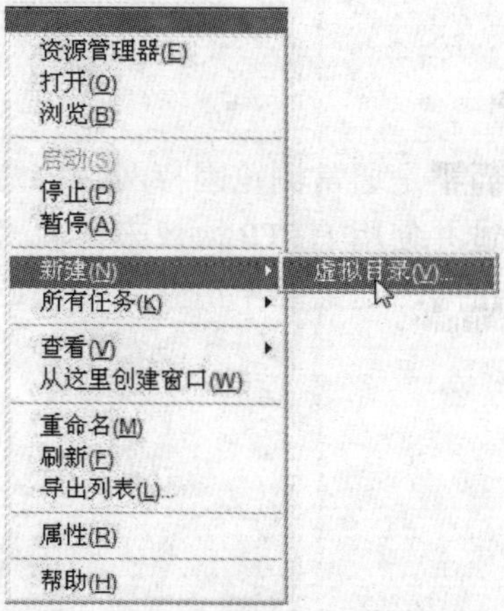

图 2–10　选择【虚拟目录】命令

图 2–11　设置别名

（3）打开 IE 浏览器，在【地址】栏中输入 http://localhost/webtest/index.htm 即可，出现如图 2–13 所示的页面。

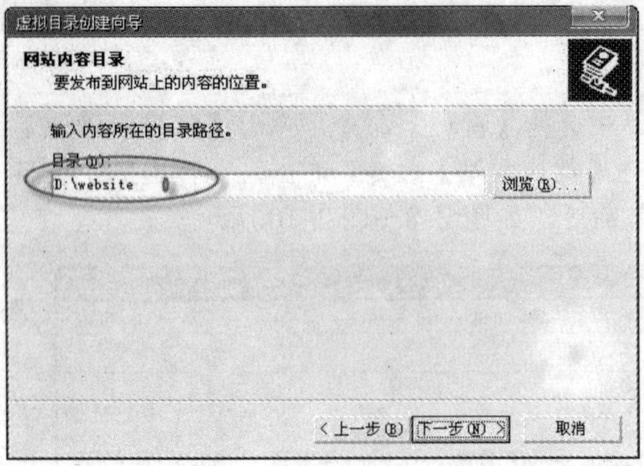

图 2–12 选择目录路径

图 2–13 显示页面

◎ 小提示

在 DreamWeaver 中，如果设置好站点，那么在利用 IE 浏览器进行网站测试的时候会更便捷。因此，下面继续讲解如何设置站点，测试时如果对某一网页进行测试，按下 F12 键即可。通常 IIS 的设置和站点设置要一气呵成，随着学习的继续深入，读者便能体会这样做的好处了。

（4）打开 DreamWeaver，选择【站点】→【新建站点】命令，在弹出的对话框中打开【高级】选项卡，按照步骤（5）、（6）、（7）分别完成【本地信息】、【远程信息】、【测试服务器】的配置就可以了，如图 2–14 所示。

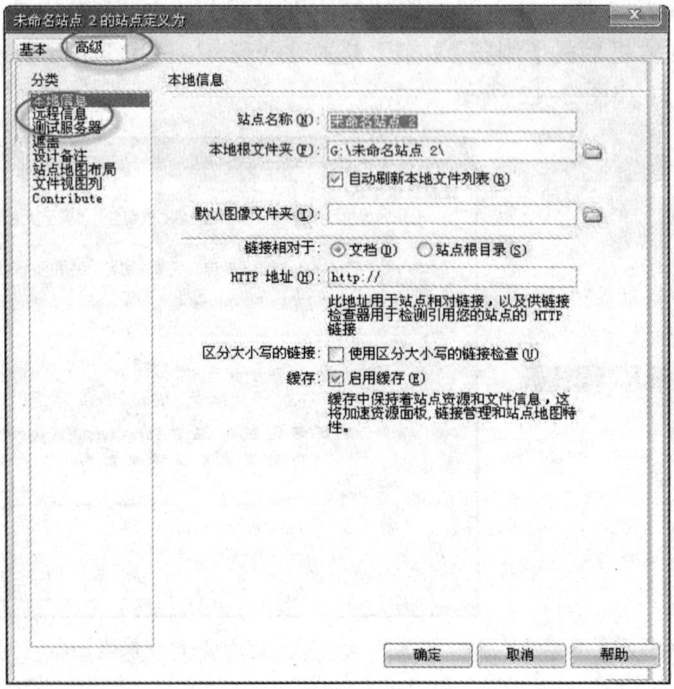

图 2–14 “高级”选项卡

（5）在【本地信息】中，在【站点名称】文本框中给站点起名为 myWebsite，将【本地文件夹】设置为 D:\website，如图 2–15 所示。

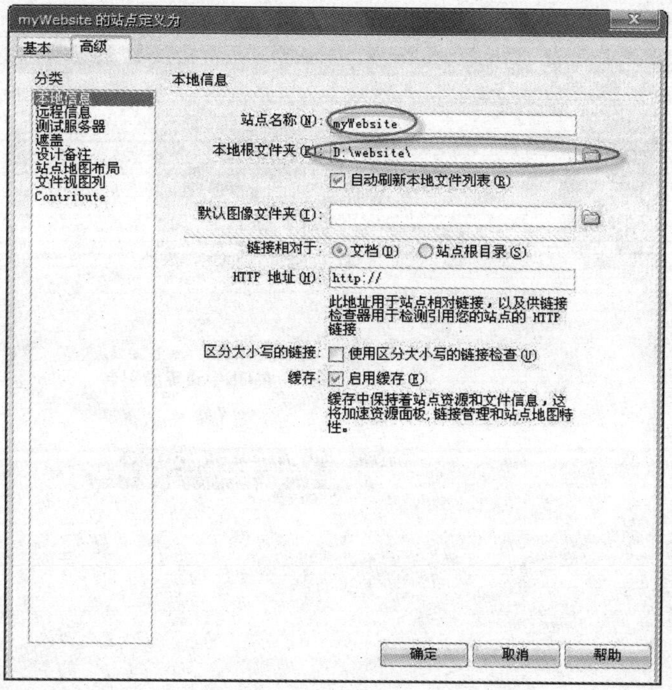

图 2–15　设置本地信息

（6）在【远程信息】中，将【访问】下拉列表框中的值设置为“本地/网络”，将【远程文件夹】设置为“D:\website”，并对应图将复选框进行勾选，如图 2–16 所示。

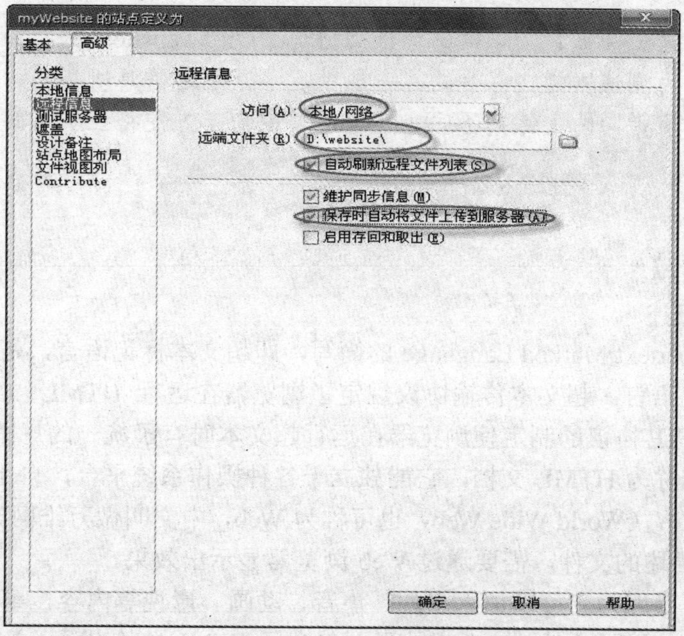

图 2–16　设置远程信息

（7）在【测试服务器】中，将【服务器模型】设置为“ASP JavaScript”，将【访问】设置为“本地/网络”，在【URL 前缀】中的 http://localhost/后加上“webtest”，结果如图 2–17 所示。

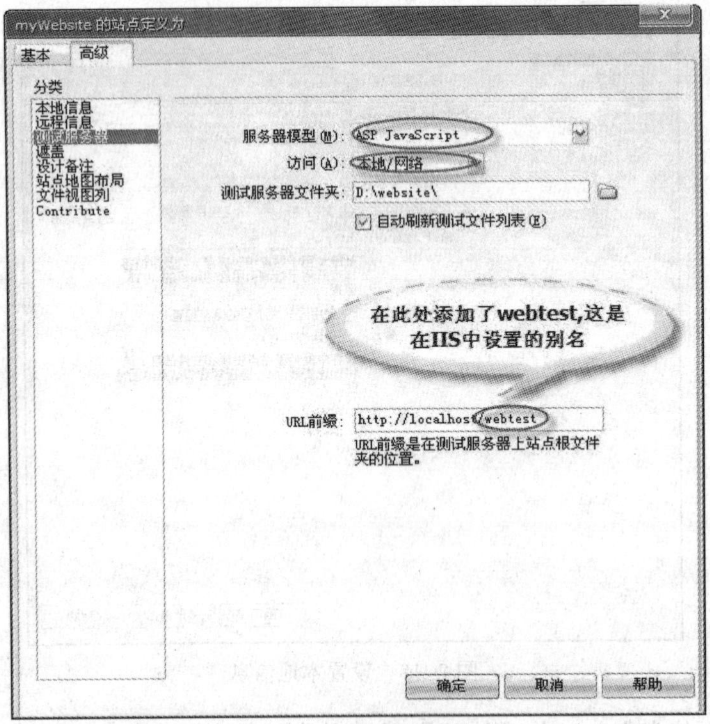

图 2–17 设置测试服务器

◎ 小提示

在【测试服务器文件夹】文本框中会自动出现“D: \website”的路径，因此远程信息所指向的文件夹是作为测试器的文件夹的。一般情况下，本地信息所指向的文件夹可以和远程信息、测试服务器所指向的文件夹不同，但在本书中为了方便将三者指向的文件夹设置为相同的。

【背景知识】

一、HTML 概述

HTML 是 Hypertext Marked Language 的简写，即超文本标记语言，是一种用来制作超文本文档的简单标记语言。超文本传输协议规定了浏览器在运行 HTML 文档时所遵循的规则和进行的操作。HTTP 协议的制定使浏览器在运行超文本时有了统一的规则和标准，用 HTML 编写的超文本文档称为 HTML 文档，它能独立于各种操作系统平台，自 1990 年以来 HTML 就一直被用作 W W W（World Wide Web，也可称为 Web，中文叫做万维网）的信息表示语言，使用 HTML 语言描述的文件，需要通过 Web 浏览器显示出效果。

所谓超文本，是因为它可以加入图片、声音、动画、影视等内容，事实上每一个 HTML 文档都是一种静态的网页文件，这个文件里面包含了 HTML 指令代码，这些指令代码并不是程序语言，它只是一种排版网页中资料显示位置的标记结构语言，易学易懂，非常简单。HTML 的普遍应用就是带来了超文本的技术，即通过单击鼠标从一个主题跳转到另一个主题，从一个页面跳转到另一个页面，与世界各地主机的文件链接，直接获取相关的主题。

HTML 只是一个纯文本文件。创建一个 HTML 文档只需要两个工具，一个是 HTML 编辑器，另一个是 Web 浏览器。HTML 编辑器是用于生成和保存 HTML 文档的应用程序。Web 浏览器是用来打开 Web 网页文件，提供给用户查看 Web 资源的客户端程序。

二、HTML 的基本结构

一个 HTML 文档是由一系列的元素和标签组成的，元素名不区分大小写。HTML 用标签来规定元素的属性和它在文件中的位置，HTML 超文本文档分文档头和文档体两部分，在文档头里，对这个文档进行了一些必要的定义，文档体中才是要显示的各种文档信息。

下面是一个最基本的 HTML 文档的代码：

```
<HTML> -------------------------------------------------|开始标签
   <HEAD>    ----------------------------------------------|头部标签开始
        <TITLE> 一个简单的 HTML 示例  </TITLE>
                          ------------ |Title 标签对用来在标题栏内显示网页主题
   </HEAD>  -------------------------------------------------|头部标签结果
    <BODY> ------------------------------------------|主体开始
       这是网页的文档的显示部分（大部分代码是在这个标签对里面的）
     </BODY> ------------------------------------------|主体结束
</HTML> ------------------------------------------------ |结尾标签
```

<HTML></HTML>在文档的最外层， 文档中的所有文本和 HTML 标签都包含在其中，它表示该文档是以超文本标识语言（HTML）编写的。事实上，现在常用的 Web 浏览器都可以自动识别 HTML 文档，并不要求有 <html>标签，也不对该标签进行任何操作，但是为了使 HTML 文档能够适应不断变化的 Web 浏览器，还是应该养成不省略这对标签的良好习惯。

<HEAD></HEAD>是 HTML 文档的头部标签，在浏览器窗口中，头部信息是不被显示在正文中的，在此标签中可以插入其他标记，用以说明文件的标题和整个文件的一些公共属性。若不需头部信息则可省略此标记，良好的习惯是不省略。

<TITLE>和</TITLE>是嵌套在<HEAD>头部标签中的，标签之间的文本是文档标题，它被显示在浏览器窗口的标题栏。

<BODY> </BODY>标记一般不省略，标签之间的文本是正文，是在浏览器要显示的页面内容。

上面的这几对标签在文档中都是唯一的，HEAD 标签和 BODY 标签是嵌套在 HTML 标签中的。

三、HTML 的标签与属性

对于刚刚接触超文本的朋友，遇到的最大的障碍就是一些用“<”和“>”括起来的句子，称之为标签，它是用来控制文本的布局、文字的格式以及五彩缤纷的页面。标签通过指定某块信息为段落或标题等来标识文档某个部件。属性是标志里的参数的选项，HTML 的标签分单标签和成对标签两种。成对标签是由首标签（<标签名>）和尾标签（</标签名>）组成的，成对标签的作用域只作用于这对标签中的文档。单独标签的格式的（<标签名>），单独标签在相应的位置插入元素就可以了，大多数标签都有自己的一些属性，属性要写在首标签内，属性用于进一步改变显示的效果，各属性之间无先后次序，属性是可选的，属性也可以省略而采用默认值；其格式如下：

<标签名字 属性 1 属性 2 属性 3…>内容</标签名字>

作为一般的原则，大多数属性值不用加双引号。但是包括空格、%、# 等特殊字符的属性值必须加双引号。为了培养良好的习惯，提倡对属性值全部加双引号。如：

<font color="#ff00ff" face="宋体" size="30">字体设置</font>

注意事项：输入首标签时，一定不要在“<”与标签名之间输入多余的空格，也不能在中文输入法状态下输入这些标签及属性，否则浏览器将不能正确地识别括号中的标志命令，从而无法正确地显示信息。

四、常用标记（tag）及属性的英文识记

常用标记及属性的英文识记见表 2–1。

表 2–1 常用标记及属性的英文识记

标记或属性名	Hr	Br	Img	A	Marquee	Table	Tr	Td
说明	水平线	换行	图片	举动标记	超链接	表格	行	单元格
标记或属性名	Form	Input	Width	Height	Color	Font	Align	Direction
说明	表单	输入	宽度	高度	颜色	字体	排列	方向
标记或属性名	Loop	Text	Password	Checkbox	Radio	Submit	Reset	Hidden
说明	循环	文本	密码	复选框	单选按钮	提交	重置	隐藏

【能力大比拼，看谁做得又好又快】

（1）根据所学技能与知识，依据图 2–18，使用 HTML 语言和记事本来制作一样的网页。

（2）根据所学技能与知识，将第（1）题所做的 HTML 网页，使用 IIS 发布和站点设置的技能，用 IE 浏览器浏览时，呈现地址栏内的内容，如图 2–19 所示。

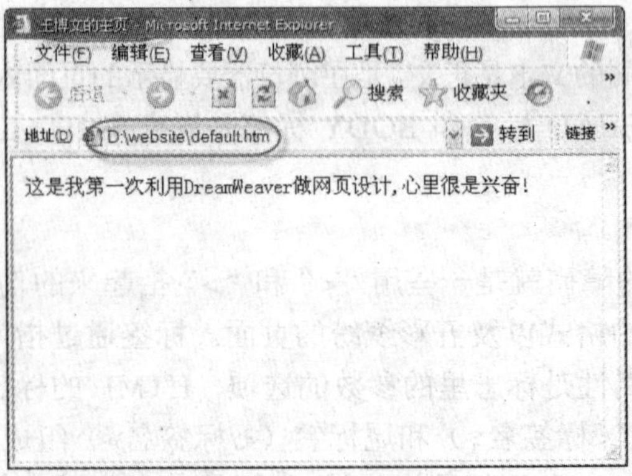

图 2–18 示例网页（1）

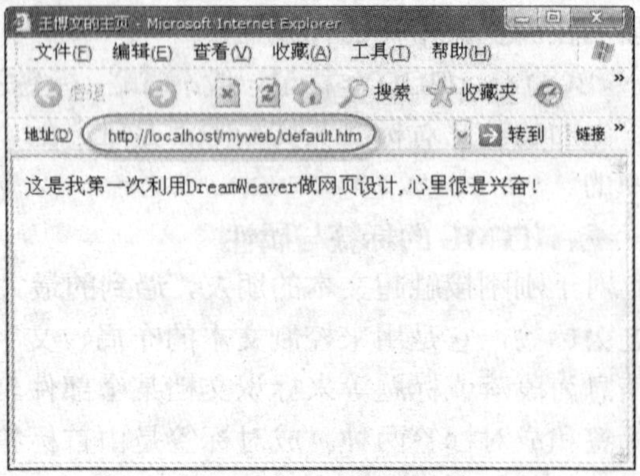

图 2–19 示例网页（2）

【任务小结】

——你掌握了吗?

（1）什么是 HTML?

（2）HTML 中标签的使用。

（3）HTML 主体文档结构所用到的标签。

（4）在记事本中编辑简单的 HTML 网页。

（5）知识扩展里的四个小内容。

任务二　在网页中应用 JavaScript

【任务要点】

1. 学会事件驱动（处理）的编程思想
2. 掌握对象及对象的事件、方法、属性
3. 掌握基于对象化的编程

【导学实践，跟我学】

【案例 1】

应用 JavaScript 事件、属性、方法来制作网页

JavaScript 是基于对象的程序设计语言，因此理解和掌握对象的事件、属性、方法是非常必要的，JavaScritp 事件的主要作用可以简单地理解为：验证用户输入的数据，增加页面的动态效果。

一个使用 JavaScript 事件来实现交互的网页，一般有以下三个部分的内容。

（1）在 HEAD 部分定义一些 JavaScript 函数，一般以 Function 开始;

（2）HTML 本身的各种控制标记;

（3）拥有 ID 属性的 HTML 标记，主要指网页的界面元素，这些元素可以把 HTML 和 JavaScript 相连。

运行结果如图 2–20 所示。

【具体步骤】

（1）在 DreamWeaver 中新建一个网页，命名为 index.htm，并保存在 D:\website 中。

（2）打开 index.htm，并在其代码框的<head></head>标签对中输入以下代码，如图 2–21 所示。

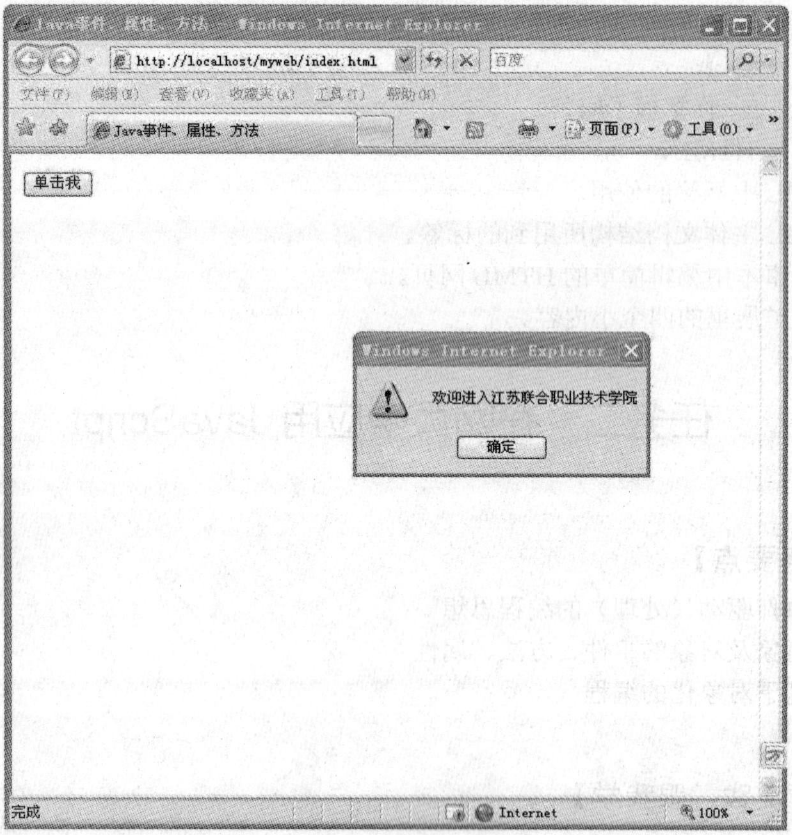

图 2–20　运行结果

```
<html>
<head>
<meta http-equiv="Content-Type" content="text/html; charset=gb2312" />
<title>Java事件、属性、方法</title>
<script type="text/javascript">
<!--
function Welcome(msg)
{
    alert(msg);
}
-->
</script>
</head>

<body onLoad="Welcome('欢迎进入江苏联合职业技术学院')" onUnload="Welcome('你把网页关闭了吗？')">

<input type="button" onClick="Welcome('这是鼠标单击事件（驱动）引起的代码执行')" value="单击我" />
</body>
</html>
```

图 2–21　输入代码

第一个方框内的代码为：

```
<script type="text/javascript">
<!--
function Welcome(msg)
{
```

```
    alert(msg);
}
-->
</script>
```

◎ 小提示

在网页中加入 JavaScript 代码的格式如下：

```
<script type="text/javascript">
<!--
JavaScript 脚本片断
-->
</script>
```

第二个方框内的代码为：

```
<body onLoad="Welcome('欢迎进入江苏联合职业技术学院')" onUnload="Welcome('你把网页关闭了吗？')">
<input type="button" onClick="Welcome('这是鼠标单击事件（驱动）引起的代码执行')" value="单击我" />
```

◎ 小提示

本段代码中共有三个事件，分别是 onLoad、onUnload、onClick 事件。前两者为浏览器事件，后者为鼠标单击事件。它们都调用函数 Welcome()。

（3）按 F12 键查看结果。

【示例解释】

一般来说，可以先在<head></head>内定义 Function 脚本片断，然后在譬如 onLoad、onUnload、onClick 的事件中来驱动、执行这些脚本片断来达到网页交互的目的。

本案例是从浏览器页面载入事件、鼠标单击事件、浏览器页面关闭（或更新）事件所触发的代码执行来理解掌握事件处理的概念。

【案例 2】

应用 JavaScript 内置对象来制作网页

JavaScript 是基于对象的简单程序，对象是由 JavaScript 的变量或其他对象的属性、方法所组成的集合，对象是类的实例化。方法是作为某个对象成员的函数。每个对象有它们自己的行为或者是使用它们的方法，比如说一只狗会跑会叫等，把这些行为称为方法，是动态的，可以使用这些方法来操作一个对象。属性是用来描述具体某个对象的特征的，是静态的，比如一只狗的颜色是黑色的。

JavaScript 对象一般有 Windows、Document、History、Navigator、Location、Date、Math、Array、Boolean、Number、String 等。本案例主要讲解 Windows、Document、History 等对象，Document 对象和它呈现给 JavaScript 程序的元素集合（如表单、图像和链接）构成了文档对象模型。Document 的主要方法是 write()，它主要用来显示输出信息，在脚本中可以做所有在普通 HTML 不能完成的工作。下面举例来说明它。

【具体步骤】

（1）如前所述，在 D:\website 中使用 DreamWeaver 建立一个页面，并命名为 default.htm。

（2）在 DreamWeaver 中，选择【文件】→【新建】命令，在弹出的对话框中的【常规】选项卡中，选择【基本页】选项，单击【创建】按钮，并命名为 default.html。

（3）在<head></head>标签对中输入以下代码，如图 2–22 所示。

```
<html>
<head>
<meta http-equiv="Content-Type" content="text/html; charset=gb2312" />
<title>无标题文档</title>
<script language="javascript">
<!--
function outPut()
{

document.write("<title>")
document.write("这是使用Document对象的网页输出")
document.write("</title>")
document.write("<body>")
document.write("<hr>")
document.write("<center>在脚本中可以做普通HTML不能完成的工作</center>")
document.write("<hr width=50% align=center>")
document.write("</body>")
//document对象最常用的方法是write()方法，可用来输出字符串，其中可以包含HTML标签
}
function openWeb(theUrl,winName,features)
{
    window.open(theUrl,winName,features);
}
-->
</script>

</head>

<body onLoad="openWeb('default1.html','','width=400,height=300')">
<input type="submit" value="单击我，仔细查看标题样和窗口内容" onClick="outPut()"/><br/>
<a href="default2.html">跳转到default2.html</a>
</body>
</html>
```

图 2–22　输入代码

第一块代码（<head></head>标签对中的代码）如下：

```
<script language="javascript">
<!--
function outPut()
{

document.write("<title>")
document.write("这是使用 Document 对象的网页输出")
document.write("</title>")
```

```
document.write("<body>")
document.write("<hr>")
document.write("<center>在脚本中可以做普通 HTML 不能完成的工作</center>")
document.write("<hr width=50% align=center>")
document.write("</body>")
//document 对象最常用的方法是 write()方法，可用来输出字符串，其中可以包含 HTML
标签
}
function openWeb(theUrl,winName,features)
{
    window.open(theUrl,winName,features);
}
-->
</script>
```

第二块代码如下：

```
<body onLoad="openWeb('default1.html','','width=400,height=300')">
<input type="submit" value="单击我，仔细查看标题样和窗口内容" onClick="outPut()"/>
<br/>
<a href="default2.html">跳转到 default2.html</a>
</body>
```

◎ 小提示

在此处调用两个在<head></head>标签中定义好的函数，onLoad="openWeb('default1.html','','width=400,height=300')"表示 default.html 页面打开的同时也会打开一个宽 400 像素，高 300 像素的名为 default2.html 的页面；onClick="outPut()"是指单击按钮时会调用 outPut()函数，从而实现对当前页面 default.html 的复写，注意地址栏中的文件名即可比较发现。

（4）继续在 DreamWeaver 中进行操作，选择【文件】→【新建】命令，在弹出的对话框中的【常规】选项卡中，选择【基本页】选项，单击【创建】按钮，并命名为 default1.html。

（5）在<body></body>内输入文字“这是弹出的一个通知窗口”，如图 2–23 所示。

（6）在 DreamWeaver 中，选择【文件】→【新建】命令，在弹出的对话框中的【常规】选项卡中，选择【基本页】选项，单击【创建】按钮，并命名为 default2.html。

（7）在<body></body>内输入代码，如图 2–24 所示。

代码如下：

```
<a href="javascript:history.back()">返回到 default.html</a><br/>
这是用于测试 History 返回的页面。
```

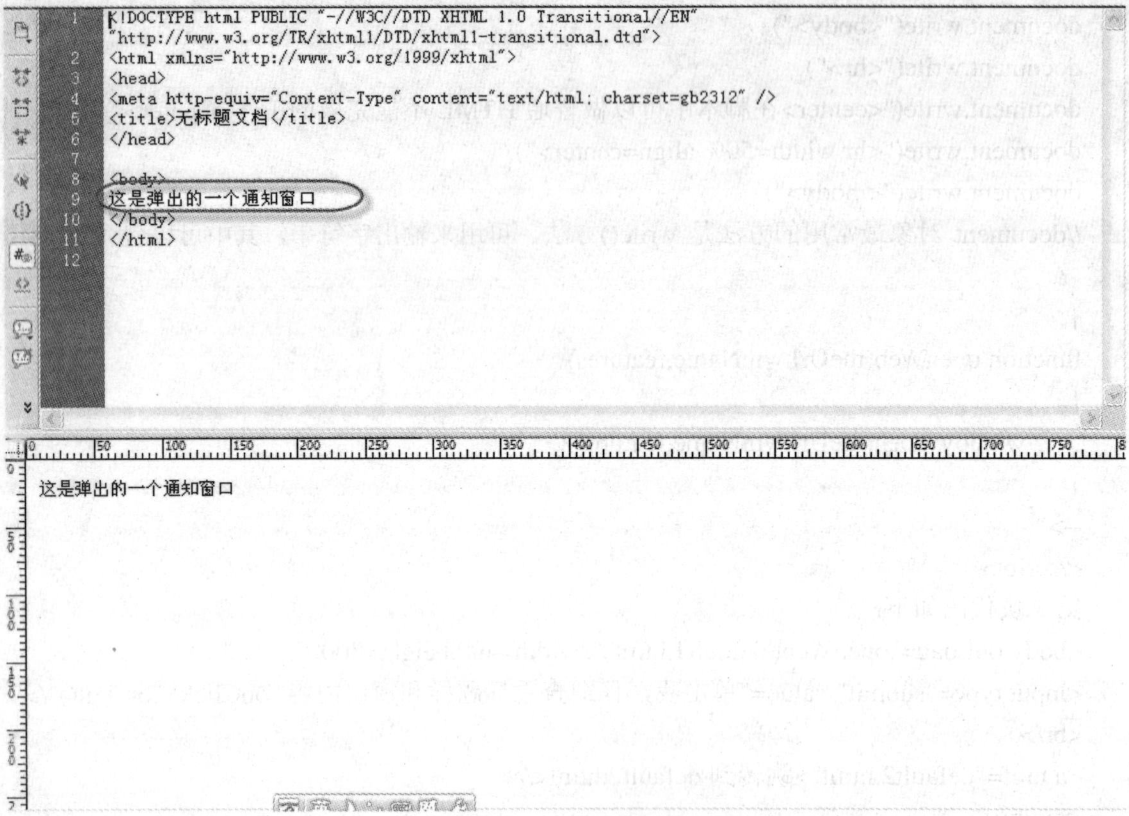

图 2–23　输入文字

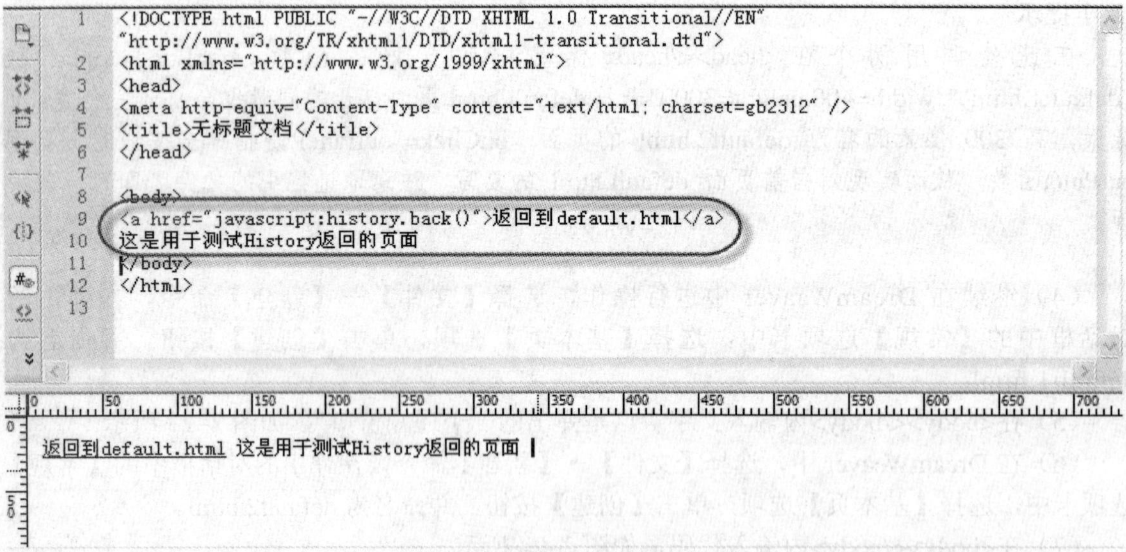

图 2–24　输入代码

◎ 小提示

这里使用 History 对象的 back()函数来实现页面的返回。

（8）按照前面所学的知识，在 DreamWeaver 中设置站点，并在 IIS 中设置 Web 站点发布。
（9）运行结果如图 2–25 所示。

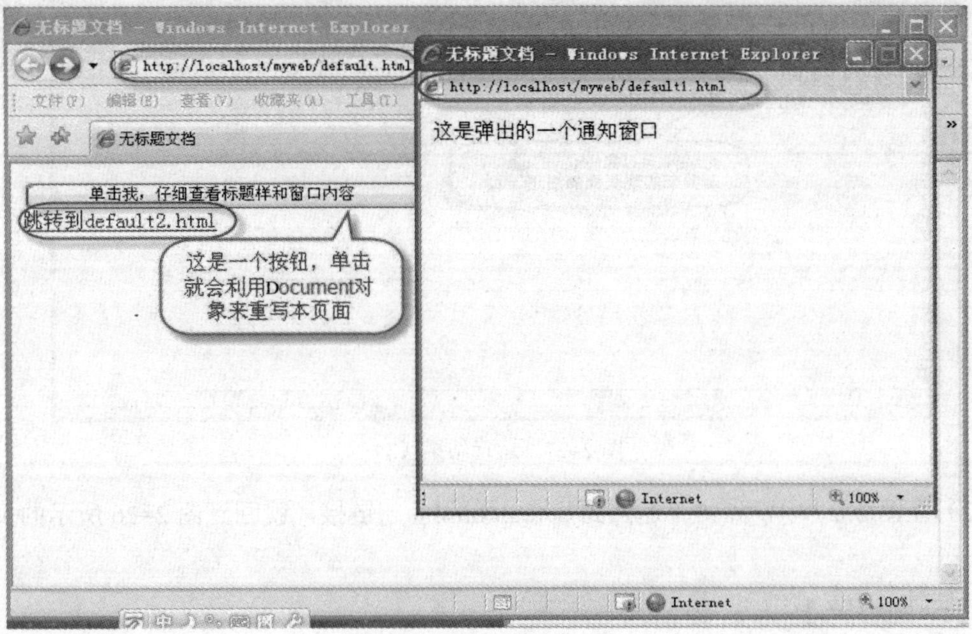

图 2–25 运行结果（1）

（10）单击【单击我，仔细查看标题样和窗口内容】按钮，可得到如图 2–26 所示的页面。

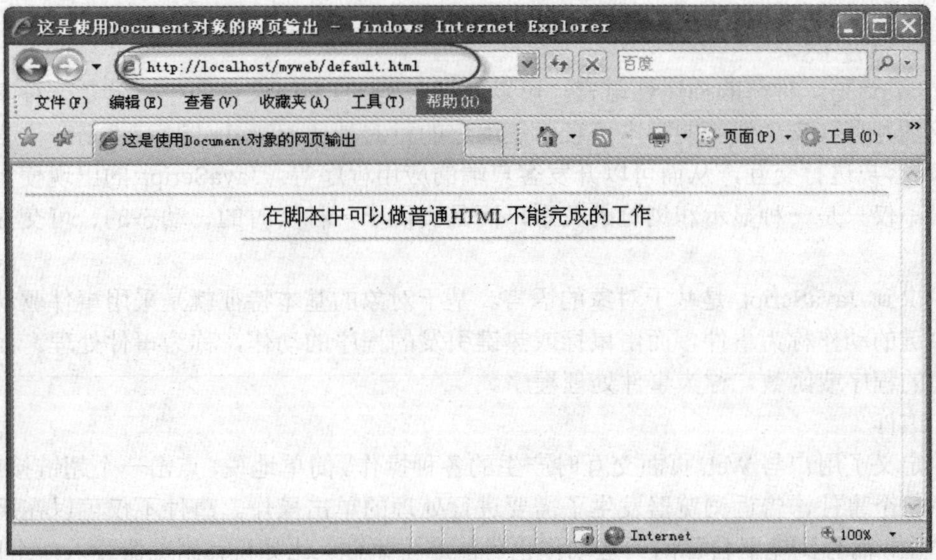

图 2–26 运行结果（2）

（11）在如图 2–25 所示的页面中点击“跳转到 default2.html”超链接，得到如图 2–27 所示的页面。

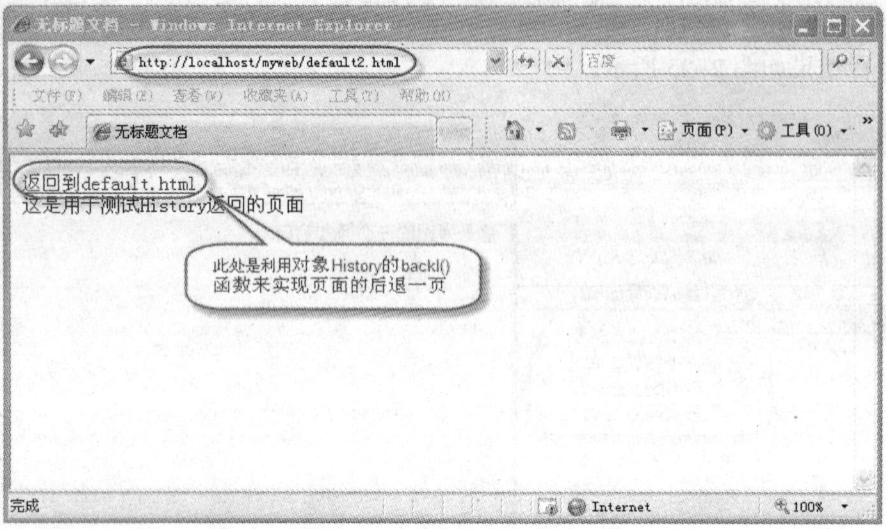

图 2–27　运行结果（3）

（12）在图 2–27 中，点击“返回到 default.html”超链接，就回到图 2–26 所示的页面。

【示例解释】

本案例主要用到了 Document、Windows、History 对象，希望读者根据案例好好揣摩它们的用法。

【背景知识】

JavaScript 是一种新的描述性语言，可以被嵌入到 HTML 文件之中。这是一种基于对象和事件驱动并具有安全性能的脚本语言。使用它的目的是使 HTML 与 JavaScript 语言一样实现与 Web 客户进行交互，从而可以开发客户端的应用程序等。JavaScript 的出现使得信息和用户之间不仅只是一种显示和浏览的关系，而且实现了一种实时的、动态的、可交互式的表达能力。

刚才讲到 JavaScript 是基于对象的语言。基于对象的基本特征就是采用事件驱动。通常鼠标或热键的动作称为事件，而由鼠标或热键引发的程序的动作，称为事件处理。而对事件进行处理的程序或函数，称为事件处理程序。

一、事件

事件定义了用户与 Web 页面交互时产生的各种操作。简单地说，点击一个超链接或按钮，就会产生一个事件，告诉浏览器发生了需要进行处理的单击操作。事件不仅可以在用户交互过程中产生，而且浏览器自己的一些动作也可能产生事件。比如说，浏览器载入一个网页时，就会产生一个 Load 事件。

在 JavaScript 中对象事件的处理通常由函数 Function 来担任，其基本格式与函数完全一样，格式如下：

Function 事件处理名（参数表）

```
{
    事件处理语句集
    ……
}
```

下面介绍常用事件及处理。

1. 浏览器事件

（1）Load 事件

当文档载入时，产生该事件。onLoad 的一个作用就是在首次载入一个文档时检测 Cookie 的值，并用一个变量为其赋值，使它可以被源代码使用。

（2）unLoad 事件

当 Web 页面退出（关闭或转向另一个页面）时会引发 onUnload 事件，并可更新 Cookie 的状态。

（3）Submit 事件

Submit 事件在完成信息的输入，准备将信息提交给服务器处理时发生，onSumbit 句柄在 Submit 事件发生时由 JavaScript 自动调用执行。onSubmit 句柄通常在标记中声明。

2. 鼠标事件

鼠标事件是常见的事件，经常用到有 onClick、onMouseDown、onMouseOver、onMouseOut 等。

3. 文本框事件

在文本框事件中有很多事件，下面主要介绍 onChange、onSelect、onFocus、onBlue 四种事件。

onChange 事件，当利用 Text 或 TextArea 元素输入字符值改变时会引发该事件，同时，当在 Select 表格项中的一个选项状态改变后也会引发该事件。OnSelect 事件，当 Text 或 Textarea 对象中的文字被加亮（选中）后，引发该事件。获得焦点事件 onFocus，当用户单击 Text 或 TextArea 以及 Select 对象时，产生该事件。此时该对象成为前台对象。失去焦点事件 onBlur，当 Text 对象或 TextArea 对象以及 Select 对象不再拥有焦点、而退到后台时，引发该文件，它与 onFocas 事件是一个对应的关系。

二、内置对象

JavaScript 的一个重要功能是基于对象功能。JavaScript 的内置对象极大地简化了 JavaScript 程序设计，使其可以用更直观、模块化和可重用的方式进行程序开发。它支持开发对象模型并可将这些类型实例化，创建对象实例。JavaScript 中的对象由属性和方法两个基本元素构成。属性是对象在实施其行为的过程中，实现信息的装载单位，从而与变量相关联。方法是指对象能够按照设计者的意图而被执行，从而与特定的函数关联。

◎ 小提示

其实可以这样理解对象、属性、方法、事件。小花是狗类的一个对象，它有四条腿、两个耳朵，颜色是黑白相间的花色，这些都是它固有的属性。这时你拿石头砸它——引发出一个事件——小花吓得汪汪叫，使用它的四条腿逃走了（这是小花应对突发事件的一个方法）。

那么 JavaScript 都有哪些内置的对象呢？对象具有哪些作用或功能呢？

一般来说，JavaScript 对象具有以下对象：Windows、Document、History、Navigator、Location、Date、Math、Array、Boolean、Number、String 等。

Windows 对象包括许多属性、方法和事件，可以利用这些对象控制浏览器窗口显示的各个方面。

Document 可用于输出，主要有 write()和 writeln()，主要用来实现在 Web 页面上显示输出信息。

History 对象是指浏览器的浏览地址，History 对象中常用的方法包括 back()、forward()和 go()。back()和 forward()主要实现页面的后退和前进，go()用来进入指定的界面。

Navigator 对象可用来存取浏览器的相关信息，浏览器对象 Navigator 中包括的常用属性有浏览器的名称、版本、代码名称、Cookie 功能是否打开等。

Location 对象是当前网页的 URL 地址，可以使用 Location 对象来打开网页，Location 对象中常用的方法包括 reload()，replace。Reload()相当于 IE 浏览器上的“刷新”功能。Replace()打开一个 URL，并取代历史对象中当前位置的地址。

JavaScript 没有时间类型，但可以用 Date 对象及其方法来取得日期和时间。Date 对象有许多方法来设置、提取和操作时间，它没有任何属性。

预定义的 Math 对象具有数学常量和函数的属性和方法。同样地，标准的数学函数也是 Math 对象的方法。与别的对象不同，不能自己创建一个 Math 对象，所有的 Math 对象都是预定义的。

JavaScript 可以使用预定义的 Array 对象及其方法提供对创建任何数据类型的支持。数组是一套数值的序列，它由一个名字和索引所组成。创建数组有两种方法来定义一个数组。

Boolean 对象是数据类型的包装器。每当 Boolean 数据类型转换为 Boolean 对象时，JavaScript 都隐含地使用 Boolean 对象。

Number 对象代表数值数据类型和提供数值常数的对象。Number 对象最主要的用途是将其属性集中到一个对象中，以及使数字能够通过 toString 方法转换为字符串。

String 对象可用于处理或格式化文本字符串，以及确定和定位字符串中的子字符串。不要将它同字符串常量相混淆。用户可以在一个字符串常量中调用任何 String 对象方法，JavaScript 自动将字符串常量转换为一个临时的 String 对象并调用其方法，然后丢弃该临时的 String 对象。用户也可以在一个字符串常量中使用 String.length 等属性。

预定义的 function 对象指定一个 JavaScript 字符串码，它可以像函数一样进行编译。

【任务小结】

——你掌握了吗？

（1）事件驱动（处理）的编程思想。

（2）对象及对象的事件、方法、属性。

（3）基于对象化的编程。

（4）最常用事件处理。

（5）内置对象有哪些？

任务三　使用样式表（CSS）来美化网页

【任务要点】

1. 使用内部样式表美化网页
2. 使用外部样式表美化网页

【导学实践，跟我学】

【案例1】

使用内部样式表对网页的字体、字号、字色、字样进行美化设置

这里使用层叠样式表（一般简称样式表，CSS）来为网页的字体、字色、字号进行设置，而不单独挨个设置。原因很简单，如果网站稍微复杂，就会对字体、字色、字号、字样的控制显得力不从心。因此在以后的网站制作中会大量应用到样式表。

◎ 小提示

此处的字体是指宋体、楷体等；字色指字的颜色指红色、蓝色等，字号指字的大小，一般以像素为单位，比如12px；字样指字的样式，一般如下划线、粗体、斜体等。

内部样式表，一般是和网页的代码是一起的，它被包含在<style></style>中，而此标记对又被包含在<head></head>标记对中的。希望通过本案例来让读者认识并掌握内部样式表。

【具体步骤】

（1）如前所述，在 D:\website 中使用 DreamWeaver 建立一个页面，并命名为cssTest1.htm。

◎ 小提示

如果机房计算机有还原保护，此处还要做如前所述的 IIS 发布和站点设置，当然别名仍然为 webTest。

（2）打开 cssTest1.htm 页面，并将方框内的 CSS 代码（<style></style>标记内的代码）加入到代码编辑区，如图 2–28 所示。

```
<HTML>
<HEAD>
<TITLE>内部样式表</TITLE>
<META http-equiv=Content-Type content="text/html; charset=gb2312">
<STYLE type=text/css>
A {
    FONT-SIZE: 12px; COLOR: #003300; LINE-HEIGHT: 18px; FONT-FAMILY: "宋体"; TEXT-DECORATION: none
    }
A:hover {
    FONT-SIZE: 12px; LEFT: 1px; COLOR: #ff6600; LINE-HEIGHT: 18px; FONT-FAMILY: "宋体";
    POSITION:relative; TOP: 1px; TEXT-DECORATION:none
      }
A:visited{ color: #0099ff; }

body,td,th {
    font-size: 16px;
}
</STYLE>
</HEAD>
<BODY topMargin=30 marginheight="0" >
<table width="360" border="0" cellspacing="0" cellpadding="0" align="center">
  <tr>
   <TD  Align=center ><A     href="http://www.xzcx.net.cn"
                              target=_blank>徐州财经分院</A></TD>
  </tr>
  <tr>
  <TD  Align=center><A        href="http://www.sohu.com"
                              target=_blank>搜狐门户网站</A></TD>
  </tr>
  <tr>
    <TD  Align=center><A  href="http://www.huaihai.tv/"
                              target=_blank>中国淮海网</A> </TD>
  </tr>
  <tr>
    <TD  Align=center><A  href="http://www.hao123.com"
                              target=_blank>Hao123网站</A>
                              </TD>
  </tr>
```

图 2–28 输入代码（1）

方框内的代码为：

```
<STYLE type=text/css>
A {  FONT-SIZE: 12px; COLOR: #003300; LINE-HEIGHT: 18px; FONT-FAMILY: "宋体"; TEXT-DECORATION: none
   }
A:hover {
            FONT-SIZE: 12px; LEFT: 1px; COLOR: #ff6600; LINE-HEIGHT: 18px;
   FONT-FAMILY: "宋体";
            POSITION:relative; TOP: 1px; TEXT-DECORATION:none
        }
A:visited{ color: #0099ff; }
</STYLE>
```

◎ 小提示

FONT-SIZE 表示字体大小，一般以像素（PX）为单位。LINE-HEIGHT 表示行高，一般也以像素为单位，字体大小应小于行高，这样文字才可以显示完成。在 CSS 中字体用 FONT-FAMILY 表示，这与 HTML 中的<font></font> 是有区别的。TEXT-DECORATION 表示文字修饰，其值 none 表示没有下画线，此外还可以取值为 underline（下画线），overline（上画线），line-through（中画线），blink（闪烁）等。POSITION:relative 表示相对位置，LEFT: 1px; TOP: 1px 表示居左，居上的距离均为 1，所以鼠标划过的时候有点向斜右下方下落的感觉。

（3）继续将方框内的代码放入<body></body>标记内，如图 2–29 所示。

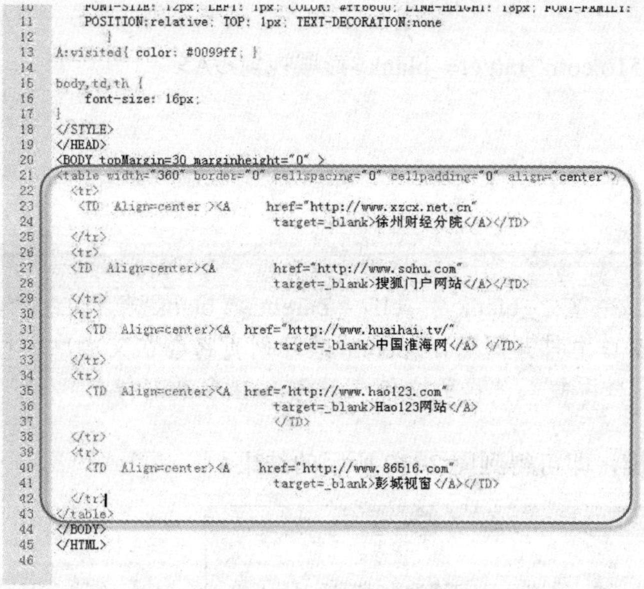

```
    FONT-SIZE: 12px; LEFT: 1px; COLOR: #ff6600; LINE-HEIGHT: 18px; FONT-FAMILY: 宋体 ;
    POSITION:relative; TOP: 1px; TEXT-DECORATION:none
       }
A:visited{ color: #0099ff; }

body,td,th {
    font-size: 16px;
}
</STYLE>
</HEAD>
<BODY topMargin=30 marginheight="0" >
<table width="360" border="0" cellspacing="0" cellpadding="0" align="center">
  <tr>
   <TD  Align=center ><A      href="http://www.xzcx.net.cn"
                               target=_blank>徐州财经分院</A></TD>
  </tr>
  <tr>
  <TD  Align=center><A         href="http://www.sohu.com"
                               target=_blank>搜狐门户网站</A></TD>
  </tr>
  <tr>
    <TD  Align=center><A  href="http://www.huaihai.tv/"
                               target=_blank>中国淮海网</A> </TD>
  </tr>
  <tr>
    <TD  Align=center><A  href="http://www.hao123.com"
                               target=_blank>Hao123网站</A>
                               </TD>
  </tr>
  <tr>
    <TD  Align=center><A     href="http://www.86516.com"
                               target=_blank>彭城视窗</A></TD>
  </tr>
</table>
</BODY>
</HTML>
```

图 2–29　输入代码（2）

方框内的代码为：

```
<table width="360" border="0" cellspacing="0" cellpadding="0" align="center">
  <tr>
        <TD Align=center >
        <A    href="http://www.xzcx.net.cn"    target=_blank>徐州财经分院</A>
        </TD>
  </tr>
  <tr>
       <TD    Align=center>
        <A    href="http://www.sohu.com" target=_blank>搜狐门户网站</A>
       </TD>
 </tr>
 <tr>
  <TD    Align=center>
        <A    href="http://www.huaihai.tv/"    target=_blank>中国淮海网</A>
       </TD>
  </tr>
  <tr>
  <TD    Align=center>
     <A    href="http://www.hao123.com" target=_blank>Hao123 网站</A>
       </TD>
  </tr>
  <tr>
```

```
    <TD    Align=center>
      <A        href="http://www.86516.com" target=_blank>彭城视窗</A>
    </TD>
  </tr>
</table>
```

◎ 小提示

<a></a>的属性 target 常用的有三个值：_blank，_self，_parent。_blank 表示在另外一窗口中打开网页，_self 表示在原有的窗口中打开网页，_parent 表示网页将会在父窗口中打开。如果没有交窗口，则在浏览器全屏窗口中载入链接的文件，就像_self 参数一样。

（4）在 DreamWeaver 中按 F12 键，即可得到图 2–30 所示的结果。

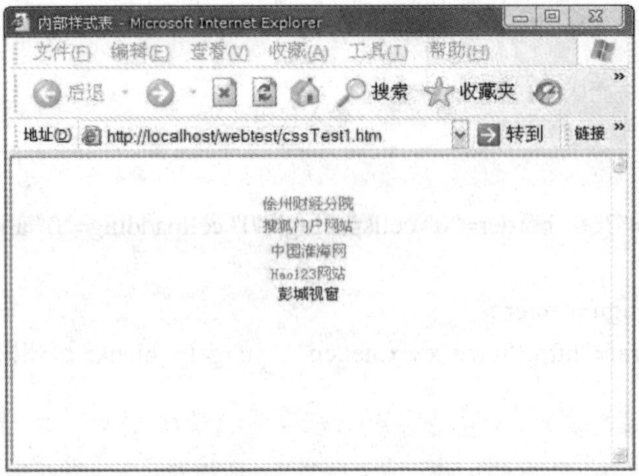

图 2–30　运行结果

【示例解释】

此处的 CSS 代码是直接嵌入到<head></head>中去的，只有在单个网页中用到的 CSS，采用本方式。当有多个网页要用到的 CSS，采用外连 CSS 文件的方式，这样网页的代码大大减少，修改起来非常方便。这两种方法是可以混用的，且不会造成混乱，这就是它为什么称之为“层叠样式表”的原因。浏览器在显示网页时是这样处理的：先检查有检查内部 CSS，有就执行，然后再检查外连 CSS 文件。因此可看出，如果定义有重叠部分，执行优先级是：头部方式、外连文件方式。此外还有行内插入方式，它的优先级最高，但不建议使用。

每个规则的组成包括一个选择符——通常是一个 HTML 的元素，例如本例中的 A。有很多的属性可以用于定义一个元素，每个属性带一个值，共同地描述选择符应该如何呈现呢？其样式规则组成如下：

选择符 { 属性: 值 }

比如本例中的 A，如下所示：

A { FONT-SIZE: 12px; COLOR: #003300; LINE-HEIGHT: 18px; FONT-FAMILY: "宋

```
体"; TEXT-DECORATION: none
  }
```

【案例 2】

使用外部样式表对网页的字体、字号、字色、字样进行美化设置

由于稍复杂的网站设计都会使用到样式表，且在大多数使用外部样式表，因此读者应经过本案例认真学会外部样式表的创建与链接。外部样式表是一个单独的文件，扩展名为.css。在 DreamWeaver 中是可以直接创建的。利用外部样式表的优点是什么呢?这样做的好处可以理解为有以下两个。

第一个好处，维护方便。只要修改一个 CSS 文件，不管此时有多少个网页文件，都会以最新修改的版本为准!

第二个好处，网页处理速度会更快一些，尤其在有很多网页共用一份 CSS 样式表时更为好用。因为不必为每一页都写同样的 CSS 代码，网页自然就会更瘦一些、轻快一些。

下面通过本案例来认识并掌握外部样式表。

【具体步骤】

（1）如前所述，在 D:\website 中使用 DreamWeaver 建立一个页面，并命名为 cssTest2.htm。

> ◎ 小提示
>
> 如果重启时有还原保护，一定要记得 IIS 发布和 DreamWeaver 站点设置!

（2）在 DreamWeaver 中，选择【文件】→【新建】命令，在弹出的对话框中的【常规】选项卡中，选择【基本页】→【CSS】选项，单击【创建】按钮，得到如图 2–31 所示。

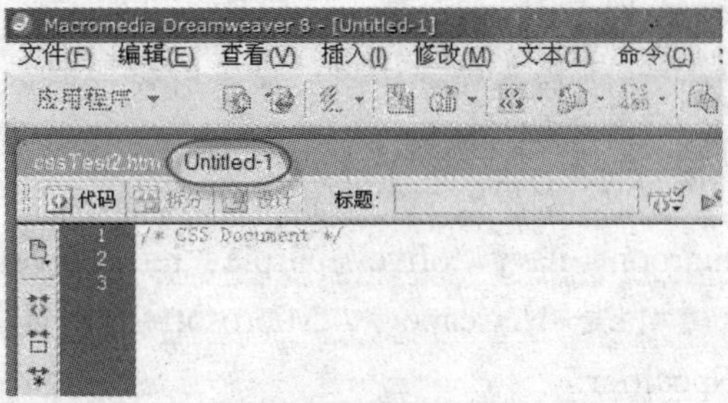

图 2–31　新建页面

（3）选择【文件】→【保存】命令，在弹出的【另存为】对话框的【文件名】下拉列表框中输入 cssTest2.css，然后单击【保存】按钮。

（4）在 cssTest2.css 文件中，并将 CSS 代码加入到编辑区中去，如图 2–32 所示。

方框内的代码为：

```
A {  FONT-SIZE: 12px; COLOR: #003300; LINE-HEIGHT: 18px; FONT-FAMILY: "宋
体"; TEXT-DECORATION: none
  }
A:hover {
            FONT-SIZE: 12px; LEFT: 1px; COLOR: #ff6600; LINE-HEIGHT: 18px;
    FONT-FAMILY: "宋体";
            POSITION:relative; TOP: 1px; TEXT-DECORATION:none
```

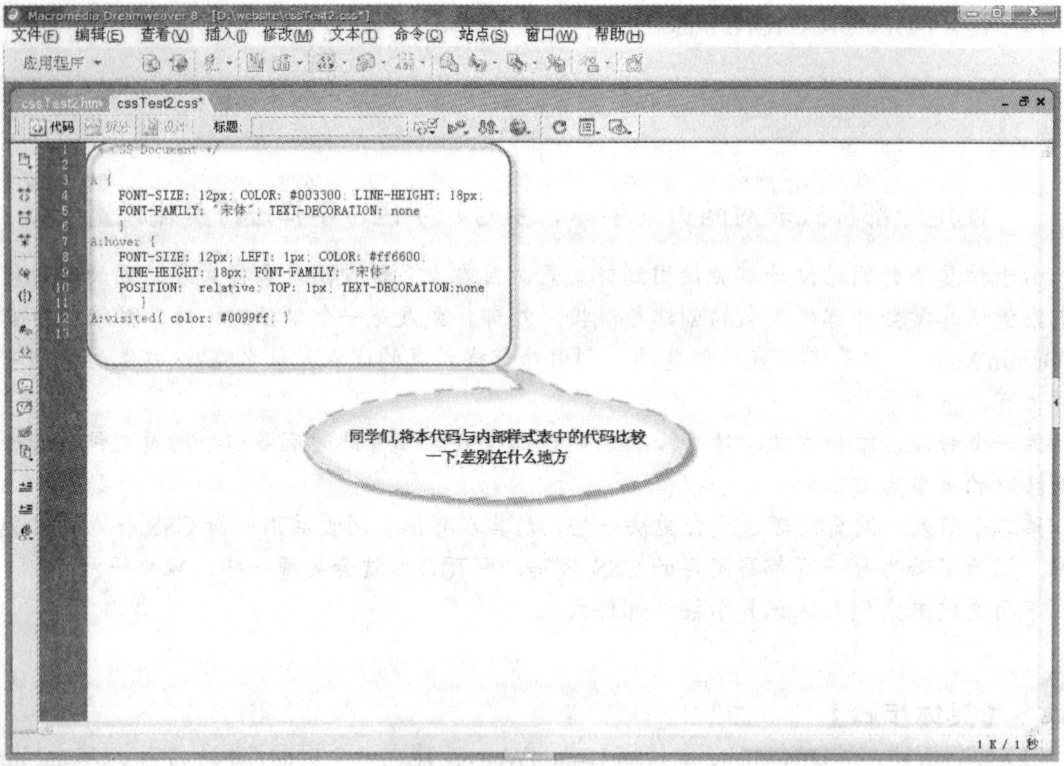

图 2–32 加入代码（1）

```
    }
A:visited{ color: #0099ff; }
```

◎ 小提示

有下面 3 种方法用于设定所需要的颜色。

① 颜色名称

CSS 所用的颜色名称（16 种基本色）为 aqua，black，blue，fuchsia，gray，green，lime，maroon，navy，olive，purple，red，silver，teal，white， yellow。

但是 Netscape 和 Microsoft 的浏览器还认可数百种其他色彩名称，参见 HYPE's Color Specifier。

② 16 进制（hex）色彩控制

使用 16 进制数可实现对色彩的更精确的控制，其格式为#336699。

③ RGB 值

对于习惯于 RGB 计数法的用户，这里将提供一种全新的色彩设定方法。RGB 法通常用于图像应用软件，例如 Photoshop。利用 RGB 设定色彩的方法如下：

rgb(51，204，0)，RGB 的每个值的数值范围从 0 到 255，其中 R 代表红色，G 代表绿色，B 代表蓝色。

（5）切换到 cssTest2.htm 页面，将方框内的代码，加入到网页中，如图 2–33 所示。

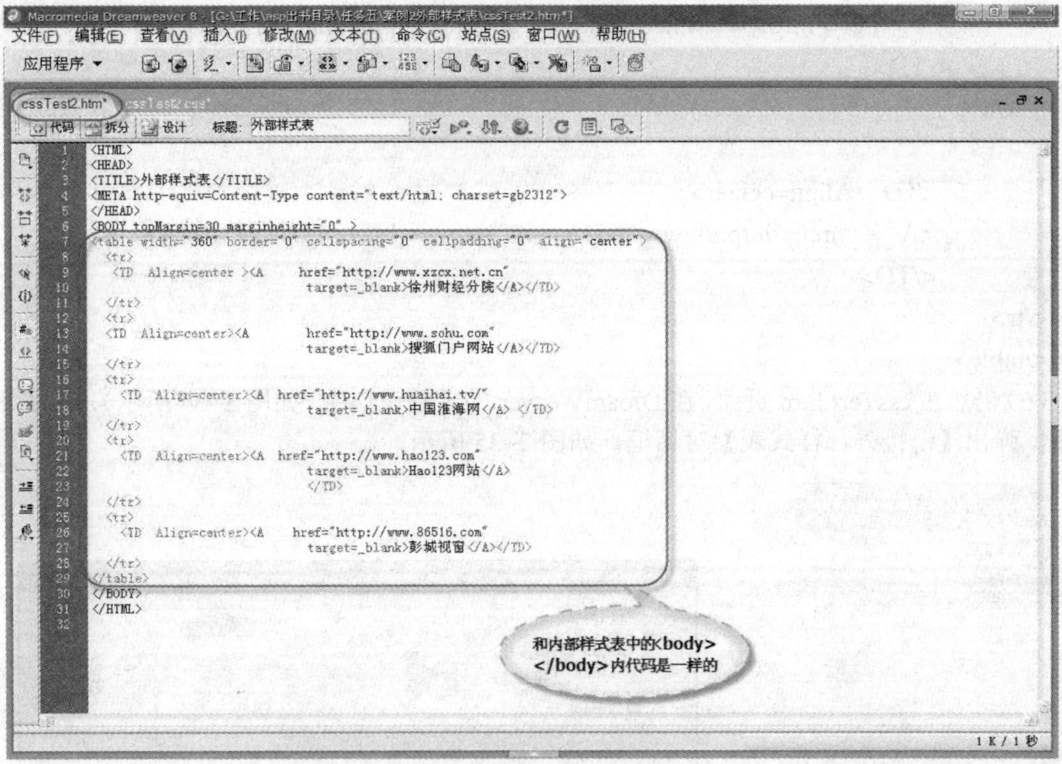

图 2–33 加入代码（2）

方框内的代码为：

```
<table width="360" border="0" cellspacing="0" cellpadding="0" align="center">
  <tr>
        <TD Align=center >
        <A   href="http://www.xzcx.net.cn"    target=_blank>徐州财经分院</A>
        </TD>
  </tr>
  <tr>
       <TD   Align=center>
        <A   href="http://www.sohu.com" target=_blank>搜狐门户网站</A>
       </TD>
 </tr>
 <tr>
       <TD   Align=center>
         <A   href="http://www.huaihai.tv/"   target=_blank>中国淮海网</A>
      </TD>
  </tr>
  <tr>
       <TD   Align=center>
```

```
        <A   href="http://www.hao123.com" target=_blank>Hao123 网站</A>
        </TD>
    </tr>
    <tr>
         <TD   Align=center>
         <A      href="http://www.86516.com" target=_blank>彭城视窗</A>
         </TD>
  </tr>
  </table>
```

（6）仍然在 cssTest.htm 页面，在 DreamWeaver 的右侧窗口中（如图 2–34 所示），单击按钮，弹出【链接外部样式表】对话框，如图 2–35 所示。

图 2–34 Dream Weaver 右侧窗口

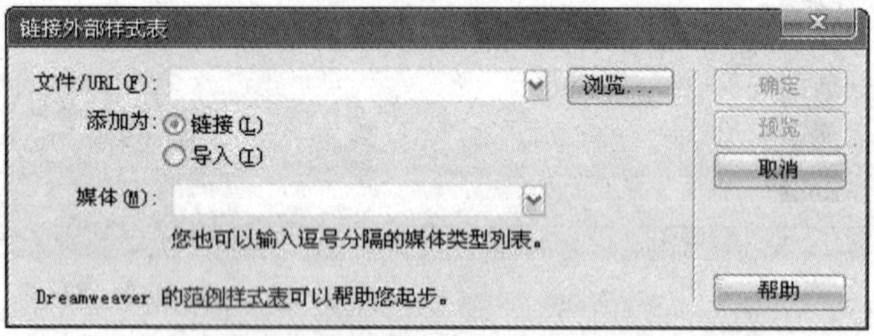

图 2–35 【链接外部样式表】对话框

（7）单击【浏览】按钮，在 D:\website 目录中选择 cssTest.css 即可，出现图 2–36 所示椭圆内的代码。

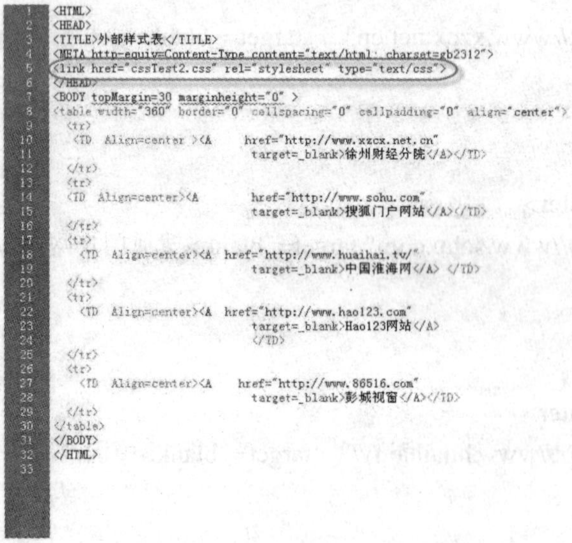

图 2–36 加入代码（3）

椭圆内的代码为：<link href="cssTest2.css" rel="stylesheet" type="text/css">

◎ 小提示

上行代码也可以直接在 cssTest2.htm 的同样位置上进行手工输入。

【示例解释】

在外部样式表的应用中，可以看到.css 文件是单独存在的，并且一定要注意是在网页中链接 CSS 文件。

【背景知识】

1996 年底的时候悄悄诞生了一种叫做样式表（stylesheets）的技术。它向世人保证：将对布局、字体、颜色、背景和其他文图效果实现更加精确的控制。只通过修改一个文件就改变页数不计的网页的外观和格式。能在所有浏览器和平台之间实现兼容。实际上除了还不能全面支持常用的大多数浏览器之外，CSS 在实现其他承诺方面做得相当出色。现在，先来了解样式表能做什么。

CSS 样式表有什么特别之处?简而言之, 它能做以下事情。

① 用户可以将格式和结构分离；

② 用户可以以前所未有的能力控制页面布局；

③ 用户可以制作体积更小下载更快的网页；

④ 用户可以将许多网页同时更新，比以前更好、更快、更容易；

⑤ 浏览器将成为更友好的界面。

利用 CSS 样式表可以将格式和结构分离。HTML 从来没打算控制网页的格式或外观。这种语言定义了网页的结构和各要素的功能，而让浏览器自己决定应该让各要素以何种模样显示。但是网页设计者要求的更多。所以当 Netscape 推出新的可以控制网页外观的 HTML 标签时，网页设计者无不欢呼雀跃。带来的便利包括可以用<FONT FACE>、<I>包在<P>外边控制文章主体的外观等。样式表通过将定义结构的部分和定义格式的部分分离使网页设计者能够对页面的布局施加更多的控制。HTML 仍可以保持简单明了的初衷。CSS 代码独立出来从另一角度控制页面外观。

利用 CSS 样式表使用户可以以前所未有的能力控制页面的布局。虽然<FONT SIZE>能使用户调整字号，表格标签能帮助生成边距，但是，用户对 HTML 总体上的控制却很有限。比如，不可能精确地生成 80 像素的高度，不能控制行间距或字间距，不能在屏幕上精确定位图像的位置。但是现在，样式表使这一切都成为可能。而即将推出的新的 CSS 功能更令人兴奋。

利用 CSS 样式表使用户可以制作出体积更小下载更快的网页。更便利的是，样式表只是简单的文本，就像 HTML 那样。它不需要图像，不需要执行程序，不需要插件，不需要流式。它就像 HTML 指令那样快。有了 CSS 之后，以前必须求助于 GIF 的事情现在通过 CSS 就可以实现。还有，正如先前提到的，使用样式表可以减少表格标签及其他加大 HTML 体积的代码，减少图像用量，从而减少文件尺寸。

利用 CSS 样式表使用户可以更好、更快、更容易地维护及更新大量的网页。没有样式表时，如果用户想更新整个站点中所有主体文本的字体，必须一页一页地修改每张网页。即便站点用数据库提供服务，仍然需要更新所有的模板，而且更新每一模板中每一个实例的

<FONT FACE>。样式表的主旨就是将格式和结构分离。利用样式表，用户可以将站点上所有的网页都指向单一的一个CSS文件，只要修改CSS文件中的某一行，那么整个站点都会随之发生变动。浏览器将成为更友好的界面。不像其他的网络技术，样式表的代码有很好的兼容性，也就是说，如果用户丢失了某个插件时不会发生中断，或者使用旧版本的浏览器时代码不会出现杂乱无章的情况。只要是可以识别串接样式表的浏览器就可以应用它。总之，样式表可以为用户提供很多的便利。

【能力大比拼，看谁做得又好又快】

（1）利用内部样式表，在网页中使用选择符h1将“对文字外观的的控制”字体设为“隶书”，字号设为18像素，将字色设为红色（使用颜色名称，如图2–37所示）。

◎ 小提示

对字体的属性，大部分都是“某体”，对于“隶书”是个例外。比如黑体。

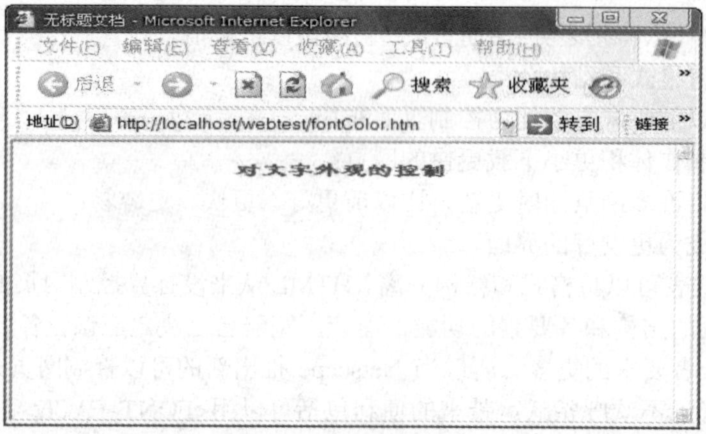

图2–37 程序运行效果

（2）利用外部样式表，在网页中使用选择符h1将“对文字外观的的控制”字体设为“黑体”，字号设为20像素，将字色设为红色（使用十六进制）。

【任务小结】

——你掌握了吗？

（1）内部样式表。

（2）外部样式表。

（3）什么情况下，使用内部样式表？

（4）内部样式表代码在网页的什么位置？

（5）什么情况下，使用外部样式表？

（6）外部样式表代码在网页的什么位置？

（7）外部样式表是如何链接到网页中去的？

项目三　母版、主题及外观

【项目任务】

目前大多数 Web 站点在整个应用程序的大多数页面中都有一些公共元素，在 ASP.NET 2.0 中可以将这些公共元素封装到 Master 模板页面中去，让它作为应用程序内容页面的基础，使应用程序更易于管理。同时，在创建 Web 应用程序时，通常所有的页面都具有类似的外观和操作方式，包括页面的字体、颜色和服务器控件的样式。本项目通过对 Master 页面、主题及外观的实例学习，掌握如何在 ASP.NET 2.0 中创建和使用 Master 页面，如何创建并使用主题和外观。

【学习目标】

☆ 掌握 Master 页面的创建与使用
☆ Master 页面的事件触发顺序
☆ 理解主题和 Skin 的概念
☆ 掌握主题的创建与使用
☆ 掌握 Skin 的创建与使用

任务一　Master 页面的创建与使用

【任务要点】

1. 创建 Master 页面
2. 布局 Master 页面
3. 创建 Content 内容页面

【导学实践，跟我学】

【案例 1】

创建某企业网站，网站主要功能包括公司简介、公司新闻、产品介绍、联系我们等常用功能。运行效果如图 3–1 所示。

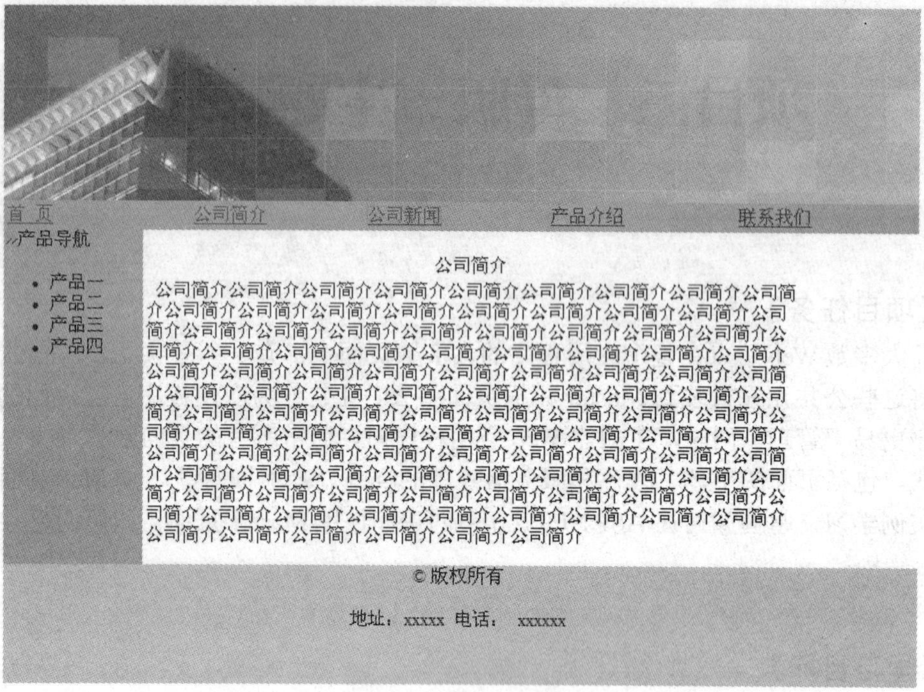

图 3–1 程序运行效果

【具体步骤】

（1）创建 Master 页面。创建一个新网站，然后右击网站，在弹出的快捷菜单中选择【添加新项】命令，在弹出的对话框中选择【母版页】选项，如图 3–2 所示。

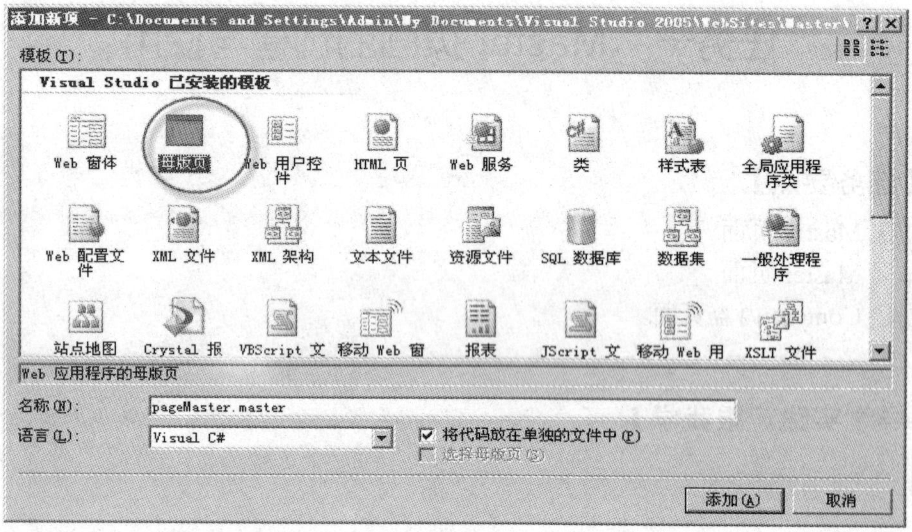

图 3–2 创建 Master 页面

在名称文本框内输入母版页面的名称，母版的名称可以更改，但是扩展名.master 不可以更改。单击【添加】按钮后，此时界面中出现一个 ContentPlaceHolder 的矩形框，如图 3–3 所示。

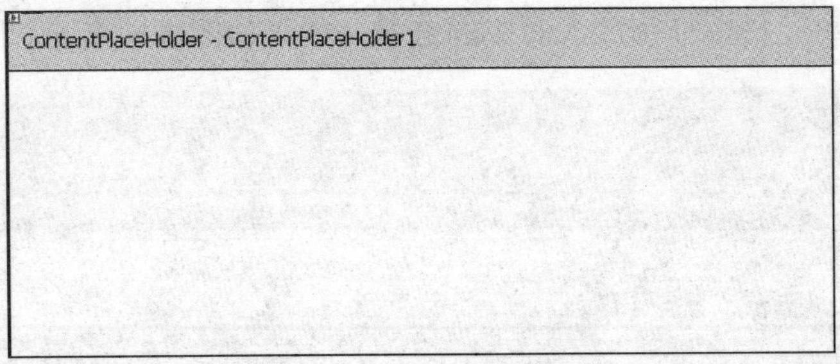

图 3–3　ContentPlaceHolder

这个 ContentPlaceHolder 是用来配置内容页面的，此时将它先放一边，可以先对网页进行布局后，再将它放到合适的地方。

（2）布局 Master 页面。选择【布局】菜单中的【插入表】命令，弹出【插入表】对话框，如图 3–4 所示。

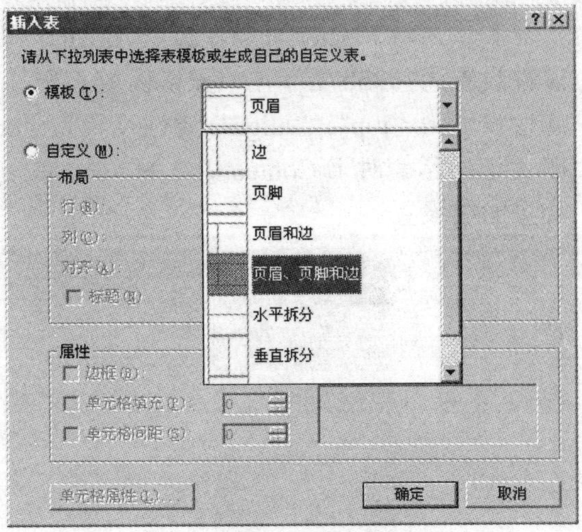

图 3–4　【插入表】对话框

在【插入表】对话框中选中【模板】单选按钮，在其下拉列表框中选择布局样式，本例中选择【页眉、页脚和边】选项。布局完成后，页面被表格分成 4 部分，上部是网站的头部，中间左边是产品导航，右边是内容页面，底部是公司的地址和联系方式。将 ContentPlaceHolder 拖入中间右边的单元格内，并将单元格的“valign”属性设置为“top”，如图 3–5 所示。

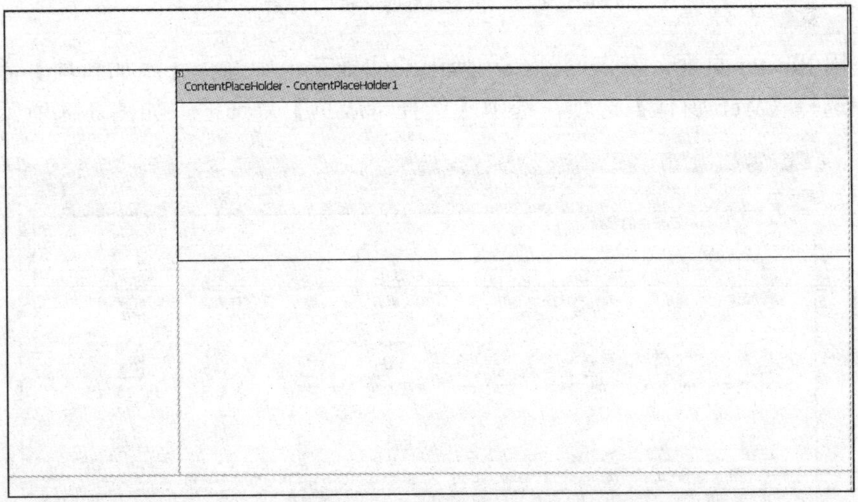

图 3–5　Master 页面布局

（3）填充 Master 页面元素。首先布局页面的头部，将头部单元格的背景设置为“top.jpg”，并将单元格的高度设置为“190px”，将单元格的“valign”属性设置为“bottom”，在单元格内添加一个一行五列的表格，用来放置页面导航链接，并将此表格的“bgcolor”属性设置为

“#35b7ff”，在 5 个单元格内分别放入对应的链接，效果如图 3–6 所示。

图 3–6　填充 Master 页面元素

其次，将 Master 页面左边单元格的“valign”属性设置为“top”,将单元格的“bgcolor”属性设置为“#35b7ff”,在单元格内放入产品导航。最后将 Master 页面的底部单元格的“valign”属性设置为“top”，“align”属性设置为“center”，输入相应的版权信息，地址和电话等，如图 3–7 所示。对于 ContentPlaceHolder 部分，此时不需要在 Master 页面中设置，具体的在内容页面中设置。

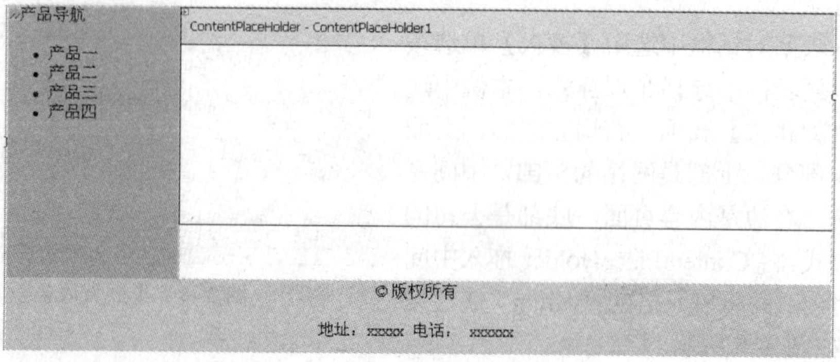

图 3–7　填充 Master 页面元素

（4）使用 Master 页面。右击网站，在弹出的快捷菜单中选择【添加新项】命令，在弹出的对话框中选择【Web 窗体】选项，选中【选择母版页】复选框，如图 3–8 所示。

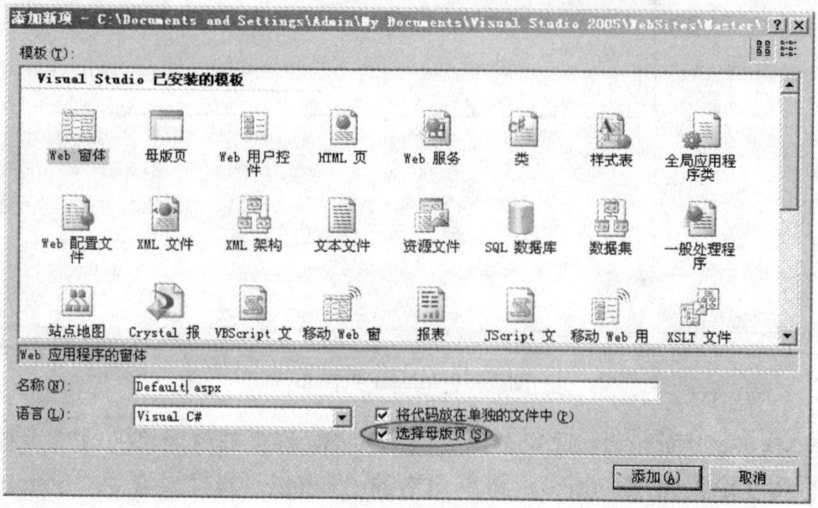

图 3–8　使用 Master 页面

在弹出的【选择母版页】对话框中选择刚创建的母版页面，如图 3–9 所示。

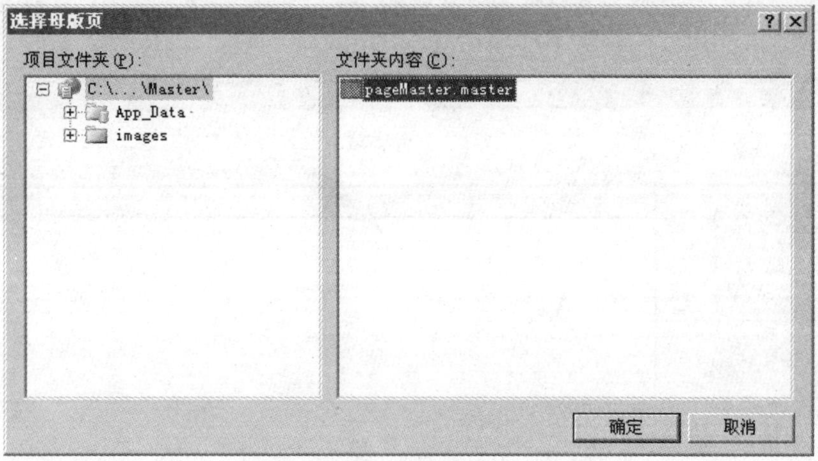

图 3–9 【选择母版页】对话框

此时界面中只显示了一个 ContentPlaceHolder 区域，对于所有的模板项都是灰色的，不可以编辑，对于内容页面，是一个简单的.aspx 页面，文件中只包含一行代码，如程序清单 3–1 所示。

```
<%@ Page Language="C#" MasterPageFile="~/pageMaster.master" AutoEventWireup="true"
CodeFile="Default.aspx.cs" Inherits="_Default" Title="Untitled Page" %>
```

程序清单 3–1 内容页面

◎ 小提示

内容页面与一般 aspx 页面区别

对于内容页面，与一般的.aspx 页面相比，一个较大的区别是在 Page 指令中包含 MasterPageFile 属性，这个属性表示当前页面继承于另外一个页面，值就是应用程序中 Master 页面的位置。另外一个较大区别是在页面中不包含“<form id="form1" runat="server">”标记，也不包含开闭的 HTML 标记。

现在只要把需要显示的页面的内容放入内容面板区域即可，如图 3–10 所示。

在内容区域内可以添加 HTML 控件或其他 Web 服务器控件，对于其他的母版区域是无法编辑的。

【背景知识】

（1）使用 Master 页面的原因。在 Web 程序中大多数页面都有一些公共元素，在没有 Master 页面以前，必须把这些元素放到每个页面上去，在多数情况下，这种做法比较困难。通常一些开发人员简单地把这些公共区段的代码复制并粘贴到需要的页面上去，当然这种方法是可行的，但是相当麻烦，并且如果对一个区段中的代码进行修改，就必须在每个页面上重复这个修改，导致开发效率非常低下。

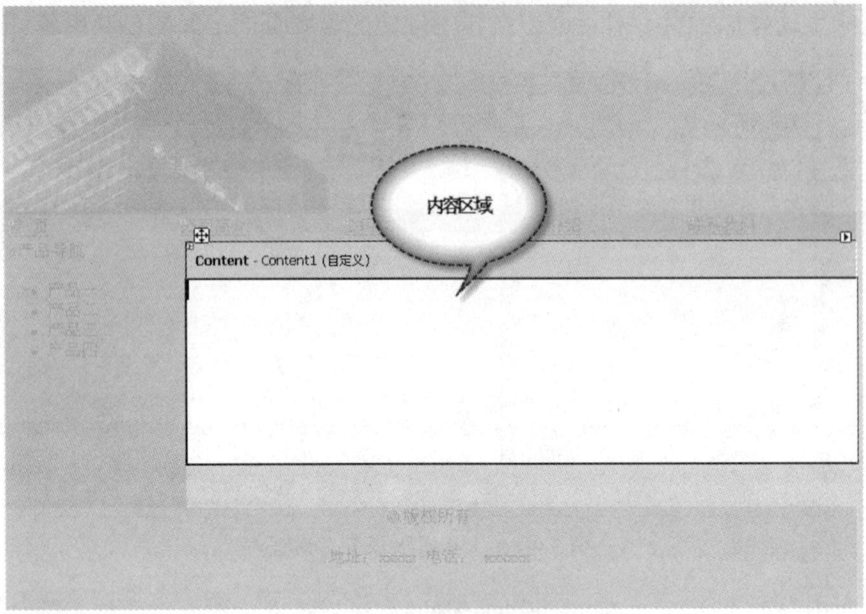

图 3–10 创建内容页面

（2）Master 页面的工作过程。Master 页面是提供模板的一种简单方式，并可以由应用程序中任意多个 ASP.NET 页面使用，只需要把共享的内容放在 Master 页面中即可。在程序运行时，ASP.NET 引擎会把 Master 页面元素和内容页面元素合并到一个页面上，显示给终端用户，具体工作过程如图 3–11 所示。

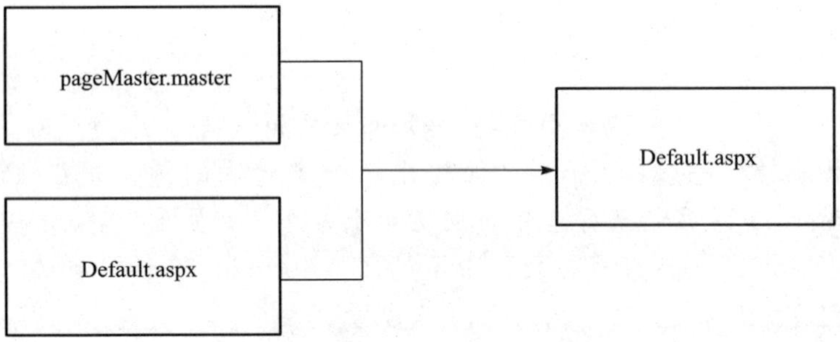

图 3–11 Master 页面工作过程

（3）编程使用 Master 页面。在任何内容页面上，都可以轻松地编程指定 Master 页面，使用 Page.MasterPageFile 属性就可以把 Master 页面赋予内容页面，无论是否在@page 指令中指定了另外一个 Master 页面，都可以使用该属性。

在设置 Page.MasterPageFile 属性时，必须在 Page_PreInit 事件中使用，Page_PreInit 事件是访问 Page 生存期时最早触发的事件，也是在将 Master 页面和内容页面合并到一个实例之前能够同时影响两个页面的唯一地方。具体使用如程序清单 3–2 所示。

```
protected void Page_PreInit(object sender, EventArgs e)
    {
        Page.MasterPageFile = "~/pageMster.master";
```

}

程序清单 3-2

（4）Master 页面的时间触发顺序。在处理 Master 页面和内容页面时，将两个页面类合并为一个页面类时，需要知道哪些事件先触发，哪些事件后触发。具体顺序如下所述。

① Master 页面子控件初始化；
② 内容页面子控件初始化；
③ Master 页面初始化；
④ 内容页面初始化；
⑤ 内容页面加载；
⑥ Master 页面加载；
⑦ Master 页面子控件加载；
⑧ 内容页面子控件加载。

【能力大比拼，看谁做得又好又快】

根据所学知识，创建一个留言本母版页，具体效果如图 3-12 所示。

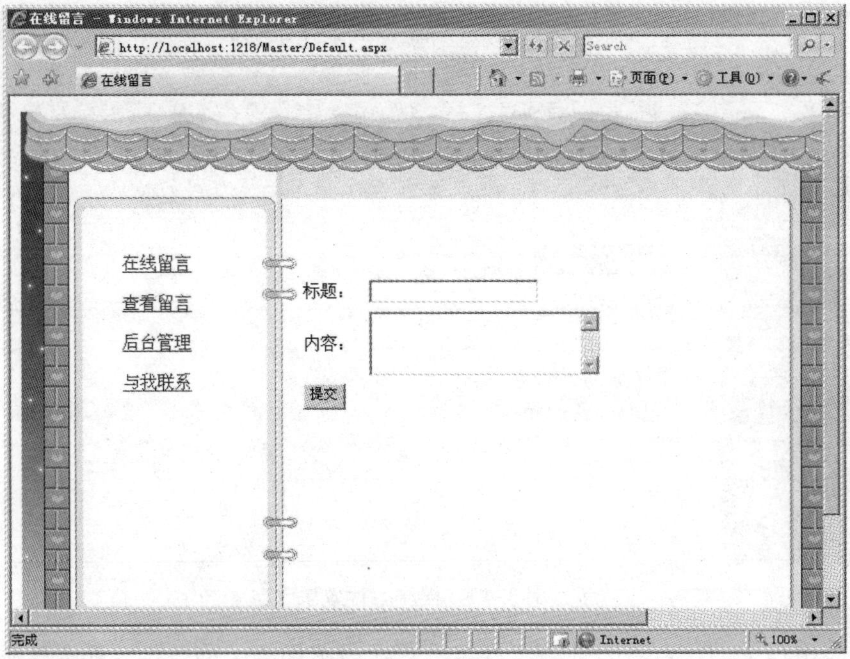

图 3-12　程序运行效果

【任务小结】

——你掌握了吗?

（1）在 ASP.NET 中创建母版页。
（2）在内容页面中使用母版页。

任务二　创建自己的网站主题和外观

【任务要点】

1. 创建正确的目录结构
2. 创建 Skin
3. 在主题中包含 CSS 文件
4. 在主题中包含图像

【导学实践，跟我学】

【案例】

根据所给素材，创建网站的主题。具体运行效果如图 3–13 所示。

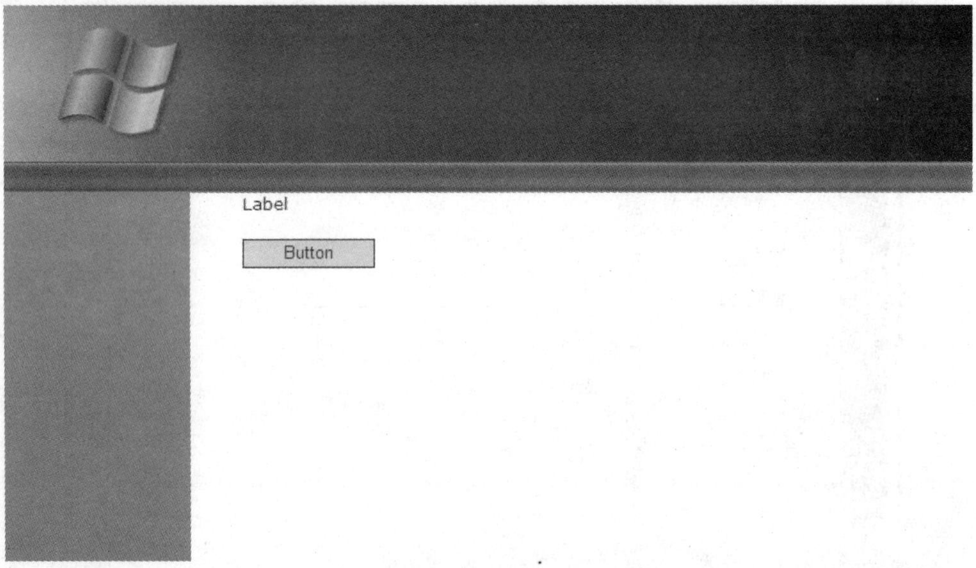

图 3–13　程序运行效果

为了给应用程序创建自己的主题，首先需要在应用程序中创建正确的文件夹结构，然后在文件夹中创建主题元素。

【具体步骤】

（1）右击【项目】，在弹出的快捷菜单中选择【添加 ASP.NET 文件夹】→【主题】命令，如图 3–14 所示。

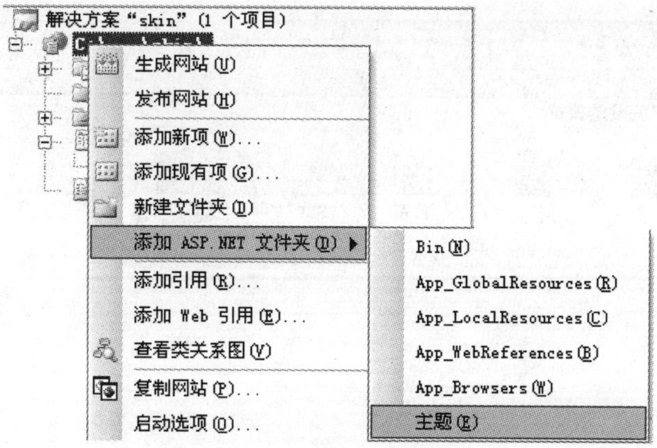

图 3–14　创建主题文件夹

此时在应用程序的目录下创建了一个“App_Themes”文件夹，如图 3–15 所示。

App_Themes 目录不使用通常文件夹的图标，而使用包含一个画笔的文件夹图标。

（2）在 App_Themes 文件夹中，为应用程序中使用的每个主题创建一个 Theme 文件夹，例如，本应用程序有两个主题，WinXP_Blue 和 WinXP_Silver，就创建两个有相应名称的文件夹，如图 3–16 所示。

图 3–15　App_Themes 目录

图 3–16　创建 Theme 文件夹

在每个 Theme 文件夹下，都必须包含以下几个主题的元素。

① 一个 Skin 文件；

② CSS 文件；

③ 图像。

（3）创建 Skin 文件。Skin 是在 ASP.NET 页面上应用于服务器控件的样式定义。要创建用于 ASP.NET 应用程序的主题，可以在 Theme 文件夹下创建一个 Skin 文件，文件名称可以任意，但是文件的扩展名必须为.skin。右击【WinXP_Blue】，在弹出的快捷菜单中选择【添加新项】命令，如图 3–17 所示。

图 3–17　创建 Skin 文件

在弹出的【添加新项】对话框中，选择【外观文件】选项，在名称文本框内输入 Skin 文件的名称，文件名可以自行修改，但是扩展名不可以修改，如图 3–18 所示。

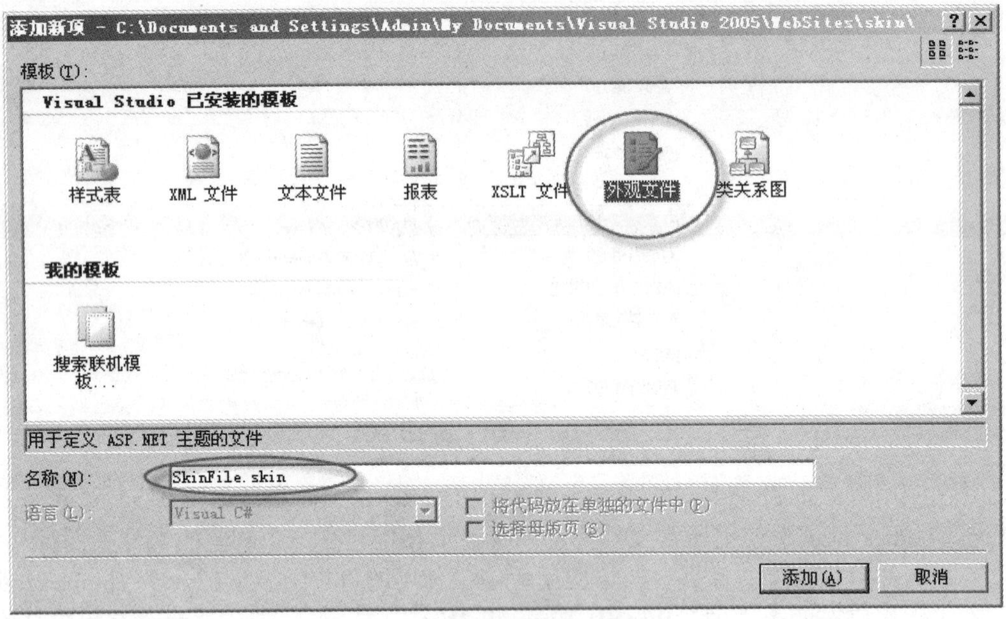

图 3–18　创建 Skin 文件

将 Skin 文件命名为 default.skin，然后完成如程序清单 3–3 所示的 Skin 文件。

```
<asp:Button runat="server" ForeColor="blue" BorderStyle="solid" BorderWidth="1px"/>
<asp:Label runat="server" ForeColor="blue" />
```

程序清单 3–3　Skin 文件

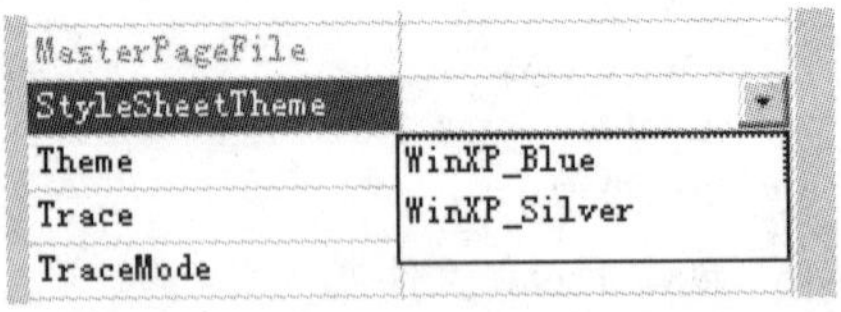

图 3–19　设置 StyleSheetTheme

（4）使用主题。将 Skin 文件保存后，再新建一个页面 Default.aspx，此页面将应用之前设置的主题。首先选择页面的 Document 属性中的 StyleSheetTheme 选项，将此选项设置为“WinXP_Blue”,如图 3–19 所示。

或者直接编辑页面的 Page 指令，如程序清单 3–4 所示。

```
<%@ Page Language="C#" AutoEventWireup="true" CodeFile="TestTheme.aspx.cs" Inherits="TestTheme" StylesheetTheme="WinXP_Blue" %>
```

程序清单 3–4 设置主题

如果将主题应用于整个应用程序，此时可以在 Web.Config 文件中进行定义，如程序清单 3–5 所示，此时在 ASP.NET 页面中就不需要在指定的 Page 指令中定义它了。

```
<configuration>
  <system.web>
    <pages theme="WinXP_Blue"/>
    </system.web>
</configuration>
```

程序清单 3–5　在 Web.Config 中配置应用程序主题

◎ 小提示

StyleSheetTheme 属性与 Theme 属性的区别

StyleSheetTheme 属性与 Theme 属性的工作方式相同，都可以将主题应用于页面，主要区别是在对页面上某个控件设置本地属性时，如果使用的是 Theme 属性，此时控件的本地属性将被覆盖，如果使用 StyleSheetTheme 属性，控件的本地属性将不会发生变化。

将应用程序主题设置完成后，在页面中拖入一个 ASP.NET Button 控件和一个 Label 控件，此时，在运行时将显示图 3–20 所示的效果。

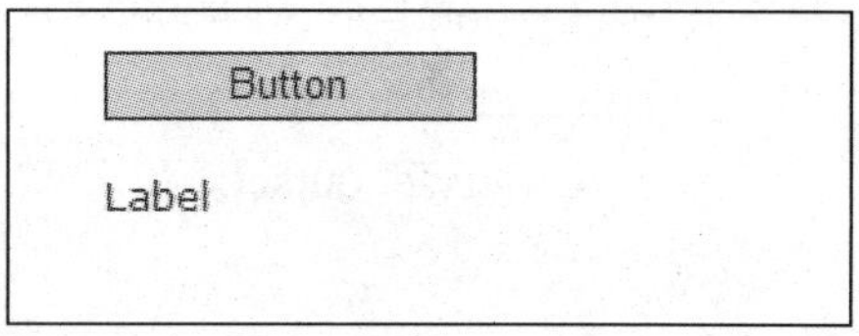

图 3–20　运行效果

（5）在主题中使用 CSS 文件。除了在.skin 文件中创建服务器控件定义之外，还可以使用 CSS 进行进一步的定义，使 HTML 服务器控件、HTML 和原始文本都根据主题来改变。首先右击【WinXP_Blue】，在弹出的快捷菜单中选择【添加新项】命令，在弹出的对话框中的【名称】文本框内输入样式表的名称，如图 3–21 所示。

图 3–21　创建样式表

◎ 小提示

在主题中使用 CSS，不需要使用<link>标记来引入 CSS 文件，直接包含在主题文件夹下即可。

在创建的 default.css 样式表中，添加下面的三种 CSS 样式的定义，如程序清单 3–6 所示。

```
.btn
{
```

```
    font-family: Arial;
    background-color: #FFFF00;
    border-style: dotted;
    border-color: #008000;
}
.btnSubmit
{
    background-color: #008080;
    color: #FFFFFF;
    border-style: outset;
}
```

程序清单 3–6　CSS 样式定义

此时在 Default.aspx 页面中添加一个 Html Button 按钮控件和一个 Html Submit 按钮控件，在属性对话框中的 Class 属性中作相应的设置，将 Button 控件的 Class 设置为 btn，将 Submit 按钮的 Class 属性设置为 btnSubmit,如图 3–22 所示。

运行此程序，将显示图 3–23 所示效果。

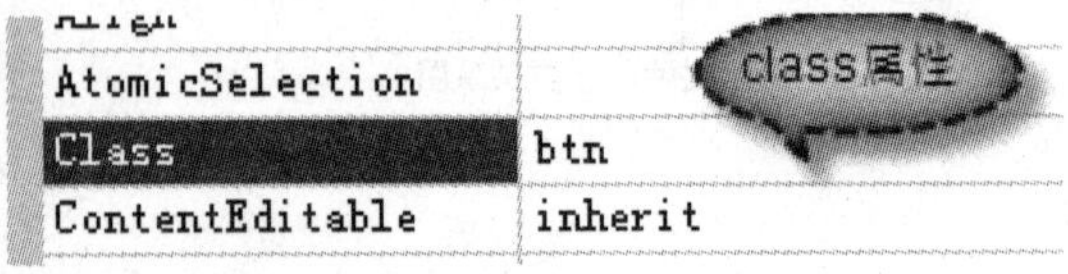

图 3–22　设置 Class 属性

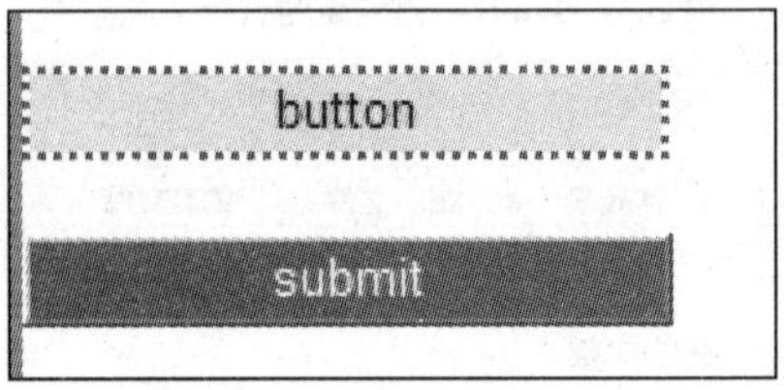

图 3–23　运行效果

如果对 ASP.NET 服务器控件也使用相同的 CSS 样式，可以在 Skin 文件中对 ASP.NET Button 控件的属性进行配置，如程序清单 3–7 所示。

```
<asp:Button runat="server" CssClass="btn"/>
```

程序清单 3–7　ASP.NET 服务器控件使用 CSS

运行程序后，ASP.NET 服务器控件的样式将和 HTML 服务器控件显示的样式一样。

图 3–24　创建图像文件夹

（6）在主题中使用图像。许多控件都使用图像创建更好的可视化外观，要把图像统一到使用主题的服务器控件中，首先在【WinXP_Blue】的 Themes 文件夹下创建一个 Images 文件夹，如图 3–24 所示。

使用这个文件夹下面的图像可以有两种方法。第一种方法就是直接在 Skin 文件中使用图像，在.skin 文件中添加以下代码，如程序清单 3–8 所示。

```
<asp:image runat="server" Imageurl="Images/logo.jpg" skinid="logo" />
```

程序清单 3–8　Skin 中使用图像

在 Default.aspx 页面中添加一个 Image 控件，设置此控件的 SkinID 属性为“logo”，如图 3–25 所示。

第二种方法是在 CSS 文件中使用图像，与直接在 Skin 文件中使用图像一样，将图像放在 Images 目录下，在 Skin 文件中设置 ASP.NET 服务器控件的 CssClass 属性。这里在 default.css 文件中添加表格的 CSS 代码，如程序清单 3–9 所示。

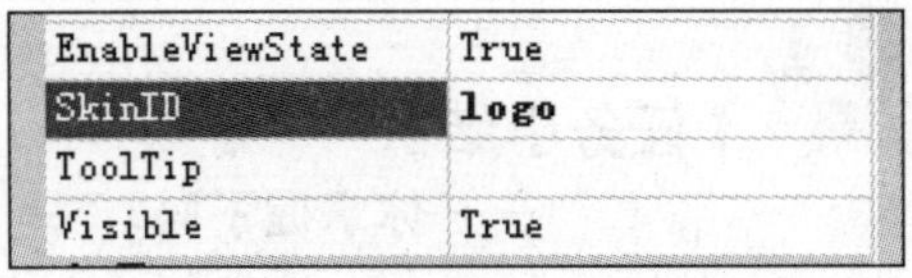

图 3–25　设置 SkinID 属性

```
table.header{background-color:#2A48CE;
    filter:
progid:DXImageTransform.Microsoft.gradient(GradientType=1,startColorstr=#3359EC,
endColorstr=darkblue);
}
td.logo{text-align: left;width: 184px;}
td.title {text-align: center;font-family: verdana;color: #FFFFFF;}
td.headerbar {background-image: url(Images/bar.jpg);
    text-align: right;
    height: 24px;
}
td.menu {background-color:#6487DC;width: 184px;height: 500px;vertical-align: top;}
td.footer{    margin-left: 30;font-family: Verdana;
    font-weight: normal;
    color: #6487DC;
    text-align: right;
}
```

程序清单 3–9　CSS 中使用图像

运行后显示的效果如图 3–26 所示。

图 3–26　主题中使用图像

◎ 小提示

在应用程序中如果不希望所有相同类型的服务器控件具有相同的可视化外观，可以在.skin 文件中使用 SkinID 属性区分不同的定义。SkinID 属性可以任意设定。

【任务小结】

——你掌握了吗?

（1）在 ASP.NET 中如何创建主题？

（2）在主题中使用 CSS 样式表和图像。

任务三　在程序中创建多个主题并实现主题切换

【任务要点】

1. 创建应用程序的多个主题
2. 动态切换应用程序的主题

【导学实践，跟我学】

【案例】

在 Web 应用程序中创建多个主题并实现主题切换

本项目主要实现用户在页面中选择相应的主题后，应用程序的外观也随着主题的变化而发生改变。当用户选择 WinXpBlue 风格时或在程序默认的情况下，运行效果如图 3–27 所示。

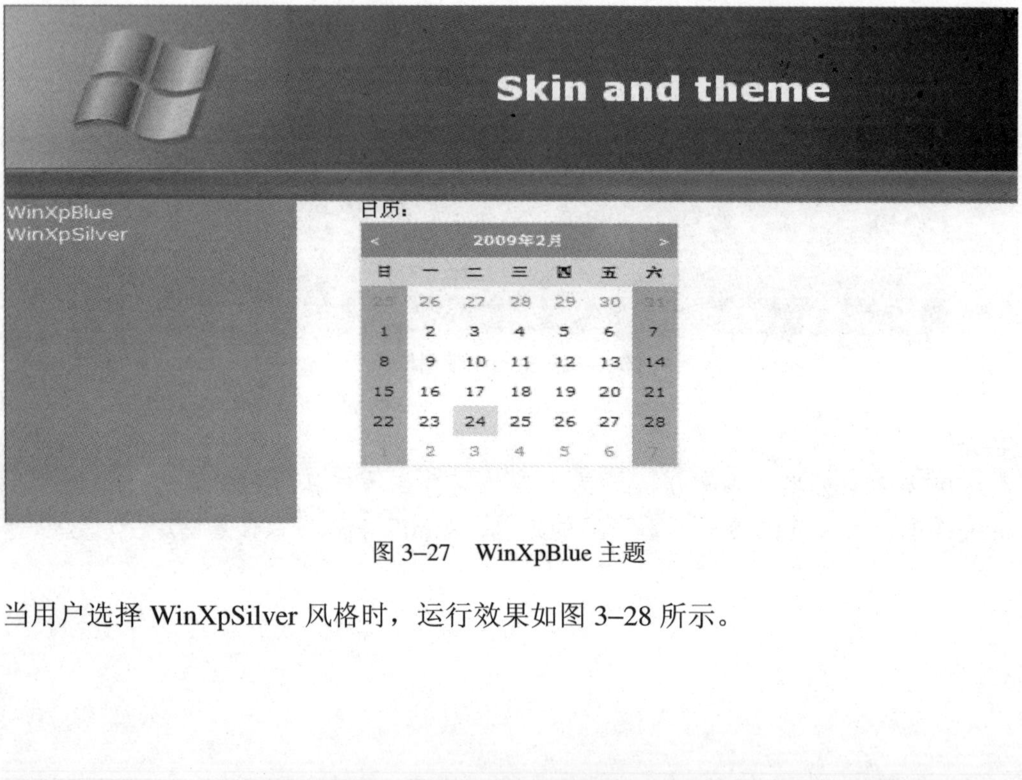

图 3–27　WinXpBlue 主题

当用户选择 WinXpSilver 风格时，运行效果如图 3–28 所示。

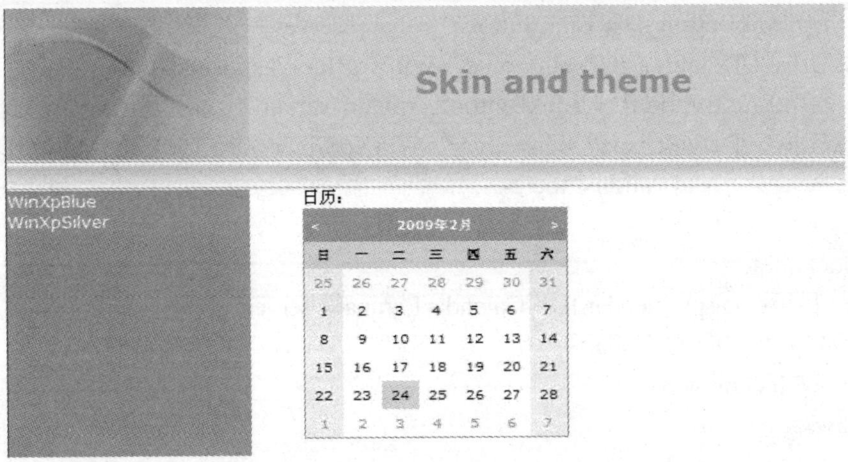

图 3–28　WinXpSilver 主题

【具体步骤】

（1）布局网站。本程序主要采用表格布局的方式，在页面中添加一个 Image 控件，一个 Calendar 控件和两个 LinkButton 控件，并设置 LinkButton 的 PostUrl 属性，具体代码如程序清单 3–10 所示。

```
<form id="form1" runat="server">
    <div>
      <table width="100%" cellspacing="0" cellpadding="0" border="0" class="header">
            <tr>
                  <td class="logo" style="height: 30px">
                        <asp:Image ID="Image1" runat="server" skinid="logo"/></td>
                  <td class="title" style="height: 30px">
                        Skin and theme</td>
            </tr>
        </table>
        <table width="100%" cellpadding="0" cellspacing="0" border="0">
            <tr>
                  <td colspan="1" class="headerbar" style="width: 142px">
                          
                  </td>
                  <td colspan="2" class="headerbar">
                          
                  </td>
            </tr>
  <tr>
    <td id="leftSide" class="menu" style="width: 142px">
```

```
        <asp:LinkButton ID="LinkButton1" runat="server"
PostBackUrl="~/Default.aspx?skin =blue">WinXpBlue</asp:LinkButton><br />
         <asp:LinkButton ID="LinkButton2" runat="server"
PostBackUrl="~/Default.aspx? skin=silver">WinXpSilver</asp:LinkButton></td>
                 <td valign="top">
       <div>
       <blockquote>
           日历：<asp:Calendar ID="Calendar1" runat="server"
Width="246px"></asp:Calendar>
           </blockquote>
       </div>
                 </td>
             </tr>
             <tr id="footerSide">
                 <td style="width: 142px"> 
                 </td>
                 <td class="footer">
                     <br />
                         CopyRight Info
                 </td>
             </tr>
         </table>
          </div>
       </form>
```

程序清单 3–10 页面布局

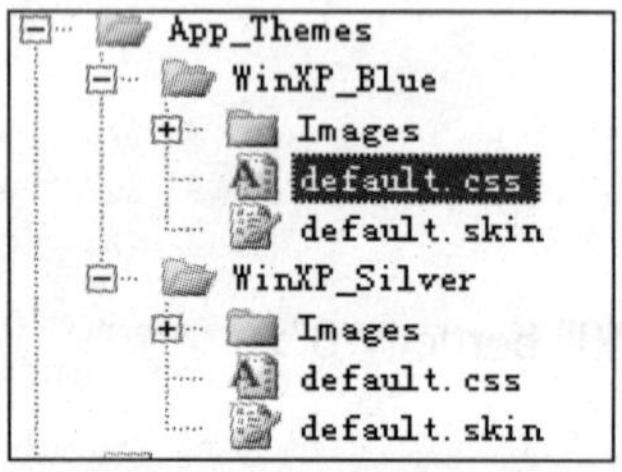

图 3–29 创建主题

（2）创建主题。本程序实现两个主题的切换，所以需要创建两个程序主题，在 App_Themes 目录下创建两个主题，WinXP_Blue 和 WinXP_Silver，在每个主题的目录下分别创建 default.skin 文件、default.css 文件和 Images 目录，如图 3–29 所示。

在 WinXP_Blue 主题下的 default.skin 文件中添加代码，如程序清单 3–11 所示。

```
<asp:image runat="server" Imageurl="Images/logo.jpg" skinid="logo" />
<asp:Calendar runat="server" SkinID="CalendarView" BackColor="White" BorderColor=
"#EFE6F7"
    CellPadding="4" DayNameFormat="Shortest" Font-Size="0.8em"
    ForeColor="Black" Height="180px" Width="200px">
    <SelectedDayStyle BackColor="#6487DC" Font-Bold="True" ForeColor="White"
Font-Size="0.8em"/>
    <SelectorStyle BackColor="#6487DC" Font-Size="0.8em"/>
```

```
        <WeekendDayStyle BackColor="#8CAAE6 " Font-Size="0.8em"/>
        <OtherMonthDayStyle ForeColor="#6487DC" Font-Size="0.9em"/>
        <TodayDayStyle BackColor="#D6DFF5 " ForeColor="Black" Font-Size="0.8em"/>
        <NextPrevStyle    VerticalAlign="Bottom"    Font-Bold="True"    ForeColor="White"
Font-Size="0.8em"/>
        <DayHeaderStyle Font-Bold="True" Font-Size="0.8em" BackColor="#D6DFF5 "/>
        <TitleStyle    BackColor="#6487DC"    BorderColor="Black"    Font-Bold="True"
ForeColor="White" Font-Size="0.9em"/>
        <DayStyle Font-Size="0.8em" />
</asp:Calendar>
```

程序清单 3–11　WinXP_Blue 主题中的 default.skin

在 WinXP_Silver 主题中的 default.skin 文件中添加代码，如程序清单 3–12 所示。

```
    <asp:image runat="server" Imageurl="Images/logo.jpg" skinid="logo" />
    <asp:Calendar    runat="server"    SkinID="CalendarView"    BackColor="White"
BorderColor="#999999"
        CellPadding="4" DayNameFormat="Shortest" Font-Size="0.8em"
        ForeColor="Black" Height="180px" Width="200px">
        <SelectedDayStyle    BackColor="#8C8EAA"    Font-Bold="True"    ForeColor="White"
Font-Size="0.8em"/>
        <SelectorStyle BackColor="#8C8EAA" Font-Size="0.8em"/>
        <WeekendDayStyle BackColor="#F3F3F6" Font-Size="0.8em"/>
        <OtherMonthDayStyle ForeColor="#8C8EAA" Font-Size="0.9em"/>
        <TodayDayStyle BackColor="#D2D5DE" ForeColor="Black" Font-Size="0.8em"/>
        <NextPrevStyle    VerticalAlign="Bottom"    Font-Bold="True"    ForeColor="White"
Font-Size="0.8em"/>
        <DayHeaderStyle Font-Bold="True" Font-Size="0.8em" BackColor="#D2D5DE"/>
        <TitleStyle    BackColor="#8C8EAA"    BorderColor="Black"    Font-Bold="True"
ForeColor="White" Font-Size="0.9em"/>
        <DayStyle Font-Size="0.8em" />
    </asp:Calendar>
```

程序清单 3–12　WinXP_Silver 主题中的 default.skin

在 default.css 文件中，主要对 Html 元素进行样式的定义，具体代码如程序清单 3–13 所示。

```
    body {font-family:Verdana;
        font-size:small;
        color:#000000;
        margin: 0;
        padding: 0;
        margin-right: 30;
        text-align: left;
```

```
}
A:link          { color: white; text-decoration:none; }
A:visited       { color: #265CC0; text-decoration:none; }
A:active  { color: #265CC0;   cursor:hand; text-decoration:none; }
A:hover   { color: #4D9FE1; cursor:hand;text-decoration:"underline"; }
img{      border-width: 0;}
table{font-size: 1em;}
table.header{background-color:#2A48CE;
        filter:
progid:DXImageTransform.Microsoft.gradient(GradientType=1,startColorstr=#3359EC,
endColorstr=darkblue);
}
td.logo{   text-align: left;width: 184px;}
td.title {text-align: center;
          font-family: verdana;
          font-size: x-large;
          font-weight: bolder;
          color: #FFFFFF;
}
td.headerbar {background-image: url(Images/bar.jpg);
      text-align: right;
      height: 24px;}
td.menu {background-color:#6487DC;width: 184px;height: 500px;
      vertical-align: top;}
td.footer{margin-left: 30;font-family: Verdana;
      font-weight: normal;
      color: #6487DC;
      text-align: right;
}
```

程序清单 3–13 default.css 文件

对于图像文件，将不同主题的图片放到不同主题目录下的 Images 目录里面。

（3）动态应用主题。当主题创建完成后，在需要应用主题的页面里添加页面预先初始化方法，如程序清单 3–14 所示。

```
protected void Page_PreInit(object sender, EventArgs e)
    {
        string theme = Request.QueryString.Get("skin");
        Calendar1.SkinID = "CalendarView";//动态设置 SkinID
        if (theme == null || theme.Equals("blue"))
        {
```

```
            this.Page.Theme = "WinXP_Blue";//动态设置页面主题
        }
        else if (theme.Equals("silver"))
        {
            this.Page.Theme = "WinXP_Silver";//动态设置页面主题
        }
    }
```

程序清单 3–14　动态设置主题

系统根据地址栏传递的样式参数来设置页面的主题，默认情况下采用 WinXP_Blue 主题。程序运行效果如图 3–27 和图 3–28 所示。

【能力大比拼，看谁做得又好又快】

根据所学知识，实现以下效果，根据用户选择的主题颜色，对表格颜色进行切换，当用户选择【我喜欢蓝色】选项时，对应的表格背景变为蓝色，如图 3–30 所示。

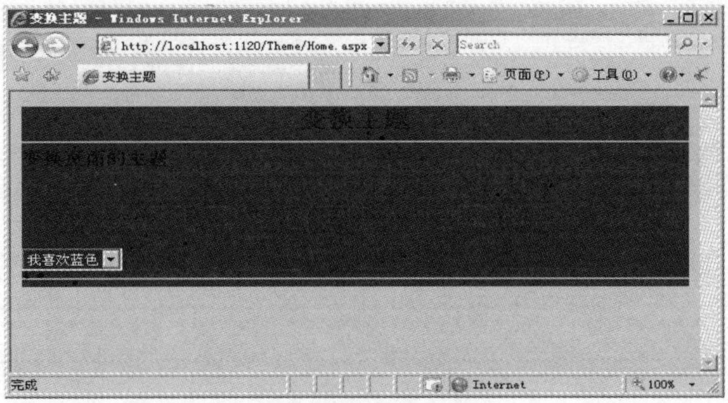

图 3–30　蓝色背景

同样，选择【我喜欢红色】选项时，对应的表格背景变为红色，并将页面背景变为白色，如图 3–31 所示。

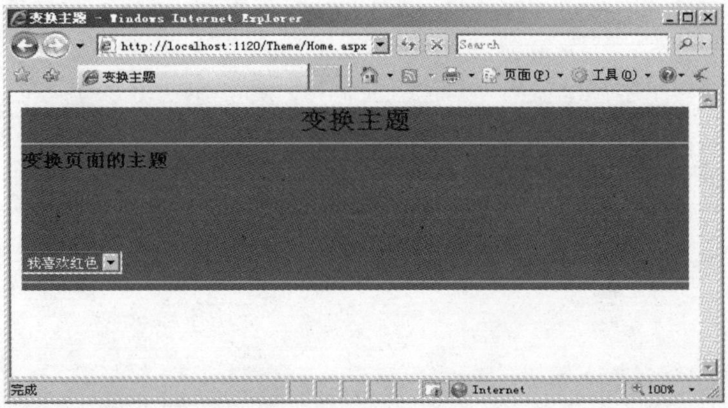

图 3–31　颜色设置

【任务小结】

——你掌握了吗？

（1）如何创建应用程序的主题？

（2）如何动态切换应用程序的主题？

项目四　应用验证控件

【项目任务】

对于开发人员来说，验证是用户在 Web 表单中输入是否有效的重要任务之一。因为在网上提供信息时，用户的行为是无法预测的，因此必须采取额外的预防措施，尽量保证用户提供的数据是正确的，或是强迫用户一定要输入数据。例如，信用卡号和身份证号输入有效和无效的问题。

在 ASP.NET 中，这些有效性验证很容易实现，本项目将介绍 ASP.NET 中的有效性验证控件和各种验证用户输入有效性的方法。

【学习目标】

☆ 了解何时进行数据验证

☆ 掌握如何进行多个条件的验证

☆ 显示错误信息

☆ 掌握常用的服务器端验证和客户端验证

任务一　完成注册界面的设计

【任务要点】

常用验证服务器控件的使用

【导学实践，跟我学】

【案例 1】

制作提交内容必填的注册页面

某网页要求学生提交学号和专业，要求两项内容必填。若用户没有在文本框中输入学号或没有通过下拉列表框选择专业，则显示出错提示，显示图 4–1 所示的 Web 页面，程序正常运行时显示图 4–2 所示的结果。

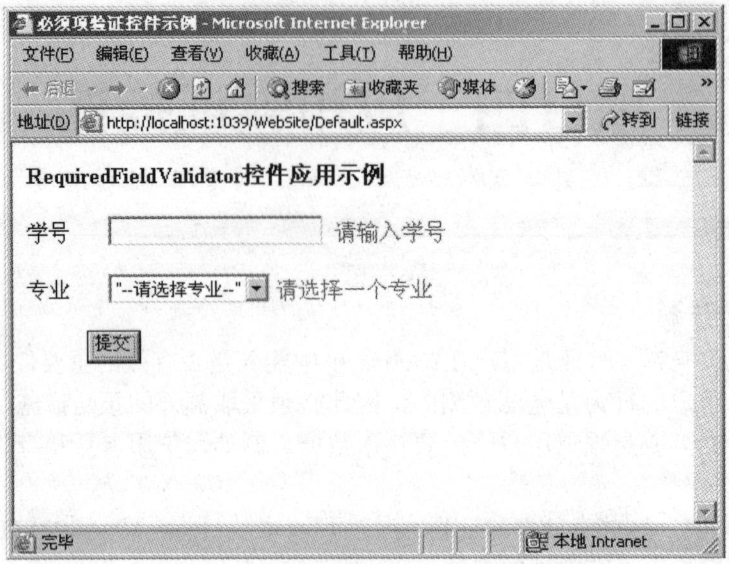

图 4–1 未通过验证时显示的出错信息

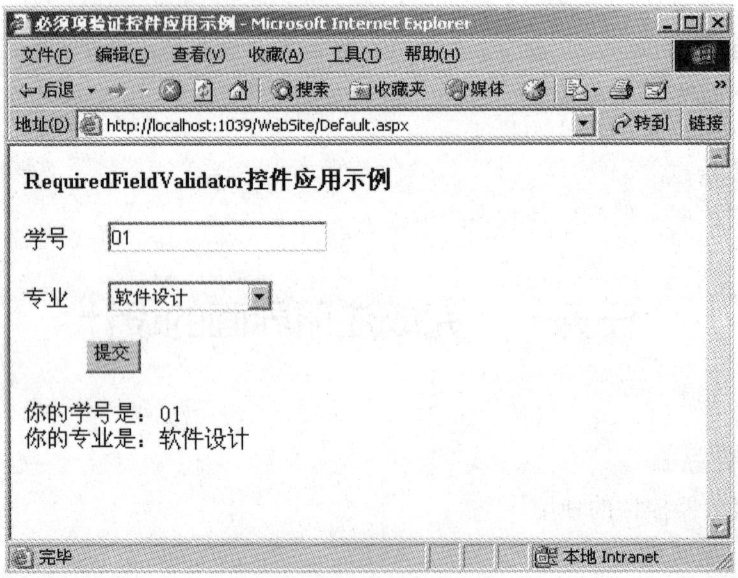

图 4–2 正常运行结果

【具体步骤】

1. 设计 Web 页面

新建一个 ASP.NET 网站，向页面中添加必要的控件说明文字，添加一个按钮控件 Button1；一个文本框控件 TextBox1；一个下拉列表框控件 DropDownList1 和两个必须项验证控件 RequiredFieldValidator1、RequiredFieldValidator2，注意将验证控件放置在被验证控件的右侧。

2. 设置对象属性

Web 页面中各控件的初始属性设置，见表 4–1。

表 4–1　各控件的初始属性设置

控　件	属　性	值	说　明
Button1	ID	btnOK	按钮控件在程序中使用的名称
	Text	提交	显示在按钮上的文本
TextBox1	ID	txtNum	文本框控件在程序中使用的名称
DropDownList1	ID	dropSpec	下拉列表框控件在程序中使用的名称
Label1	ID	lblResult	标签控件在程序中的名称
	Text	空	初始状态下标签中不显示任何内容
RequiredFieldValidator1	ID	valrNum	RequiredFieldValidator1 在程序中的名称
	ControlToValidate	txtNum	指定验证控件的验证对象
	Text	"请输入学号"	验证失败时显示的信息
RequiredFieldValidator2	ID	valrSpeciality	RequiredFieldValidator2 在程序中的名称
	ControlToValidate	dropSpec	指定验证控件的验证对象
	Text	"请选择一个专业"	验证失败时显示的信息
	InitialValue	"—请选择专业——"	验证控件的初始值

设置 RequiredFieldValidator 控件的 ControlToValidate 属性时，可在选中控件后单击 ControlToValidate 属性栏右侧的按钮，在弹出的列表中显示有当前页面中所有控件的名称，选择需要的一个即可。

3. 编写事件代码

Web 页面加载时执行的事件过程代码如下：

```
protected void Page_Load(object sender, EventArgs e)
{
    dropSpec.Items.Add("--请选择专业--");      //填充专业下拉列表框中的选项
    dropSpec.Items.Add("网络技术");
    dropSpec.Items.Add("软件工程");
    dropSpec.Items.Add("多媒体应用");
    dropSpec.Items.Add("计算机维修");
    this.Title = "必须项验证控件应用示例";          //设置页面标题
}
```

单击【提交】按钮时执行的事件过程代码如下：

```
protected void btnOK_Click(object sender, EventArgs e)
{
    //将用户的选择显示到标签控件中
    lblResult.Text = "你的学号是：" + txtNum.Text + "<br>" + "你的专业是：" +
dropSpec.Text;
}
```

【示例解释】

如果要求用户一定要在某个输入控件中输入数据而不可以保持空白，使用 RequiredField Validator 控件，通过设置 ControlToValidate 属性指定要验证的输入控件。

RequiredFieldValidator 控件经常和其他验证控件搭配使用。因为除了 Required FieldValidator 控件，其他所有的验证控件都会将空白视为正确的，即会通过验证。也就是说，如果使用 RangeValidator 控件要求某个 TextBox 控件必须输入在指定范围内的数据，则用户输入了指定范围内的数据或者不输入任何数据，都可以通过验证。如果要求输入数据不可以为空，则必须另外再使用一个 RequiredFieldValidator 控件。

【导学实践，跟我学】

【案例 2】

利用比较验证控件来制作注册页面

设计一个模拟的用户注册页面，要求使用比较验证控件（CompareValidator）对用户输入密码和确认密码的一致性、日期数据格式的正确性进行比较验证，使用必须项验证控件（RequiredFieldValidator）设置用户名及密码为必填字段。程序运行结果如图 4–3 和图 4–4 所示。

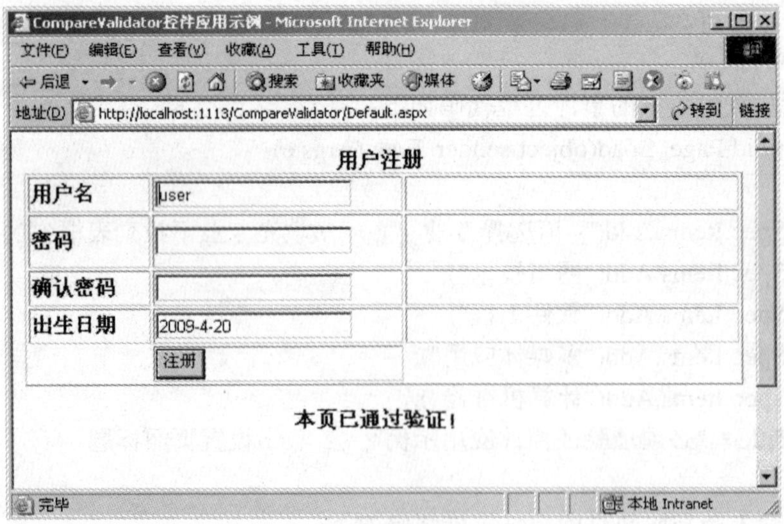

图 4–3 通过验证

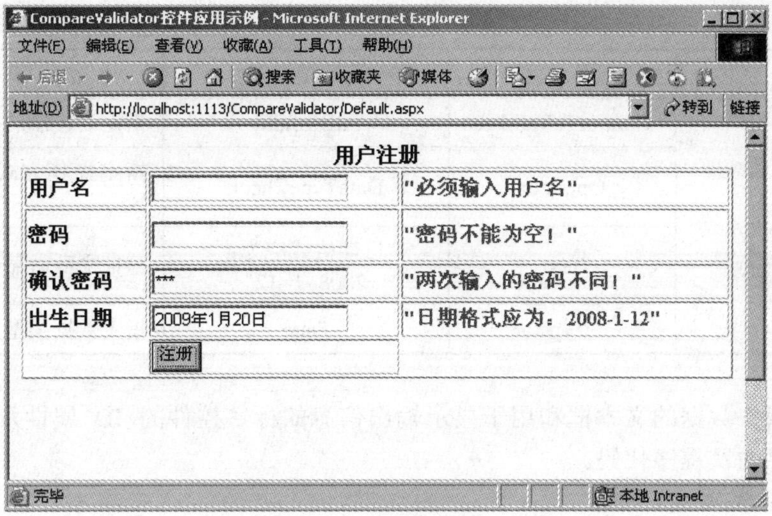

图 4–4　出错提示

【具体步骤】

1. 设计 Web 页面

新建一个 ASP.NET 网站，切换到设计视图。向由系统自动创建的 Default.aspx 页面中添加一个用于布局的 HTML 表格，适当调整表格的行列数；向表格中添加必要的控件说明文字；添加四个用于接收用户输入数据的文本框 TextBox1～TextBox4；两个按钮控件 Button1、Button2；一个用于显示通过验证信息的标签控件 Label1；添加两个必须项验证控件 RequiredFieldValidator1 和 RequiredFieldValidator2，两个比较验证控件 CompareValidator1、CompareValidator2，注意将必须项验证控件分别放置在用户名栏和密码栏的右侧单元格，将比较验证控件分别放置在确认密码和出生日期栏的右侧单元格；适当调整各控件的大小及位置。

2. 设置对象属性

各控件的初始属性设置见表 4–2。

表 4–2　各验证控件的初始属性设置

控　件	属　性	值	说　明
RequiredFieldValidator1	ControlToValidate	txtUsername	指定验证控件的验证对象
	Text	"必须输入用户名"	验证失败时显示的信息
RequiredFieldValidator2	ControlToValidate	txtPassword	指定验证控件的验证对象为密码输入文本框
	Text	"密码不能为空！"	验证失败时显示的信息
CompareValidator1	ControlToCompare	txtPassword	指定要与之比较的控件
	ControlToValidate	txtRepassword	指定要控制的控件
	Text	"两次输入的密码不同！"	验证失败时显示的信息

续表

控　件	属　性	值	说　明
CompareValidator2	ControlToValidate	txtBirthday	指定要控制的控件
	Operator	DataTypeCheck	指定操作方式为数据类型比较
	Text	"日期格式应为：2008-1-12"	验证失败时显示的信息
	Type	Date	指定数据类型为日期型

用于输入用户数据的文本框和用于显示输出信息的标签控件的 ID 属性及某些初始属性参见程序运行界面及程序代码。

3. 编写事件代码

```
protected void Page_Load(object sender, EventArgs e)
{
    this.Title = "CompareValidator 控件应用示例";
    txtUsername.Focus();          //页面加载时，用户名文本框得到焦点
    lblPass.Text = "";            //清除通过验证标签中的文本
}
protected void btnOK_Click(object sender, EventArgs e)
{
    lblPass.Text = "本页已通过验证！";        //通过验证后在标签中显示的信息
}
```

【示例解释】

CompareValidator 控件使操作员可以将用户输入到一个输入控件（如 TextBox 控件）中的值同输入到另一个输入控件中的值相比较，或将该值与某个常数值相比较。还可以使用 CompareValidator 控件确定输入到输入控件中的值是否可以转换为 Type 属性所指定的数据类型。

通过设置 ControlToValidate 属性指定要验证的输入控件。如果希望将特定的输入控件与另一个输入控件相比较，则可以使用要比较的控件的名称设置 ControlToCompare 属性。

可以将一个输入控件的值同某个常数值相比较，而不是比较两个输入控件的值。通过设置 ValueToCompare 属性指定要比较的常数值。

Operator 属性允许操作员指定要执行的比较类型，如大于、等于等。如果将 Operator 属性设置为 ValidationCompareOperator.DataTypeCheck，CompareValidator 控件将同时忽略 ControlToCompare 属性和 ValueToCompare 属性，而仅指示输入到输入控件中的值是否可以转换为 Type 属性所指定的数据类型。

◎ 小提示

如果输入控件为空，则不调用任何验证函数并且验证成功。可以使用【案例 2】介绍的 RequiredFieldValidator 控件防止用户跳过某个输入控件。

【导学实践，跟我学】

【案例 3】

利用范围验证控件来制作数值录入页面

使用 RangeValidator 控件验证用户输入学生成绩的数值范围，用户输入数据被验证通过时页面中显示如图 4–5 所示的结果。若用户没有输入学号或输入了不合逻辑的成绩值，则显示如图 4–6 所示的出错提示信息。

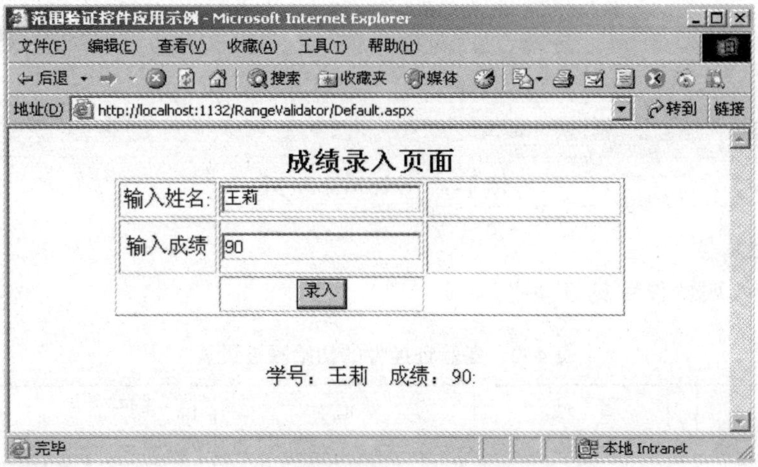

图 4–5　通过验证后显示的输出信息

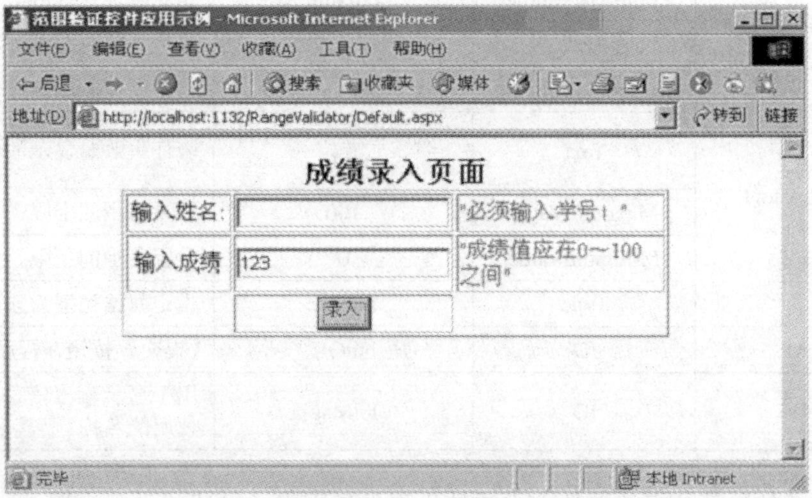

图 4–6　未通过验证时显示的出错提示

【具体步骤】

1. 设计 Web 页面

新建一个 ASP.NET 网站，如图 4–7 所示，向页面中添加必要的控件说明文字，两个文本框控件 TextBox1、TextBox2；一个按钮控件 Button1。在用于输入学生学号的文本框后面添加一个必须项验证控件 RequiredFieldValidator1，在用于输入学生成绩的文本框后面添加一个范围验证控件 RangeValidator1。

图 4–7　设计 Web 页面

2. 设置对象属性

各控件的初始属性设置见表 4–3。

表 4–3　各验证控件的初始属性设置

控　件	属　性	值	说　明
TextBox1	ID	txtNum	“姓名”文本框在程序中使用的名称
TextBox2	ID	txtScore	“成绩”文本框在程序中使用的名称
RequiredFieldValidator1	ControlToValidate	txtNum	指定验证控件的验证对象
	Text	“必须输入学号！”	验证失败时显示的信息
RangeValidator1	ControlToValidate	txtScore	指定要控制的控件
	Text	“成绩值应在 0~100 之间”	验证失败时显示的信息
	MaxmumValue	100	设置范围的上限
	MinimumValue	0	设置范围的下限
	Type	Integer	指定数据类型为整型
Button1	ID	btnOK	【提交】按钮在程序中使用的名称
Label1	ID	lblMsg	用于显示输出信息的标签在程序中使用的名称

页面中控件的其他初始属性在页面装入事件过程中通过代码进行设置。

3. 编写事件代码

页面装入时执行的事件过程代码如下：

```
protected void Page_Load(object sender, EventArgs e)
{
    this.Title = "范围验证控件应用示例";
    txtNum.Focus();
    lblMsg.Text = "";
}
```

单击【提交】按钮时执行的事件代码如下：

```
protected void btnOK_Click(object sender, EventArgs e)
{
    lblMsg.Text = "姓名：" + txtNum.Text + "    " + "成绩：" +
txtScore.Text;
}
```

【示例解释】

RangeValidator 控件使操作员可以检查用户的输入是否在指定的上限与下限之间。可以检查数字对、字母对和日期对限定的范围。

使用 ControlToValidate 属性指定要验证的输入控件。MinimumValue 和 Maximum Value 属性分别指定有效范围的最小值和最大值。

Type 属性用于指定要比较的值的数据类型。在执行任何比较之前，应先将要比较的值转换为该数据类型。

◎ 小提示

如果输入控件为空，则不调用任何验证函数并且验证成功。使用前面介绍的 Required FieldValidator 控件防止用户跳过某个输入控件。

同样，如果输入控件的值无法转换为 Type 属性指定的数据类型，验证也会成功。强烈推荐使用一个附加的 CompareValidator 控件，将其 Operator 属性设置为 Validation Compare Operator.DataTypeCheck，以此来检验输入值的数据类型。如果由 MaximumValue 或 MinimumValue 属性指定的值无法转换为由 Type 属性指定的数据类型，则 RangeValidator 控件将引发异常。

【导学实践，跟我学】

【案例 4】

制作用户不能含有汉字、密码为 6～12 位及对邮箱格式进行验证的注册页面

设计一个用户注册数据提交页面，要求程序能使用验证控件限制用户名不能为空、用户

名中不能含有汉字、密码长度为 6～12 位及邮箱地址格式正确。通过验证或验证失败时显示的页面如图 4–8～图 4–10 所示。

图 4–8 通过验证

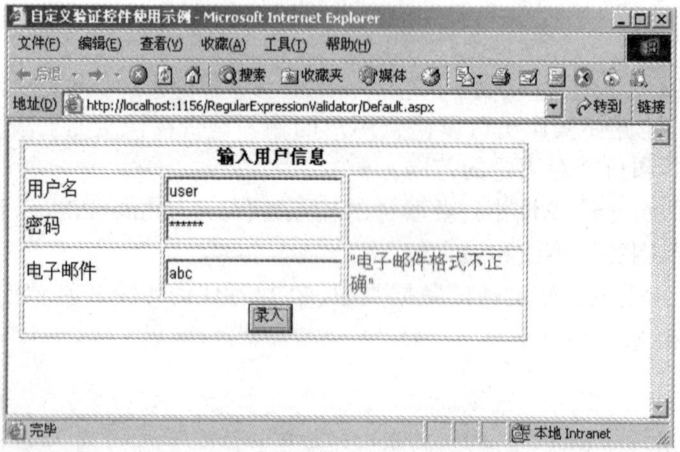

图 4–9 邮件格式不正确

图 4–10 用户名、密码格式不正确

【具体步骤】

1. 设计 Web 页面

新建一个 ASP.NET 网站，向由系统自动产生的默认页面中添加一个 HTML 表格，参照图 4–11 适当调整 HTML 表格的行列数及行高、列宽。向 HTML 表格中添加需要的控件说明文字，向页面中添加三个文本框控件 TextBox1～TextBox3；添加一个按钮控件 Button1 和一个用于输出验证是否通过信息的标签控件 Label1；分别在用户名文本框和密码文本框的右侧各添加一个自定义验证控件 CustomValidator1、CustomValidator2；在电子邮件文本框右侧添加一个正则表达式验证控件 RegularExpressionValidator1；适当调整各控件的大小和位置。

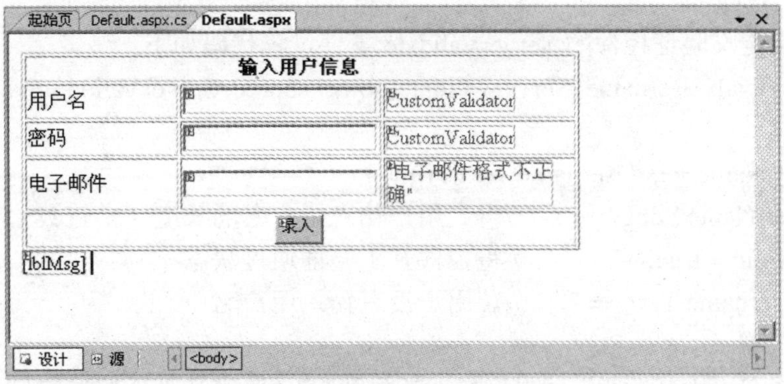

图 4–11　设计 Web 页面

2. 设置对象属性

各控件的初始属性设置见表 4–4。

表 4–4　各控件的初始属性设置

控　件	属　性	值	说　明
TextBox1～TextBox3	ID	txtUsername、txtPassword txtEmail	文本框控件在程序中使用的名称
Button1	ID	btnOK	【提交】按钮在程序中使用的名称
	Text	提交	按钮控件上显示的文本
Label1	ID	lblMsg	用于显示输出信息的标签在程序中使用的名称
CustomValidator1	ID	valxUsername	验证用户名的自定义验证控件在程序中的名称
CustomValidator2	ID	valxPassword	验证密码的自定义验证控件在程序中的名称
RegularExpressionValidator1	ControlToValidate	txtEmail	正则表达式验证控件要验证的输入控件
	Text	“电子邮件格式不正确”	电子邮件格式验证失败时显示的出错信息

正则表达式验证控件的 ValidationExpression 属性，可通过正则表达式编辑器进行设置。页面中控件其他控件的初始属性在页面装入事件过程中通过代码进行设置。

3. 编写事件代码

页面装入时执行的事件过程代码如下：

```
protected void Page_Load(object sender, EventArgs e)
{
    this.Title = "自定义验证控件使用示例";
    txtUsername.Focus();
}
```

"用户名"自定义验证控件的 ServerValidate 事件过程代码如下：

```
protected void valxUsername_ServerValidate(object source, ServerValidateEventArgs args)
{
    string strName = txtUsername.Text.Trim();
    int n = strName.Length;         //得到用户输入用户名的长度（字符数）
    args.IsValid = true;            //将控件置于验证通过状态
    if (txtUsername.Text == "")     //若用户没有输入用户名
    {
        valxUsername.Text = "用户名不能为空！";//自定义验证控件中显示出错信息
        args.IsValid = false;           //将控件置于验证未通过状态
        return;                         //退出事件过程，不再执行后续代码
    }
    for (int i = 0; i < n; i++) //通过循环逐一测试用户名中每个字符的 ASCII 值
    {
        string midstr = strName.Substring(i, 1);
        char str = Convert.ToChar(midstr);
        if ((int)str > 255)         //若字符的 ASCII 值大于 255 表示包含有非 ASCII 字符
        {
            valxUsername.Text = "用户名中不能包含汉字！";
            args.IsValid = false;
            break;
        }
    }
}
```

"密码"自定义验证控件的 ServerValidate 事件过程代码如下：

```
protected void valxPassword_ServerValidate(object source, ServerValidateEventArgs args)
{
    string strPassword = txtPassword.Text.Trim();
    args.IsValid = true;
```

```
    //若用户输入的密码长度小于 6 个字符或大于 12 个字符
    if (strPassword.Length < 6 || strPassword.Length > 12)
    {
        valxPassword.Text = "密码长度必须在 6～12 之间";
        args.IsValid = false;
    }
}
```

单击【提交】按钮时执行的事件过程代码如下：

```
protected void btnOK_Click(object sender, EventArgs e)
{
    if (Page.IsValid)        //若 Page.IsValid 属性为 True，表示页面中所有验证控件均通过了验证
    {
        lblMsg.Text = "<b>用户输入数据通过验证！</b>";
    }
    else
    {
        lblMsg .Text ="<b>用户输入数据未通过验证！</b>";
    }
}
```

【示例解释】

RegularExpressionValidator 控件用于确定输入控件的值是否与某个正则表达式（Regular Expression）所定义的模式相匹配。该验证类型允许检查可预知的字符序列，如电子邮件地址、电话号码、邮政编码等中的字符序列。

RegularExpressionValidator 使用两个属性执行验证。ControlToValidate 包含要验证的值。ValidationExpression 包含要匹配的正则表达式。

◎ 小提示

如果输入控件为空，则不调用任何验证函数并且验证成功。可使用前面介绍的 RequiredFieldValidator 控件防止用户跳过某个输入控件。

使用 ValidationExpression 属性指定用于验证输入控件的正则表达式。关于正则表达式的语法请参见 VS.NET 的帮助文件。就“电子邮件地址”来说，下例中所定义的正则表达式字符串是：.{1,}@.{3,}，表示@字符前至少含有 1 个字符，@字符之后至少含有 3 个字符。

【背景知识】

数据验证机制介绍

数据验证服务器控件可以提供易用但功能强大的方法检查输入窗体中的错误，并在必要时向用户显示消息。

验证控件像其他服务器控件一样添加到 Web 窗体页。有不同的控件用于特定的验证类型，如范围检查或模式匹配，以及确保用户不跳过输入字段的 RequiredFieldValidator 等。可以将多个验证控件附加到一个输入控件。例如，可以既指定需要输入，又指定输入必须包含特定范围的值。

表 4–5 列出了所有的验证控件。接下来将分别详细介绍这些控件的使用方法。

表 4–5　验证控件的类型

控件名称	说　　明
RequiredFieldValidator	确保用户不跳过输入
CompareValidator	使用比较运算符（小于、等于、大于等）将用户的输入与另一控件的常数值或属性值进行比较
RangeValidator	检查用户的输入是否在指定的上下边界之间。可以检查数字、字母或日期对内的范围。可以将边界表示为常数
RegularExpressionValidator	检查输入是否与正则表达式定义的模式匹配。该验证类型允许检查可预知的字符序列，如电子邮件地址、电话号码、邮政编码等中的字符序列
CustomValidator	使用用户自己编写的验证逻辑检查用户的输入。该验证类型允许检查运行时导出的值
ValidationSummary	以摘要的形式显示页上所有验证程序的验证错误

在处理用户的输入时（如提交窗体时），Web 窗体页框架将用户的输入传递给关联的验证控件。验证控件测试用户的输入，并设置属性以指示输入是否通过了验证测试。处理完所有的验证控件后，将设置页上的 IsValid 属性。如果有任何控件显示验证检查失败，则整页设置为无效。

如果验证控件有错误，错误信息可由该验证控件显示在页中，或者显示在页上其他地方的 ValidationSummary 控件中。当页的 IsValid 属性为 False 时，显示 ValidationSummary 控件。它轮询页上的每个验证控件，并聚合每个控件公开的文本消息。可以验证的 Web 服务器控件见表 4–6。

表 4–6　可以验证的 Web 服务器控件

控　　件	验 证 属 性
TextBox	Text
ListBox	SelectedItem.Value
DropDownList	SelectedItem.Value
RadioButtonList	SelectedItem.Value

如果用户的浏览器是 IE 4.0 或更新的版本，即支持 DHTML，则验证控件可以使用客户端的脚本进行验证。由于控件能够立即响应（不需要一个到服务器的往返），网页的执行效率会提高。

在大部分情况下，不需要因为使用客户端验证而对网页或验证控件做任何变动。控件会自动检测浏览器是否支持 DHTML。已经在客户端执行验证后，网页框架仍然会在服务器中再次进行验证，因此，可以在服务器端的事件处理程序中测试有效性。此外，在服务器中再次进行验证可以防止用户通过停用或变更客户端脚本略过客户端验证。

【能力大比拼，看谁做得又好又快】

1. 任务

某购物网站正在开发一套网上购物系统，现在要求你开发如图 4–12 所示页面的用户注册程序。

2. 实现

请参照本项目的相关内容和示例部分使用服务器控件实现该任务。

（1）根据图 4–12 和图 4–13 完成页面设计。

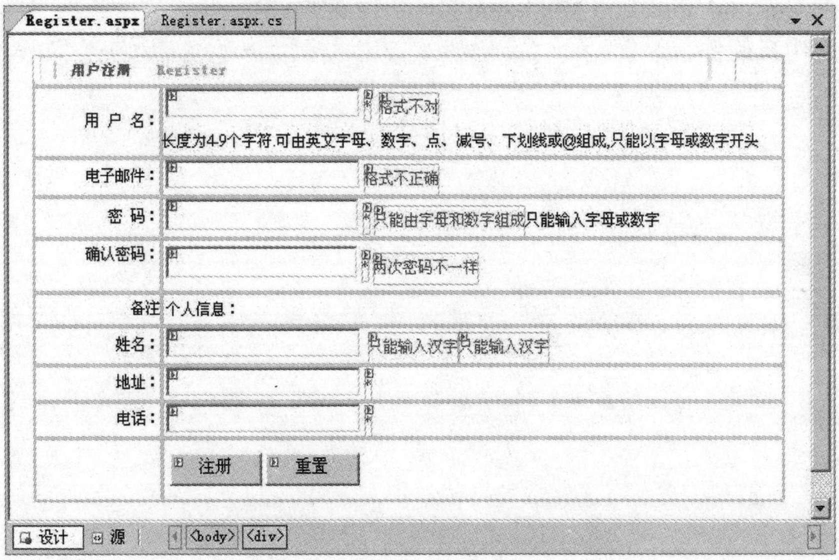

图 4–12　用户注册程序

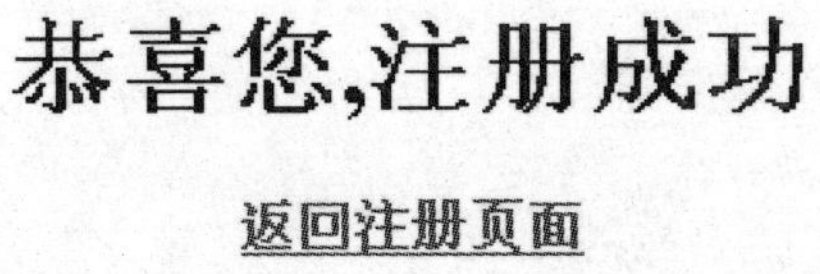

图 4–13　注册成功

（2）当点击【返回注册页面】超链接时，可返回到注册页面。

3. 演示

目标：

① 提高学生的表达能力、语言应用能力和自信力；

② 展示所完成的任务。

要求：

① 普通话应尽可能标准流畅，不得使用方言；

② 需要结合本项目的重点进行讲解相关模块的实现。如重点讲解如何实现验证功能，如何选择使用 Web 服务器控件还是 HTML 服务器控件。

【任务小结】

——你掌握了吗?

（1）了解验证控件概况。

（2）掌握 RequiredFieldValidator、CompareValidator 控件。

（3）掌握 RangeValidator、RegularExpressionValidator 控件。

（4）掌握 CustomValidator、ValidationSummary 控件。

（5）掌握用户控件。

项目五　掌握 ASP.NET 数据库操作

【项目任务】

本项目主要通过使用 Visual studio 2005 开发环境完成一些实例的操作来了解和掌握对 ADO.NET 的全局体系结构，概述如何通过使用数据提供者（Data Provider），来实现使用 ADO.NET 访问不同的数据源，从数据库中读取数据，向数据库中添加数据，修改已经存储在数据库中的数据，并将数据显示在应用程序的 Web 页面上，了解数据集的含义，以及如何使用数据集。

本项目还通过 DataList、GridView 控件来实现程序开发中一些经典的应用。通过这些应用学习使用数据控件显示数据库中的数据，对数据进行编辑、更新或删除操作。

【学习目标】

☆ 了解 ADO.NET 相关概念，以及 ADO.NET 数据库驱动程序
☆ 掌握 Connection 对象连接数据库
☆ 掌握 Command 对象执行数据库命令
☆ 掌握 DataReader 对象从数据库中读取数据
☆ 掌握 DataAdapter 对象读写数据库中的数据
☆ 掌握 DataSet 对象操作内存中的数据
☆ 掌握 DataList 控件显示、更新、删除数据
☆ 掌握 GridView 控件显示、更新、删除数据

任务一　制作 EShopTest 网上购物商城用户注册页面

【任务要点】

操作数据库的第一步必须是先建立与数据库的连接。Connection 对象专门肩负着这样的重任。该对象提供了很多属性和方法以便用户顺利进行连接操作。接下来开始通过实例学习 Connection 对象及使用。

【导学实践，跟我学】

在互联网上，用户如果想使用电子邮箱或者论坛都必须要先进行注册。注册完成后使用

用户名和密码才能登录使用，下面就来学习简单注册页面的制作。

【案例 1】

测试与 SQL Server 数据库建立连接

操作数据库的第一步是必须先建立与数据库的连接。Connection 对象肩负着这样的重任。该对象提供了很多属性和方法以便用户顺利进行连接操作。

现在通过新建一个 Web 窗体来测试与数据库的连接。在页面中能显示与数据连接的状态。运行效果如图 5–1 所示。

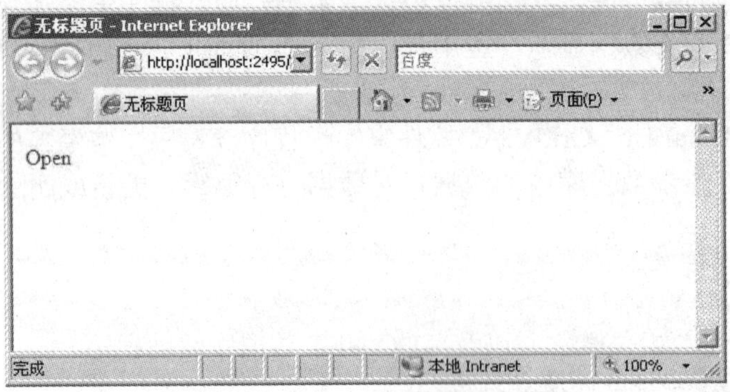

图 5–1　测试连接页面

【具体步骤】

（1）打开 Visual Studio 2005 新建网站 EShopTest，位置选择文件系统，指定站点文件夹。

（2）添加 Web 窗体并命名为 ConnectionTest。

（3）从工具箱中拖一个 Label 控件到窗体中，并命名该控为 lblMessage。

（4）转到窗体的代码视图，在代码中添加引用 using System.Data.SqlClient。

（5）双击新建窗体的空白处，在窗体的 Page_Load()事件中添加如下代码：

```
protected void Page_Load(object sender, EventArgs e)
    {
        SqlConnection conn = new SqlConnection();
        conn.ConnectionString= "server=zhubaiming\\sql2000;uid=sa;pwd=sa;database=EShop";
        conn.Open();
        lblMessage.Text = conn.State.ToString();
        conn.Close();
    }
```

【示例解释】

上面程序简单演示了使用 Connection 对象连接到 SQL Server 数据库。读者在练习时要注意引入命名空间，同时要正确使用驱动程序的类名。在本实例和之后的实例中添加的引用都为 System.Data.SqlClient。

在 Page_Load() 事件中已经新建一个数据库连接实例 SqlConnection conn = new SqlConnection();，实例名称为 conn。接着设置了 conn 的连接字符串属性：

conn.ConnectionString="server=zhubaiming\\sql2000; uid=sa; pwd=sa;　　database=EShop";

注意：本例代码提供的连接字符串显示的仅是一个模型，读者应修改数据库连接字符串的信息。

为了验证是否连接成功，示例中使用 State 属性来获取当前连接状态：conn.State.ToString();。

最后关闭连接：conn.Close();。

◎ 小提示

C#区分大小写，请在书写代码的时候注意大小写问题。

【案例 2】

实现用户注册页面的功能

在项目四的能力大比拼中，已经完成了一个名为 Register.aspx 页面的制作，在设计模式下界面如图 5–2 所示。

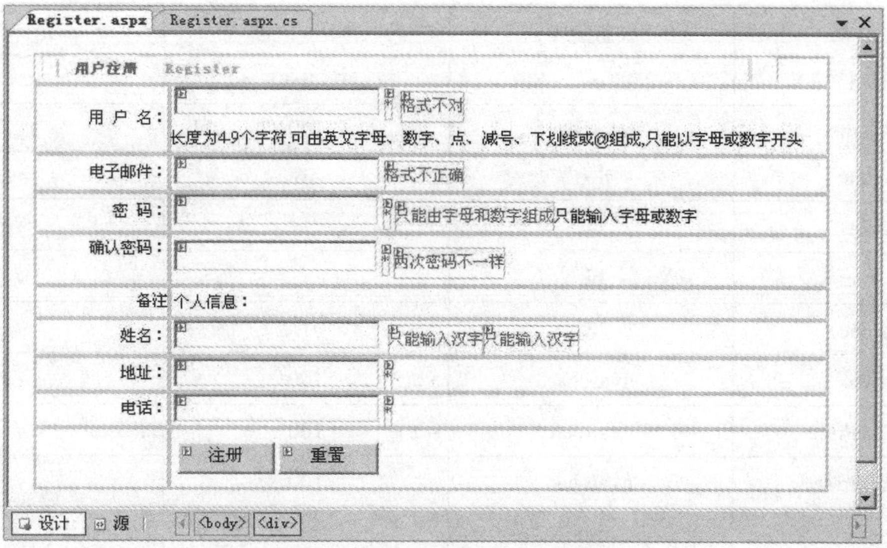

图 5–2　用户注册窗体设计视图

本窗体用于接收用户输入的数据。但是，这样的窗体在用户将数据保存起来之前，是没有多少用处的，接下来就是现在将要完成的任务，当单击【注册】按钮的时候执行代码将数据保存到数据库中。本项目使用的数据库 EShop 应用程序中的 SQL Server 数据库。EShopTest 程序中所使用到的表的结构见表 5–1～表 5–4。

表 5–1 UserInfo（用户信息表）

列名	数据类型	长度	允许空
id	int	4	
uid	nvarchar	100	√
pwd	nvarchar	100	√
email	nvarchar	100	√
uname	nvarchar	100	√
uaddress	nvarchar	200	√
uphone	nvarchar	50	√
uregtime	datetime	8	√
account	money	8	√

表 5–2 Category（商品目录表）

列　名	数据类型	长　度	允许空
id	int	4	
Category	nvarchar	100	√

表 5–3 Product（商品信息表）

列　名	数据类型	长　度	允许空
ProId	int	4	
ProName	nvarchar	100	
Content	text	16	
IsHot	bit	1	√
IsSale	bit	1	√
IsFaience	bit	1	√
ProPic	nvarchar	100	√
MemberPrice	nvarchar	100	√
MarketPrice	nvarchar	100	√
Category	int	4	√
ProDate	datetime	8	√
ProNum	int	4	√

表 5–4　Administrator（管理员信息表）

列　　名	数据类型	长　　度	允许空
id	int	4	
uid	nvarchar	50	√
username	nvarchar	80	√
password	nvarchar	80	√

实例运行结果如图 5–3 所示。

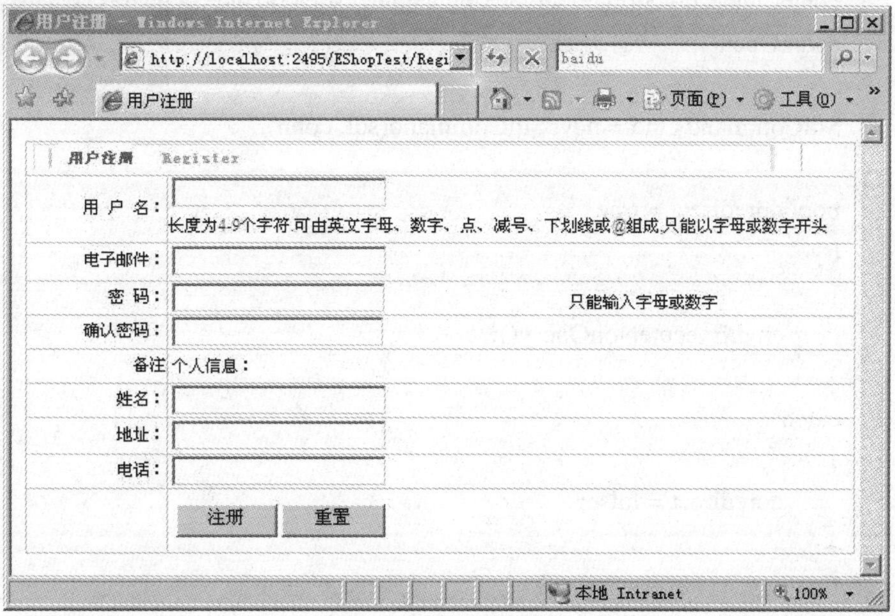

图 5–3　用户注册页面

【具体步骤】

（1）在 EShopTest 应用程序中打开 Register.aspx 页。

（2）在后台编码文件的顶部添加下列导入语句，因为此处将用到这些命名空间中的类：

```
using System.Data.SqlClient;
```

（3）为注册按钮添加事件处理程序，以前该控件只是为了测试用于验证的不同文本框的内容。现在，该按钮将负责构建和执行 SQL INSERT 语句（该语句将一条新用户记录添加到数据库中）。代码如下：

```
protected void btnReg_Click(object sender, EventArgs e)
    {
        string uid = tbUid.Text;
        string umail = tbEmail.Text;
        string upwd = tbPwd.Text;
```

```
        string uname = tbName.Text;
        string uadd = tbAdd.Text;
        string uphone = tbPhone.Text;
        //SQL 语句
        string sql = "insert into UserInfo values('" + uid + "','" + upwd + "','" + umail + "','" +
uname + "','" + uadd + "','" + uphone + "','" + DateTime.Now.ToString("yyyy-MM-dd HH:mm:ss")
+ "',0)";
        //建立连接
        SqlConnection conn = new SqlConnection();
        conn.ConnectionString="server=zhubaiming\\sql2000;uid=sa;pwd=sa;database=EShop";
        conn.Open();    //打开连接

        SqlCommand cmd = new SqlCommand(sql, conn);

        bool doredirect = true;
        try
        {
            cmd.ExecuteNonQuery();
        }
        catch
        {
            doredirect = false;
        }
        finally
        {
          //关闭连接，释放资源
            cmd.Dispose();
            conn.Close();
            conn.Dispose();
        }
        if (doredirect)
        {
            Response.Redirect("Login.aspx");
        }
    }
```

将 Register.aspx 设为启动页面，保存和运行该项目。如果执行成功则向数据库中插入了一条新记录。

【示例解释】

在上面的代码中首先添加了 System.Data.SqlClient 命名空间的引用。这是因为当要使用 SQL Server 数据提供者存取数据时，必须引用 System.Data.SqlClient 这个命名空间。

接着创建了 Connection 对象，并设置了该对象的连接字符串，然后执行了打开操作：

```
SqlConnection conn = new SqlConnection();
conn.ConnectionString = "server=zhubaiming\\sql2000;uid=sa;pwd=sa;database=EShop";
conn.Open();
```

以上三句代码也可以这样写：

```
SqlConnection conn = new SqlConnection("server=zhubaiming\\sql2000; uid=sa;pwd=sa;
database=EShop");
conn.Open();
```

这样就是不单独设置 conn 的 ConnectionString 的值，在 Connection 创建时把 ConnectionString 当做参数给出。

创建 Connection 对象需要指定许多信息，这些信息的准确性质是由数据存储来决定的，关于该主题在背景知识里会详细讲解。

接着，使用 Connection 对象和 SQL 查询字符串创建一个新的 Command 对象：

```
SqlCommand cmd = new SqlCommand(sql, conn);
```

针对打开的数据库所执行的任何代码应该（至少是）总是位于 try…finally 代码块中，这为读者在执行意想不到的中断之前提供一个关闭连接的机会。

在代码块中，使用的是 Command 对象的 ExecuteNonQuery()方法，因为 Insert 语句并不返回结果（可以选择查看受影响的行数，但是这里暂且把它忽略）。读者可根据命令的执行结果——成功或失败（由 doredirect 变量进行跟踪）——把用户得定向到指定页面：

```
bool doredirect = true;              //定义一个 bool 型变量,并赋值
        try
        {
            cmd.ExecuteNonQuery();//执行 SqlCommand,此内容在之后的项目中会讲解
        }
        catch
        {
            doredirect = false;
        }
        finally
        {
        cmd.Dispose();      //释放 Command 对象占用的资源
            conn.Close();       //关闭 Connection 对象
            conn.Dispose();  //释放 Connection 对象占用的资源
        }
        if (doredirect)
```

```
{
    Response.Redirect("Default.aspx"); //重定向链接
}
```

【背景知识】

一、相关命名空间的引用

1. System.Data 命名空间

在程序中，要使用 ADO.NET 对象模型中的类时，必须首先引用 System.Data 这个命名空间。因为 System.Data 这个命名空间中包括大部分组成 ADO.NET 架构的基础对象类别，例如，DataSet 对象、DataTable 对象、DataColumn 对象、DataRelation 对象。

2. System.Data.OleDb 命名空间

当要使用OLE DB数据提供都来存取数据时，必须引用System.Data.OleDb这个命名空间。System.Data.OleDb 这个命名空间定义了 OLE DB 数据操作组件的对象类别，例如，OleDbConnection 类、OleDbCommand 类、OleDbDataAdapter 类及 OleDbDataReader 类。

3. System.Data.SqlClient 命名空间

当要使用 SQL Server 数据提供者存取数据时，必须引用 System.Data.SqlClient 这个命名空间。System.Data.SqlClient 这个命名空间定义了 SQL 数据操作组件的对象类别，例如，SqlConnection 类、SqlCommand 类、SqlDataAdapter 类及 SqlDataReader 类。

表 5–5 简要列举了.NET 框架中与 ADO.NET 相关的几个命名空间。

表 5–5 ADO.NET 相关的命名空间

命名空间	说　明
System.Data	包含了组成 ADO.NET 体系结构的一些基本类
System.Data.OleDb	包含了运用 OLEDB 类型的数据提供者对象的类
System.Data.SqlClient	包含了运用 SQL Server 类型的数据提供者对象的类
System.Data.Odbc	用于 ODBC 的.NET Framework 数据提供者
System.Data.OracleClient	用于 Oracle 的.NET Framework 数据提供者
System.Data.SqlTypes	包含了代表 SQL Server 中的数据类型的类
System.Data.Common	包含了被所有的数据提供者对象所共享的类
System.Xml	包含一系列用来处理 XML 文档和文档片段的类

二、Connection 对象及使用

Connection 对象主要用于建立与指定数据源的连接，处理访问数据源时所需要的安全设置。如果没有利用 Connection 对象将数据库打开，是无法从数据库中获取数据的。在这里介绍 Connection 对象常用的属性和方法。

1. Connection 对象的常用方法

Connection 对象有以下常用方法。

（1）Open()：利用 ConnectionString 所指定的属性设置打开一个数据库连接。

（2）Close()：关闭与数据库的连接。

（3）CreateCommand()：创建并返回一个与 Connection 相关的 Command 对象。

2. Connection 对象的常用属性

Connection 对象有以下常用属性。

（1）ConnectionString：获取或者设置用于打开数据库的连接字符串。

（2）ConnectionTimeout：在试图建立连接的过程中，获取在终止操作并产生错误之前等待的时间，也就是超时时间。

（3）DataBase：取得在数据库服务器上要打开的数据库名。

（4）DataSource：取得要连接的 SQL Server 实例的名称。

（5）State：取得目前连接的状态。

3. Connection 对象的构造函数与 Connection 对象的创建

Connection 对象的创建是由其对应的构造函数构造完成的，但是，不同的数据提供者用不同的类及构造函数完成 Connection 对象的创建，在 SQL Server 数据提供者中用类 SqlConnection 的构造函数创建 Connection 对象，而在 OLE DB 数据提供者中用类 OleDbConnection 的构造函数创建 Connection 对象。

表 5–6 分别列出了 SQL Server 数据提供者中类 SqlConnection 的两个构造函数的原型及其功能。

表 5–6　SqlConnection 类的两个构造函数及对应的功能

函数定义	函　数　功　能
SqlConnection()	创建一个 SqlConnection 对象，并将该对象的 ConnectionString、DataBase、DataSource 属性的值都初始化为空字符串，ConnectionTimeout 属性的值初始化为 15 秒
SqlConnection(string connectionString)	利用参数 connectionString 所指定的连接字符串创建一个 SqlConnection 对象，并将该对象的 ConnectionString 属性的值初始化为参数 connectionString 所表示的连接字符串，其他参数的初始值同前

表 5–7 分别型列出了 OLE DB 数据提供者中类 OleDbConnection 的两个构造函数的原型及其功能。

表 5–7　OleDbConnection 类的两个构造函数及对应的功能

函数定义	函　数　功　能
OleDbConnection()	创建一个 OleDbConnection 对象，并将该对象的 ConnectionString、DataBase、DataSource 属性的值都初始化为空字符串，ConnectionTimeout 属性的值初始化为 15 秒
OleDbConnection(string connectionString)	利用参数 connectionString 所指定的连接字符串创建一个 OleDbConnection 对象，并将该对象的 ConnectionString 属性的值初始化为参数 connectionString 所表示的连接字符串，其他参数的初始值同前

从表 5–6 和表 5–7 可以看出，虽然 SqlConnection 类和 OleDbConnection 类的构造函数的名称不同，但使用方法是一样的。

下面以 SQL Server 数据提供者为例来说明创建 Connection 对象的方法。

第一种方法：

利用 SqlConnection 类的构造函数 SqlConnection()创建一个未初始化的 SqlConnection 对象，再用一个连接字符串初始化该对象。

```
SqlConnection conn = new SqlConnection();
```

在使用 conn 之前必须设置 ConnectionString 属性的值。

```
Conn.ConnectionString = "server =localhost;database=pubs;uid=sa;pwd=;";
```

第二种方法：

利用 SqlConnection 类的构造函数 SqlConnection(string connectionString)创建一个 SqlConnection 对象，并为该构造函数的参数指定一个连接字符串。

```
SqlConnection conn =new SqlConnection("server =localhost;database=pubs;uid=sa;pwd=;");
```

4. 连接字符串

（1）连接到 SQL Server 数据库的连接字符串

要连接一个数据库，需要指明要连接的数据库的种类、数据库服务器名称、数据库名称、登录用户名称以及密码等信息，这些信息就是连接字符串。连接字符串可以在 Connection 对象的 ConnectionString 属性里指定。

连接字符串是由“;”分隔的若干个参数及其对应的值所组成，参数名和对应的值间用“=”连接。在本例中连接字符串为"server=(local);uid=sa;pwd=sa;database=EShop";。在该连接字符串中，需要指定若干个属性的值，现分别作以下说明。

1）Provider 参数

该参数标识所要连接数据源的种类。读者可能注意到，在上面的实例中，连接字符串中并没有指定 Provider 参数，这是因为在本例中使用的是 SQL Server Data Provider,如果通过 OleDB Data Provider 连接数据库，就必须指定正确的 Provider 参数，表 5–8 指明了要连接的数据源及 Provider 参数值的对应关系。

表 5–8 Provider 参数支持的数据源

Provider 参数值	连接的数据源
SQLOLEDB	Microsoft OLEDB Provider for SQL Server
MSDASQL	Microsoft OLEDB Provider for ODBC
MSDAORA	Microsoft OLEDB Provider for Oracle
Microsoft.Jet.OLEDB.4.0	Microsoft Jet 引擎 4.0，OLEDB Provider for Access
MSIDXS	Microsoft Index Server
ADSDSOObject	Microsoft Active Directory Services

2）Server 参数（也可以写成 Data Source、Address、Addr）。

该参数指定数据库服务器中所要连接的 SQL Server 实例和它所在的机器。Server=(local),

指明执行 ADO.NET 代码的主机和数据库的主机是同一台机器，即使用的是本地数据库，并隐式地标识了默认的 SQL Server 实例。Server=(local)也可以写成 Server=localhost。如果使用的是本地数据库且定义了实例名，则可以写为 Server=(local)\实例名；如果是远程服务器，则将 Server 参数值替换为远程服务器的名称或 IP 地址，如 Server=Huang 或 Server=202.204.125.19。

3）Database 参数（也可以定成 Initial Catalog）

该参数指定数据库服务器中所要连接的数据库名称。如 Database=pubs 可以写成 Initial Catalog=pubs，指明使用的数据源为 pubs 数据库。

4）Uid 参数（也可以写成 UserID）

该参数指定登录数据源的使用者账号。Uid=sa 可以写成 User ID=sa，即将连接数据库的验证用户名指定为 sa。

5）Pwd 参数（也可以写成 Password）

该参数指定登录数据源的使用者密码。“Pwd=”标识数据库连接的验证密码为空，其等价于“Password=”。出于安全考虑，建议密码不能为空。

6）Connect Timeout 参数（也可以写成 Connection Timeout）

该参数确定打开数据库将要等待的最长时间，以秒为单位，默认值为 15 秒。Connect Timeout=5 表明数据库连接超时时间为 5 秒。

另外，还有其他一些比较常用的连接字符串参数，Integrated Security（亦称为 Trusted_Connection）决定是否启用 SQL Server 集成安全验证（亦可称为信任连接），默认为 False（等效于 No），表明使用连接字符串中的用户名和密码对用户进行验证。

如果值为 True（等效于 SSPI 或 Yes），表示 SQL Server 使用 Windows 验证模式。如果 SQL Server 设置为 Windows 验证模式，那么就不需要使用 Uid 或 Pwd 这样的方式来登录，而需要使用 Integratged Sceurity=SSPI 来登录。这样连接字符串可以修改为：

```
SqlConnection conn = new SqlConnection();
conn.ConnectionString="Server=(local);Database=Northwind;Integrated Security=SSPI;";
```

采用 SQL Server 集成安全验证是连接到 SQL Server 数据库更可靠的方法，因为它不会在连接字符串中暴露用户名和密码。默认情况下，ASP.NET 用户是执行 ASP.NET 进程的账号。如果 SQL Server 使用集成验证，则需要将 ASP.NET 用户添加到 SQL Server 的登录账号中，并设置相应的权限。

Pooling 参数确定是否启用连接池，默认为 True。Min Pool Size 和 Max Pool Size 设定了连接池的大小，默认值分别为 0 和 100。若将最小值设置为大于 0 的某个值，会使连接池预先加载指定数目的连接，并帮助负载较重的应用程序快速启动。

（2）连接到 Access 2000 数据库的连接字符串

连接 Access 数据库机制与连接 SQL Server 的机制没太大的区别，只是要使用 OLE DB 数据提供者中的 OleDbConnection 类来定义 Connection 对象，且需要对连接字符串中的不同参数指定不同的值即可，如：

```
using System.Data;
using System.Data.OleDb;
OleDbConnection conn=new
```

OleDbConnection(@"Provider=Microsoft.Jet.OleDB.4.0;Data Source =C:\Pubs.mdb; ");

连接 Access 数据库需要引用命名空间 System.Data.OleDb，而不是引用连接 SQL Server 的命名空间 System.Data.SqlClient；另外，应使用 OleDbConnection 类定义连接对象，而不能使用 SqlConnection 类定义。

Provider=Microsoft.Jet.OleDb.4.0 是指数据提供者，这里使用的是 Microsoft Jet 引擎，也就是 Access 中的数据引擎，ASP.NET 就是凭借它和 Access 的数据库连接的。

Data Source=C:\pubs.mdb 指明数据源的位置，连接字符串使用的“@”符号表示文字字符串常量，防止将后面的路径字符串中的“\”解析为转义字符。如果要连接的数据库文件和当前应用程序文件在同一目录下，还可以使用如下的方法连接：

OleDbConnection conn=new OleDbConnection(@"Provider=sqloledb;Server=(local); DataBase=pubs; Uid=sa;Pwd=;");

需要注意三点：

① 连接字符串中各参数的出现次序不受限制；

② 连接字符串中参数的大小写不受限制；

③ 每个参数的后面用分号“;”分隔，最后一个参数的末尾可以用也可以不用“;”，建议使用。

在连接字符串被赋值时，SqlConnection 或 OleDbConnection 验证它的格式，如果连接字符串参数错误，会引发异常，如将“Server”写成“Ser”。而连接字符串的参数值直到打开连接时才会被验证，所以如果服务器名、数据库名等参数值无效，在连接字符串赋值时就不会引发异常。

5. Connection 对象的打开和关闭

创建一个 Connection 对象并指定一个连接字符串并没有打开一个指向数据库的物理连接，需要调用对象的 Open 方法来打开连接。

Close 方法用来关闭 Connection 对象。不关闭打开的连接会影响系统性能和对应用程序的操作，所以最好关闭连接。SqlConnection 和 OleDbConnection 类提供 Open 和 Close 方法。

【能力大比拼，看谁做得又好又快】

新建一个 Web 窗体并写代码与 EShop 数据库连接，并在窗体中用两个按钮控制连接的打开和关闭,连接状态使用 Label 控件显示在页面中。

【任务小结】

——你掌握了吗?

（1）是否能正确选择数据提供程序？

（2）是否能正确设置连接字符串？

（3）是否能熟练地对连接进行打开与关闭？

任务二　使用 Command 执行数据库命令

【任务要点】

Command 对象及使用

【导学实践，跟我学】

【案例 1】

制作显示商品分类列表的页面

制作一个 Web 窗体，在窗体中显示所有商品分类的名称。该页面显示数据使用了 Command 对象的 DataReader 方法。

实例运行结果如图 5–4 所示。

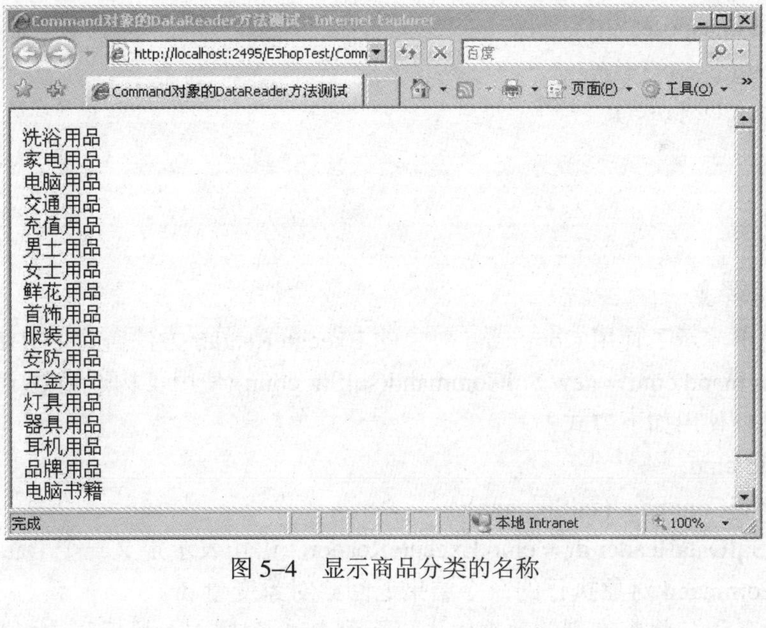

图 5–4　显示商品分类的名称

【具体步骤】

（1）在 EShopTest 应用程序中添加 Web 窗体并命名为 Command_DataReader.aspx。

（2）转到窗体的代码视图，添加引用 using System.Data.SqlClient。

（3）在窗体的设计视图下双击页面空白处进入 Page_Load()事件，在该事件中添加如下代码：

```
public partial class Command_DataReaderTest : System.Web.UI.Page
{
    protected void Page_Load(object sender, EventArgs e)
    {
        SqlConnection conn = new SqlConnection();
        conn.ConnectionString =
        "server=zhubaiming\\sql2000;uid=sa;pwd=sa;database=EShop";
        conn.Open();
        string sqlStr = "select Category from Category";
        SqlCommand cmd = new SqlCommand(sqlStr, conn);
        SqlDataReader dr = cmd.ExecuteReader();
        while (dr.Read())
        {
            Response.Write(dr.GetString(0));
            Response.Write("<br>");
        }
        dr.Close();
        dr.Dispose();
        cmd.Dispose();
        conn.Close();
        conn.Dispose();
    }
}
```

【示例解释】

上面程序简单演示了使用 Command 对象的 ExecuteReader 方法查询 SQL Server 数据库。

代码 SqlCommand cmd = new SqlCommand(sqlStr, conn);使用了构造函数定义了 Command 对象实例，也可以使用如下方式书写：

```
SqlCommand cmd;
cmd = new SqlCommand(sqlStr,conn);
```

在代码中，SqlDataReader dr = cmd.ExecuteReader();语句表示定义一个 DataReader 对象的实例，然后把 Command 对象执行的命令结果返回给对象变量 dr。

接着使用循环语句将查询到的数据输出显示到 Web 窗体上。最后释放资源关闭连接。

【案例 2】

制作简单用户登录页面

前面已经学习了如何将新用户添加到数据库中，很显然，下一步就是学习以后如何检索信息。在 EShopTest 应用程序中，需要在登录页面上完成下述功能——有人来到站点并输入用户名和密码，此时需要识别该用户是否已经存在，以及他们提供的密码是否正确。

在项目四中，构建了一个名为 Login.aspx 的 Web 窗体，如图 5–5 所示。

图 5–5　会员登录窗体

当提交登录页面的时候，会收到用户名和密码，此时需要检查这些值是否能够匹配数据库中的现有用户。而且需要从数据库中得到符合传入信息的用户 ID，以便使用这个 ID 值来为当前用户检索不同的信息事项。

一旦得到了有效的用户 ID，需要告知 ASP.NET 用户已通过验证，可以让他们看到最初请求的页面。

在该示例中，将把刚才讨论的内容运用到代码中，在登录按钮的处理程序中，将使用 ExecuteScalar()方法来检索给定登录名和密码的用户 ID 值。

运行后的效果如图 5–6 所示。

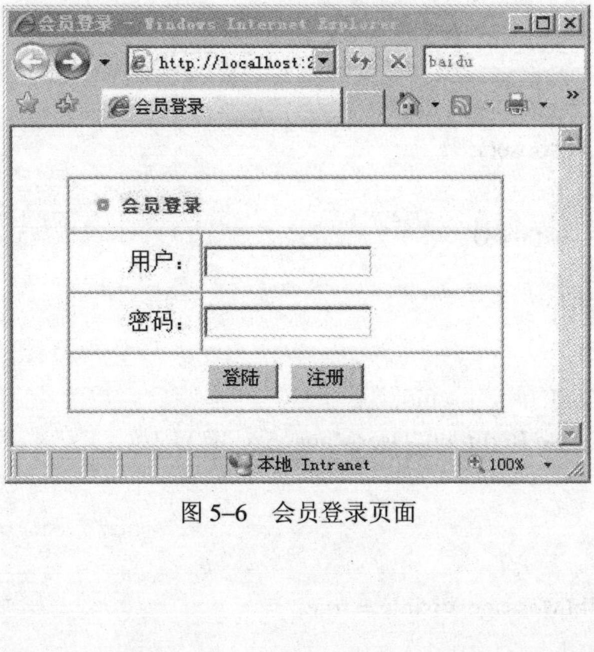

图 5–6　会员登录页面

【具体步骤】

（1）打开 Login.aspx 页面，双击【登录】按钮转向后台编码页面。

（2）在页面的顶部位置添加命名空间 using System.Data.SqlClient;的引用。

（3）在后台编码页中，按照以下的代码来进行更改。

```
protected void btLogin_Click(object sender, EventArgs e)
    {
        string uid = userId.Text;
        string upwd =password.Text;
       //SQL 语句
        string sql = "select uid,pwd from UserInfo where uid='" + uid + "' and pwd='" +
upwd + "'";
        //建立连接
        SqlConnection conn = new SqlConnection("server=zhubaiming\\sql2000;uid=sa;
pwd=sa;database=EShop");
        //查询字符串和连接，创建 SqlCommand 对象
        SqlCommand cmd = new SqlCommand(sql, conn);
        conn.Open();//打开连接
        string id;
        try
        {
          //使用 cmd 对象的 ExecuteScalar()方法检索单个值
            id = (string)cmd.ExecuteScalar();
        }
        finally
        {
          //关闭连接，释放资源
            cmd.Dispose();
            conn.Close();
            conn.Dispose();
        }
        if (id != null)
        {
            Session["user"] = uid;
            Response.Redirect("UserManage.aspx");
        }
        else
        {
            this.lblMessage.Visible = true;
```

```
                this.lblMessage.Text = "用户名或密码错误！";
            }
    }
```

【示例解释】

将 Login.aspx 设为起始页，启动项目。输入用户名和密码后，单击【登录】按钮，将执行 btLogin_Click(object sender, EventArgs e)中的代码。下面介绍其执行步骤。

（1）使用和上个示例中相同的连接字符串，创建一个新的 SqlConnection 对象。创建该对象以后，连接仍然保持关闭状态，直到在后面显式调用 Open()方式以后才会打开：

```
SqlConnection conn = new SqlConnection("server=zhubaiming\\sql2000;uid=sa;pwd=sa;database=EShop");
```

（2）指定针对该数据库执行的 SQL 语句：

```
string sql = "select uid,pwd from UserInfo where uid='" + uid + "' and pwd='" + upwd + "'";
```

（3）使用前面已经创建的查询字符串和连接，创建一个新的 SqlCommand 对象，并打开连接：

```
SqlCommand cmd = new SqlCommand(sql, conn);
conn.Open();
```

SqlCommand 对象也可以用以下语句创建：

```
SqlCommand cmd = new SqlCommand();
cmd.Connection = conn;
cmd.CommandType = CommandType.Text;
cmd.CommandText = sql;
```

这四句代码和 SqlCommand cmd = new SqlCommand(sql, conn);这一句代码效果相同。

（4）在下一行代码中，使用 SqlCommand 对象的 ExecuteScalar()方法来检索正在选择的单个值（如果 SQL 表达式返回了多个行或字段，该方法只会将第一行中的第一个字段传回代码）。因为此时构建的 SQL 语句用于返回用户的 ID，将返回值强制转换为字符串以后，就是需要得到的结果了。

```
try
    {
        id = (string)cmd.ExecuteScalar();//执行 Command 对象的 ExcuteScalar 方法
    }
    finally
    {
    cmd.Dispose();      //释放 Command 对象占用的资源
    conn.Close();       //关闭 Connection 对象
    conn.Dispose();     //释放 Connection 对象占用的资源
    }
```

（5）接着，检查是否返回了一个有效的用户 ID 值，如果该值无效，那么用户名或密码必定是不正确的，因此显示一条错误信息。如果一切都是正确的，就使用 Response. Redirect("Default.aspx");转向登录后的页面。

```
if (id != null)
        {
            Session["user"] = uid; //给 Session 变量赋值
            Response.Redirect("Default.aspx");
        }
        else
        {
            this.lblMessage.Visible = true;
            this.lblMessage.Text = "用户名或密码错误！";
}
```

一旦用户在这里完成了身份验证，就可以通过 Session["user"]在任何后台编码页中访问他们的用户 ID 了。

◎ 小提示

Session 的作用就是它在 Web 服务器上保持用户的状态信息，供用户在访问期间的任何时间从任何页进行访问。

【背景知识】

Command 对象及使用

Command 对象提供对数据源执行 SQL 命令的接口，可以用来对数据库发出一些指令。利用 Command 对象可调用 SQL 命令来返回数据、修改数据、运行存储过程，以及发送或者检索参数信息。这个对象架构在 Connection 对象上，即 Command 对象是通过连接到数据源的 Connection 对象来下达命令的。所以 Connection 连接到哪个数据库，Command 对象的命令就下达到哪里。

1. Command 对象的常用属性

在将 Command 对象建立好之后，就可以设定 Command 对象的属性了。下面介绍 Command 对象的常用属性。

（1）Connection：该属性获取或设定 Command 对象对数据源的操作要通过哪个 Connection 对象，例如，如果想通过 cn 这个 Connection 对象对数据源进行数据操作，则可以将其 Connection 属性的值设置为 cn，即 cmd.Connection=cn (cmd 为 Command 对象的一个实例)。

（2）CommandType：获取或设置 CommandText 属性中的内容是 SQL 语句、数据表名称还是存储过程的名称。CommandType 可以设置为以下三个值之一。

①“CommandType.Text”（默认值）：当把 CommandType 属性的值设为“CommandType. Text”或不指定任何值时，CommandText 属性的值为一个 SQL 字符串（既可以是一个简单的查询，又可以是插入、删除、更新数据的语句）。

② “CommandType.TableDirect”：当把 CommandType 属性的值设为“CommandType.TableDirect”时，应该把 CommandText 属性的值设为要访问的表的名称。

③ “CommandType.StoredProcedure”：当把 CommandType 属性的值设为“CommandType.StoredProcedure”时，应该把 CommandText 属性的值设为存储过程的名称。

（3）CommandText：获取或设置在数据源中执行的 SQL 语句或存储过程。

（4）CommandTimeout：获取或设置超时时间。

2. Command 对象的常用方法

Command 对象有以下几种常用方法。

（1）ExecuteNonQuery()：可以执行例如 Transact_SQL 的 Insert、Delete、Update 命令以及 Set 命令，并返回受命令影响的行数。

（2）ExecuteReader()：执行返回行的命令。

（3）ExecuteScalar()：从数据库中检索单个值。

（4）ExecuteXmlReader()：把 CommandText 发送给连接，构建一个 XmlReader 对象。

（5）Cancel()：取消了 Command 命令的执行。

3. Command 对象的创建是由其对应的构造函数构造完成的，但是，不同的数据提供者用不同的类及其构造函数完成 Command 对象的构建，在 SQL Server 数据提供者中用类 SqlCommand 的构造函数创建 Command 对象，而在 OLE DB 数据提供者中用类 OleDBCommand 的构造函数创建 Command 对象。表 5–9 列出这两个类的 4 种构造函数的原型。

表 5–9 SqlCommand 类与 OleDBCommand 类的 4 种构造函数

SqlCommand 类的构造函数	OleDBCommand 类的构造函数
SqlCommand()	OleDBCommand()
SqlCommand(string cmdText)	OleDBCommand(string cmdText)
SqlCommand(string cmdText,SqlConnection connection)	OleDBCommand(string cmdText,OleDBConnection connection)
SqlCommand(string cmdText,SqlConnection connection, SqlTransaction transaction)	OleDBCommand(string cmdText,OleDBConnection connection,OleDBTransaction transaction)

下面对其进行详细说明。

① 参数 cmdText 表示以字符串表示的 SQL 语句；参数 connection 表示已创建的连接到数据源（SQL Server 数据源或 OLE DB 数据源）的 Connection 对象；参数 transaction 表示已创建的事务对象。

② 第 1 种构造函数创建一个 Command 对象，该对象的 CommandText 属性的值初始化为空字符串、CommandTimeout 属性的值初始化为 30 秒、CommandType 属性的值初始化为“CommandType.Text”、Connection 属性的值初始化为空。

第 2 种构造函数创建 Command 对象，并将该对象的 CommandText 属性的值初始化为参数 cmdText 的值。

第 3 种构造函数创建 Command 对象，并将该对象的 CommandText 属性的值初始化为参数 cmdText 的值、Connection 属性的值初始化为参数 connection 的值。

第 4 种构造函数创建 Command 对象，并将该对象的 CommandText 属性的值初始化为参数 cmdText 值、Connection 属性的值初始化为参数 connection 的值、Transaction 属性的值初始化为参数 transaction 的值。

③ 在以上 4 种构造函数中，第 3 种构造函数是常用的构造 Command 对象的方法。在实际编程过程中，用户可根据需要选择不同的构造函数创建 Command 对象。

4. ExecuteNonQuery 方法

Command 对象的 ExecuteNonQuery 方法用来执行 Insert、Update、Delete 和其他没有返回值的 SQL 命令。当使用 Insert、Update、Delete 等 SQL 命令时，ExecuteNonQuery 方法返回被命令影响的行数，对其他 SQL 命令执行的操作，ExecuteNonQuery 方法返回−1。当 Update 和 Delete 命令执行的目标记录不存在时，ExecuteNonQuery 方法只是返回 0，而不构成错误。

5. ExecuteScalar 方法

Command 对象的 ExecuteScalar 方法执行一个 SQL 命令并返回结果集的第一行的第一列，如果结果集多于一行一列，它将忽略其余部分。需要注意的是，ExecuteScalar 方法的返回值是 Object 类型，所以在使用返回值之前需要进行必要的强制类型转换。如果对象类型不匹配，系统将生成运行错误。提示类型转换无效。

6. ExecuteReader 方法

Command 对象的 ExecuteReader 方法通过 DataReader 对象返回与 SQL 查询匹配的行。只要创建一个 Connection 对象，并为 Command 对象指定一个 SQL 查询，就可以调用 Command 对象的 ExecuteReader 方法，从数据源中检索数据。

Command 对象的 ExecuteReader 方法两种原型，二者都可以返回一个 DataReader 对象：

（1）ExecuteReader();

（2）ExecuteReader(CommandBehavior behavior)。

【能力大比拼，看谁做得又好又快】

根据所学技能与知识，制作一个添加管理员的页面，将管理员信息添加到 EShop 数据库中的 Administrator 表中。要求使用 Command 对象的 ExecuteNonQuery()方法。

【任务小结】

——你掌握了吗？

（1）Command 对象的常用属性。

（2）Command 对象的常用方法。

任务三　使用 DataReader 读取数据

【任务要点】

DataReader 对象及使用

【导学实践，跟我学】

【案例 1】

完成用户信息更新页面的制作

前面已经学习了如何将新用户添加到数据库中，学习了如何检索信息，接下来要学习的是如何更新数据。在 EShopTest 应用程序中，需要更改用户的个人信息——有人来到站点并使用用户名和密码登录网站后，能够在一个页面中看到自己的信息并能够进行修改。

实例运行结果如图 5–7 所示。

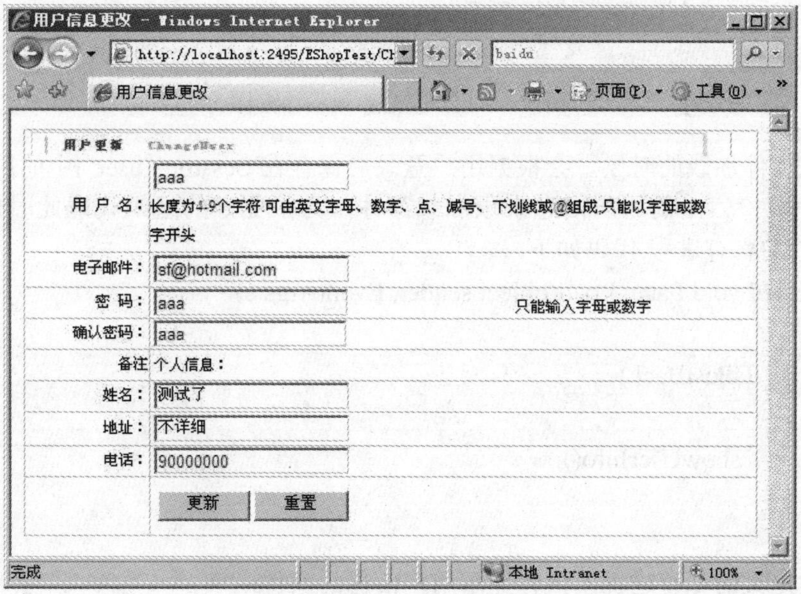

图 5–7　用户信息更改页面

【具体步骤】

（1）打开本项目下任务一中的用户注册程序，将 Register.aspx 另存为名称是 ChangeUserInfo.aspx 的用户信息更改页面。用户注册页面与用户信息更改页面稍有不同，须做如下更改：

① 将输入密码的文本框 tbPwd 和 tbPwd1 的 TextMode（文本框的行为模式）设为“SingleLine”；

② 将按钮 btnReg 的 ID 属性设为“btnChange”，Text 属性设为“更新”；

③ 页面顶部图片改为“images/ChangeUser.jpg”。

更改后的 ChangeUserInfo.aspx 窗体如图 5–8 所示。

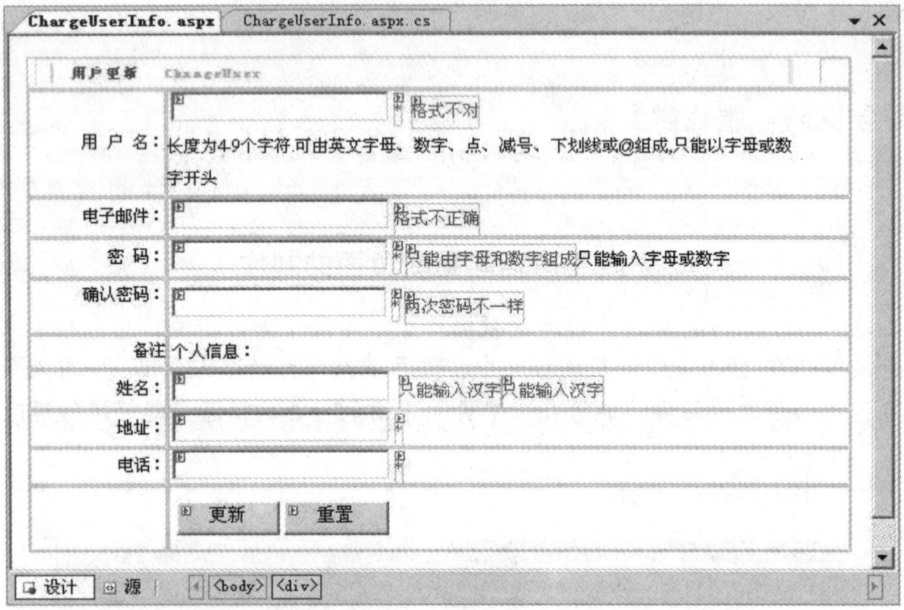

图 5–8 用户信息更改设计窗体

（2）当该窗体加载的时候，会根据用户登录后保存在 Session["user"]中的用户 ID 检索用户信息，并使用检索出的用户信息来预加载窗体，为了更好的组织代码此时创建一个名为 showUserInfo()的私有进程,代码如下：

```
protected void Page_Load(object sender, EventArgs e)
{
    if (!IsPostBack)
    {
        showUserInfo();
    }
}
```

下面是自定义的私有进程，执行显示用户信息的操作：

```
protected void showUserInfo()
{
        string sql = string.Format("select * from UserInfo where uid='{0}'", uid);
      //建立连接并打开
        SqlConnection conn = new SqlConnection();
```

```
        conn.ConnectionString = "server=zhubaiming\\sql2000;uid=sa;pwd=sa;database=EShop";
        conn.Open();
       //创建 Command 对象
        SqlCommand cmd = new SqlCommand(sql, conn);
       //创建 DataReader 对象
        SqlDataReader reader = cmd.ExecuteReader();

        //检查是否真正返回了记录行，如果有返回，则把返回的值赋给文本框
if (reader.Read())
        {
            tbUid.Text = reader["uid"].ToString();
            tbPwd.Text = reader["pwd"].ToString();
            tbPwd1.Text = reader["pwd"].ToString();
            tbEmail.Text = reader["email"].ToString();
            tbName.Text = reader["uname"].ToString();
            tbAdd.Text = reader["uaddress"].ToString();
            tbPhone.Text = reader["uphone"].ToString();
        }
        //关闭连接，释放资源
        reader.Close();
        reader.Dispose();
        cmd.Dispose();
        conn.Close();
        conn.Dispose();
}
```

（3）在单击【重置】按钮时调用私有进程 showUserInfo()重新显示用户信息。

```
protected void btnReset_Click(object sender, EventArgs e)
    {
        showUserInfo();
}
```

（4）为更新按钮添加事件处理程序，该按钮将负责构建和执行 SQL UPDATE 语句（该语句将根据用户的 ID 号更新数据库中的用户信息）。

```
protected void btnChange_Click(object sender, EventArgs e)
{
        string nuid = tbUid.Text;
        string upwd = tbPwd.Text;
        string umail = tbEmail.Text;
```

```
            string uname = tbName.Text;
            string uadd = tbAdd.Text;
            string uphone = tbPhone.Text;

            string sql = string.Format("update UserInfo set uid='{0}', pwd ='{1}', email ='{2}',
uname ='{3}', uaddress ='{4}',  uphone ='{5}' where uid='{6}'",nuid, upwd, umail, uname, uadd,
uphone, uid);

            SqlConnection conn = new SqlConnection();
            conn.ConnectionString  =  "server=zhubaiming\\sql2000;uid=sa;pwd=sa;database=
EShop";
            conn.Open();

            SqlCommand cmd = new SqlCommand(sql, conn);

            bool doredirect = true;
            try
            {
                cmd.ExecuteNonQuery();
            }
            catch
            {
                doredirect = false;
            }
            finally
            {
                cmd.Dispose();
                conn.Close();
                conn.Dispose();
            }
            if (doredirect)
            {
                Response.Redirect("Login.aspx");
            }
    }
```

现在读者会发现，使用 Command 对象的 ExecuteNonQuery()方法是非常简单的，在执行 INSERT、UPDATE 和 DELETE 语句时，使用该方法就足够了。

（5）保存和编译该项目。运行该项目并登录应用程序，打开用户信息更改页面不仅能够看到预加载数据的页面，而且可以改变页面中显示的所有用户信息。用户信息更改后需要重新登录。

【示例解释】

用户信息更改页面 ChangeUserInfo.aspx 是由用户注册页面 Register.aspx 更改得到的。用户信息更改页面中更新按钮执行的代码与用户注册页面中注册按钮执行的代码几乎完全相同。唯一不同的地方就是执行的 SQL 语句不同，一个是向数据库中插入记录，一个是更新数据库中的记录。现在所关注的事情是在 Page_Load()例程中发生的，该例程调用了私有进程 showUserInfo()，在该私有进程里需要像原来一样创建数据库的 Connection 和 Command 对象，并将执行命令的结果指定给 SqlDataReader 类型的变更：

```
SqlDataReader reader = cmd.ExecuteReader();
```

要想从查询的结果中读取数值，首先通过调用 Read()方法来检查是否真正返回了记录行：

```
if (reader.Read())
{
}
```

如果有记录行返回，则使用数据读取器根据记录中列的名称读取返回记录行中的值：

```
tbUid.Text = reader["uid"].ToString();
                tbPwd.Text = reader["pwd"].ToString();
                tbPwd1.Text = reader["pwd"].ToString();
                tbEmail.Text = reader["email"].ToString();
                tbName.Text = reader["uname"].ToString();
                tbAdd.Text = reader["uaddress"].ToString();
                tbPhone.Text = reader["uphone"].ToString();
```

最后关闭数据读取器，关闭连接，释放资源。

```
reader.Close();   //关闭 DataReader
        reader.Dispose();   //释放 DataReader 对象占用的资源
        cmd.Dispose();      //释放 Command 对象占用的资源
        conn.Close();       //关闭 Connection 对象
        conn.Dispose();   //释放 Connection 对象占用的资源
```

【背景知识】

DataReader 对象及使用

DataReader 对象提供了基于连接的数据存储访问方式，以只向前移动的、只读的格式访问数据源中的数据。很多时候，用户只是希望简单地浏览数据，而不需要以随机的方式（即前后移动或根据索引访问）来访问数据，也不需要更改数据，ADO.NET 的 DataReader 对象是专门为此设计的。因为 DataReader 只执行读操作，而且每次只在内存中存储一行数据，所以利用 DataReader 比利用 DataSet 的速度要快，增强了应用程序的性能，减少了系统的开销。如果要检索大量的数据，且并不需要写数据和随机访问功能，DataReader 会是一个很好的选择。

1. DataReader 对象的常用方法

DataReader 对象有以下常用方法。

（1）Read：该方法使记录指针前进到结果集中的下一个记录中。这个方法必须在读取数据之前调用，以便把记录指针指向第一行。记录指针指向哪条记录，哪条记录即为当前记录。

当 Command 对象的 ExecuteReader 方法返回 DataReader 对象时，当前记录指针指向第一条记录的前面，必须调用 Read 方法把记录指针移动到第一条记录，然后第一条记录变成当前记录。要想移动到下一条记录，需要再次调用 Read 方法。当移动到最后一条记录时，Read 方法将返回值 False。只要 Read 方法的返回值是 True，就可以访问当前记录中包含的字段。

（2）GetValue：该方法根据指定列的索引来返回当前记录行的指定字段的值，如 GetValue(0)。返回值的类型为 Object。

（3）GetValues：把当前记录行中的数据保存一个数组中。可以通过 DataReader 的 FieldCount 属性获得字段的数量，从而定义数组的大小。

（4）GetString,GetInt32,GetChar 等：这些方法根据指定列的索引，返回当前记录行中指定字段的值，返回值的类型由所调用的方法决定。例如，GetChar 返回字符型数据。如果把返回值赋予错误类型变量，将会引发 InvalidCastException 异常。

（5）NextResult：把记录指针移动到下一个结果集，即移动到下一结果集中的第一行之前的位置，如果要选择第一行，仍然必须调用 Read 方法。在使用 Command 对象生成 DataReader 对象时，Command 对象的 CommandText 属性可以指定为用“；”（分号）隔开的多个 Select 语句，这样就可以为 DataReader 生成多个结果集。

（6）GetDataTypeName：通过列序号取得指定字段的数据类型，列序号从 0 开始。

（7）GetName：通过序号取得指定列的字段名称，列序号从 0 开始。

（8）IsDBNull：用来判断字段值是否为空。

（9）Close：关闭 DataReader 对象。

2. DataReader 对象的常用属性

DataReader 对象有以下常用属性。

（1）FieldCount：读取当前行中的列数。

（2）HasRows：只读，表示 DataReader 是否包含一行或多行数据。

（3）IsClosed：读取 DataReader 是否关闭。

3. DataReader 对象的创建与关闭

（1）DataReader 对象的创建

DataReader 对象的创建可由其构造函数创建，亦可由 Command 对象（SqlCommand 或 OleDbCommand 类）的 ExecuteReader 方法创建。若 Command 对象属于 SqlCommand 类，则该方法返回的是 SqlDataReader 对象；若 Command 对象属于 OleDbCommand 类，则该方法返回的是 OleDbDataReader 对象。

在 ADO. NET 中，一个单一的连接（即一个 Connection 对象）每次只能打开一个 DataReader。如果想在相同的数据存储区上同时打开两个 DataReaders，就必须显式地创建两个连接，每个 DataReader 各占用一个连接。

（2）DataReader 对象的关闭

DataReader 是基于连接的数据存储访问方式，即在访问数据的时候，DataReader 要求连接一直处于打开状态。如果数据访问的操作可能花费较长的时间，则 DataReader 必须长时间处于打开状态。因此，底层的连接也必须长时间地保持打开状态。因为 DataReader 使用底层的连接，在 DataReader 打开的状态下，不能使用该连接执行其他的任务，即当 DataReader 打开以后，DataReader 就会以独占的方式使用 Connection 对象，在关闭 DataReader 以前，将无法对 Connection 对象执行任何命令。所以，当阅读完数据时或不再使用 DataReader 时，要记住关闭 DataReader。此外，要访问相关 Command 对象的任何输出参数或返回值时，也必须在关闭 DataReader 后才可行。

【能力大比拼，看谁做得又好又快】

根据所学技能与知识，制作一个页面显示 EShop 数据库中 UserInfo 表中的信息，要求使用 DataReader 对象读取信息，信息以表格的形式显示。

【任务小结】

——你掌握了吗？

（1）SqlDataReader 对象的常用方法

（2）SqlDataReader 对象的常用属性

任务四　使用 DataAdapter 读写数据

【任务要点】

DataAdapter 对象及使用

【导学实践，跟我学】

【案例 1】

完成商品分类添加页面的制作

在 EShopTest 应用程序中，新建一个用于添加商品分类的Web 窗体。

实例运行效果如图 5–9 所示。

图 5-9 添加商品分类页面

【具体步骤】

（1）在网站 EShopTest 中建立一个名为 AddCategory.aspx 的 Web 窗体。

（2）在窗体中输入说明文字，添加一个 TextBox 控件更改其 ID 为 txtCategory，添加 Button 控件更改其 ID 为 btnAdd。

（3）双击按钮控件，在自动生成的 btnAdd_Click()事件中添加以下代码。

```
protected void btnAdd_Click(object sender, EventArgs e)
    {
        SqlConnection conn = new SqlConnection();
        conn.ConnectionString = "server=zhubaiming\\sql2000;uid=sa;pwd=sa;database=EShop";
        conn.Open();
        string sqlStr = "insert into category(category) values('"+txtCategory.Text+"')";
        SqlCommand cmd = new SqlCommand(sqlStr, conn);

        SqlDataAdapter sda = new SqlDataAdapter();
        sda.InsertCommand= cmd;

        sda.InsertCommand.ExecuteNonQuery();

        sda.Dispose();
        cmd.Dispose();
        conn.Close();
        conn.Dispose();

        Response.Redirect("Command_DataReaderTest.aspx");
    }
```

【示例解释】

上面程序演示了使用 DataAdapter 对象的 InsertCommand 属性向数据表中插入数据。InsertCommand 属性与 ExecuteNonQuery 方法结合使用，完成了数据的插入。DataAdapter 对象的 UpdateCommand 和 DeleteCommand 属性与此属性使用方法相同。

◎ 小提示

在默认情况下，当 Connection 对象执行 Open 方法时，DataAdapter 对象将自动调用 SelectCommand 属性。但对于 InsertCommand、UpdateCommand、DeleteCommand 这三个属性则必须使用 ExecuteNonQuery 方法调用。

【案例 2】

完成商品分类导航窗体的制作

EShopTest 应用程序中，商品是该网站的主要内容，如果想方便准确地找到所需的商品，应该按商品的分类查找，下面所制作的就是显示商品分类列表的页面。该页面显示商品分类的链接，点击链接可转到显示该分类下的商品信息。

实例运行效果如图 5–10 所示。

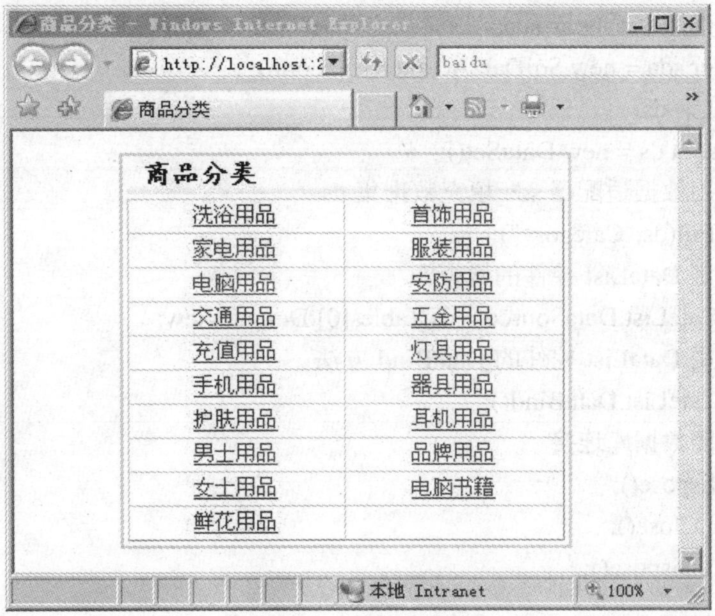

图 5–10　商品分类页面

【具体步骤】

（1）在网站 EShopTest 中建立一个名为 CategoryList.aspx 的窗体。

（2）在窗体中新建一个两行一列的表格，并将 DataList 控件从工具箱中拖到这个表格的第二行第一列中。该 DataList 的属性设置见表 5-10。

表 5-10 DataList 属性设置

属 性	值
ID	dlstCateList
RepeatColumns	2

（3）CategoryList.aspx.cs 中添加如下引用：

```
using System.Data.SqlClient;
```

（4）当窗体加载的时候检索数据，并实现数据绑定，代码如下：

```
protected void Page_Load(object sender, EventArgs e)
    {
        string sql = "select id,Category from Category";
        //建立连接
        SqlConnection conn = new SqlConnection();
        conn.ConnectionString = "server=zhubaiming\\sql2000;uid=sa;pwd=sa;database=EShop";
        conn.Open();

        //创建数据适配器 sda
SqlDataAdapter sda = new SqlDataAdapter(sql, conn);
    //创建数据集 ds
        DataSet ds = new DataSet();
        //使用数据适配器 sda 填充数据集 ds
        sda.Fill(ds,"Category");
        //指定 DataList 控件的数据源
        dlstCateList.DataSource = ds.Tables[0].DefaultView;
        //调用 DataList 控件的 DataBind 方法
        dlstCateList.DataBind();
        //关闭数据库连接
        ds.Dispose();
        conn.Close();
        conn.Dispose();
}
```

（5）在 HTML 代码中添加如下相关代码：

```
<asp:DataList ID="dlstCateList" runat="server" RepeatColumns="2" Width="291px"
GridLines="Both">
<ItemTemplate>
```

```
<a href='<%# String.Format("ProductList.aspx?id={0}",DataBinder.Eval(Container.DataItem,"id"))
%>' target="_blank"> <%#DataBinder.Eval(Container.DataItem,"Category")%>
</a>
</ItemTemplate>
<AlternatingItemStyle Height="20px" />
<ItemStyle Height="20px" />
</asp:DataList>
```

设计模式下界面如图 5-11 所示。

图 5-11　商品分类列表设计

【示例解释】

将 CategoryList.aspx 设为起始页，启动项目。首先执行的是 CategoryList.aspx.cs 中的 Page_Load()中的代码。下面介绍其执行步骤。

（1）使用和上个示例中相同的连接字符串，创建一个新的 SqlConnection 对象，调用 Open()方法打开连接：

```
string sql = "select id,Category from Category";
        SqlConnection conn = new SqlConnection();
        conn.ConnectionString  =  "server=zhubaiming\\sql2000;uid=sa;pwd=sa;database=
EShop";
        conn.Open();
```

（2）创建数据适配器，并填充一个新的 DataSet。

```
SqlDataAdapter sda = new SqlDataAdapter(sql, conn);
            DataSet ds = new DataSet();
sda.Fill(ds,"Category");
```

DataAdapter 对象的 Fill 方法利用数据源中的数据填充或刷新 DataSet，并填充 DataSet 中的表，“Category”为数据集中表的名称。

（3）最后，将这个 DataSet 设置为 DataList 的数据源，并调用该表格的 DataBind()方法：

```
        dlstCateList.DataSource = ds.Tables[0].DefaultView;
        dlstCateList.DataBind();
```

当调用该方法时，DataList 控件将遍历这个 DataSet，并为它所包含的每个记录向表中添加一个栏目名称。

（4）使用 DataBinder.Eval 绑定 dlstCateList 的模板列表。

```
<ItemTemplate>
<a    href='<%#    String.Format("ProductList.aspx?id={0}",DataBinder.Eval(Container.
DataItem,"id")) %>' target="_blank"> <%#DataBinder.Eval(Container.DataItem,"Category")
%>
</a>
</ItemTemplate>
```

◎ 小提示

ASP.NET 框架提供了一种静态方法，计算后期绑定的数据绑定表达式并且可选择将结果格式化为字符串。DataBinder.Eval 很方便，因为它消除了开发人员为强迫将值转换为所需的数据类型而必须做的许多显式转换。这在数据绑定模板列表内的控件时尤其有用，因为通常数据行和数据字段的类型都必须转换。

DataBinder.Eval 只是一个具有三个参数的方法：数据项的命名容器、数据字段名和格式字符串。Page 是另一个可与 DataBinder.Eval 一起使用的命名容器。<%#DataBinder.Eval (Container. DataItem, "IntegerValue", "{0:c}") %> 格式字符串参数是可选的。如果省略它，则 DataBinder.Eval 返回对象类型的值，如下所示：<%#(bool)DataBinder.Eval(Container. DataItem, "BoolValue") %>

【背景知识】

DataAdapter 对象及使用

DataAdapter 对象主要是在 Connection 对象和 DataSet 对象之间执行数据传输的工作，这个对象架构在 Command 对象上。DataReader 通过 Command 对象对数据源执行 SQL 命令，将数据填充到 DataSet 对象，以及把 DataSet 对象中的数据更新返回到数据源中。

其实，DataSet 并不关心其数据的来源，它并不知道自己包含的信息来自于哪种类型的数据源，DataSet 没有包含任何用于访问关系型数据源的功能。DataReader 不但负责把 DataSet 与关系型数据源联系起来，而且还能自动改变 DataSet 数据结构，以反映正被查询的数据源的数据结构。

1. DataAdapter 对象的常用方法

DataAdapter 对象有以下常用方法。

（1）Update：根据保存在 DataSet 中的数据来更新数据源中的数据。

（2）Fill：利用数据源中的数据填充或刷新 DataSet，其返回值是加载到 DataSet 中的行数量。Fill 方法使用 DataAdapter 对象的 SelectCommand 的结果来填充 DataSet。具体是通过使用 DataReader 对象来隐式地返回用于在 DataSet 中创建的表的列名称及类型（表和列仅在不存在时创建，否则使用现有的 DataSet 架构），并填充 DataSet 中的表。

2. DataAdapter 对象的常用属性

DataAdapter 拥有四个重要的属性。

（1）SelectCommand：从数据源中检索数据。

（2）InsertCommand：向数据源中插入新的数据。

（3）DeleteCommand：从数据源中删除数据。

（4）UpdateCommand：更新数据源中的数据。

这四个属性实际上是 Command 对象，DataAdapter 类使用这组 Command 对象来管理数据。可以将 Command 对象分配给与四个主要数据操作相关的属性。

DataAdapter 对象在后端使用 DataReader 对象，它根据 SelectCommand 属性，用当前的数据集合填充数据集。如果不是通过 VS.NET 的可视化数据设计器新建 DataAdapter，就没有自动生成 SelectCommand、InsertCommand、UpdateCommand 和 DeleteCommand 这四个命令，那么就可能需要自己写 InsertCommand、UpdateCommand 和 DeleteCommand 命令。有一种情况就是当 SelectCommand 至少返回一个主键列或唯一的列时，可以通过 CommandBuilder 根据 SelectCommand 命令来自动生成另外三个命令，例如：

```
SqlConnection myConn = new SqlConnection(myConnection);
SqlDataAdapeter myDataAdapter = new SqlDataAdapter();
//下面建立 DataAdapter 的 SelectCommand 命令
myDataAdapter.SelectCommand = new SqlCommand(“select * from employee”,myConn);
//下面建立此 DataAdapter 的 CommandBuilder
SqlCommandBuilder mycb = new SqlCommandBuilder(myDataAdapter);
```

上面的代码建立 DataAdapter 的 CommandBuilder，这样系统就会给此 DataAdapter 自动生成 InsertCommand、UpdateCommand 和 DeleteCommand 三个命令。否则，要用 DataAdapter. UpDate 方法更新数据时，就要自己写 InsertCommand、UpdateCommand 和 DelectCommand 这三个命令。

3. DataAdapter 对象的构造函数与创建

DataAdapter 对象的创建是由其对应的构造函数完成的，但是，不同的数据提供者用不同的类及其构造函数完成 DataAdapter 对象的创建，在 SQL Server 数据提供者中用类 SqlDataAdapter 的构造函数创建 DataAdapter 对象，而在 OLE DB 数据提供者中用类 OleDbDataAdapter 的构造函数创建 DataAdapter 对象。表 5–11 分别列出这两个类的四种构造函数的原型。

表 5–11　SqlDataAdapter 类与 OleDbDataAdapter 类的构造函数的原型

SqlDataAdapter 类的构造函数	OleDbDataAdapter 类的构造函数
SqlDataAdapter()	OleDbDataAdapter()
SqlDataAdapter(SqlCommand selectCommand)	OleDbDataAdapter(OleDbCommand selectCommand)
SqlDataAdapter(string selectCommandText,SqlConnection selectConnection)	OleDbDataAdapter(string selectCommandText,OleDbConnection selectConnection)
SqlDataAdapter(string selectCommandText,string selectConnectionString)	OleDbDataAdapter(string selectCommandText,string selectConnectionString)

下面对其作详细说明。

（1）参数 selectCommand 表示一个 Command 对象；参数 selectCommandText 是以一个字符串表示的 SELECT 语句或存储过程；参数 selectConnection 表示 Connection 对象；参数 selectConnectionString 表示连接字符串。

（2）第 1 种构造函数创建一个新的 DataAdapter 对象。

第 2 种构造函数创建一个新的 DataAdapter 对象，并用参数 selectCommand 指定的 Command 对象作为 DataAdapter 对象的 SelectCommand 属性，初始化该 DataAdapter 对象。

第 3 种构造函数创建一个新的 DataAdapter 对象，并用参数 selectCommandText 指定的字符串作为 DataAdapter 对象的 SelectCommand 属性的值、以参数 selectConnection 所指定的 Connection 对象作为连接对象，初始化该 DataAdapter 对象。

第 4 种构造函数创建一个新的 DataAdapter 对象，并用参数 selectCommandText 指定的字符串作为 DataAdapter 对象的 SelectCommand 属性的值、以参数 selectConnectionString 所指定的字符串作为连接字符串，初始化该 DataAdapter 对象。

【能力大比拼，看谁做得又好又快】

根据所学技能与知识，参照上例使用 SqlDataAdapter 对象制作一个以列表形式显示 EShop 数据库中 Product 表中商品名称的网页。

【任务小结】

——你掌握了吗？

（1）DataAdapter 对象的常用方法。

（2）DataAdapter 对象的常用属性。

（3）DataAdapter 对象的构造函数与创建。

任务五　使用 DataSet

【任务要点】

DataSet 对象及使用

【导学实践，跟我学】

【案例 1】

完成显示商品信息列表页面的制作

EShopTest 应用程序中，商品是该网站的主要内容，首先要显示商品的分类，点击分类超链接进入分类下的商品列表信息。

实例运行效果如图 5–12 所示。

图 5–12　商品分类页面

点击商品分类名称后链接到商品列表页面，如图 5–13 所示。

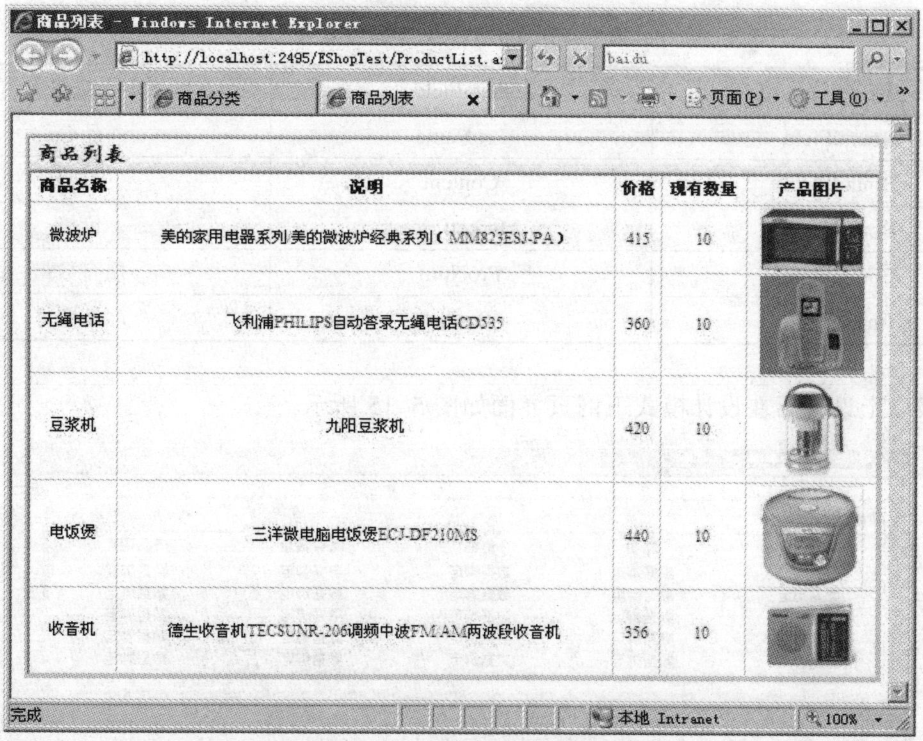

图 5–13　商品详细列表页面

【具体步骤】

（1）在网站中建立一个名为 ProductList.aspx 的 Web 窗体。

（2）新一个布局表格，并将 GridView 控件从工具箱中拖到布局表格的第二行第一列中。

（3）更改 GridView 的 ID 属性为 grdvProductList。

（4）单击 GridView 的 Columns 属性，弹出如图 5–14 所示的对话框。

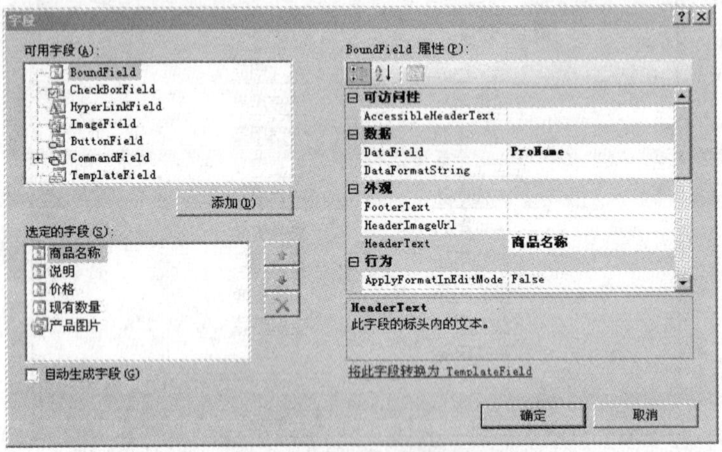

图 5–14 GridView 属性设置对话框

在对话框中添加字段，新添加的字段设置见表 5–12。

表 5–12 GridView 字段设置表

选定的字段类型	DataField	HeaderText
BoundField	ProName	商品名称
BoundField	Content	说明
BoundField	MarketPrice	价格
BoundField	ProNum	现有数量
ImageField	ProPic	产品图片

完成以上设置后在设计模式下网页界面如图 5–15 所示。

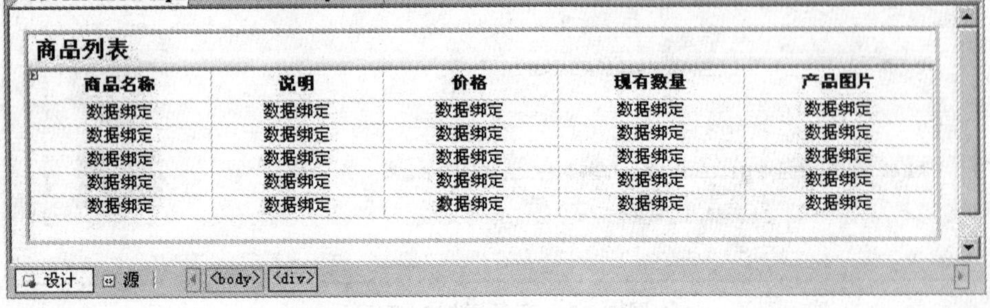

图 5–15 设计视图下商品列表窗体

（5）添加代码，用于当该页面加载的时候，根据传入的商品分类 ID 检索商品信息。代码如下：

```
protected void Page_Load(object sender, EventArgs e)
{
    if (!Page.IsPostBack)
    {
        GridViewDataBind();
    }
}
//实现数据绑定的私有进程
protected void GridViewDataBind()
{
    //获取商品类别 ID 号
    object cid = Request.Params["id"];
    if (cid != null)
    {
        cid = int.Parse(cid.ToString());
    }
    else
    {
        cid = 1;
    }

    string sql = string.Format("select * from Product where Category='{0}'", cid);
    //与数据库建立连接
    SqlConnection conn = new SqlConnection();
    conn.ConnectionString = "server=zhubaiming\\sql2000;uid=sa;pwd=sa;database=EShop";
    conn.Open();
    //创建 DataAdapter 对象
    SqlDataAdapter sda = new SqlDataAdapter(sql, conn);
    //创建 DataSet 对象
    DataSet ds = new DataSet();
    sda.Fill(ds, "Products");
    grdvProductList.DataSource = ds.Tables[0].DefaultView;
    //数据绑定
    grdvProductList.DataBind();
    //关闭连接，释放资源
    ds.Dispose();
```

```
        sda.Dispose();
        conn.Close();
        conn.Dispose();
}
```

【示例解释】

（1）承接任务四实例执行程序，进入 CategoryList.aspx 页面后显示商品栏目列表，点击商品栏目名称进入 ProductList.aspx 页面并通过 Url 参数传入商品栏目的 ID 值。代码从 ProductList. aspx.cs 中的 Page_Load()执行。

在 Page_Load()调用了一个自定义过程 GridViewDataBind()。

```
if (!Page.IsPostBack)
{
    GridViewDataBind();
}
```

（2）自定义过程 GridViewDataBind()是为了更好的组织代码,在该过程中首先获取从 CategoryList.aspx 页面传递过来的商品栏目的 ID 号：

```
object cid = Request.Params["id"];
if (cid != null)
{
    cid = int.Parse(cid.ToString());
}
else
{
    cid = 1;
}
```

如果没有值传过来，则给 cid 赋一个默认值。接着执行如下代码：

```
string sql = string.Format("select * from Product where Category='{0}'", cid);

        SqlConnection conn = new SqlConnection();
        conn.ConnectionString = "server=zhubaiming\\sql2000;uid=sa;pwd=sa;database=EShop";
        conn.Open();

        SqlDataAdapter sda = new SqlDataAdapter(sql, conn);

        DataSet ds = new DataSet();
        sda.Fill(ds, "Products");
```

```
grdvProductList.DataSource = ds.Tables[0].DefaultView;
grdvProductList.DataBind();
```

其中 grdvProductList.DataSource = ds.Tables[0].DefaultView;这句为设置 grdvProductList 的数据源为数据集 ds 中的第一个表。一个数据集中可以包含多个数据表。

用以上代码和任务四中 CategoryList.aspx.cs 中 Page_Load()中执行的代码作比较，可以发现两段代码几乎完全相同，只是查询语句和绑定的控件不同。

◎ 小提示

通过 DataAdapter 对象的 Fill 方法可以将数据表中的内容填充到 DataSet 对象中，而且可以填充多个表，不同的表用别名来区分。例如：sda.Fill(ds, "Products")。这个语句是将 sda 对象中的数据表填充到 ds 对象中，并为这个 ds 对象中的表起一个“Products”的别名。

【案例 2】

制作一个显示商品名称列表的页面

新建一个 Web 窗体，该窗体不与数据库连接，手工建立一个 DataSet 对象，然后把该对象绑定到 GridView 数据控件中在浏览器中显示。

实例运行效果如图 5–16 所示。

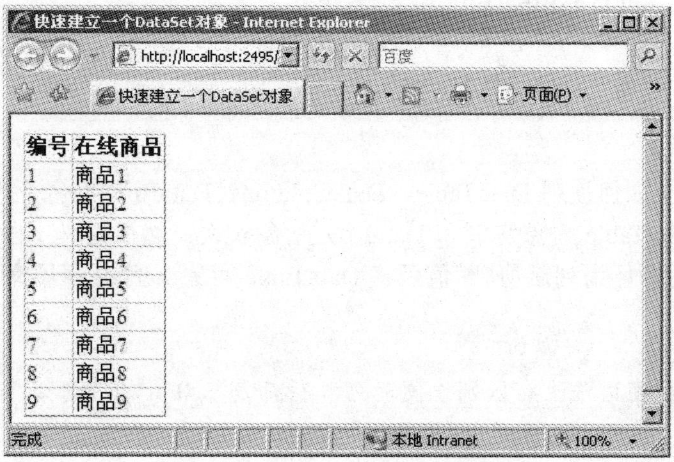

图 5–16　快速手工建立 DataSet

【具体步骤】

（1）在网站中建立一个名为 DataSetTest.aspx 的页面。

（2）在窗体中添加 GridView 控件，更改 GridView 的 ID 属性为 gvTest。

（3）双击设计视图下窗体的空白处，在自动生成的 Page_Load()事件中添加以下代码。

```
protected void Page_Load(object sender, EventArgs e)
    {
```

```
        DataTable dt = new DataTable("product"); //声明 DataTable 对象实例
        DataRow dr;                                //声明 DataRow 对象实例
        //定义编号字段，指定字段名和数据类型
        dt.Columns.Add(new DataColumn("编号", typeof(Int32)));
        //定义商品名字段
        dt.Columns.Add(new DataColumn("在线商品", typeof(String)));
        //循环为列赋值
        for (int i = 0; i < 9; i++)
        {
            dr = dt.NewRow();
            dr[0] = i + 1;
            dr[1] = "商品" + Convert.ToString(i + 1);
            dt.Rows.Add(dr);
        }
        //将 dt 表填充到 DataSet 对象中
        DataSet ds = new DataSet();
        ds.Tables.Add(dt);
        //将数据绑定到控件上
        gvDataSet.DataSource = ds.Tables["product"].DefaultView;
        gvDataSet.DataBind();
    }
```

【示例解释】

上面例子演示了如何使用 DataTable、DataColumn、DataRow 对象手动建立一个 DataSet 对象。首先声明 DataTable 对象实例和 DataRow 对象实例。然后定义字段，指定字段名和数据类型。接下来使用循环为列赋值。赋值后将 DataTable 对象实例 dt 表填充到 DataSet 对象中。

◎ 小提示

新建列和新建行在语法上有区别，同时列和行都是从 0 开始，可以把列和行分别作为一个数组来看待。

【背景知识】

DataSet 对象及使用

1. DataSet 对象的概念

DataSet 这个对象可以视为一个暂存区（Cache），它可以把从数据库中所查询到的数据保留起来，甚至可以将整个数据库暂存起来。

DataSet 是数据在内存中的表示形式。DataSet 中的数据以 XML 作为存储格式，无论它包含的数据来自什么数据源，它都会提供一致的关系模型。DataSet 对象架构在 DataAdapter 对象上，本身不具备和数据源沟通的能力，不管是读取数据还是操作数据，都要通过 DataAdapter 对象。. NET 数据提供者通过 DataAdapter 使用数据或架构信息（即关系结构）填充 DataSet，并将数据更新写回至数据源。DataAdapter 对象是 DataSet 对象以及数据源间传输数据的桥梁。

DataSet 对象基本上被设计成不和数据源一直保持联机的架构，也就是说和数据源的联机发生得很短暂，在取得数据后就会立即和数据源断开，等到数据修改完毕或是要操作数据源内的数据时才会再建立连接。这意味着程序和数据源要管理的连接就会变少，网络频宽不但可以得到舒缓，服务器的负载也会减轻。

因此，DataSet 对象允许在离线的本地高速缓存中存储和修改大量结构化关系数据以及绑定到不同的控件。

DataSet 对象包含一组 DataTable 对象和 DataRelation 对象，DataTable 对象中存储数据，由数据行（列）、主关键字、外关键字、约束等组成。DataRelation 对象中存储各 DataTable 之间的关系。这意味着 DataSet 架构内所有的成员都非常对象化，方便更有弹性地来操作这些对象。

2. 向 DataSet 中填充数据的方法

向 DataSet 中填充数据的方法有若干种，这些方法可以单独应用，也可以结合应用。主要方法有：

（1）在 DataSet 对象中以编程方式创建 DataTables、DataRelations 和 Constraints 对象，并使用数据填充这些表；

（2）通过 DataAdapter 对象用现有关系数据源中的数据表填充 DataSet；

（3）使用 XML 加载和保持 DataSet 内容。

3. DataSet 对象的常用方法与数据更新

在 DataSet 中，当对数据行（记录）编辑时，原始值保存在内存中，行状态被标记为 charged；而在添加或删除数据行时，行状态被标记为 added 或 deleted。需要注意的是，所有这些变化都是在本地内存中的 DataSet 内的数据副本上发生的，数据源中的原始数据根本没有变化。如果想要根据 DataSet 上的变化真正更新数据源中的数据，则必须调用 DataAdapter 对象的 Update 方法，根据行的被修改状态（被改动、被删除、被添加），调用相应的命令。DataSet 对象提供了以下几个方法，用于获取内存中的数据变化和数据行的状态信息。

（1）HasChanges：指出自从填充 DataSet 或最后一次调用 AcceptChanges 以后，DataSet 中的行是否发生变化，该方法返回一个 bool 值。

（2）GetChanges：该方法返回一个 DataSet 对象，实际上是创建了另一个 DataSet，该 DataSet 只包含对数据作出的更改或者是具有可选状态的行。

（3）AcceptChanges：接受 DataSet 中的所有表的变化，即行的标记都将设置为“未变化”。如果在调用 DataAdapter 的 Update 方法之前调用 AcceptChanges，Update 将不会发现任何标记为“被改动”的行，因此数据源将不会被更新。

（4）RejectChanges：拒绝自从填充 DataSet 或最后一次调用 AcceptChanges 以后，DataSet 上的所有变化。实际上，这个方法是通过把已改变的行还原为初始值，从而回滚更改操作。

4. 访问 DataSet 对象中的数据表

按名称引用（访问）DataSet 中的表和关系是区分大小写的。一个 DataSet 中可以存在两个或更多个名称相同但大小写不同的表或关系。例如，可以有 Table1 和 table1。在这种情况下，对其中一个表的按名称引用必须精确匹配该表名称的大小写，否则会引发异常。如果只存在一个具有特定名称的表或关系，则区分大小写规则不适用。也就是说，如果 DataSet 中没有其他任何表或关系对象匹配该特定表或关系对象的名称，那么即使大小写不同，仍可以按采用任何大小写的名称来引用该对象，而不会引发异常，例如，如果 DataSet 只包含 Table1，则可以使用 ds.Tables[“TABLE1”]来引用它。

DataSet 提供了 CaseSensitive 属性，用于指定 DataTable 中的字符串比较是否区分大小写，该属性会应用于 DataSet 中的数据，它将影响排序、搜索、筛选、约束强制等，但不会影响对 DataSet 中表或关系名称的引用。

5. DataSet 对象与 DataAdapter 对象间的关系

可以把 DataSet 对象看成是暂时存放资料的地方，它本身并不具备和数据源联机以及操作数据源的能力。如果想要将数据源的数据取回并存放在 DataSet 里面的 DataTable 中，则要通过数据操作组件才办得到。数据操作组件（Managed Provider）就是由 Connection、Command、DataAdapter 以及 DataReader 这四个对象组成，其中 DataSet 对象和 DataAdapter 对象的关系最密切，因为 DataAdapter 对象是帮助 DataSet 对象和数据源沟通的桥梁；当 DataSet 对象通过 DataAdapter 对象来获取数据源的数据时，它会先依照数据在数据源中的架构产生一个 DataTable 对象，然后将数据源中的数据取回后填入 DataRow 对象，再将 DataRow 对象填加到 DataTable 的 Rows 集合，直到数据源中的数据取完为止。DataAdapter 对象将数据源中的数据取出，并将这些数据都填入自己产生的 DataTable 对象后，立即将这个 DataTable 对象加入 DataSet 对象的 DataTables 集合，并结束和数据源的联机。

【扩展知识】

DataTable 对象及使用

DataTable 对象是 DataSet 的最重要的对象之一，表示内存中的一个关系数据表。DataSet 的 Tables 集合中的每一项都是一个 DataTable，每一个 DataTable 包含由 DataRow 对象所组成的 Rows 集合和由 DataColumn 对象所组成的 Columns 集合，可以有关联、限制、延伸等属性。DataTable 在 DataSet 内可以表示为独立的表，DataRow 代表 DataTable 表中的一行数据，DataColumn 代表 DataRow 中的一列数据。

1. DataTable 对象的常用属性

DataTable 对象具有以下几个常用属性。

（1）TableName：获取或设置表的名称。

（2）DataSet：指出表属于哪一个 DataSet。

（3）Rows：DateRow 对象集合，即代表这个表的行的集合。

（4）Columns：DataColumn 对象集合，即代表这个表的列的集合。

2. DataTable 对象的常用方法

DataTable 对象具有以下几种常用方法。

（1）NewRow：根据当前表的架构创建一个新行，返回一个对新添加行的引用，以便更容易地获得和设置该新行的各字段的值。但这个方法不会自动把新创建的行添加到表的 Rows 集合中。

（2）Select：该方法返回一个由 DataRow 对象组成的数据，其中的 DataRow 对象都符合某一个标准。标准的指定方法与在 SQL 语句的 Where 子句中指定标准的方法相同，如 Where age>18。该方法还有一个可选的参数，可以为返回的数组指定排序表达式。

（3）Clear：清空表中的所有数据。

（4）Reset：把表恢复到它原始的状态。

可以使用 DataTable 构造函数来创建 DataTable 对象，并为其指定名称“Products”。

```
DataTable dt=new DataTable("Products");
```

也可以通过 DataSet 的 Tables 属性的 Add 方法来创建，以下代码在创建一个名为“Products”的 DataTable 的同时，并将其添加到 DataSet 内。

```
DataSet ds = new DataSet();
DataTable dt = ds.Tables.Add("Products");
```

在最初创建 DataTable 对象时，它没有架构。要定义表的架构，必须创建 DataColumn 对象并将其添加到表的 Columns 集体里。在定义了架构之后，可通过将 DataRow 对象添加至表的 Rows 集合来将数据行添加至表。

3. DataTable 对象的 Rows 属性（行集合）

这个属性的数据类型是 DataRowCollection，它提供了以下几种方法。

（1）Add：把由 DataTable 的 AddRow 方法创建的新行添加到集合的末尾。

（2）InsertAt：根据指定的索引号插入一个新的 DataRow 对象。

（3）Remove：从表中删除指定的 DataRow 对象。使用这个方法删除行时，并不是把行标记为“被删除”，而是物理上把行从表中删除掉。

（4）RemoveAt：根据指定的索引删除行。

4. DataRow 对象

DataTable 包括架构和数据行。DataRow 表示表中包含的实际数据，代表 DataTable 表中的一行数据，与 ADO 中数据行的概念不同，DataRow 支持版本的思想。即在一个表中，同一行可以有多个版本，这样便可以区分行的“原始”版本和“已更新”版本。此外，利用 DataRow 的 RowState 属性，获取行的当前状态，其属性值可以取以下任意一个值：Added、Deleted、Detached、Modified 或 Unchanged。

5. Columns 集合（列集合）与 DataColumn 对象

Column 集合由 DataColumn 对象组成，可以把 DataColumn 实例与 DataTable 内的单个列模式联系起来，从而设置或得到模式属性，如 DataType、DefaultValue、AllowDBNull、ColumnName 等。

6. DataView 对象

DataView 是 DataTable 中数据的不同视图，它提供了不同排序和筛选条件的单个数据集的动态数据视图，并不保存实际数据。它不同于 DataTable 的 Select 方法，Select 方法是按特定的筛选器或排序表达式返回 DataRow 数组，其成员关系和排序相对静态。DataView 提供了几项用于对 DataTable 中的数据进行排序和筛选的功能。

（1）Sort 属性：可以指定一个或多个列按照升序 Asc 或降序 Desc 进行排序。

（2）ApplyDefaultSort 属性：自动以升序创建基于表的一个或多个主键列的排序顺序。只有当主键存在或 Sort 属性为空引用或空字符串时，此属性才适用。

（3）RowFilter 属性：根据列值来筛选数据。

DataView 与数据库视图不同之处在于 DataView 不能作为表来进行处理，并且不能对源表的列进行增加和删除操作，也不能实现联接表的视图。

DataView 对象的 Count 属性可以返回 DataView 中行的总数量，或者返回具有指定 RowState 值的行的总数量。此外，DataView 还具有 AddNew、Delete、Find 和 FindRow 等方法，可以添加或删除行、查找与指定关键字匹配的行索引或者 DataRowView 对象的数组。

7. DataTable 内数据的访问

（1）通过 Item 索引器或指定列名称可以获得对单个 DataTable、DataRow 或 DataColumn 的引用。

1）访问表

在访问行和列之前，首先要访问包含这些行和列的表。DataSet 类的 Tables 属性能够返回当前 DataSet 中所有 DataTable 对象的集合。可以使用 Add 方法向 Tables 集合中添加一个 DataTable 对象。方法如下所示：

```
DataSet ds = new DataSet();              //在此创建的 ds 下面直接引用
DataTable dt = new DataTable("TableName");
ds.Tables.Add(dt);
```

可以通过使用 DataTable 的名称来访问包含在 Tables 集合中的 DataTable：

DataSetName.Tables["TableName"];

亦可使用 DataTable 的索引号：

DataSetName.Tables[tableN]；（索引值 tableN 从 0 开始）。

亦可以获得 DataSet 内的一个 DataTalbe，以便对表进行操作，方法如下：

DataTable dt = ds.Tables["TableName"];

2）访问行

DataTable 对象的 Rows 属性可以返回所有 DataRow 对象的集合。可以利用 DataRow 的索引来访问行，方法如下：

DataTableName.Rows[rowN]; （索引值 rowN 从 0 开始）。

如 ds.Tables["Categories"].Rows[0]，表示 Categories 表中的第一行数据。等价于：

DataTable dt = ds.Tables["Categories"];

dt.Rows[0];

3）访问列

既然可以访问一个表中的一行数据，那么就可以访问给定行中具体列的值。可以通过指定列的任何一个名称来访问，方法如下：

DataTableName.Rows[rowN]["ColumnName"];

或通过列的索引（索引值 ColumnN 从 0 开始）：

DataTableName.Rows[rowN][columnN];

如 ds.Tables["Categories"].Rows[0]["CategoryName"]。

或者通过 Columns 集合来访问数据列，形式如下：

ds.Tables["TableName"].Columns["ColumnName"];

ds.Tables["TableName"].Columns["ColumnN"];

需要注意的是：

① 当访问行集合 Rows 时，只能通过索引来访问。当访问列集合 Columns 时，既可通过索引也可以通过列的名称来访问；

② 采用 Rows[rowN][columnN]或 Rows[rowN]["ColumnName"]这种方式，是获得某一行中的某一列的数据，而 Columns[columnN]或 Columns ["ColumnName"]是获得一个 Columns 集合数据。

（2）通过 DataRow、DataColumn 对象访问 DataTable 内的数据。

```
DataTable dt = ds.Tables["Categories"];
```

最后，使用 foreach 循环，逐行访问每列数据。

```
Foreach(DataRow dr in dt.Rows)
{
    Foreach(DataColumn dc in dt.Columns)
    Response.Write(dr[dc]);
}
```

【能力大比拼，看谁做得又好又快】

仿照【案例 1】，制作一个显示 EShop 数据库中 User 表中用户详细信息的网页。

【任务小结】

——你掌握了吗？

（1）DataSet 的特点是什么？

（2）DataSet 为什么需要 DataAdapter？

任务六　使用 DataList 控件

【任务要点】

DataList 控件可以在一个重复列表中显示数据项，并且还可以支持选择和编辑项目。可使用模板对显示的数据进行排版。

【导学实践，跟我学】

【案例 1】

制作显示最新上架商品主要信息的页面

在 EShopTest 应用程序中，需要在主页面中显示最新上架的商品，商品的一些主要信息要显示出来，当点击商品简介的时候能够切换到商品简介信息。

运行结果如图 5–17 所示。

图 5–17 商品展示页面

【具体步骤】

（1）在 EShop 中，新建了一个名为 Default.aspx 的 Web 窗体。

（2）打开 Default.aspx 窗体，在窗体中新建一个两行一列的表格。

（3）在窗体的设计视图下将 DataList 控件从工具箱中拖到布局表格的第二行中，更改 ID 为 dlstNewProducts，设置 RepeatColumns 为 3。此时效果如图 5–18 所示。

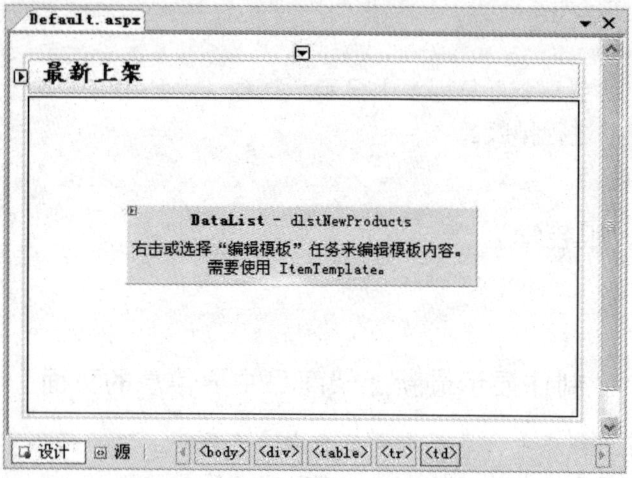

图 5–18 最新上架页面设计模式图

（4）选中新添加的 DataList 并右击，弹出的快捷菜单如图 5–19 所示。

此时选择【编辑模板】→【项模板】命令。选择编辑模板后页面图如图 5–20 所示。

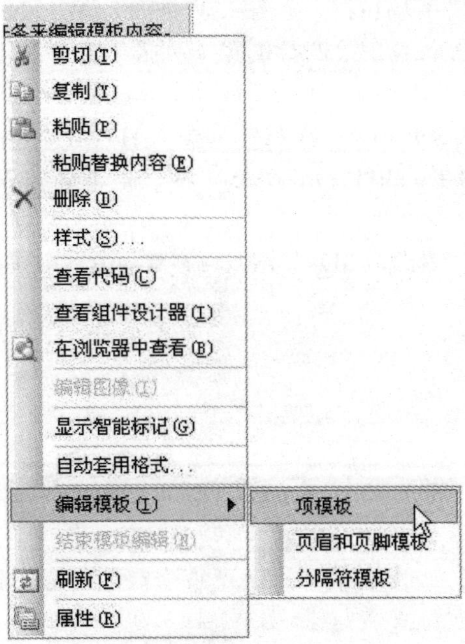

图 5–19　DataList 编辑模板（1）

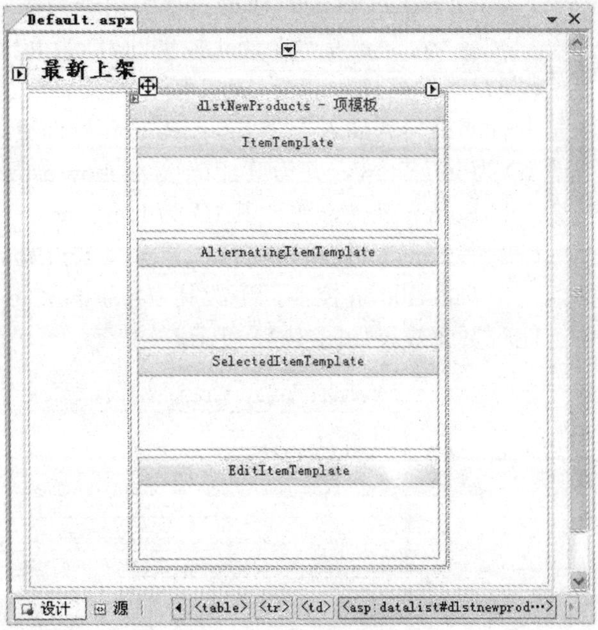

图 5–20　DataList 编辑模板（2）

（5）在 ItemTemplate 中插入布局表格，如图 5–21 所示。

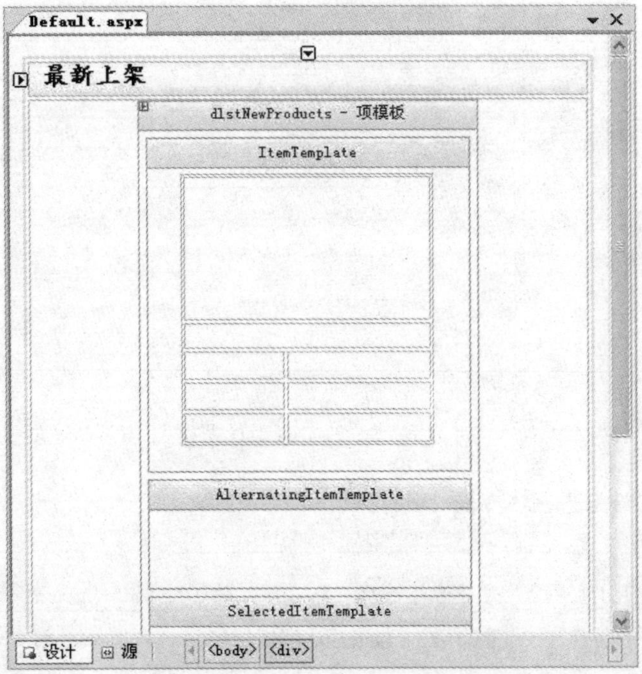

图 5–21　DataList 编辑模板（3）

（6）在 ItemTemplate 中布局表格的第一行插入一个 Image 控件和一个 Label 控件，分别将 ID 改为 imgProduct 和 lblId，并调整 Image 控件大小。在第二行插入一个 Label 控件并更改 ID 为 lblProductName。在第三行的第一列插入文字“市场价：”，在第二列插入一个 Label 控件和文字“元”，并更改 Label 控件的 ID 为 lblMarketPrice。在第四行的第一列插入文字“会员价：”，在第二列插入一个 Label 控件和文字“元”，并更改 Label 控件的 ID 为 lblMarketPrice。在第五行的第一列插入一个 ImageButton 控件更改 ID 为 ibtnBuy。在第二列插入 HTML 图片更改 ID 为 imgShow，并为其加链接为 show.aspx?id=<%#Eval("ProId") %>。在表格下面插入一个 LinkButton 控件，更改其 ID 为 lbtnType。

（7）在 SelectedItemTemplate 中插入 TextBox 控件，更改其 ID 为 tbox。在 TextBox 下面插入一个 LinkButton 控件，更改其 ID 为 lbtnClose。

此时页面效果如图 5–22 所示。

图 5–22 DataList 编辑模板（4）

（8）下面来完成控件的属性设置及数据邦定：在 ItemTemplate 中的布局表格里添加的各控件的属性设置见表 5–13。

表 5–13　ItemTemplate 布局表格中添加的各控件的属性设置

控件 ID	属　性	值
lblId	Text	<%#Eval("ProId")%>
lblId	Visible	false
lblProductName	Text	<%#Eval("Proname")%>
lblMarketPrice	Text	<%#Eval("MarketPrice")%>
lblMemberPrice	Text	<%#Eval("MemberPrice")%>
ibtnBuy	ImageUrl	<%#Eval("ProPic")%>
ibtnBuy	CommandName	buy
imgShow	src	images/show.jpg
lbtnType	Text	商品型号
lbtnType	CommandName	type
tboxType	TextMode	MultiLine
tboxType	Rows	6
tboxType	Text	<%#Eval("Content")%>
lbtnClose	CommandName	clsoe
lbtnClose	Text	关闭

（9）设置完成后，在设计模式下的窗体如图 5–23 所示。

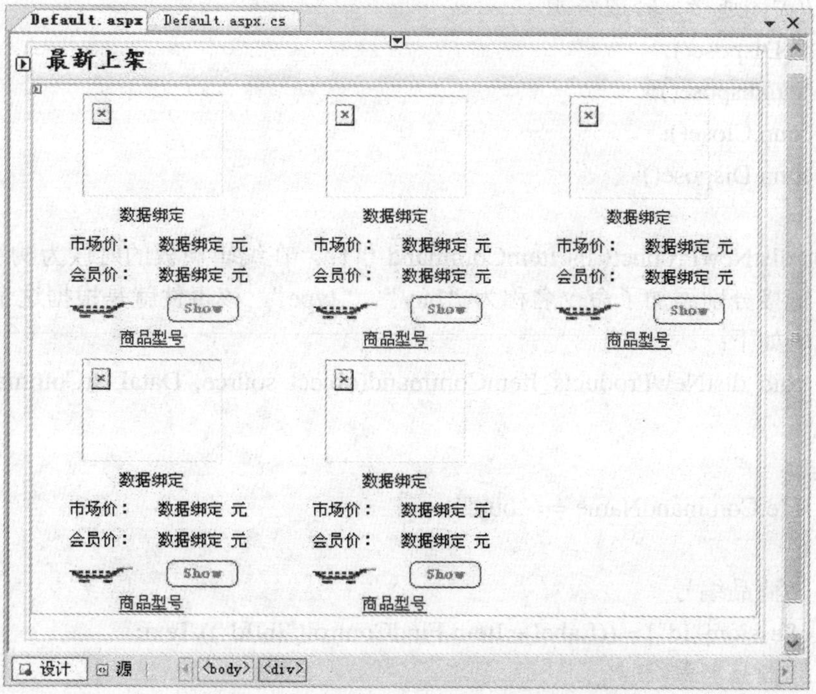

图 5–23　设置完成后在设计模式下的窗体

（10）添加窗体的 Page_Load()方法，代码如下：

```
protected void Page_Load(object sender, EventArgs e)
    {
        DataListDataBind();
    }
```

DataListDataBind()为自定义的过程，过程代码如下：

```
protected void DataListDataBind()
{
        string sql = "select top 5 * from Product order by ProId desc";
        //建立连接并打开
        SqlConnection conn = new SqlConnection();
        conn.ConnectionString = "server=zhubaiming\\sql2000;uid=sa;pwd=sa;database=EShop";
        conn.Open();
        //新建 DataAdapter 对象和 DataSet 对象
        SqlDataAdapter sda = new SqlDataAdapter(sql, conn);
        DataSet ds = new DataSet();
        //使用 DataAdapter 对象 sda 填充 DataSet 对象 ds
        sda.Fill(ds, "Products");
        //设置 dlstNewProducts 的数据源，并执行绑定
        dlstNewProducts.DataSource = ds.Tables[0].DefaultView;
        dlstNewProducts.DataBind();
        //关闭连接，释放资源
        ds.Dispose();
        sda.Dispose();
        conn.Close();
        conn.Dispose();
}
```

（11）添加 dlstNewProducts 的 ItemCommand 事件，在编辑模板的时候为购买商品按钮、显示商品型号链接分别添加了命令名称为“buy”，“type”。该事件就是根据这个命令执行对应的操作。代码如下：

```
protected void dlstNewProducts_ItemCommand(object source, DataListCommandEventArgs e)
    {
        if (e.CommandName == "buy")
        {
         //商品编号
         Session["Id"] = ((Label)e.Item.FindControl("lblId")).Text;
         //商品名称
```

```
            Session["ProductName"] = ((Label)e.Item.FindControl("lblProductName")).Text;
            //商品单价
            Session["MemberPrice"] = ((Label)e.Item.FindControl("lblMemberPrice")).Text;
Response. Redirect("Buy.aspx");
        }
        else if (e.CommandName == "type")
        {
            this.dlstNewProducts.SelectedIndex = e.Item.ItemIndex;
            DataListDataBind();
        }
        else if (e.CommandName == "close")
        {
            this.dlstNewProducts.SelectedIndex = –1;
            DataListDataBind();
        }
    }
```

【示例解释】

上面示例综合演示了如何使用 DataList 控件显示数据。在<ItemTemplate>模板标签中定义要显示商品的简单信息。在<SelectedItemTemplate>模板中定义了显示商品的全称和型号信息。然后在<ItemTemplate>模板和<SelectedItemTemplate>模板中分别定义了一个按钮。

在 <asp:DataList> 中添加一个事件属性 OnItemCommand = "dlstNewProducts_ItemCommand"，它表示当单击<asp:DataList>控件中的按钮时会触发 ItemCommand 事件，调用 dlstNewProducts_ItemCommand 子程序。在 dlstNewProducts_ItemCommand 子程序中设置了一个条件语句，判断用户的单击操作。

通过 dlstNewProducts.SelectedIndex 属性来决定是否显示<SelectedItemTemplate>模板内容，以及要显示的是哪个记录的模板。

【背景知识】

DataList 控件

（1）DataList 控件的基本语法如下：

```
<asp:DataList ID="DataList1" runat="server"
RepeatDirection=""
RepeatColumns=""
RepeatLayout=""
DataKeyField=""
OnEditCommand=""
OnCancelCommand=""
```

```
OnDeleteCommand=""
OnUpdateCommand=""
OnItemCommand="">
模板列
</asp:DataList>
```

其中 RepeatDirection 表示重复方向，包括 Vertical 和 Horizontal 两个选项。RepeatColumns 表示显示的列数，即在一行内显示几条记录。RepeatLayout 表示是否以表格的形式显示数据，取值包括 Table 和 Flow。DataKeyField 属性可以指定数据表关键字段，方便对数据表中某条记录的引用。

DataList 事件属性中 OnEditCommand 事件属性表示单击【编辑】按钮时要调用的事件过程，OnCancelCommand 事件属性表示单击【取消】按钮时要调用的事件过程，OnDeleteCommand 事件属性表示单击［删除］按钮时要调用事件的过程，OnUpdateCommand 事件属性表示单击【更新】按钮时要调用的事件过程，OnItemCommand 事件属性表示单击其他按钮时要调用的事件过程。

（2）在 DataList 控件中，ASP.NET 也提供了 7 种模板列用来定义数据显示的内容和布局，具体参见表 5–14。

表 5–14　DataList 控件模板

模板名	说　　明
AlternatingItemTemplate	为每一个间隔项提供内容和布局。如果没有定义，在 DataList 中将为每一项使用 ItemTemplate
EditItemTemplate	为当前正在编辑的项提供内容和布局。如果没有定义，在 DataList 中将为正在编辑的项使用 ItemTemplate
FooterTemplate	为页脚提供内容和布局。如果没有定义，DataList 将不会有页脚
HeaderTemplate	为标题提供内容和布局。如果没有定义，DataList 将不会有标题行
ItemTemplate	必须定义。每一项的内容和布局的默认定义
SelectedItemTemplate	为当前选中的行提供内容和布局。如果没有定义，ItemTemplate 将被使用
SeparatorTemplate	为项与项之间的分隔符提供内容和布局。如果没有定义，将不会使用分隔符

（3）在 DataList 中创建多列：DataList 的一个好处是可以以多个列显示数据项。通过设置其 RepeatColumns 和 RepeatDirection 属性，可以控制 DataList 的列的布局。

RepeatColumns 属性决定要显示的列的数量。比如，如果要在 DataList 中显示四列的项，那么可以把这个属性设为 4。

RepeatDirection 属性句顶列是按水平或垂直方向来重复。在默认情况下，RepeatDirection 值为 Vertical，因此，如果 RepeatColumns 值为 4，则各列就像这样显示：

Column 1 Column3 Column5 Column7

Column 2 Column4 Column6 Column8

如果把 RepeatDirection 设为 Horizontal，而且 RepeatColumns 值为 4，那么各列就像这样显示：

Column 1 Column3 Column5 Column7

Column 2 Column4 Column6 Column8

注意：即使 RepeatDirection 值为 Vertical，还是显示为 4 个列。RepeatColumns 永远是指重复的列的数量，而不是行的数量。

（4）捕获 DataList 控件中产生的事件：正如第一小节中提到的那样，DataList 控件支持事件冒泡，可以捕获 DataList 内包含的控件产生的事件，并且通过普通的子程序处理这些事件。可能有些人不太明白事件冒泡的好处所在，其实可以反过来思考：如果没有事件冒泡，那么对于 DataList 内包含的每一个控件产生的事件都需要定义一个相应的处理函数，如果 DataList 中包含 10 000 个控件或者更多呢？那得写多少个事件处理程序？所以有了事件冒泡，不管 DataList 中包含多少个控件，只需要一个处理程序就可以了。DataList 控件支持以下五个事件。

① EditCommand：由带有 CommandName="edit"的子控件产生。

② CancelCommand：由带有 CommandName="cancel"的子控件产生。

③ UpdateCommand：由带有 CommandName="update"的子控件产生。

④ DeleteCommand：由带有 CommandName="delete"的子控件产生。

⑤ ItemCommand：DataList 的默认事件。

有了这五个事件，那么当单击了 DataList 控件中的某一个按钮的时候，应该触发哪一个事件呢？什么时候才触发它们呢？在 ASP.NET 中有三个控件带有 CommandName 属性，分别是 Button、LinkButton 和 ImageButton，可以设置它们的 CommandName 属性来表示容器控件内产生的时间类型。比如，如果设置 DataList 中的一个 LinkButton 的 CommandName 属性为"update"，那么单击此按钮的时候，将会触发 DataList 的 CancelCommand 事件，可以将相关处理代码写到对应的事件处理程序中去。

（5）选择 DataList 中的项：DataList 控件中它比 Repeater 控件多两个模板，SelectedItemTemplate 模板可以格式化 DataList 中被选定的项的格式。

数据绑定到 DataList 后，DataList 中的每一项都有一个索引号，第一项的索引为 0，依次往下编号。可以利用索引来确定 DataList 中具体的项。

DataList 默认以 ItemTemplate 或 ItemTemplate+AlternatingItemTemplate 模板显示数据项，当 DataList 的 SelectedIndex 属性（该属性默认值为−1，表示不显示 SelectedItemTemplate 模板）的值为 DataList 某一项的索引的时候，对应的项将会以 SelectedItemTemplate 模板显示。

（6）使用 DataList 控件中的 DataKeys 集合：在选择 DataList 中的一个项时，通常需要获取与这个项相关联的主键的值。可以使用 DataKeys 集合来获取与一个项相关联的主键的值。

假设要在 DataList 中显示一个名为 Authors 的数据库表，其中包含两个名为 au_id 和 au_fname 的列，当用户选择 DataList 中的一个项时，操作员要提取与被选项相关联的 au_id 列的值，要实现这个操作，则需要设置 DataList 控件的 DataKeyField 属性：

```
<asp:DataList
ID="DataList1"
DataKeyField="au_id"
```

OnItemCommand="DataList1_ItemCommand"

Runat="Server">

如果把数据库表的主键类的名称赋值给 DataKeyField 属性，那么当绑定 DataList 到 Authors 的数据表时，一个名为 DataKeys 的特殊集合就自动生成了。DataKeys 集合包含来自数据库表的所有的主键值，其顺序与 DataList 中的项相同。

注意：只有当所使用的数据表具有单个主键列时，才可以使用 DataKeys 集合。也就是说不能使用联合主键。

在创建了 DataKeys 集合后，就可以通过传递项的索引值给 DataKeys 集合来获取 DataList 中与相关项关联的主键值。比如，要获取由 DataList 显示的第三项的主键值，就可以使用语句：

DataList1.DataKeys[2]//DataList1 为 DataList 控件的 ID 值

如果要在 DataList 控件的事件处理函数中发生事件的项的主键值，则可以使用语句：

DataList1. DataKeys[e.Item.ItemIndex]//DataList1 为 DataList 控件的 ID 值

（7）编辑 DataList 中的项：可以使用 DataList 控件来编辑数据表中的某一条记录，事实上，在 DataList 中完成这样的操作非常的方便，不像在 ASP 中需要在多个页面中来回切换。

DataList 控件具有一个名为 EditItemTemplate 的模板，可以在 EditItemTemplate 中放置表单控件，以便能在 DataList 中编辑特定的项。当 DataList 的 EditItemIndex 属性（该属性默认值为–1，表示不显示 EditItemTemplate 模板）的值为 DataList 某一项的索引的时候，对应的项将会以 EditItemTemplate 模板显示。

注意：在 DataList 中一次只能有一个项被选定来编辑。

【能力大比拼，看谁做得又好又快】

在任务四的能力大比拼中已经制作了一个显示商品名称列表的页面，现在对这个页面做下改动，为商品名称添加带商品 ID 的参数的链接,该链接能转到另外一个显示商品详细信息的页面,要求该页面使用 DataList 控件显示商品的详细信息。

【任务小结】

——你掌握了吗?

（1）DataList 控件有哪些模板，每个模板是做什么用的？

（2）DataList 控件提供了哪些事件，分别响应什么函数？

任务七　使用 GridView 控件

【任务要点】

使用 GridView 控件显示和操作数据。

【导学实践，跟我学】

【案例 1】

制作商品分类信息管理页面

在 EShopTest 网站后台能够对商品分类进行管理，在商品分类管理页面能够添加商品分类，并能够对已有的商品分类进行更改，删除过期的商品分类。

制作完成后的网页运行结果如图 5–24 所示。

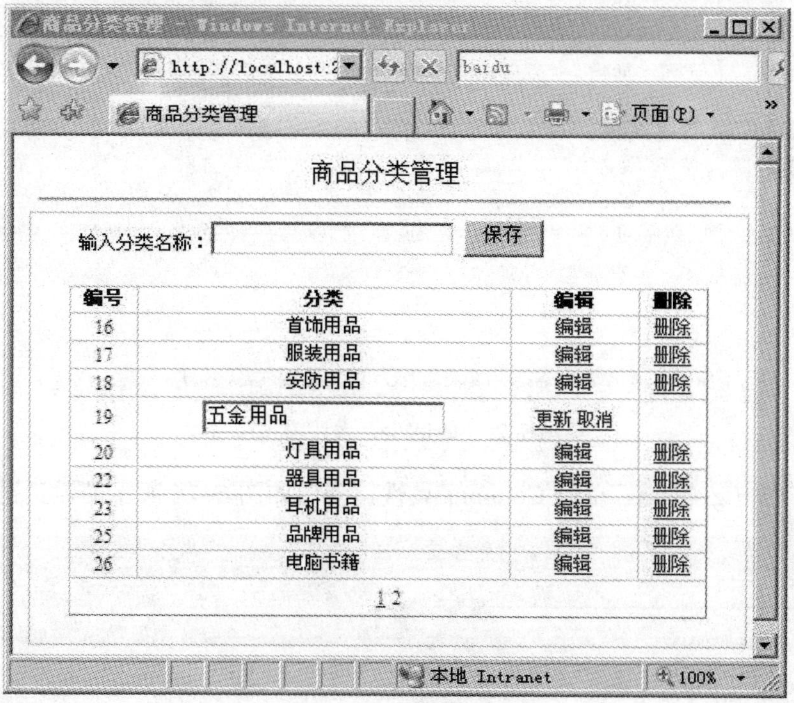

图 5–24　商品分类编辑页面

【具体步骤】

（1）在 EShop 项目下新建文件夹 admin。

（2）在 admin 文件夹里新建 Web 窗体 class.aspx。

（3）在设计模式下编辑页面，在页面的第一行输入“商品分类管理”，在第一行下面插入一个分隔线。

（4）在分隔线下插入一个表格，并调整表格布局为两行一列。

（5）在表格的第一行输入“输入分类名称:”，在输入文字的右边插入一个 TextBox 控件，并更改其 ID 为 txtClass，在 txtClass 右边插入一个 RequiredFieldValidator 验证控件，更改其 ID 为 valrClassName，ErrorMessage 为“请输入类别！”，ControlToValidate 属性设为“txtClass”，

在 rvClass 右边插入一个 Button 控件，并更改其 ID 为 btnSave，更改其 Text 属性为“保存”。

（6）在表格的第二行插入一个 GridView 控件。更改新插入 GridView 控件的 ID 为 gvClass。设置 AllowPaging 属性为 True，设置 PageSize 属性为 10。设置 AutoGenerateColumns 属性为 False。设置 DataKeysName 为 id。此时设计模式下页面如图 5–25 所示。

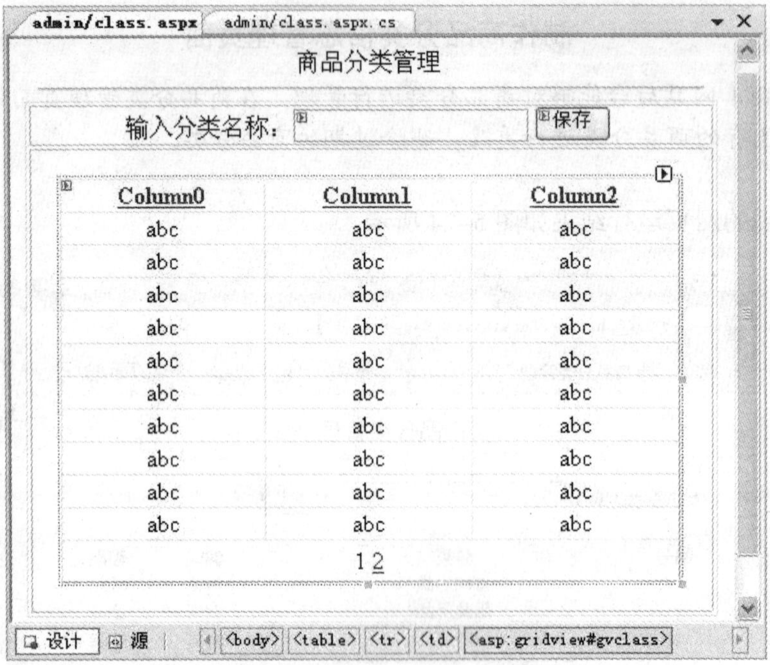

图 5–25　GridView 设计图（1）

（7）单击选中 gvClass。单击 Columns 属性，弹出如图 5–26 所示的对话框。

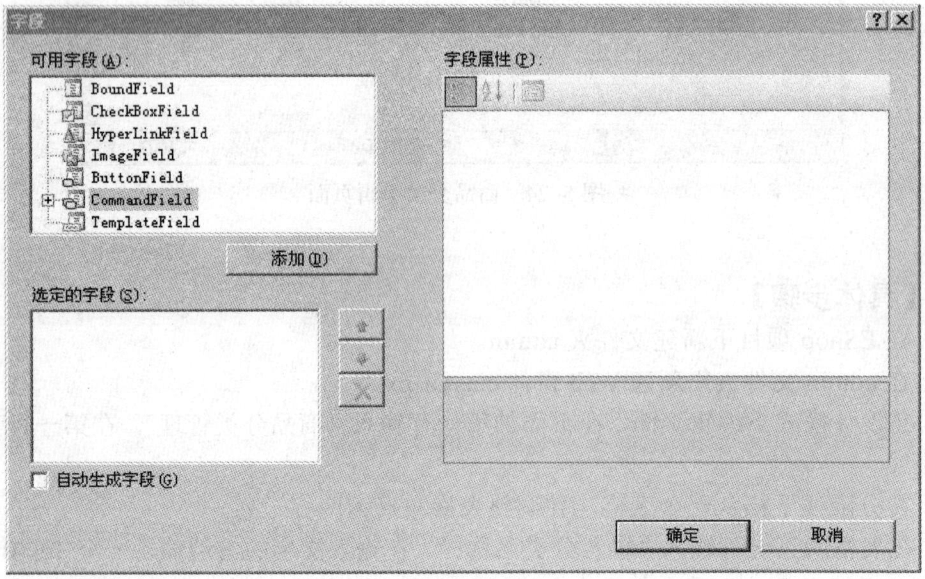

图 5–26　GridView 设计图（2）

（8）添加两个 BoundField，设置第一个 BoundField 的 DataField 属性为 id，HeaderText 属性设为“编号”，ReadOnly 属性设为 True。设置第二个 BoundField 的 DataField 属性为 Category，HeaderText 属性为“分类”。添加一个 CommandField 下面的“编辑、更新、取消”字段，设置其 HeaderText 属性为“编辑”，设置 CausesValidation 属性为 False。再添加一个 CommandField 下面的“删除”，设置其 HeaderText 属性为“删除”。

完成列设置后的页面如图 5–27 所示。

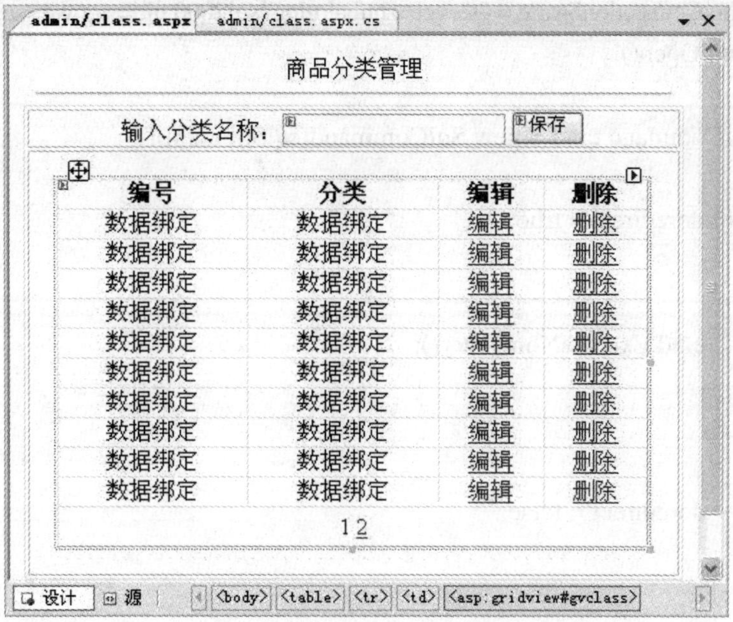

图 5–27　GridView 设计图（3）

（9）新建一个过程完成 gvClass 的数据邦定。在代码页新建一个数据邦定过程。

```
protected void gvDataBind()
    {
        string sql;
        sql = "select id,Category from Category";
        SqlConnection con;
        con = new SqlConnection("server=zhubaiming\\sql2000;uid=sa;pwd=sa;database=
EShop");
        con.Open();
        SqlDataAdapter sda;
        sda = new SqlDataAdapter(sql, con);
        DataSet ds;
        ds = new DataSet();
        sda.Fill(ds, "Category");
        gvClass.DataSource = ds.Tables[0].DefaultView;
        gvClass.DataBind();
```

```
    }
```

（10）编写完成数据操作的过程，根据传入参数 SQL 语句对数据进行操作。

```
protected void gridViewEdit(string sqlStr)
{
        SqlConnection conn = new SqlConnection();
        conn.ConnectionString = "server=zhubaiming\\sql2000;uid=sa;pwd=sa;database=EShop";
        conn.Open();

        SqlCommand cmd = new SqlCommand(sqlStr, conn);

        bool doredirect = true;
        try
        {
            cmd.ExecuteNonQuery();
        }
        catch
        {
            doredirect = false;
        }
        finally
        {
            cmd.Dispose();
            conn.Close();
            conn.Dispose();
        }
        if (doredirect)
        {
            gvClass.EditIndex = -1;
            GridViewBind();
        }
}
```

（11）添加 btnSave 按钮的 Click 事件并编写代码完成分类的添加。

```
protected void btnSave_Click(object sender, EventArgs e)
    {
        string className = txtClass.Text;
        string sql = string.Format("insert into  Category(Category) values('{0}')", className);
```

```
        gridViewEdit(sql);
}
```

（12）添加 gvClass 编辑的相关事件并编写代码实现记录编辑功能。

① 添加 gvClass 的 RowEditing 事件

```
protected void gvClass_RowEditing(object sender, GridViewEditEventArgs e)
    {
        this.gvClass.EditIndex = e.NewEditIndex;
        GridViewBind();
    }
```

② 添加 gvClass 的 RowUpdating 事件

```
protected void gvClass_RowUpdating(object sender, GridViewUpdateEventArgs e)
    {
        int cId = Convert.ToInt32(gvClass.DataKeys[e.RowIndex].Value.ToString());
string className = ((TextBox)gvClass.Rows[e.RowIndex].Cells[1].Controls[0]).Text.ToString();
        string sql = string.Format("update Category set Category='{0}' where id={1}",
className, cId);
        gridViewEdit(sql);
}
```

③ 添加 gvClass 的 RowCancelingEdit 事件

```
protected void gvClass_RowCancelingEdit(object sender, GridViewCancelEditEventArgs e)
    {
        this.gvClass.EditIndex = -1;
        GridViewBind();
    }
```

（13）添加 gvClass 的 RowDeleting 事件，并编写代码实现记录删除功能。

```
protected void gvClass_RowDeleting(object sender, GridViewDeleteEventArgs e)
    {
        int cId = Convert.ToInt32(gvClass.DataKeys[e.RowIndex].Value.ToString());
        string sql = string.Format("delete from Category   where id={0}", cId);
        gridViewEdit(sql);
    }
```

（14）添加 gvClass 的 PageIndexChanging 事件，并编写代码实现记录分页显示功能。

```
protected void gvClass_PageIndexChanging(object sender, GridViewPageEventArgs e)
    {
        gvClass.PageIndex = e.NewPageIndex;
        gvClass.EditIndex = -1;
```

```
        GridViewBind();
    }
```

【示例解释】

上面程序主要演示了如何使用 GridView 控件编辑、更新、删除数据。GridView 操作数据时都有对应的事件，只要在对应的事件中编写实现功能的代码即可。在浏览器中预览该网页，当单击【编辑】按钮时会显示编辑状态，允许用户修改数据，修改完毕单击【更新】按钮则会把更新后的数据写入数据库。如果单击【删除】按钮则会删除当前操作的记录。

因为更新和删除都是针对特定记录进行的操作，所以要注意操作参数 DataKeyField 的传递与捕获。本例中设置了 GridView 的 DataKeyField 属性为 id，获取选定记录值的方法如下：

```
int cId = Convert.ToInt32(gvClass.DataKeys[e.RowIndex].Value.ToString());
```

更新、删除记录时都通过执行特定的事件来完成。本例的更新、删除事件中都是先构建对应的 SQL 语句，如构建更新语句的代码如下：

```
int cId = Convert.ToInt32(gvClass.DataKeys[e.RowIndex].Value.ToString());
string className = ((TextBox)gvClass.Rows[e.RowIndex].Cells[1].Controls[0]).Text.ToString();
string sql = string.Format("update Category set Category='{0}' where id={1}", className, cId);
```

然后调用自定义方法把构建好的 SQL 语句当作参数传入：

```
gridViewEdit(sql);
```

执行如下自定义过程完成操作，该自定义过程可根据传入的 sqlStr 执行：

```
protected void gridViewEdit(string sqlStr)
    {
}
```

实现分类信息写入是通过单击【保存】按钮的事件来完成的。事件执行的代码和上面数据更新一样，也是先构建数据插入的 SQL 语句，然后调用自定义过程 gridViewEdit()，由自定义过程来完成数据的插入。

【背景知识】

GridView 控件

一、方法：DataBind

它是很简单、最常用的方法。用于绑定数据。需要注意的只有一点：执行了这个方法后，GridView（由于 GridView 和 DataList 极为相似，所以下面的介绍虽然是针对 GridView，但与 DataList 也相差不远）里面所有的显示绑定数据的控件，都会显示 DataSource 里的数据，其余控件也将初始化成.aspx 里设计的状态。

二、属性

1. DataSource

有 DataBind 的地方，就应该有 DataSource。如果没有指定 DataSource 而执行 DataBind，

那 GridView 将什么也不会显示。

DataSource 一般是 DataSet、DataTable 或者 DataView。当然也可以绑定 DataReader 或者其他实现 IEnumerable 的类。

2. DataKeyField，DataKeys

在 GridView 中定位一行之后，如果想知道这行在数据表里的位置，至少有五种方法可以做到这一点，设置 GridView 的 DataKeyField 就是这几种方法之一。

DataKeyField 一般设置为数据表的 Unique 字段(否则就没意义)，通过 DataKey 可以得到这一行对应的关键字段的值。

DataKeys 是 DataKey 的集合，通过行的索引来读取相应行的 DataKey。

3. EditItemIndex，SelectedIndex，CurrentPageIndex，SelectedItem

这些属性看名字就能理解其意义，需要注意的是，设置了 EditItemIndex 或者 CurrentPageIndex 后需要重新执行 DataBind 方法(前面提到过，还需要设置 DataSource)。

4. Columns

Columns 就是 Column 列的集合，可以设置列的属性，包括 Visible、HeaderText、FooterText、SortExpression 等。

特别要注意的是：自动生成的列，是不包含在 Columns 中的。只有在.aspx 中显示声明的列和在代码中添加的列才会被包含在其中。

5. Items

Items 是最重要的属性，这也是把它作为最后一个来介绍的原因。

Items 是 GridViewItem 的集合，可以遍历当前 GridView 中显示数据的 GridViewItem。

GridViewItem

每一个 GridViewItem 就是 GridView 中显示的一行，其中包括：

Header　GridView 控件的标题部分

Item　GridView 控件中的项

AlternatingItem　GridView 控件中的交替项

SelectedItem　GridView 控件中的选定项(由 SelectedIndex 设置，通过 SelectedItem 属性或者 Items[SelectedIndex]来读取)

EditItem　GridView 控件中处于编辑状态的项(由 EditItemIndex 设置，通过 Items[EditItemIndex]来读取)

Separator　GridView 控件中项之间的分隔符

Footer　GridView 控件的脚注部分

Pager　GridView 控件的页选择节

注意：GridView 的 Items 属性中是不会包含 Header、Footer、Pager 这三类 GridViewItem 的。

下面介绍 GridViewItem 的属性。

ItemIndex —— 得到行在 Items 中的索引。

ItemType —— 返回行的类型，也就是上面列出的 Header、Item、…、Pager。

Cells —— 返回行包含的所有 TableCell(不管是显示声明的，还是自动生成的；不管是可以看见的，还是隐藏掉的)，通过 TableCell，可以读取 Cell 中显示的文本、包含的控件。

特别要注意的是：只有 BoundColumn 列和自动生成列，才可以通过 TableCell.Text 属性读取显示的文本。HyperLinkColumn、ButtonColumn、EditCommandColumn 都需要将目标控件转换成相应的控件。

比如，假设 GridView 的第一列声明如下：

```
<asp:HyperLinkColumn DataTextField="au_id" HeaderText="au_id" DataNavigateUrlField="au_id"
DataNavigateUrlFormatString="Edit.aspx?id={0}"></asp:HyperLinkColumn>
```

读取的时候可以用：

```
//Items[0]表示第一行，Cells[0]表示第一列，Controls[0]表示 Cell 中的第一个控件(只有这
个控件用)
HyperLink link = (HyperLink)GridView1.Items[0].Cells[0].Controls[0]);
Response.Write(link.Text);
```

至于模板列(TemplateColumn)，当然也可以通过 GridView1.Items[i].Cells[j].Controls[n]来获取，然后转换成原来的控件类型再操作，但是还有个更好的办法，就是用 FindControl 来查找控件。

FindControl 是 System.Web.UI.Control 的方法，可以根据子控件 ID 来查找子控件。

比如，假设 GridView 的某一列声明如下：

```
<asp:TemplateColumn>
    <ItemTemplate>
        <asp:TextBox Runat="server" ID="txtID" Text='<%# DataBinder.Eval(Container.DataItem,"au_id")
%>'>
        </asp:TextBox>
    </ItemTemplate>
</asp:TemplateColumn>
```

读取方法：

```
TextBox txt = (TextBox)GridView1.Items[1].FindControl("txtID");
Response.Write(txt.Text);
```

注意：DataList 中是没有 Cell 的。

三、事件

1. ItemCommand、CancelCommand、DeleteCommand、EditCommand、UpdateCommand

也就是在 GridView 中，单击 Button、LinkButton 后执行的事件，执行的事件取决于按钮的 CommandName。其实最主要的一个是 ItemCommand，而后面四个都只是 ItemCommand 的一小部分，比如一个按钮的 CommandName 为"Cancel"，当返回后，首先执行的是 ItemCommand 事件，然后才是 CancelCommand 事件。

2. PageIndexChanged

如果 GridView 是分页的，那在 GridView 上单击 Pager 上的 1、2、3 或者<、>时，就会激发这个事件。 在这个事件里面，可以用 e.NewPageIndex 来读取要改变的页，然后赋值给 GridView 的 CurrentPageIndex 属性，最后要记得设置 DataSource 和执行 DataBind。

注意：DataList 中没有这个事件，如果需要在 DataList 中分页，可以一段一段的读取数据，然后把当前段的数据绑定到 DataList 上。

3. ItemDataBound，ItemCreated

首先要说的是这两个事件的发生时间。 只要执行了 DataBind 方法，就会马上激发 ItemDataBound 事件。如果页面是第一次访问(Page.IsPostBack = false)，那在第一次执行 DataBind 的时候，会先激发 ItemCreated 事件，也就是说，执行了 DataBind 后，首先会用 ItemCreated 来建立 Header 行，然后用 ItemDataBound 来绑定 Header 行，再用 ItemCreated 来建立第一行，再调用 ItemDataBound 来绑定第一行，也就是说 ItemCreated 和 ItemDataBound 是交替执行的。页面返回时，在 Page_Load 之前，也会执行 ItemCreated 事件，但是这时候就不会再执行 ItemDataBound 事件了。所以，如果想在 GridView 里动态添加什么控件，就需要在 ItemCreated 事件中执行，而不是在 ItemDataBound 事件中。

【能力大比拼，看谁做得又好又快】

根据所学技能与知识，制作一个商品管理页面，将 EShop 数据库中 Product 表的数据用 GridView 控件进行显示。在页面中要能够对已有的商品进行更改，删除，实现商品的分页显示，并限制每页显示的商品数量。

【任务小结】

——你掌握了吗?

（1）DataGrid 控件提供了哪些事件，分别响应什么函数？

（2）DataGrid 控件有哪些列类型，它们各自的功能是什么？

（3）怎样设置 DataGrid 控件绑定列的数据显示格式？

（4）在程序中如何取消 GridView 控件的编辑状态。

项目六　XML、站点导航

【项目任务】

目前，XML 已经毫无疑问地成为了通用数据共享的标准，随着 XML 应用的不断增长，XML 的实现方式也在不断地增加。在 ASP.NET 2.0 中如何操作 XML？如何通过 XML 结合导航控件实现页面导航？本项目通过实现基于 XML 的留言本，进一步掌握 ASP.NET 2.0 中对 XML 文件的读写操作，并通过对 SiteMapPath、TreeView 和 Menu 服务器控件结合 XML 操作的学习，掌握如何在站点中使用这些服务器控件。

【学习目标】

☆ 掌握 XML 的基本知识
☆ 掌握 XML 文件的读写操作
☆ 掌握 SiteMapPath 的使用
☆ 掌握 TreeView 的使用
☆ 掌握 Menu 的使用

任务一　写入 XML 文件

【任务要点】

1. 掌握 XML 技术基本知识
2. 实现对 XML 文档的写操作

【导学实践，跟我学】

【案例 1】

创建基于 XML 的留言本。运行效果如图 6–1 所示。

用户输入姓名、地址、联系电话和留言内容后，单击【保存】按钮，可以将信息写入 XML 文件中。

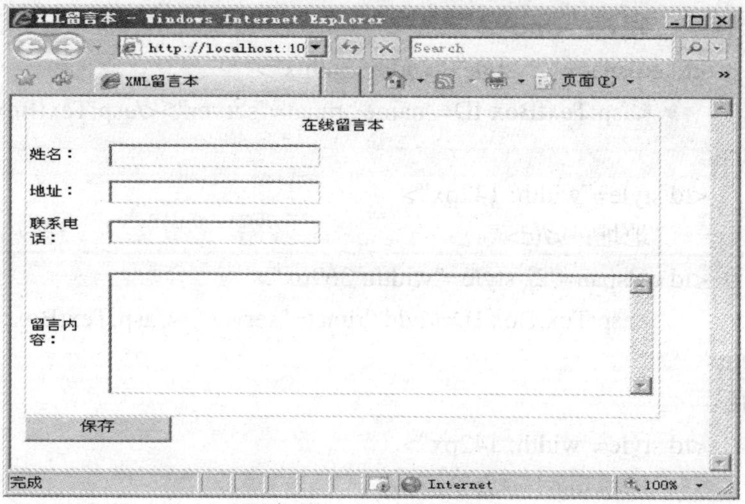

图 6–1　程序运行效果

【具体步骤】

（1）创建页面代码。在页面中添加 4 个文本框按钮，并使用表格布局。代码如程序清单 6–1 所示。

```
<%@ Page Language="C#" AutoEventWireup="true"   CodeFile="Default.aspx.cs"
Inherits="_Default" %>
<!DOCTYPE html PUBLIC "-//W3C//DTD XHTML 1.0 Transitional//EN"
"http://www.w3.org/TR/xhtml1/DTD/xhtml1-transitional.dtd">
<html xmlns="http://www.w3.org/1999/xhtml" >
<head runat="server">
    <title>XML 留言本</title>
    <style type="text/css">
    body{
    font-size:12px;
    }
    </style>
</head>
<body>
    <form id="form1" runat="server">
    <div> <table style="width: 466px; height: 281px; border:1px solid;">
        <tr>
            <td align="center" colspan="3">
                在线留言本</td></tr>
        <tr>
            <td style="width: 142px">
```

```
                姓名：</td>
            <td colspan="2" style="width: 369px">
                <asp:TextBox ID="name" runat="server"></asp:TextBox></td></tr>
        <tr>
            <td style="width: 142px">
                地址：</td>
            <td colspan="2" style="width: 369px">
                <asp:TextBox ID="add" runat="server"></asp:TextBox></td>
        </tr>
        <tr>
            <td style="width: 142px">
                联系电话：</td>
            <td colspan="2" style="width: 369px">
                <asp:TextBox ID="tel" runat="server"></asp:TextBox></td>
        </tr>
        <tr>
            <td style="width: 142px">
                留言内容：</td>
            <td colspan="2" style="width: 369px">
                <asp:TextBox ID="content" runat="server" Height="107px"
TextMode="MultiLine" Width="394px"></asp:TextBox></td>
        </tr> </table>
    </div>
        <asp:Button ID="save" runat="server" OnClick="Button1_Click" Text="保存"
Width="108px" />
    </form>
</body>
</html>
```

程序清单 6–1

（2）判断 XML 文件是否存在，如果不存在，将重新创建一个新的 XML 文件。在页面后台代码中，首先引用操作 XML 和文件的命名空间。代码如程序清单 6–2 所示。

```
using System.Xml;
using System.IO;
```

程序清单 6–2　添加引用

然后创建一个判断文件是否存在的方法，具体代码如程序清单 6–3 所示。

```
private void LoadXml(string file)//file:需要判断是否存在的 XML 文件
    {
        xmlDoc = new XmlDocument();//
        if (File.Exists(Server.MapPath(file)))//判断文件是否存在
```

```
        {
            xmlDoc.Load(Server.MapPath(file));
        }
        else
        {
            //创建一个 XML 文件，写入根元素
            XmlWriter xwriter = XmlWriter.Create(Server.MapPath(file));
            xwriter.WriteStartDocument(true);
            //写入根元素
            xwriter.WriteStartElement("guestbook");
            xwriter.WriteEndElement();
            xwriter.WriteEndDocument();
            xwriter.Close();
        }
    }
```

程序清单 6–3

（3）写入 XML 文件。创建写入 XML 文件的方法，参数包括 XML 文件的路径、姓名、地址、电话和留言内容。具体代码如程序清单 6–4 所示。

```
  private    bool Save(string file, string name, string add, string tel, string content)
    {
        try
        {
            LoadXml(file);
      XmlNode xmldocSelect = xmlDoc.SelectSingleNode("guestbook");
      XmlElement message = xmlDoc.CreateElement("message");
message.SetAttribute("id",DateTime.Now.ToString("yyyyMMddHHmmssffff"));
      XmlElement uname = xmlDoc.CreateElement("name"); //添加 name 节点
            uname.InnerText = name;
            XmlElement uadd = xmlDoc.CreateElement("add"); //添加地址节点
            uadd.InnerText = add;
            XmlElement utel = xmlDoc.CreateElement("tel");
            utel.InnerText = tel;
            XmlElement ucontent = xmlDoc.CreateElement("content");
            ucontent.InnerText = content;
            message.AppendChild(uname);
            message.AppendChild(uadd);
            message.AppendChild(utel);
            message.AppendChild(ucontent);
            xmldocSelect.AppendChild(message);
```

```
        xmlDoc.Save(Server.MapPath("guestbook.xml"));
        return true;
    }
    catch(Exception ex)
    {
        }
    return false;
}
```

程序清单 6–4

（4）添加按钮事件代码。在按钮的事件代码中添加以下代码，如程序清单 6–5 所示。

```
if (Save("guestbook.xml", name.Text, add.Text, tel.Text, content.Text))
    {
        Response.Write("提交成功");
        name.Text = "";
        add.Text = "";
        tel.Text = "";
        content.Text = "";
    }
    else
        Response.Write("提交失败");
```

程序清单 6–5

运行程序后，输入测试数据，如图 6–2 所示。

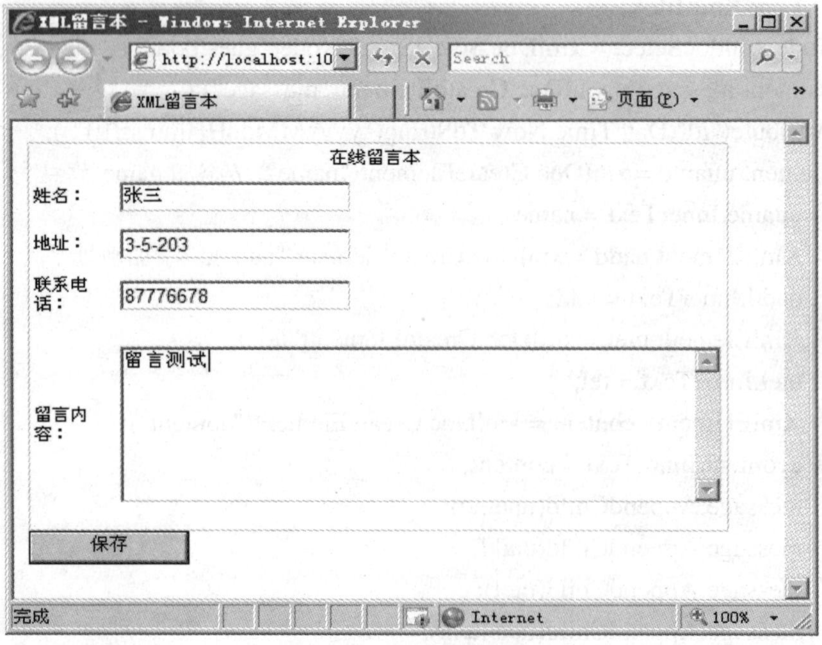

图 6–2 输入测试数据

单击【保存】按钮后，页面输出“提交成功”的提示信息，在程序目录下面多出了一个“guestbook.xml”，打开文件，文档内容如程序清单 6–6 所示。

```
<?xml version="1.0" encoding="utf-8" standalone="yes"?>
<guestbook>
  <message id="200904121003202000">
    <name>张三</name>
    <add>3-5-203</add>
    <tel>87776678</tel>
    <content>留言测试</content>
  </message>
</guestbook>
```

程序清单 6–6　xml 文件

【背景知识】

（1）XML 文档的基本组成部分。XML 文档是一种用来描述数据并构建数据的语言。一个正确的 XML 文档以如下的 XML 声明开始，该声明将文档定义为 XML 文档，并指定了文档内容将要符合的 XML 版本。

```
<?xml version="1.0" ?>
```

XML 声明还可以包括编码属性，用来定义文档中的字符类型，例如下面的声明定义了文档的字符编码为“utf-8”。

```
<?xml version="1.0" encoding="utf-8"?>
```

在 XML 文档声明之后，是文档的根元素，通常指的是文档元素，例如在程序清单 6–5 中文档元素是“guestbook”元素。

在 XML 文档中，文档元素不是可选的，每个文档都必须有一个。

① 元素：元素的名称可以由字母或下画线开头，后跟字母、数字、连字符或下画线。元素名称中不允许有空格。元素是 XML 文档的构件，可以包含其他数据或元素，例如在程序清单 6–5 中，“guestbook”是 XML 文档的文档元素，“message”元素是“guestbook”元素的子元素，“name”，“add”，“tel”和“content”元素是“message”元素的子元素。但是“message”元素没有包含数据，在“name”，“add”，“tel”和“content”元素中包含了数据。

② 属性：XML 元素允许在元素开始标记中使用属性来添加元素的附加信息，属性是名称/值对。例如在程序清单 6–5 中，“message”元素中的“id”就是属性。属性值必须包含在一对单引号或双引号之间，并可以包含空格，但是属性名不能包含空格。

◎ 小提示

在定义文档结构时，有时并不清楚指定的项应该定义为元素还是属性，一般来说，属性用来定义附加外带数据，而元素用来定义文档所需数据。

（2）XMLWriter 创建 XML 文档。

① 开始和结束文档。WriteStartDocument()和 WriteEndDocument()方法用于写入 XML 文

档的开始和结束。WriteStartDocument()方法用于写入包含“<?xml version="1.0" encoding="utf-8"?>”的 XML 文档打开语句，同时，如果将该方法的参数设置为“true”，则将“standalone="yes"”添加到文档的声明。主要用来标识该 XML 文档是否为单机 XML 文档。WriteEndDocument()方法用于关闭所有打开的属性和元素的标签。

② 写入元素。可以通过 WriteStartElement()和 WriteEndElement()配对来写入元素。

③ 写入属性。可以通过两种方式写入属性，一种是通过 WriteAttributeString()方法写入，此方法包括两个参数，对应属性名称和属性值。另一种方法是使用 WriteStartAttribute()和 WriteEndAttribute()方法来添加属性至元素。例如，下面的代码段使用了第二种方法来添加属性至元素：

```
xwriter.WriteStartElement("book");
xwriter.WriteStartAttribute("id");
xwriter.WriteString("1");
xwriter.WriteEndAttribute();
xwriter.WriteEndElement();
```

这段代码生成的 XML 代码片段如下：

```
<book id="1"/>
```

（3）XMLDocument 类。在使用 XMLDOM 解析器的时候，主要使用 XMLDocument 类，XMLDocument 类派生于 XMLNode 类，为遍历和创建节点提供了所有的功能。

① 载入 XML 文档。XML 文档的载入通过调用 Load()方法来完成，该方法读取 XML 数据并填充文档树结构。

② 创建和添加节点。为了在文档中添加新的节点，必须首先用 XMLDocument 类的工厂方法来创建新的节点，然后将其添加到文档中。这些方法都以“Create”开始，并以创建的节点类型结尾。常用的 Create 方法见表 6–1。

表 6–1　常用 Create 方法

方　法	描　述
CreateAttribute()	创建具有给定名称的 Attribute 节点
CreateCDataSection()	创建指定内容的 CDATA 区
CreateComment()	创建指定内容的 Comment 节点
CreateElement()	创建给定名称的 Element 节点
CreateTextNode()	创建具有指定内容的 Text 节点

③ 寻找节点。DOM 提供的寻找特定节点的方法包括 GetElementByTagName()，GetElementById()，SelectNodes()和 SelectSingleNode()。

GetElementByTagName()方法返回一个包含了对具有给定名称的节点的引用 XmlNodeList。

GetElementById()方法返回找到具有指定 ID 属性的第一个节点。

SelectNodes()方法返回一个 XmlNodeList，包含了对匹配 XPath 表达式的节点的引用。

SelectSingleNode()方法返回第一个匹配 XPath 表达式的节点的引用。

【任务小结】

——你掌握了吗?

(1) 如何使用 XMLDocument 类创建 XML 文件?

(2) 在 XML 文档中如何对指定节点进行操作?

任务二 读取 XML 文件

【任务要点】

实现对 XML 文档的读操作。

【导学实践，跟我学】

【案例 1】

浏览留言本数据的 XML 文件。运行效果如图 6–3 所示。

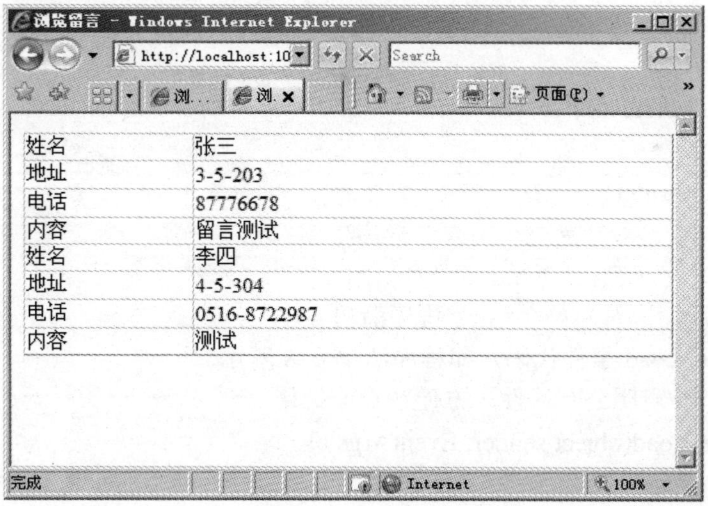

图 6–3 运行效果图

【具体步骤】

(1) 创建读取 XML 文件的方法。具体代码如程序清单 6–7 所示。

```
private string showMsg(string file)
    {
        StringBuilder s = new StringBuilder();//存放读取内容并生成表格
        if (!File.Exists(Server.MapPath(file)))
```

```
        {
            return "暂时无留言";//文件不存在
        }
        XmlReader xr = XmlReader.Create(file);
        xr.MoveToContent(); //转到文档正文
    s.Append("<table border='1' width='500' style='border-collapse:collapse;'>");
        while (xr.Read())
        {
            if (xr.NodeType == XmlNodeType.Element)
            {
                if(xr.Name=="name")
            s.Append("<tr><td>姓名</td><td>"+xr.ReadString()+"</td></tr>\n");
                 else if(xr.Name=="add")
              s.Append("<tr><td>地址</td><td>"+xr.ReadString()+"</td></tr>\n");
                 else    if(xr.Name=="tel")
              s.Append("<tr><td>电话</td><td>"+xr.ReadString()+"</td></tr>\n");
                 else if(xr.Name=="content")
              s.Append("<tr><td>内容</td><td>"+xr.ReadString()+"</td></tr>\n");
            }
        }
        s.Append("</table>");
        xr.Close();
        return s.ToString();
    }
```

程序清单 6–7

（2）添加 Page_Load 事件代码，如程序清单 6–8 所示。

```
public string list = "";//声明公有属性，方便在页面调用
protected void Page_Load(object sender, EventArgs e)
    {
        if (!Page.IsPostBack)
        {
            list=showMsg(Server.MapPath("guestbook.xml"));
        }
    }
```

程序清单 6–8

（3）在页面添加调用后台类属性的代码，如程序清单 6–9 所示。

```
<body>
    <form id="form1" runat="server">
```

```
    <div>
    <%=list %>
    </div>
    </form>
</body>
```

程序清单 6–9

添加完成后，运行程序，即可以实现如图 6–3 所示的运行效果。

【背景知识】

XMLReader 读取 XML 文件。XMLReader 提供了对 XML 文件内容的快速、只向前访问，但不提供对文档内容和结构的修改。XMLReader 类从文件的顶部开始读取数据，每次读取一个节点，读取完该节点后，可以忽略该节点。使 XMLReader 步骤如下：

① 使用 XMLReader 类的 Create()方法创建该类的一个实例，并将被读取的 XML 文件名称作为参数传入方法；

② 建立一个反复调用的 Read()方法循环，这个方法从文件的第一个节点开始，然后读取余下的所有节点，但是每次只能读取一个节点；

③ 在这个循环中，将检查 XMLReader 对象的属性和方法，以便获得当前节点的信息，直到 Read()返回 False。

XMLReader 类具有大量的属性和方法，表 6–2 和表 6–3 列出了 XMLReader 类常用的属性和方法。

表 6–2　XmlReader 类常用属性

属　性	说　明
AttributeCount	返回节点属性的个数
Depth	节点的深度，判断节点是否有子节点
LocalName	返回节点的本地名称
Value	返回当前节点的值
IsEmptyElement	当前节点是否为空元素
NodeType	返回当前节点的类型

表 6–3　XMLReader 类常用方法

方　法	说　明
Close	关闭 XMLReader 对象
Create	工厂方法创建 XMLReader 对象的实例并将其返回给调用程序
GetAttribute	获得属性值
MoveToContent	如果当前节点不是内容节点，将读取器移动到下一个内容节点
MoveToElement	移动读取器到包含当前属性的元素
Read	从流中读取下一个节点

【能力大比拼，看谁做得又好又快】

根据所学知识，完成一个简单的用户在线注册功能，将用户的信息保存到 userInfor.xml 文件中，效果如图 6–4 所示。

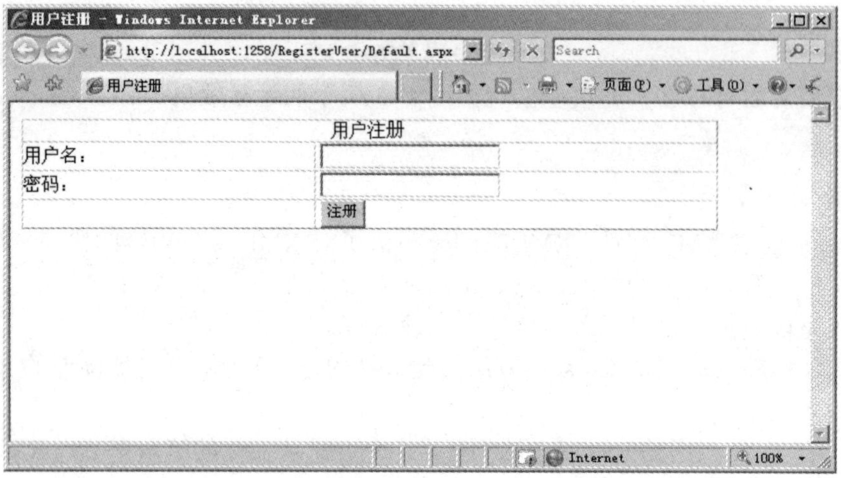

图 6–4 运行效果图

XML 文件格式如程序清单 6–10 所示。

```
<?xml version="1.0" encoding="utf-8" standalone="yes"?>
<userinfor>
  <infor regtime="2009-05-11">
    <uname>admin </uname>
    <upwd>admin</upwd>
  </infor>
  </userinfor>
```

程序清单 6–10

【任务小结】

——你掌握了吗？

使用 XMLReader 读取 XML 文档。

任务三 SiteMapPath 控件的使用

【任务要点】

1. SiteMapPath 控件的属性介绍
2. 使用 SiteMapPath 控件

【导学实践，跟我学】

【案例 1】

创建一个基于 SiteMapPath 的门户网站导航，具体导航结构如图 6–5 所示。

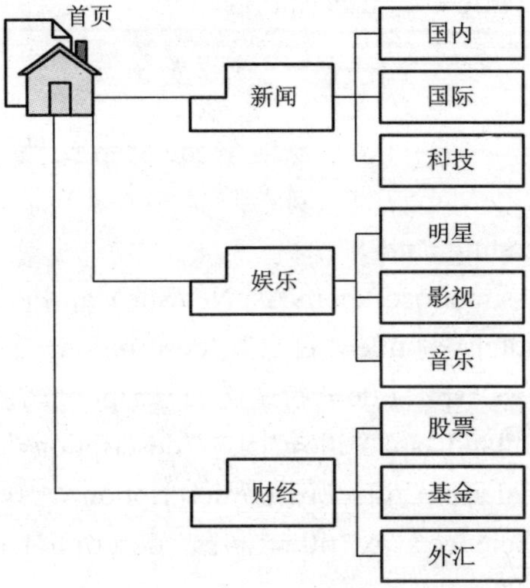

图 6–5　网站导航结构

【具体步骤】

（1）创建 SiteMap 文件。首先右击网站，从弹出的快捷菜单中选择【添加新项】命令，在弹出的对话框中选择【站点地图】选项，如图 6–6 所示。在【名称】文本框内输入站点地图的名称。

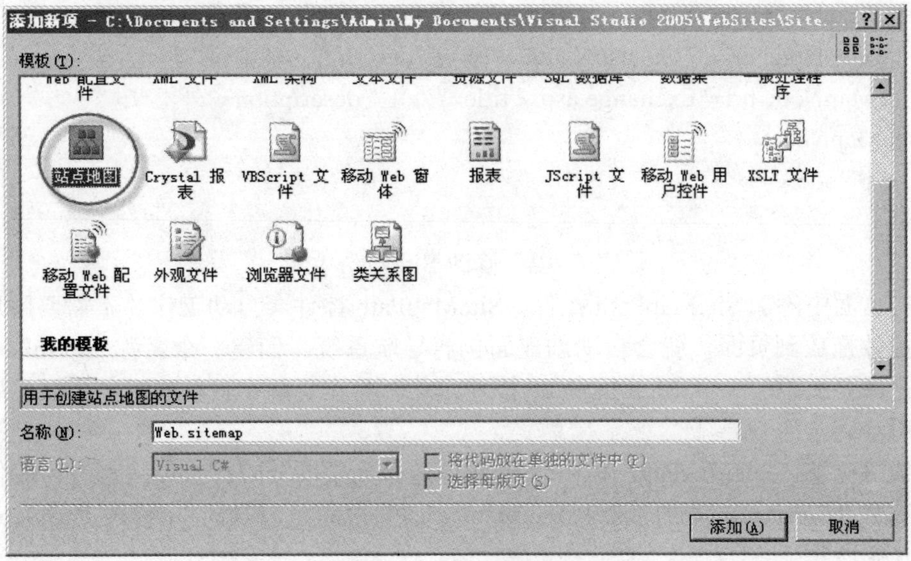

图 6–6　创建站点地图

单击【添加】按钮后，生成一个站点地图的 SiteMap 文档，如程序清单 6–11 所示。

```
<?xml version="1.0" encoding="utf-8" ?>
<siteMap xmlns="http://schemas.microsoft.com/AspNet/SiteMap-File-1.0" >
    <siteMapNode url="" title=""  description="">
        <siteMapNode url="" title=""  description="" />
        <siteMapNode url="" title=""  description="" />
    </siteMapNode>
</siteMap>
```

程序 6–11　站点地图 SiteMap 文档

（2）根据导航菜单修改 SiteMap 文件，如程序清单 6–12 所示。

```
 <?xml version="1.0" encoding="utf-8" ?>
<siteMap xmlns="http://schemas.microsoft.com/AspNet/SiteMap-File-1.0" >
    <siteMapNode url="Default.aspx" title="首页"  description="首页">
      <siteMapNode url="News.aspx" title="新闻"  description="新闻">
        <siteMapNode url="Inland.aspx" title="国内" description="国内"/>
<siteMapNode url="International.aspx" title="国际" description="国际"/>
        <siteMapNode url="Science.aspx" title="科技" description="科技"/>
      </siteMapNode>
      <siteMapNode url="Amusement.aspx" title="娱乐"  description="娱乐">
        <siteMapNode url="Star.aspx" title="明星" description="明星"/>
        <siteMapNode url="Moive.aspx" title="影视" description="影视"/>
        <siteMapNode url="Music.aspx" title="音乐" description="音乐"/>
      </siteMapNode>
      <siteMapNode url="Finance.aspx" title="财经" description="财经">
       <siteMapNode url="Stock.aspx" title="股票" description="股票"/>
       <siteMapNode url="Fund.aspx" title="基金" description="基金"/>
       <siteMapNode url="Exchange.aspx" title="外汇" description="外汇"/>
      </siteMapNode>
    </siteMapNode>
</siteMap>
```

程序 6–12　修改 SiteMap 文件

（3）在页面中添加 SiteMapPath 控件，SiteMapPath 控件会自动工作，不需要用户参与，只需要把控件拖放到页面，就会自动创建面包屑导航系统。创建一个名称为“Inland.aspx”的页面，在页面上添加一个 SiteMapPath 控件，此时将在页面上自动生成一个面包屑导航，如图 6–7 所示。

在默认情况下，SiteMapPath 使用“>”作为链接元素的分隔符，如果修改为其他符号，则通过修改 PathSeparator 属性，选中 SiteMapPath 控件后，在属性栏中修改 PathSeparator 属性，如图 6–8 所示。

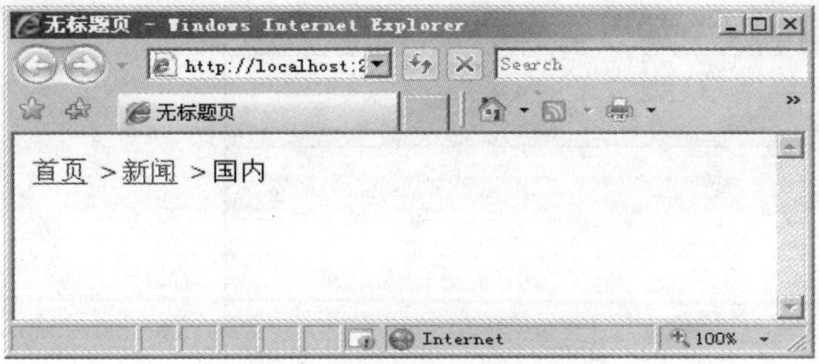

图 6–7　创建 SiteMapPath

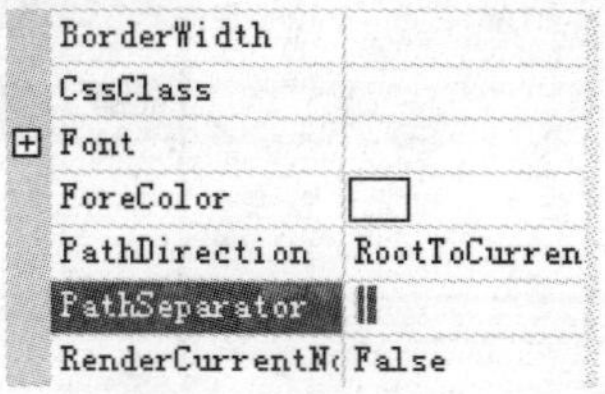

图 6–8　修改 PathSeparator

运行程序后，结果如图 6–9 所示。

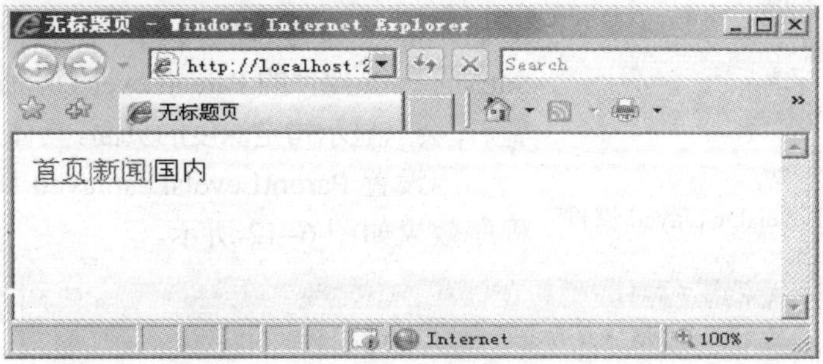

图 6–9　运行效果图

【背景知识】

（1）SiteMap 文件结构。SiteMap 文件其实就是一个 XML 文件，这个 XML 文件的根结点是<sitemap>元素，该文件只能有一个<sitemap>元素，在<sitemap>元素中，有一个<siteMapNode>元素，这个元素一般是应用程序的起始页面，对于<siteMapNode>元素的常见属性见表 6–4。

表 6–4　<siteMapNode>常见属性

属　性	说　明
Title	提供链接的文本描述
Description	不仅说明了链接的作用，还用于链接上的 tooltip 属性
Url	描述了文件在解决方案中的位置

（2）SiteMapPath 控件的常见属性。

1）PathDirection 属性

PathDirection 属性主要用于改变输出链接的方向，这个属性只有两个值：RootToCurrent 和 CurrentToRoot。这个属性默认设置是 RootToCurrent，如果将 PathDirection 属性修改为 CurrentToRoot，则程序运行结果如图 6–10 所示。

2）ParentLevelsDisplayed 属性

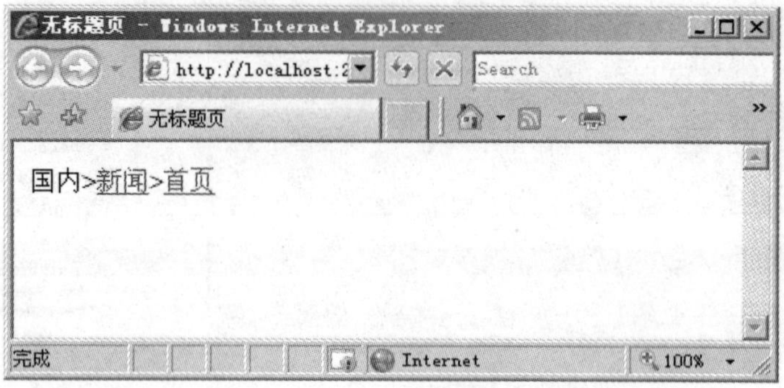

图 6–10 修改 PathDirection 属性

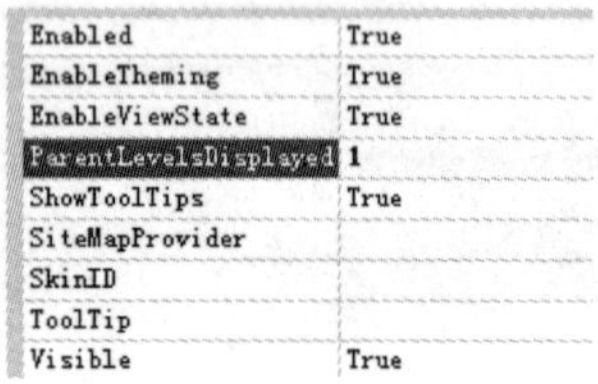

图 6–11 设置 ParentLevelsDisplayed 属性

在有些情况下，导航系统的深度比较深，此时在页面上显示非常长的导航列表，在这种情况下，可以使用 SiteMapPath 控件的 ParentLevelsDisplayed 属性，该属性设置后，会只显示指定深度的页面。具体设置如图 6–11 所示。

当设置 ParentLevelsDisplayed 属性值为 1 时，运行程序效果如图 6–12 所示。

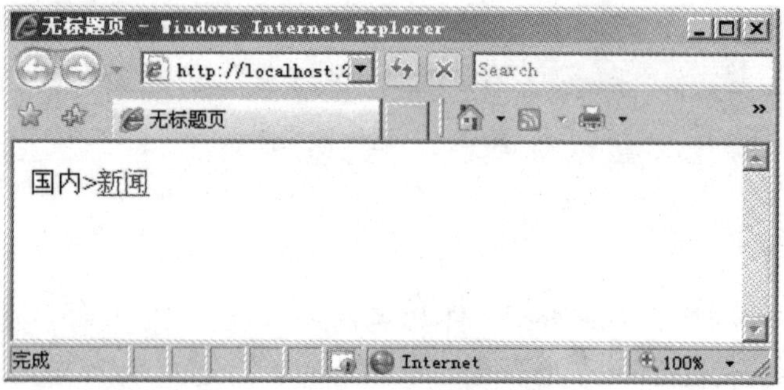

图 6–12 运行效果图

【任务小结】

——你掌握了吗？

（1）如何创建 SiteMap 文件？

（2）根据 SiteMap 文件在 ASP.NET 页面中创建“面包屑”导航。

任务四 TreeView 控件的使用

【任务要点】

1. 认识 TreeView
2. 使用 TreeView 控件绑定 XML

3. 编程使用 TreeView 控件

【导学实践，跟我学】

【案例 1】

创建一个基于 TreeView 的电脑产品分类导航，运行效果如图 6–13 所示。

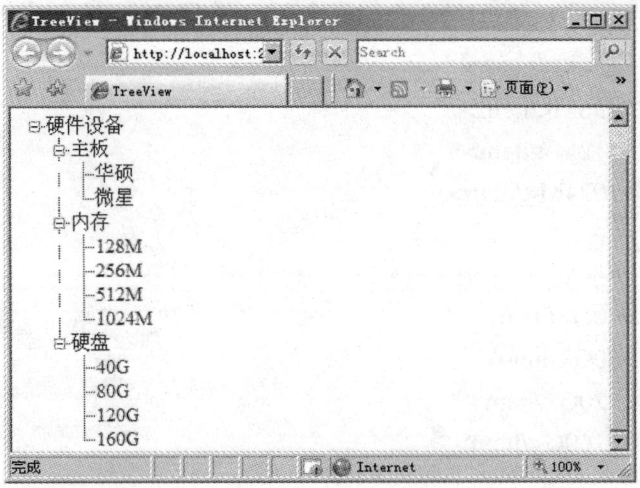

图 6–13　运行效果图

【具体步骤】

（1）创建 XML 数据文件。首先右击网站，从弹出的快捷菜单中选择【添加新项】命令，在弹出的对话框中选择【XML 文件】选项，如图 6–14。在【名称】文本框内输入 XML 数据文件名称“product.xml”。

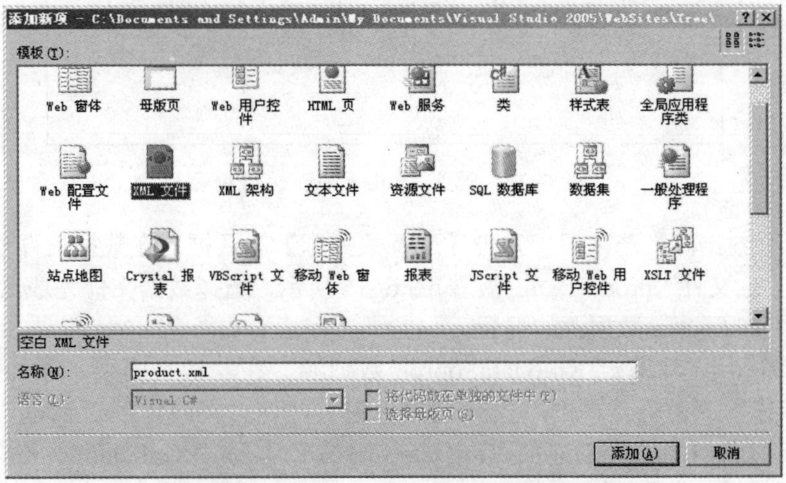

图 6–14　创建 XML 数据文件

在创建的 product.xml 文件中输入具体的数据内容，如程序清单 6–13 所示。

```
<?xml version="1.0" encoding="utf-8" ?>
<hardWare value="硬件设备">
  <motherBoards name="主板">
    <item value="1">华硕</item>
    <item value="2">微星</item>
  </motherBoards>
  <memory name="内存">
    <item value="3">128M</item>
    <item value="4">256M</item>
    <item value="5">512M</item>
    <item value="6">1024M</item>
  </memory>
  <hardDisk name="硬盘">
    <item value="7">40G</item>
    <item value="8">80G</item>
    <item value="9">120G</item>
    <item value="10">160G</item>
  </hardDisk>
</hardWare>
```

程序 6–13 XML 数据文件

（2）创建 XmlDataSource 数据源。XmlDataSource 提供了绑定 XML 文档的一种简单方式。首先在创建的窗体文件“Default.aspx”页面中添加 XmlDataSource 控件，用鼠标选择 XmlDataSource 控件后，选择【配置数据源】选项，如图 6–15 所示。

图 6–15 配置 XmlDataSource 数据源

选择【配置数据源】选项后，弹出【配置数据源】对话框，在数据文件输入框内选择刚创建的 XML 数据文件“product.xml”，如图 6–16 所示，选择数据文件完成后，单击【确定】按钮完成 XmlDataSource 数据源的配置。

（3）TreeView 控件绑定 XmlDataSource 数据源。在默认页面上，添加一个 TreeView 控件，用鼠标选中此控件，单击右上角的黑色箭头按钮，在弹出的对话框中，在【选择数据源】的下拉列表框中选择创建的 XmlDataSource 的名称“XmlDataSource1”，如图 6–17 所示。

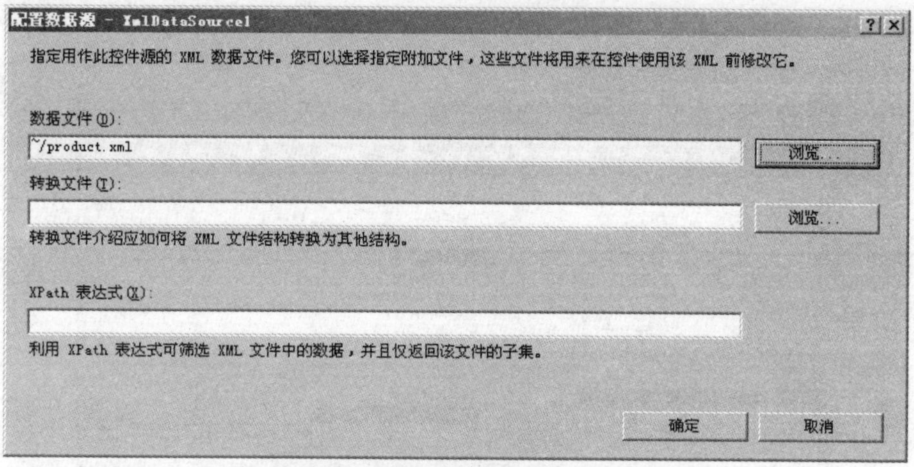

图 6–16 配置 XmlDataSource 数据源

设置后，TreeView 控件将显示为如图 6–18 所示的效果。

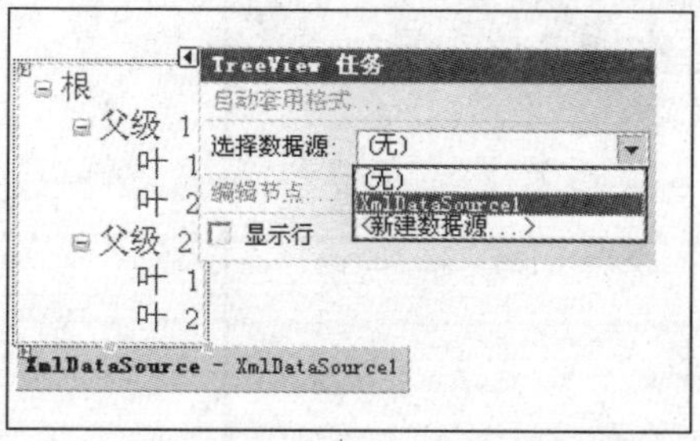

图 6–17 设置 TreeView 的 XmlDataSource

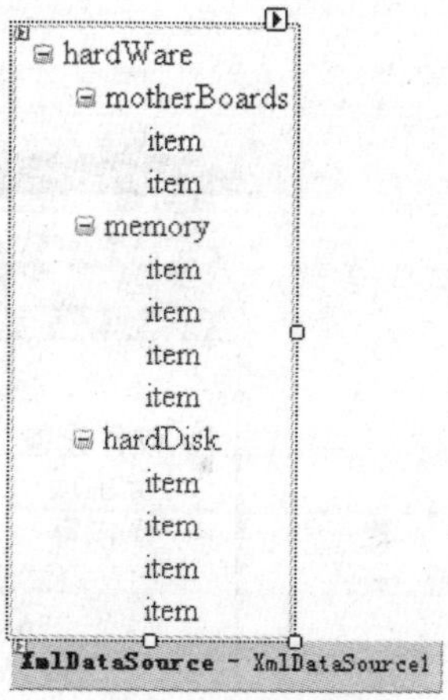

图 6–18 运行结果

在默认情况下，将 XML 文档中的所有元素显示在 TreeView 中，由于在 XML 文件中通过 XML 元素的属性和内容设置，所以必须对 TreeView 的绑定进行设置。用鼠标选中此控件，单击右上角的黑色箭头按钮，在弹出的对话框中选择【编辑 TreeNode 数据绑定】选项，如图 6–19 所示。

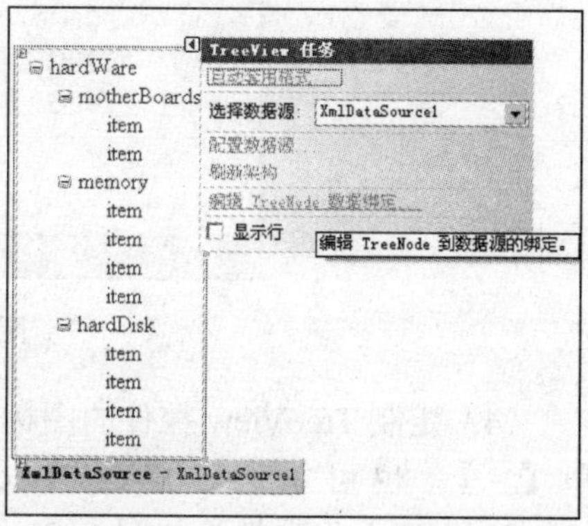

图 6–19 编辑 TreeView 数据绑定

选择【编辑 TreeNode 数据绑定】选项后，弹出【TreeView DataBingding 编辑器】对话框，选择需要重新绑定的节点，单击【添加】按钮，此时可以配置节点的详细信息，如图 6–20 所示。

添加完数据绑定字段后，选中字段，此时将在右边显示数据绑定的属性，一般情况下只需要设置"TextField"属性和"ValueField"属性，在设置的时候，可以选择 XML 元素的属性或者元素的文本值。设置完成后，运行程序后 TreeView 控件将显示为如图 6–21 所示效果。

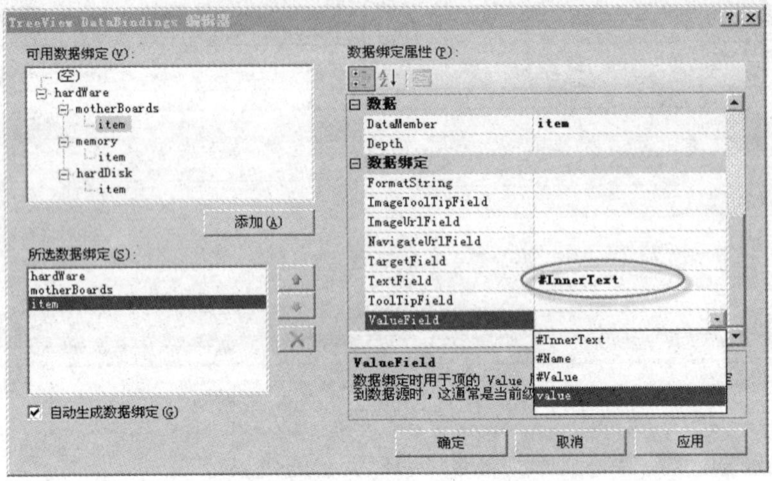

图 6–20 TreeView 节点编辑

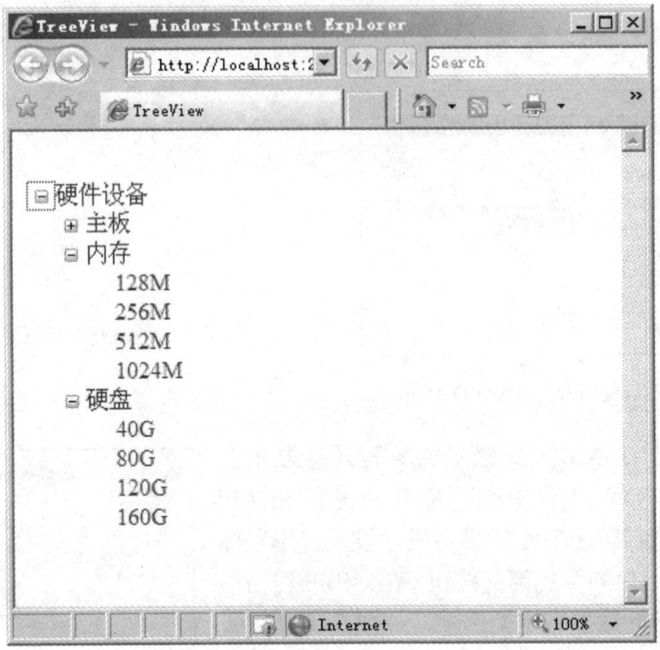

图 6–21 TreeView 运行效果

（4）定制 TreeView 控件的图标。在默认情况下，TreeView 控件连接节点的图标是【+】和【–】，也可以通过修改 TreeView 的“CollapseImageUrl”、“ExpandImageUrl”和“LeafNodeStyle”属性，如图 6–22 所示，来修改连接节点的图标。

设置完成后，运行程序效果如图 6–23 所示。

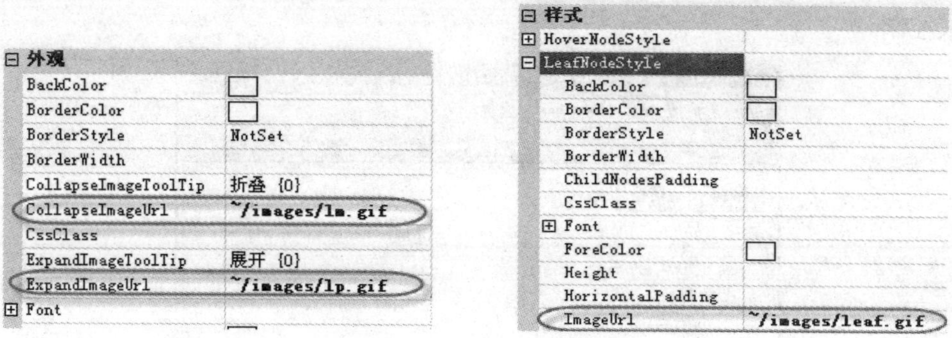

图 6–22　设置 TreeView 图标

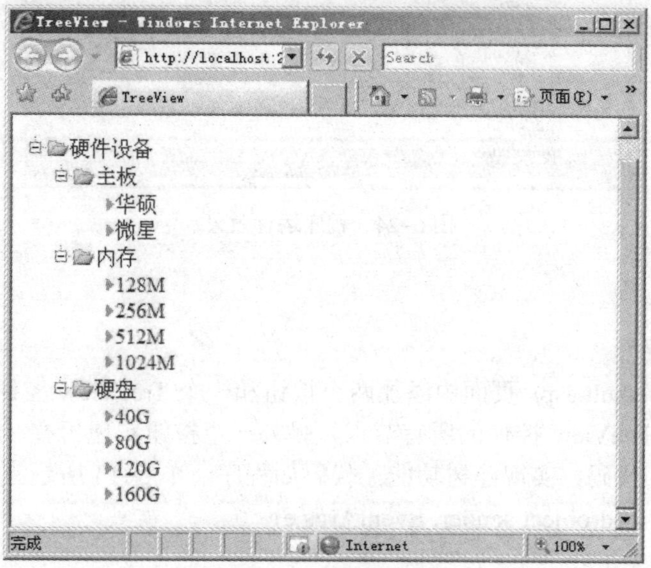

图 6–23　运行效果图

TreeView 控件包含的属性见表 6–5，这些属性可以为控件的节点指定自己的图像。

表 6–5　TreeView 属性表

属　　性	说　　明
CollapseImageUrl	节点展开后，有子节点，且可以折叠，就给该节点应用定制图像
ExpandImageUrl	节点展开后，显示其子节点，就给该节点应用定制图像
LeafImageUrl	节点没有子节点，且位于节点层次的最后，就给该节点应用定制图像
ParentNodeImageUrl	仅对 TreeView 控件中父节点应用定制图像
RootNodeImageUrl	仅对 TreeView 控件中根节点应用定制图像

【案例 2】

通过编程控制 TreeView 控件的展开与折叠，具体效果如图 6–24 所示。在以上的操作中，主要通过配置 XML 数据源的方式来配置 TreeView 控件，在实际应用过程中，可能要通过程序代码来控制。

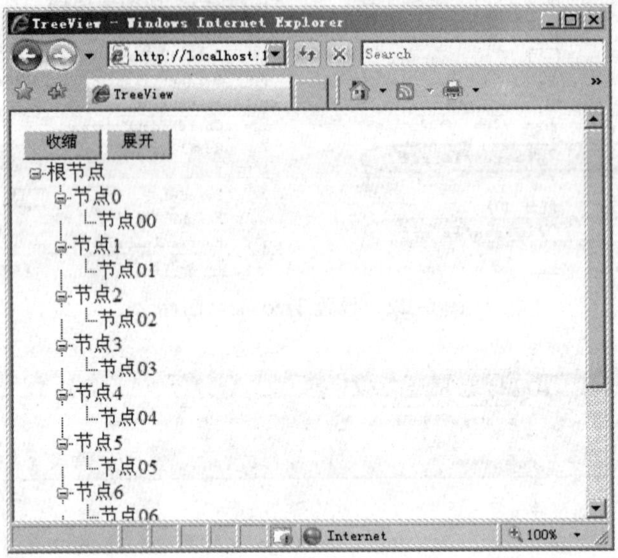

图 6–24　程序运行效果

【具体步骤】

（1）在默认的 Default.aspx 页面中添加两个按钮和一个 TreeView 控件，修改相应的属性，一个按钮实现展开 TreeView 控件的所有节点，另外一个按钮实现折叠 TreeView 控件。在页面的调入时间中添加代码，实现建树功能。代码如程序清单 6–14 所示。

```
protected void Page_Load(object sender, EventArgs e)
    {
        if (!Page.IsPostBack)
        {
            TreeNode root = new TreeNode();//创建根节点
            root.Text = "根节点"; //节点文本
            root.Value = "0";//节点值
            for (int i = 0; i < 10; i++)
            {
                TreeNode node = new TreeNode();//创建子节点
                node.Text = "节点" + i.ToString();
                node.Value = i.ToString();
                TreeNode leaf = new TreeNode();
                leaf.Text = "节点 0" + i.ToString() ;
                leaf.Value = "0" + i.ToString();
                node.ChildNodes.Add(leaf);//添加节点
                root.ChildNodes.Add(node);
```

```
            }
            TreeViewDemo.Nodes.Add(root);//添加根节点

        }
    }
```

程序清单 6–14　创建树

在创建树的过程中，TreeNode 对象一般存储了 Text 属性和 Value 属性，Text 属性是 TreeView 控件显示给终端用户的内容，Value 属性是一个附加的数据项，用于关联这个 TreeNode 对象。

对应的按钮事件如程序清单 6–15 所示。

```
protected void Collapse_Click(object sender, EventArgs e)
{
    TreeViewDemo.CollapseAll();//折叠节点
}
protected void Expand_Click(object sender, EventArgs e)
{
    TreeViewDemo.ExpandAll(); //展开节点
}
```

程序清单 6–15　定义按钮事件

（2）对指定节点进行操作。在上面的操作中实现对 TreeView 进行折叠和展开，那么如何实现对指定节点进行展开和折叠呢？可以通过 TreeView 控件中有一个 FindNode()方法来实现。程序运行效果如图 6–25 所示。

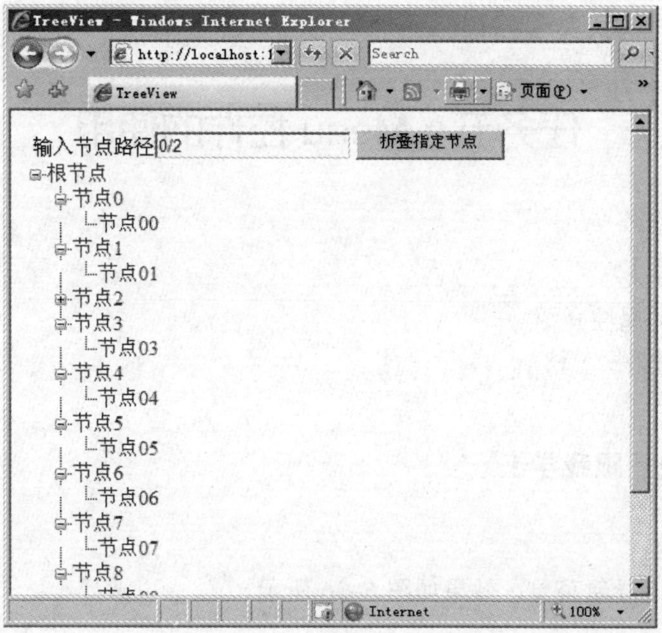

图 6–25　折叠指定节点

在 FindNode()方法中，对应的参数是一个字符串，其值是引用的节点和节点的路径。例如 FindNode(“0/1”)，由于创建的树的根节点的 Value 值是“0”，也就是找到根节点下面节点值为“1”的节点。具体实现代码如程序清单 6-16 所示。

```
protected void CollNode_Click(object sender, EventArgs e)
    {
        try
        {
            if(NodePath.Text!=string.Empty)//判断输入框是否为空
            TreeViewDemo.FindNode(NodePath.Text).Collapse();//折叠
        }
        catch
        {
            Response.Write("没有找到对应节点");//没有找到节点
        }
    }
```

程序清单 6-16　折叠指定节点

◎ 思考

如何实现展开指定节点？

【任务小结】

——你掌握了吗？

（1）TreeView 结合 XML 文件生成树。

（2）通过编程的方式实现生成树。

任务五　Menu 控件的使用

【任务要点】

1. Menu 控件的属性介绍
2. 使用 Menu 控件

【导学实践，跟我学】

【案例 1】

制作某校园网站导航菜单，效果如图 6-26 所示。

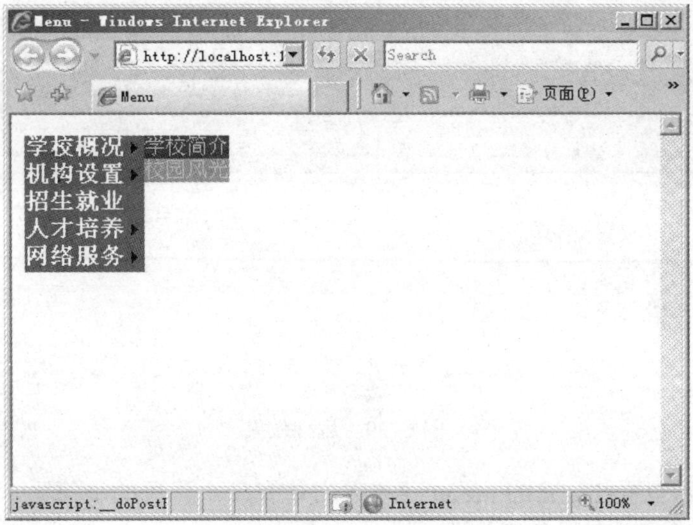

图 6–26　程序运行效果

【具体步骤】

（1）创建菜单项。在页面中添加一个 Menu 控件，通过右上角智能标记菜单中选择【编辑菜单项】选项，如图 6–27 所示。

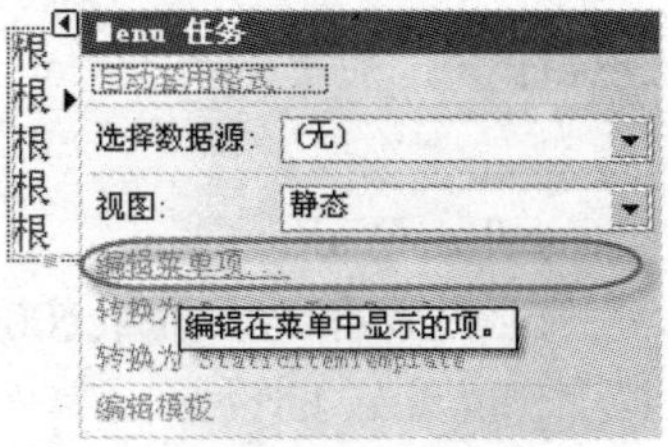

图 6–27　编辑菜单项

选择此菜单项后，弹出【菜单项编辑器】对话框，如图 6–28 所示。

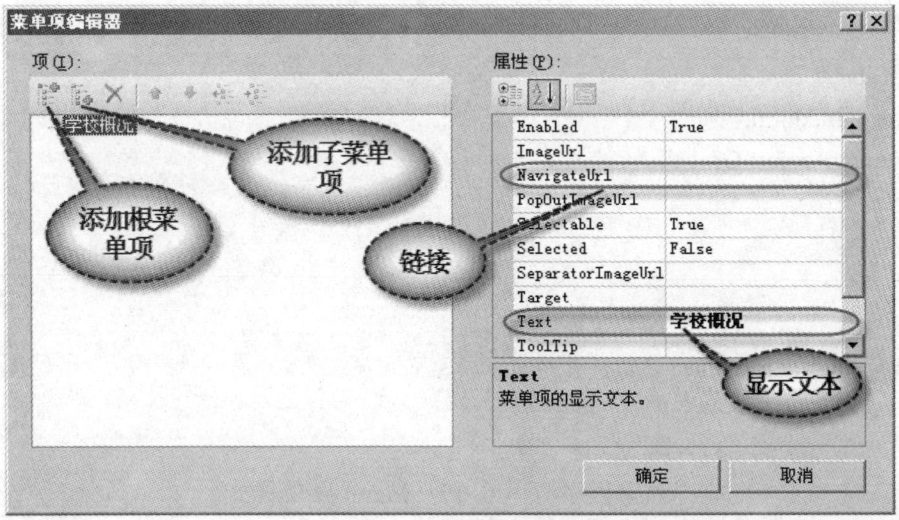

图 6–28　编辑菜单项

编辑完成后，在默认情况下，菜单将显示为如图 6–29 所示的效果。

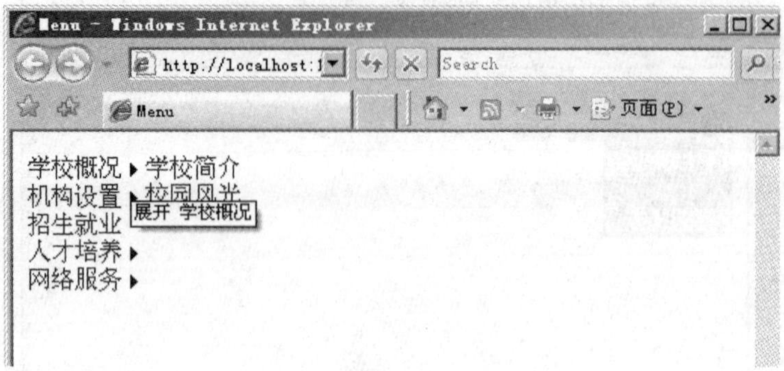

图 6–29 运行效果

从图 6–29 中可以看出，有的 Menu 菜单项右边有一个黑色的小箭头，这个箭头表示在层次结构中，Menu 菜单还有更多菜单项。

（2）修改菜单项的样式。

① 首先创建一个样式文件“style.css”，具体代码如程序清单 6–17 所示。

```
.level1
{
    color: White;
    background-color:#cc000f;
    font-size: large;
    font-weight: bold;
}
.level2
{
    color:Silver;
    font-size: medium;
    background-color: Gray;

}
.hover
{
     background-color:Blue;

}
```

程序清单 6–17 Menu 菜单样式

在页面的前台 Html 代码中链接 Style.css 文件，如程序清单 6–18 所示。

```
<LINK href="style.css" type="text/css" rel="stylesheet">
```

程序 6–18 链接 Style.css 文件

② 创建 LevelMenuItemStyles。在样式文件中主要定义了三个样式，分别定义了第一层菜单项、第二层菜单项和鼠标在菜单项上悬浮时的样式。定义完样式后，修改 Menu 控件的“LevelMenuItemStyles”属性，如图 6–30 所示。

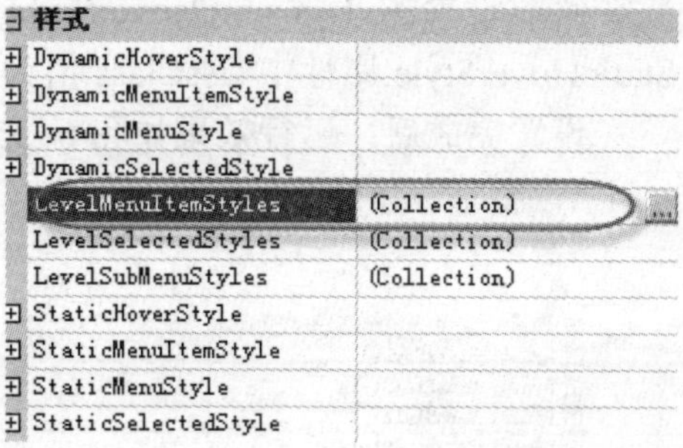

图 6–30　设置 LevelMenuItemStyles 属性

单击【选择】按钮，弹出【MenuItemStyles 集合编辑器】对话框，首先单击【添加】按钮，添加菜单项的样式“MenuItemStyle”，根据菜单的层次，选择对应的 CssClass，如图 6–31 所示。

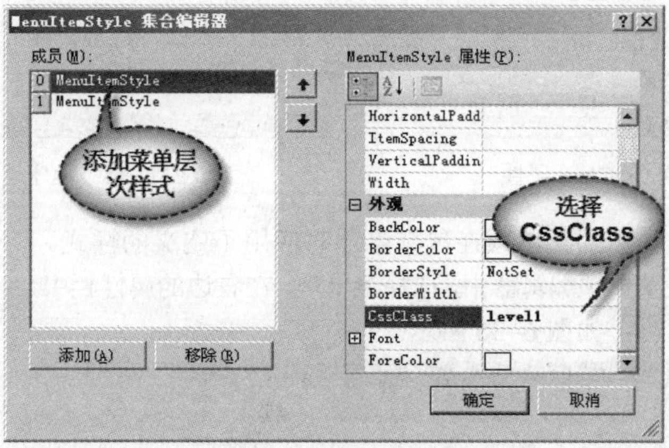

图 6–31　编辑 MenuItemStyle

③ 设置 HoverStyle。由于在 Menu 控件属性中，包含了 DynamicHoverStyle 和 StaticHoverStyle。DynamicHoverStyle 主要设置弹出的动态菜单在鼠标悬浮状态下的样式，StaticHoverStyle 主要设置在默认情况下菜单在鼠标悬浮状态下的样式，可以通过操作来区分它们。首先，设置 DynamicHoverStyle 下面的 CssClass 值为“hover”，如图 6–32 所示。

设置完成后，运行效果如图 6–33 所示。

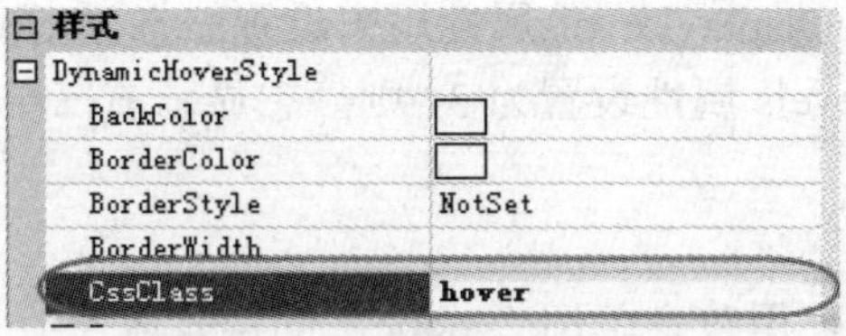

图 6–32　设置 DynamicHoverStyle

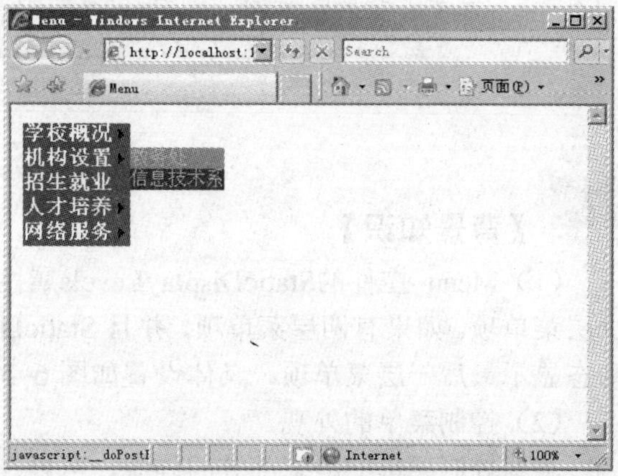

图 6–33　程序运行效果

此时设置的 DynamicHoverStyle 属性，只是对弹出的动态菜单定义了样式。如果设置 StaticHoverStyle 属性中 CssClass 值为“hover”，如图 6–34 所示。

设置完成后，运行效果如图 6–35 所示。

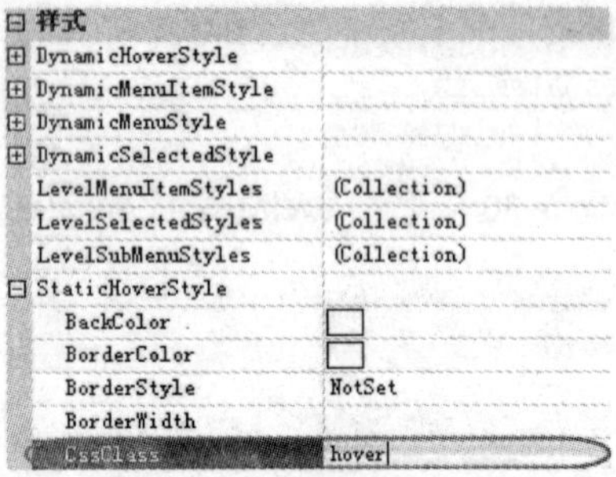

图 6–34　设置 CssClass 属性

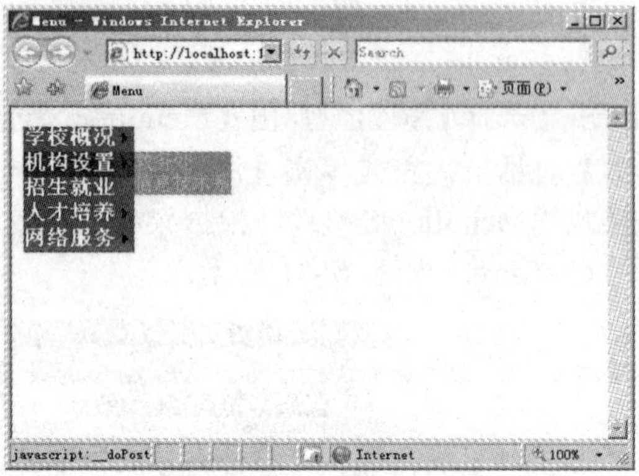

图 6–35　程序运行效果

此时将页面默认显示的菜单项在鼠标悬浮时应用了定义的样式。

④ 设置链接。在菜单项编辑器中，选择菜单项，在右边的属性栏中，直接设置“NavigateUrl”属性为相应的页面即可，如图 6–36 所示。

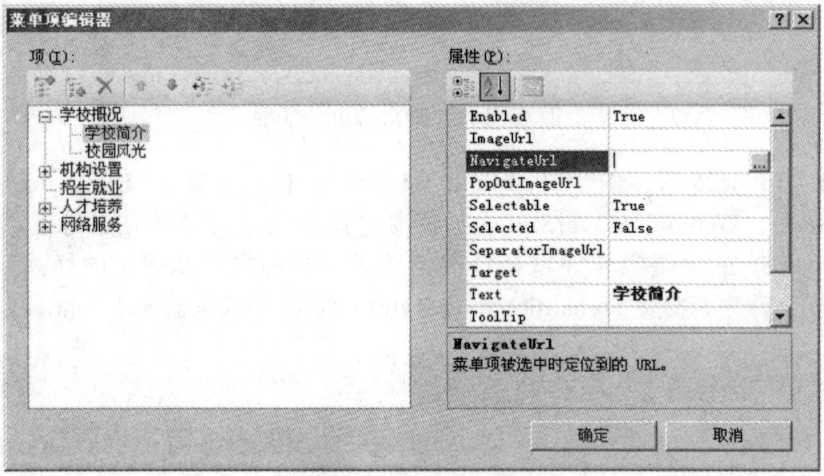

图 6–36　设置链接属性

【背景知识】

（1）Menu 控件的StaticDisplayLevels属性。StaticDisplayLevels属性用来设置静态显示多少层菜单项。如果有四层菜单项，并且 StaticDisplayLevels 属性设置为 3，则静态显示前三层，动态显示最后一层菜单项。具体设置如图 6–37 所示。

（2）控制菜单的外观。

若要控制菜单的静态部分的外观，可以在名称中使用包含单词“Static”的样式属性：

① StaticMenuStyle；

② StaticMenuItemStyle；

③ StaticSelectedStyle；

④ StaticHoverStyle。

若要控制菜单的动态部分的外观，可以在名称中使用包含单词“Dynamic”的样式属性：

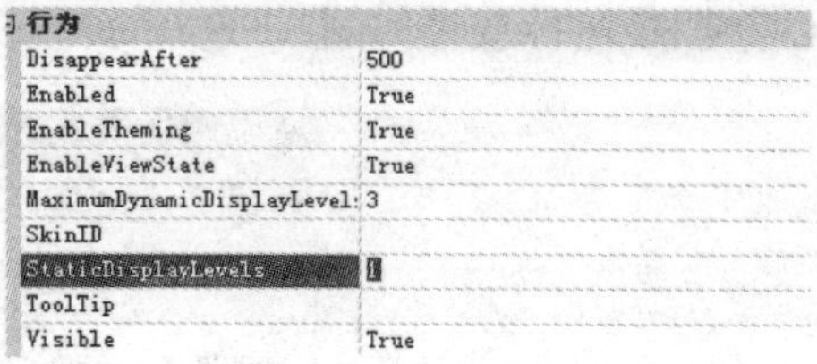

图 6–37　设置 StaticDisplayLevels 属性

① DynamicMenuStyle；

② DynamicMenuItemStyle；

③ DynamicSelectedStyle；

④ DynamicHoverStyle。

（3）菜单层。控制菜单项的外观的另一种方法是单独设置菜单结构中每层的样式。Menu 控件具有多个充当样式集合的属性，这意味着这些属性可以包含菜单结构的每层的样式信息。

可用于指定每层外观的样式属性在其名称中包含单词“Level”：

① LevelMenuItemStyles；

② LevelSubMenuStyles；

③ LevelSelectedStyles。

下面的示例创建一个四种样式的集合，这些样式适用于前四层菜单项，并且可以通过使用 CssClass 值在样式表中引用。

```
<LevelMenuItemStyles>
    <asp:MenuItemStyle CssClass="Level1Style" />
    <asp:MenuItemStyle CssClass="Level2Style" />
    <asp:MenuItemStyle CssClass="Level3Style" />
    <asp:MenuItemStyle CssClass="Level4Style" />
</LevelMenuItemStyles>
```

集合中的第一种样式适用于第一层菜单项；第二种样式适用于第二层菜单项，依此类推。

注意：*层样式之间不存在任何继承，以便应用于一个层的样式不会影响后续层。*

（4）使用数据源。Menu 控件与 TreeView 控件一样，也可以绑定到其他数据源控件上。例如，在前面 TreeView 中使用的“product.xml”文件，通过创建 XmlDataSource 数据源进行绑定，通过菜单 DataBindings 编辑器进行编辑，如图 6–38 所示。

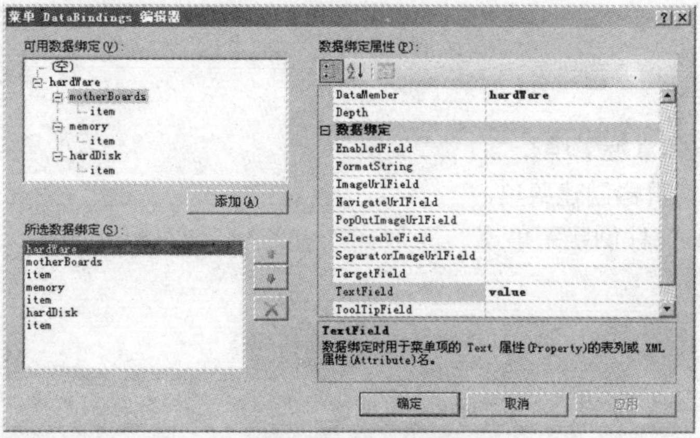

图 6–38　菜单绑定编辑器

程序运行效果如图 6–39 所示。

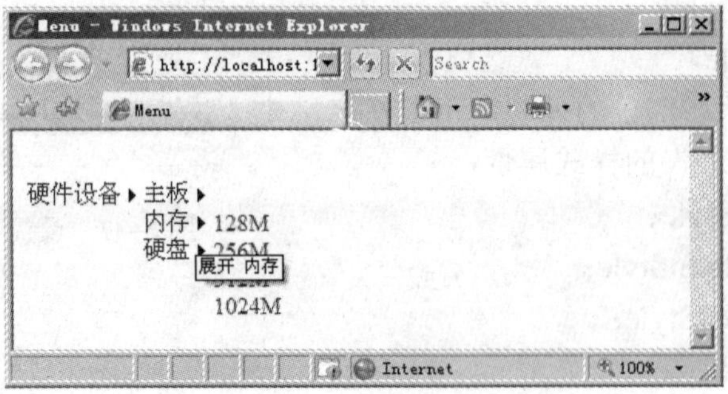

图 6–39　程序运行效果

【能力大比拼，看谁做得又好又快】

根据以上所学知识，结合 Menu 控件和 SiteMap 控件，创建网站的导航菜单联动站点地图效果，当用户选中菜单后，对应的导航也发生变化，具体运行效果如图 6–40 所示。

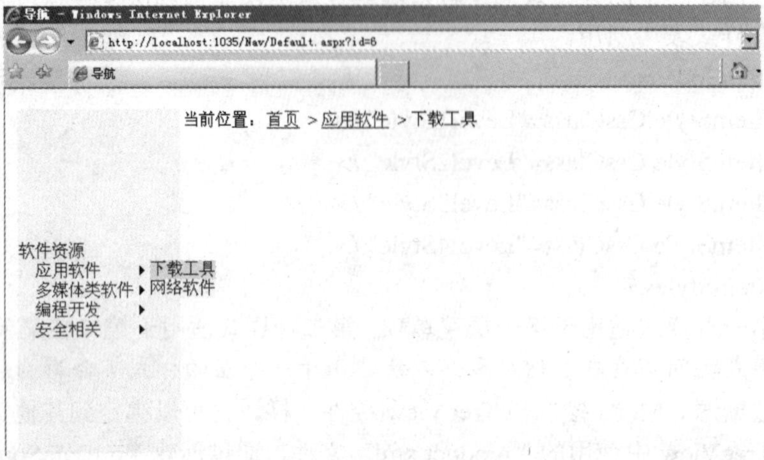

图 6–40　程序运行效果

【任务小结】

——你掌握了吗？

（1）使用菜单编辑器创建菜单。

（2）使用 XML 文件创建菜单。

项目七　状态管理与安全管理

【项目任务】

本项目通过介绍 ASP.NET 中的各种状态管理机制和安全性的一些基础选项，理解状态管理的一些基本原理，帮助开发出高性能的应用程序，同时避免出现潜在的安全问题。

具体包括各种常用的状态管理机制、如何在 Web 应用程序中进行身份验证和授权。本项目还阐述了如何在应用程序中使用身份验证属性，以及如何根据这些属性对用户和组进行授权。

【学习目标】

☆ 掌握 ASP.NET 中的各种状态管理机制
☆ 了解程序的运行状态和状态管理等
☆ 理解状态管理的一些基本原理
☆ 学会使用 IIS 保护网站
☆ 学会使用编程授权
☆ 学会使用身份验证和授权

任务一　使用多种方式进行状态管理

【任务要点】

1. 学会使用基于客户端的状态管理
2. 学会使用基于服务器的状态管理

【导学实践，跟我学】

【案例 1】

使用 Application 统计网站的访问情况：① 页面单击数，页面被单击一次访问量加 1，不管是否是同一个用户多次单击页面；② 用户访问数，来一个用户访问量就加 1，一个用户打开多个页面不会影响这个数字。

【具体步骤】

（1）右击网站，在弹出的快捷菜单中选择【添加新项】命令，如图 7–1 所示，在弹出的对话框中选择【全局应用程序类】选项。

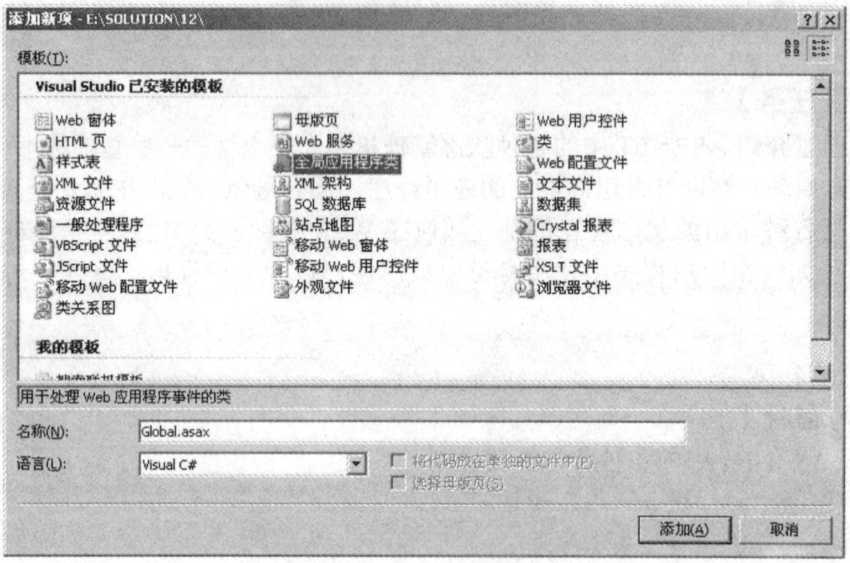

图 7–1　添加一个 Global.asax

（2）Global.asax 是一个用来处理应用程序全局的事件。打开文件，系统已经定义了一些事件的处理方法。

```
<script runat="server">
    void Application_Start(object sender, EventArgs e)
    {
        //在应用程序启动时运行的代码
    }
    void Application_End(object sender, EventArgs e)
    {
        //在应用程序关闭时运行的代码
    }
    void Application_Error(object sender, EventArgs e)
    {
        //在出现未处理的错误时运行的代码
    }
    void Session_Start(object sender, EventArgs e)
    {
        //在新会话启动时运行的代码
    }
```

```
    void Session_End(object sender, EventArgs e)
    {
        //在会话结束时运行的代码
        //注意：只有在 Web.config 文件中的 sessionstate 模式设置为 InProc 时，才会引发 Session_
            End 事件
        //如果会话模式设置为 StateServer 或 SQLServer，则不会引发该事件
    }
</script>
```

通过这些注释可以看到，这些事件是整个应用程序的事件，和某一个页面没有关系。

（3）需要在 Application_Start 中去初始化两个变量。

```
void Application_Start(object sender, EventArgs e)
{
    //在应用程序启动时运行的代码
    Application["PageClick"]=0;
    Application["UserVisit"]=0;
}
```

（4）用户访问数根据 Session 来判断，因此可以在 Session_Start 的时候去增加这个变量。

```
void Session_Start(object sender, EventArgs e)
{
    Application.Lock();
    Application["UserVisit"]=(int)Application["UserVisit"]+1;
    Application.UnLock();
```

◎ 小提示

Application 的作用范围是整个应用程序，可能有很多用户在同一个时间访问 Application 造成并发混乱，因此在修改 Application 的时候需要先锁定 Application，修改完成后再解锁。

Lock() 用于防止用户更改 Application 对象的属性。

Unlock() 用于释放对应用程序变量的锁定。

（5）页面单击数则在页面 Page_Load 的时候去修改。

```
protected void Page_Load(object sender, EventArgs e)
{
            this.Title = "Application 统计网站访问";
            if (!IsPostBack)
            {
             Application.Lock();
             Application["PageClick"] = (int)Application["PageClick"] + 1;
             Application.UnLock();
```

```
            Response.Write(string.Format("页面单击数：", Application["PageClick"]));
            Response.Write(string.Format("用户访问数：", Application["UserVisit"]));
        }
}
```

【示例解释】

由于在应用程序开始的时候已经为两个变量初始化了，所以在这里可以直接使用。首次执行效果如图 7–2 所示。

图 7–2　首次运行效果

连续刷新页面几次，效果如图 7–3 所示。

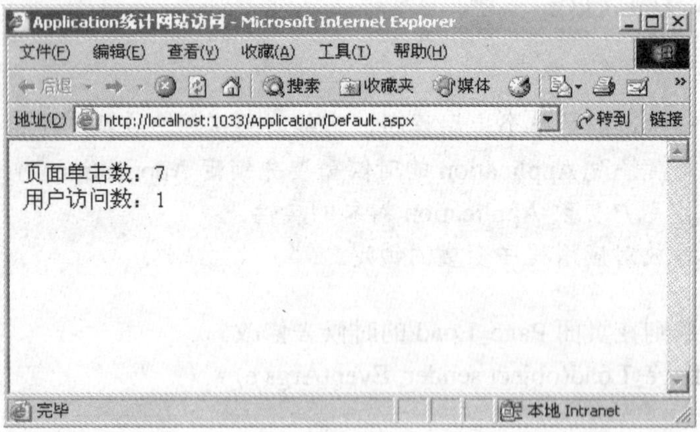

图 7–3　连续刷新效果

按 Ctrl+N 组合键打开几个页面，可以发现用户访问数还是没有变化。关闭页面，再重新打开。由于前一个用户的 Session 还没有超时，所以这次用户访问数增加了 1，如图 7–4 所示。

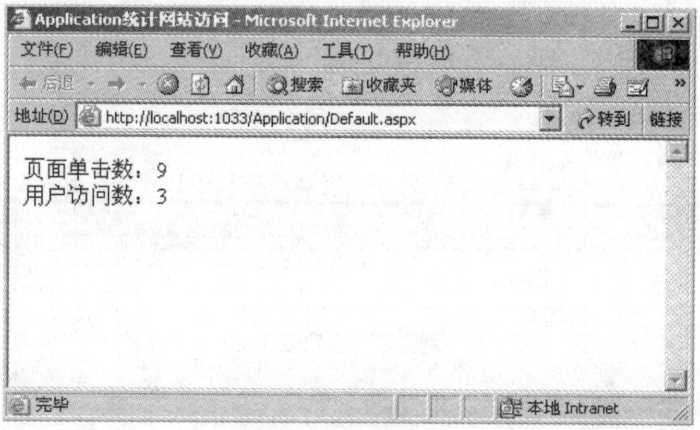

图 7-4 运行效果

因为 Visual Studio 2005 有一个内置的服务器（不依赖 IIS）。所以，不能通过 IIS 来重新启动应用程序，如图 7-5 所示。

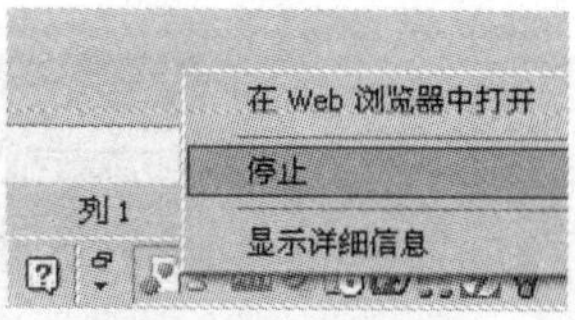

图 7-5 停止 IDE 内置的 Web 服务器

选择【停止】命令，然后重新打开页面，如图 7-6 所示，可以看到两个变量都重新初始化了。

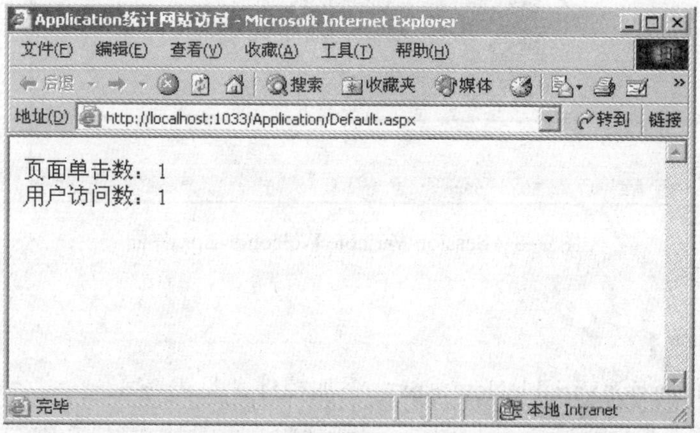

图 7-6 重新启动 Web 服务器导致 Application_Start 触发

【导学实践，跟我学】

【案例 2】

在用户登录时，将用户名等登录信息存储在 Session 变量中，应用程序的其他页面可以访问该变量。如图 7-7 和图 7-8 所示。

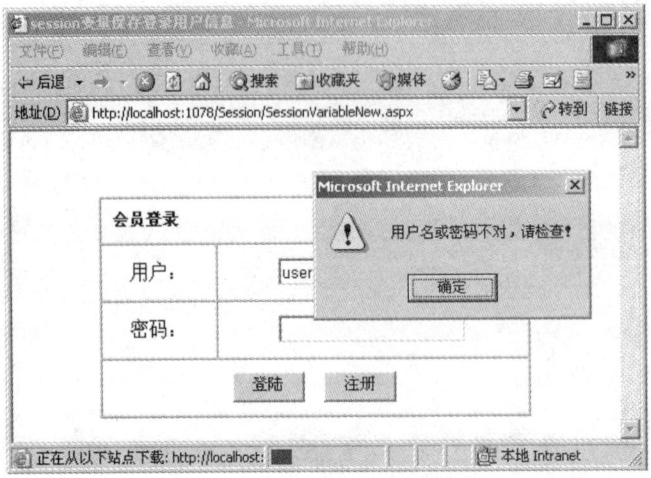

图 7–7 Session VariableNew.aspx 界面

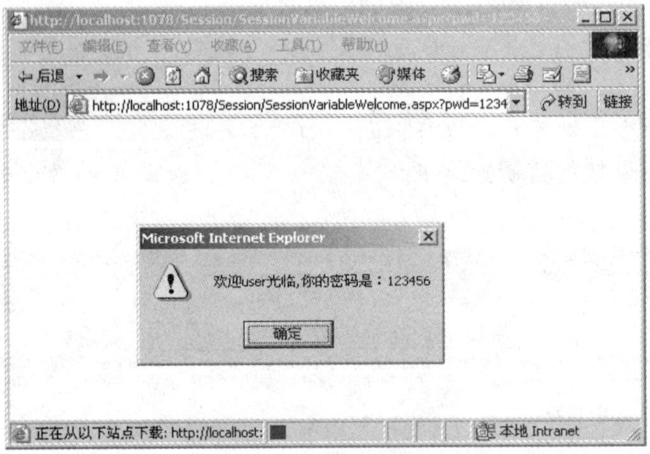

图 7–8 Session Variable Welcome.aspx 界面

【具体步骤】

（1）创建页面 SessionVariableNew.aspx，添加控件，见表 7–1。

表 7–1 表中控件及其属性

控件类型	属 性	属 性 值
TextBox	ID	txtName
	MaxLength	5
TextBox	ID	txtPwd
	TextMode	Password
Button	ID	btnLogin
	Text	登录

（2）在 Session VariableNew.aspx.CS 文件的 btnLogin_Click 中填写如下代码。

```
private void btnLogin_Click(object sender, System.EventArgs e)
{
    if(this.txtName.Text.Trim()!="" || this.txtPwd.Text.Trim()!="")
    {
        if(this.txtName.Text=="user" && this.txtPwd.Text== "123456")
        {
            Session["UserName"]=this.txtName.Text.Trim();
            Response.Redirect("SessionVariableWelcome.aspx?pwd=" +this.txtPwd.Text);
        }
        else
        {
            Session["UserName"]="";
            RegisterStartupScript("Check","<Script  language='JavaScript'>alert('用户名或
密码不对，请检查！');</Script>");
        }
    }
    else
    {
        Session["UserName"]="";
    }
}
```

（3）创建 Session Variable Welcome.aspx，并在后置代码的 Page_Load 事件处理程序中添加如下的代码。

```
private void Page_Load(object sender, System.EventArgs e)
{
    if(Session["UserName"].ToString().Trim()!="")
    {
        Response.Write ("<Script  language=JavaScript>alert('欢迎"+Session["UserName"]
+ "光临,你的密码是："+Request["pwd"].ToString()+"')</Script>");
}
    else
{
        Response.Redirect("SessionVariableNew.aspx");
    }
}
```

【示例解释】

Session，中文经常翻译为“会话”，简单来说就是服务器给客户端的一个编号。当一台

WWW 服务器运行时，可能有若干个用户浏览正在运行在这台服务器上的网站。当每个用户首次与这台 WWW 服务器建立连接时，就与这个服务器建立了一个 Session，同时服务器会自动为其分配一个 SessionID，用以标识这个用户的唯一身份。

在 Session VariableNew.aspx 页面上可以以用户名为“user”密码为“123456”的身份进行登录，使用 Session[“UserName”]来记录下登录的用户名，使得在不同的页面之间进行数据的传递。

如果在计算机上建立了两个网站，同时都使用 Session[“UserName”]来保存登录的用户名，一个网站的用户登录后，另一个网站直接访问 Session[“UserName”]是取不到任何值的。那么，Session 是否可以跨用户呢？答案是不行的，Session 通过 SessionID 来区分用户，一般来说 SessionID 不可能出现重复的现象，也就是说 Session 一般是不会“串号”的。既然页面每次提交的时候都会附加上当前用户的 SessionID，那么 Session 应该是可以跨页面的，也就是说一个网站中所有的页面都使用同一份 Session。

◎ 小提示

Session 是在用户第一次访问网站的时候创建的，那么 Session 是什么时候销毁的呢？Session 使用一种超时的技术来控制何时销毁 Session。默认情况下，Session 的超时时间（Timeout）是 20 分钟，用户保持连续 20 分钟不访问网站，则 Session 被收回，如果在这 20 分钟内用户又访问了一次页面，那么就重新计时了，也就是说，这个超时是连续不访问的超时时间，而不是第一次访问后 20 分钟必过时。这个超时时间也可以通过调整 Web.config 文件进行修改：

<sessionState timeout="30"></sessionState>

当然也可以在程序中进行设置：Session.Timeout = "30";

一旦 Session 超时，Session 中的数据将被回收，如果再使用 Session 系统，将分配一个新的 SessionID。

【导学实践，跟我学】

【案例 3】

记录某台机器访问页面的次数,访问的次数存入客户端的 Cookie 中，如图 7–9 所示。

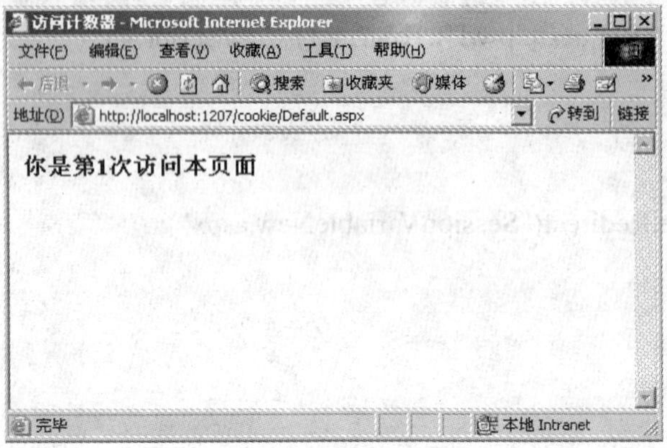

图 7–9 程序运行效果

【具体步骤】

（1）创建页面 cookie.aspx。

（2）设计 cookie.aspx 的界面。

① 在“属性”窗口里，把 Document 的 Title 属性改为“访问计数器”。

② 添加一个 Label 控件，拖动到页面中的适当位置，并把 Label 控件的 ID 属性设置为 message，Text 属性设置为空。

③ 打开 cookie.aspx.cs 的代码编辑窗口，为 Page_Load()添加如下代码。

```
private void Page_Load(object sender, System.EventArgs e)
  {
   int ivs;
  if(Request.Cookies["vnumber"]==null)
    {
     ivs=1;
    Response.Cookies["vnumber"].Value=ivs.ToString();
    Response.Cookies["vnumber"].Expires=DateTime.Now.AddYears(2);
    Response.Cookies["flag"].Value="ok";
    Response.Cookies["flag"].Expires=DateTime.Now.AddMinutes(10);
    }
    else
      {
        if(Request.Cookies["flag"]==null)
        {
        ivs=int.Parse(Request.Cookies["vnumber"].Value)+1;
          Response.Cookies["vnumber"].Value=ivs.ToString();
          Response.Cookies["vnumber"].Expires=DateTime.Now.AddYears(2);
          Response.Cookies["flag"].Value="ok";
          Response.Cookies["flag"].Expires=DateTime.Now.AddMinutes(10);
        }
        else
        {
          ivs=int.Parse(Request.Cookies["vnumber"].Value);
        }
      }
      this.message.Text="<h3>你是第"+ivs.ToString()+"次访问本页面</h3>";
  }
```

4）按 F5 键，可看到程序的执行结果。

【示例解释】

本例首先定义了一个变量 ivs 用来存放新的访问次数。判断计数 Cookie 是否存在，如果计数 Cookie 不存在，则认为是第一次访问，并设置计数 Cookie 访问次数、有效期为两年并设置标记 Cookie[“flag”]用来判断用户在过去的 10 分钟内是否已经访问过。如果计数 Cookie 存在，则进一步判断是否在过去的 10 分钟内访问过，如果过去 10 分钟内没有访问过，则计数加 1，同时设置标记 Cookie，说明已经访问过。如果标记 Cookie 存在，则表示过去 10 分钟内计数已加 1，所以不再加 1。

Cookie 为 Web 应用程序保存用户相关信息提供了一种有用的方法。当用户访问某站点时，可以利用 Cookie 保存用户首选项或其他信息，这样，当用户下次再访问该站点时，应用程序就可以检索以前保存的信息。

◎ 小提示

Cookie 用于保存客户浏览器请求服务器页面的请求信息，其有效期可以人为设置，而且其存储的数据量很受限制，因此不要保存数据集及其他大量数据。而且 Cookie 以明文方式将数据信息保存在客户端的计算机中，因此最好不要保存敏感的未加密的数据。

【导学实践，跟我学】

【案例 4】

使用 ViewState 保存用户单击按钮的次数，执行结果如图 7–10 所示。

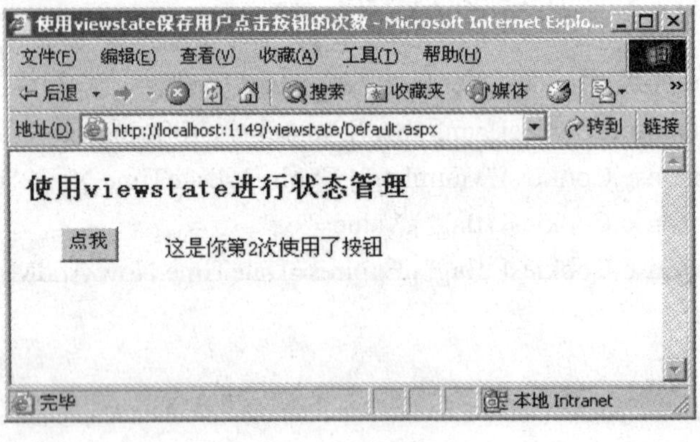

图 7–10 程序执行效果

【具体步骤】

（1）设计 Web 页面。

新建一个 ASP.NET 网站，向页面中添加必要的控件说明文字：添加 1 个按钮控件 Button1；1 个标签控件 Label1，如图 7–11 所示。

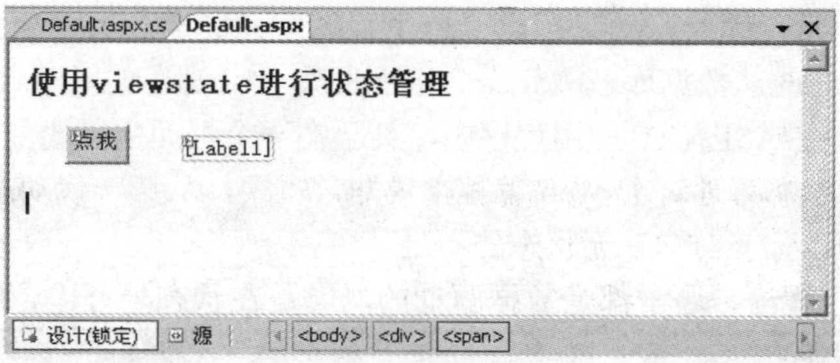

图 7–11　添加控件

（2）编写事件代码。

Web 页面加载时执行的事件过程代码如下：

```
private void Page_Load(object sender, System.EventArgs e)
        {
        this.Title = "使用 viewstate 保存用户单击按钮的次数";
        if(!this.IsPostBack)
        {
        this.ViewState ["num"]=0;
        }
        else
        {
                this.ViewState ["num"]=(int)this.ViewState ["num"]+1;
        }
                this.Label1.Text="这是你第"+this.ViewState["num"].ToString()+"次使用了按钮";
    }
```

【示例解释】

ViewState 属性提供一个字典对象，用于在对同一页的多个请求之间保留值。这是页用来在往返行程之间保留页和控件属性值的默认方法。

在处理页时，页和控件的当前状态会散列为一个字符串，并在页中保存为一个隐藏域或多个隐藏域（如果存储在 ViewState 属性中的数据量超过了 MaxPageStateFieldLength 属性中的指定值）。当将页回发到服务器时，页会在页初始化阶段分析视图状态字符串，并还原页中的属性信息。

【背景知识】

一、状态管理概述

状态管理是对同一页或不同页的多个请求维护状态和页信息的过程。与所有基于 HTTP 的技术一样，Web 窗体页是无状态的，这些窗体不自动指示序列中的请求是否全部来自相同的客户端，或者单个浏览器实例是否一直在查看页或站点。此外，到服务器的每一往返过程都将销毁并重新创建页，因此，如果超出了单个页的生命周期，页信息将不存在。比如，在代码中声明一个 DataSet 从数据库获取记录，页面回发（也就是重新请求）后这个 DataSet 是空的，这就是为什么在 ASP.NET 应用程序中，甚至在一个页面中需要多次连接数据库获取记录。由于以上原因，状态管理对于 Web 编程来说非常重要，从第一代动态 Web 编程语言开始就支持多种状态管理以弥补 HTTP 无状态的不足。

现在的 Web 应用程序，通常都是数据驱动的，但是在状态处理中，应该尽量减少对数据库的依赖，原因有以下几点。

（1）数据库是存放在磁盘上的，如果把数据都存放在数据库中的话，存取速度和性能会比较差；

（2）很多数据是和用户相关的，但是没有一个唯一的标志来区分哪条记录对应哪个客户端（浏览器）；

（3）很多数据是临时的，用户关闭了浏览器这些数据就不再需要了，如果把数据存放在数据库中的话，会不知道是哪个用户关闭了浏览器，也就不能及时把数据删除。

通常来讲，状态管理的作用主要概括为以下几点。

（1）指示用户信息，关联浏览器实例；

（2）使得页与页之间，请求与请求之间能够共享信息；

（3）更为快速的数据存储与读取。

二、基于服务器的状态管理

ASP.NET 提供了多种方法用于维护服务器上的状态信息，而不是保持客户端上的信息。通过基于服务器的状态管理，为了保留状态，可以减少发送给客户端的信息量。主要包括两种方式：应用程序状态和会话状态。

1. 应用程序状态

应用程序状态（Application）是应用于整个应用程序的，由于它的访问速度非常快而且只要应用程序不停止，数据就一直存在，所以通常在 Application_Start 的时候去初始化一些数据，在以后的访问中可以迅速地访问和检索。

Application 用于保存所有用户的公共的数据信息，如果使用 Application 对象，一个需要考虑的问题是任何写操作都要在 Application_OnStart 事件(global.asax)中完成。尽管使用 Application.Lock 和 Applicaiton.Unlock 方法可以避免写操作的同步，但是它串行化了对 Application 对象的请求，当网站访问量大的时候会产生严重的性能瓶颈。因此最好不要用此对象保存大的数据集合。

Application 变量的生命期由第一个人执行虚拟目录中任何一个 ASP.NET 程序（此 ASP.NET 程序中有设定 Application 变量）开始，一直到再也没有一个人存取这个虚拟目录中的 Application 变量或是该服务器关机为止。譬如，当第一个客户端连上网站（虚拟目录中的网页），而客户端的 Session 对象（Session 对象是单一客户端的使用对象）就生效了，一直到最后一个人在虚拟目录中的 Session 对象生命期结束后，该虚拟目录的 Application 对象才消失，也就是说虚拟目录中没有任何一位客户端使用者。

2. 会话状态

会话状态（Session）用于保存每个用户的专用信息。Session 中的信息保存在 Web 服务器内容中，保存的数据量可大可小。当 Session 超时或被关闭时将自动释放保存的数据信息。

Session 是 Web 系统中最常用的状态，用于维护和当前浏览器实例相关的一些信息。举个例子来说，可以把已登录用户的用户名放在 Session 中，这样就能通过判断 Session 中的某个 Key 来判断用户是否登录，如果已经登录了，其用户名是什么。

Session 对于每一个客户端（或者说浏览器实例）是“人手一份”的，用户首次与 Web 服务器建立连接的时候，服务器会给用户分发一个 SessionID 作为标识。SessionID 是一个由 24 个字符组成的随机字符串。用户每次提交页面，浏览器都会把这个 SessionID 包含在 HTTP 头中提交给 Web 服务器，这样 Web 服务器就能区分当前请求页面的是哪一个客户端。SessionID 存储在客户端（可以是 Cookie 或者 URL），其他都存储在服务端（可以是 IIS 进程、独立的 Windows 服务进程或者 SQL Server 数据库中）。

对于小量的数据，使用 Session 保存是一个不错的选择。

三、基于客户端的状态管理

基于客户端的状态管理是将数据存储在客户端上以保持状态信息从而进行状态管理，它常见的实现方式包括：Cookie、视图状态、控件状态、隐藏域、查询字符串、Cache 几种方式。

1. Cookie

Cookie 是一小段文本信息，提供了一种存储用户特定信息的方法，伴随着用户请求和页面在 Web 服务器和浏览器之间传递。当访问某站点时，浏览器在获得页面的同时也获得了 Cookie，并将它存储在用户硬盘上的某个文件夹中，Cookie 能够帮助网站存储有关访问者的信息。Cookie 可以是临时的（具有特定的过期时间和日期），也可以是永久的。

Cookie 保存在客户端设备上，当浏览器请求某页时，客户端会将 Cookie 中的信息连同请求信息一起发送。服务器可以读取 Cookie 并提取它的值，常见的用途是存储标记（可能已加密），以指示该用户已经在应用程序中进行了身份验证。

（1）使用 Cookie 的优点

① 可以在浏览器会话结束时到期，或者可以在客户端计算机上无限期存在，这取决于客户端的到期规则。

② 不需要任何服务器资源，Cookie 存储在客户端并在发送后由服务器读取。

③ 简单性，Cookie 是一种基于文本的轻量结构，包含简单的键值对。

④ 虽然客户端计算机上 Cookie 的持续时间取决于客户端上的 Cookie 过期处理和用户干预，但 Cookie 通常是客户端上持续时间最长的数据保留形式。

（2）使用 Cookie 的缺点

① 大多数浏览器对 Cookie 的大小有 4 096 字节的限制。

② 有些用户禁用了浏览器或客户端设备接收 Cookie 的能力，因此限制了这一功能。

Cookie 用于保存客户浏览器请求服务器页面的请求信息，程序员也可以用它存放非敏感性的用户信息，信息保存的时间可以根据需要设置。如果没有设置 Cookie 失效日期，它们仅保存到关闭浏览器程序为止。如果将 Cookie 对象的 Expires 属性设置为 Minvalue，则表示 Cookie 永远不会过期。由于并非所有的浏览器都支持 Cookie，并且数据信息是以明文文本的形式保存在客户端的计算机中，因此最好不要保存敏感的、未加密的数据，否则会影响网站的安全性。

2. 隐藏域

ASP.NET 允许将信息存储在 HiddenField 控件中，此控件呈现为一个标准的 HTML 隐藏域。

隐藏域（HiddenField）在浏览器中不以可见的形式呈现，但可以像标准控件一样被设置其属性。当向服务器提交页时，隐藏域的内容将在 HTTP 窗体集合中随同其他控件的值一起发送。

（1）使用隐藏域的优点

① 不需要任何服务器资源，隐藏域即可在页上存储和读取。

② 广泛的支持，几乎所有浏览器和客户端设备都支持具有隐藏域的窗体。

③ 实现简单，隐藏域是标准的 HTML 控件，不需要复杂的编程逻辑。

（2）使用隐藏域的缺点

① 潜在的安全风险。如果直接查看页输出源，可以看到隐藏域中的信息，这导致了潜在的安全性问题，可以手动加密和解密隐藏域的内容，但这需要额外的编码和开销。

② 简单的存储结构。隐藏域只提供一个字符串值域存放信息。若要存储多个值，必须实现分隔的字符串以及用来分析那些字符串的代码。用户可以手动分别将复杂数据类型序列化为隐藏域以及将隐藏域反序列化为复杂数据类型。

③ 性能注意事项。由于隐藏域存储在页本身，因此如果存储较大的值，用户显示页和发送页时的速度可能会减慢。

④ 存储限制。如果隐藏域中的数据量过大，某些代理和防火墙将阻止对包含这些数据的页的访问。

3. 视图状态

视图状态（ViewState）是 ASP.NET 页框架默认情况下用于保存往返过程之间的页面信息以及控件值的方法。

ViewState 常用于保存单个用户的状态信息，有效期等于页面的生存期。ViewState 容器可以保持大量的数据，但是必须谨慎使用，因为过多使用会影响应用程序的性能。所有 Web 服务器控件都使用 ViewState 在页面回发期以保存自己的状态信息。如果某个控件不需要在回发期间保存状态信息，最好关闭该对象的 ViewState，避免不必要的资源浪费。通过给@Page 指令添加“EnableViewState=false”属性可以禁止整个页面的 ViewState。

（1）使用视图状态的优点

① 不需要任何服务器资源视图状态包含在页代码内的结构中。

② 实现简单，视图状态无需使用任何自定义编程。

③ 增强的安全功能视图状态中的值经过哈希计算和压缩，并且针对 Unicode 实现进行编码，其安全性要高于使用隐藏域。

（2）使用视图状态的缺点

① 由于视图状态存储在页本身，因此如果存储较大的值，用户显示页和发送页时的速度可能会减慢。

② 有潜在的安全风险。虽然视图状态以哈希格式存储数据，但它可以被篡改。如果直接查看页输出源，可以看到隐藏域中的信息，这导致了潜在的安全性问题。

4. 控件状态

控件状态（ControlState）允许保持特定于某个控件的属性信息，且不能像 ViewState 那样被关闭。为了让控件正常工作，有时需要存储控件状态数据。例如，编写了一个自定义控件，其中具有显示不同信息的不同选项卡，为使该控件如预期一样工作，控件需要知道在往返过程中选择的是哪个选项卡。ViewState 属性可用于此目的，但开发人员可能在页级别关闭了视图状态，从而有效地中断控件。为解决此问题，ASP.NET 页框架在 ASP.NET 2.0 版中公开了一种称为控件状态的新功能。

（1）使用控件状态的优点

① 不需要任何服务器资源，默认情况下，控件状态存储在页上的隐藏域中。

② 有较高的可靠性，因为控件状态不像视图状态那样可以被关闭，控件状态是管理控件的状态的较可靠方法。

③ 有一定的通用性，可以编写自定义适配器来控制如何存储控件状态数据和控件状态数据的存储位置。

（2）使用控件状态的缺点

需要一些编程，虽然 ASP.NET 页框架为控件状态提供了基础，但是控件状态是一个自定义的状态保持机制，为了充分利用控件状态，用户必须编写代码来保存和加载控件状态。

5. 查询字符串

查询字符串的方式是将要传递的值连接在 URL 后面，然后通过 Response.Redirect 方法实现客户端的重定向，这种方式可以实现在两个页面之间传递信息。

（1）使用查询字符串的优点

① 不需要任何服务器资源，查询字符串包含在对特定 URL 的 HTTP 请求中。

② 广泛的支持，几乎所有的浏览器和客户端设备均支持使用查询字符串进行传递值。

③ 实现简单，ASP.NET 完全支持查询字符串方法，其中包含了使用 HttpRequest 对象的 Params 属性读取查询字符串的方法。

（2）使用查询字符串的缺点

① 潜在的安全性风险，用户可以通过浏览器用户界面直接看到查询字符串中的信息。

② 有限的容量，有些浏览器和客户端设备对 URL 有长度限制。

状态管理是 Web 应用程序的利器，但是它是一把双刃剑，不合理地使用各种状态管理机制会对整个网站的性能造成很大的影响，甚至使网站瘫痪。因此，根据情况选择合适的状态管理方式是使用的重要原则。

【任务小结】

——你掌握了吗?

（1）学会使用基于客户端的状态管理常用的几种方式：Cookie、视图状态、控件状态、隐藏域、查询字符串等。

（2）学会使用基于服务器的状态管理的两种方式：应用程序状态和会话状态。

任务二　身份验证和授权

【任务要点】

1. 应用身份验证措施

2. <authentication>节点

3. 基于 Windows 的身份验证

【导学实践，跟我学】

【案例 1】

设置用户账户对站点的访问权限

在 EShopTest 应用程序中，让用户可以进入该应用程序。使用应用程序的 Web.Config 文件来控制允许哪些用户访问站点，不允许哪些用户访问站点。

【具体步骤】

（1）创建用户。

① 在 Windows XP 或 Windows Server 2003 服务器上，选择【开始】→【控制面板】→【管理工具】→【计算机管理】命令，弹出【计算机管理】窗口。

② 展开【系统工具】节点。

③ 展开【本地用户和组】节点。

④ 打开【用户】文件夹，结果如图 7–12 所示。

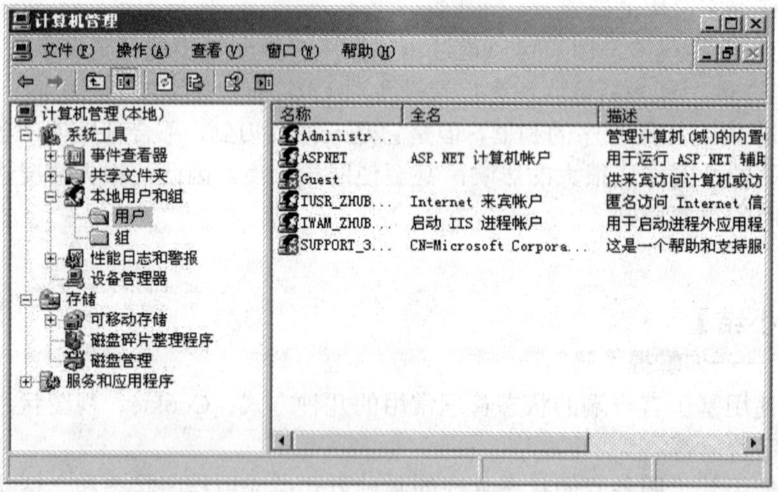

图 7–12 【计算机管理】窗口

⑤ 右击【用户】文件夹，在弹出的快捷菜单中选择【新用户】命令、弹出【新用户】对话框，如图 7–13 所示。

⑥ 给用户指定名称、密码和描述（说明这是一个测试用户）。这个例子把用户命名为 zhubm。

⑦ 取消需要用户在下次登录时修改密码的复选框的选中状态。

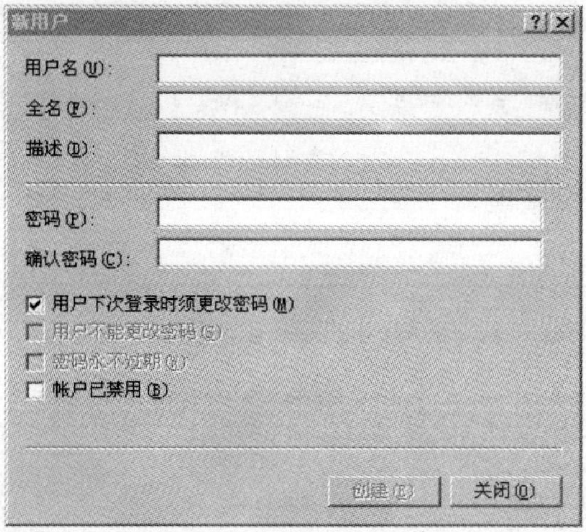

图 7–13 【新用户】对话框

⑧ 单击【创建】按钮，就创建了测试用户，它会显示在【计算机管理】实用程序的【用户】文件夹中，如图 7–14 所示。

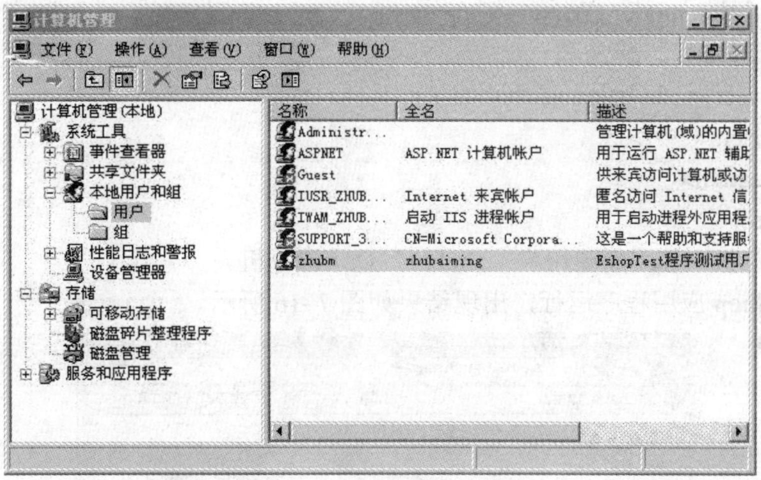

图 7–14　本地计算机用户

（2）用户的身份验证和授权。

① 打开应用程序 EShopTest 根目录下的 Web.Config 文件，在 Web.Config 中添加如下代码：

```
<system.web>
  <authentication mode="Windows" />
  <authorization>
    <deny users="*" />
  </authorization>
</system.web>
```

② 将 Default.aspx 页面设为起始页，运行程序，出现结果如图 7–15 所示。

③ 对 Web.Config 文件中的代码作如下更改：

```
<system.web>
```

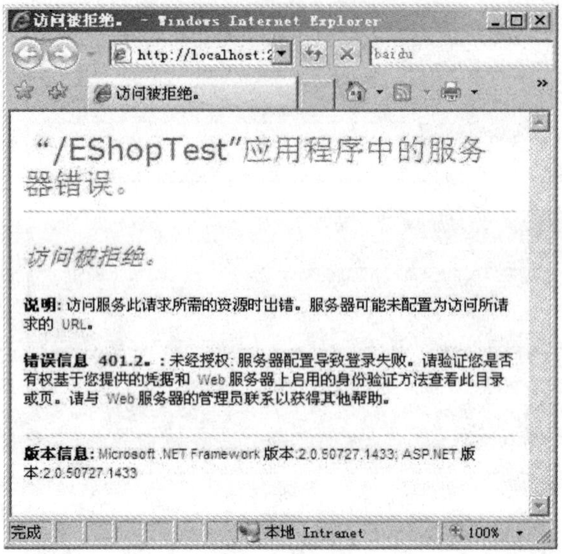

图 7–15 Default.aspx 页面运行时显示的结果

```
  <authentication mode="Windows" />
  <authorization>
    <allow users="zhubaiming\zhubm" />
    <deny users="*" />
  </authorization>
</system.web>
```

④ 注销计算机，使用新建用户“zhubm”登录计算机。

⑤ 打开 EShop 应用程序运行，出现结果如图 7–16 所示。

图 7–16 更改设置后运行的效果

【示例解释】

在这个例子中，Web.Config 文件通过<authentication>元素的 mode 属性，把应用程序配置为使用基于 Windows 的身份验证。另外，<authorization>元素还用于定义允许访问应用程序的用户或组的特定信息。在本例中，<deny>元素指定拒绝所有用户（即使他们已通过身份验证，也拒绝）访问应用程序。使用<allow>元素可允许特定用户访问。

在没有添加<allow users="zhubaiming\zhubm" />语句之前试图访问站点的任何终端用户，无论是已验证的还是未验证的，都会在浏览器窗口中看到“访问被拒绝”语句。

但在大多数情况下，都希望允许至少一部分用户访问应用程序。在 Web.Config 文件中使用<allow>元素就可以允许某个用户访问。所以在添加了<allow users="zhubaiming\zhubm" />语句后，使用刚才新建的用户“zhubm”登录，就可以访问站点的页面，因为已经给用户“zhubm”进行了授权。即使使用<deny>元素拒绝所有用户(甚至是已验证的用户)访问，<allow>元素中定义的内容也是优先的。在这个例子中，只允许一个用户“zhubm”访问应用程序。如果在客户机上登录为“zhubm”用户，在浏览器中运行页面，就可以访问应用程序。

【案例 2】

设置用户组对站点的访问权限

在 EShopTest 应用程序中，可以允许或拒绝组对应用程序或应用程序资源的访问。服务器可以包含许多不同的组，每个组都可以有任意多个用户。一个用户还可以属于多个组。

【具体步骤】

（1）打开计算机管理实用程序（选择【开始】→【控件面板】→【管理工具】→【计算机管理】命令），访问在服务器上定义的组列表。单击【计算机管理】实用程序中的【组】文件夹，就会显示组的列表，如图 7–17 所示。

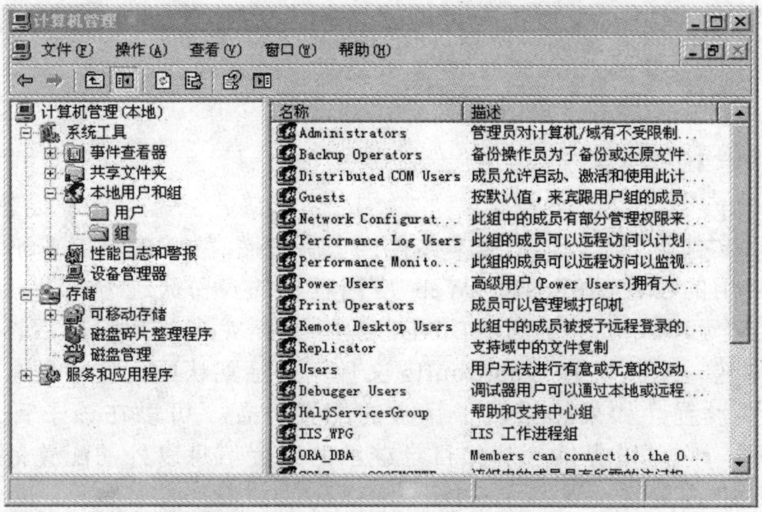

图 7–17　本地计算机组

（2）右击【组】文件夹，在弹出的快捷菜单中选择【新建组】命令，弹出【新建组】对话框，如图 7–18 所示。

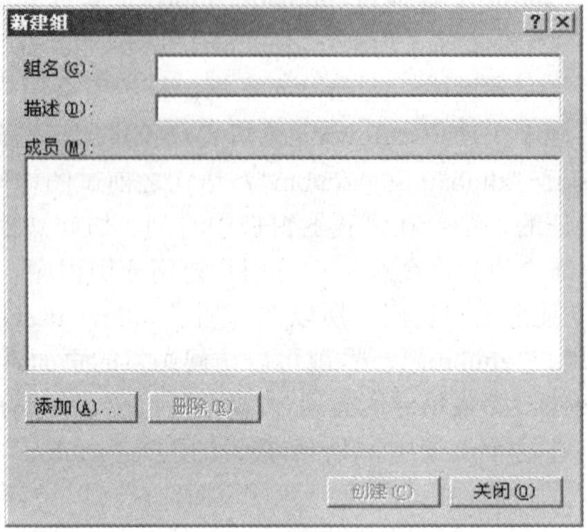

图 7–18　添加新组

（3）创建一个组，指定它的名称为“MyGroup”和描述“EShopTest 允许访问的用户组测试”，然后单击【添加】按钮，选择要成为该组中成员的用户。

（4）创建组后，将在 Web.Config 文件中添加如下代码：

<allow roles="MyGroup" />

（5）注销计算机，用“MyGroup”组中的用户登录系统，打开 EShop 应用程序运行即可访问网站的页面。

【示例解释】

本例中新添加了用户组，在 Web.Config 文件中添加允许用户组访问的代码后就可以允许新建组中的用户访问应用程序。使用<allow>或<deny>元素中的 roles 属性，就可以操作创建的组或已有的组。

【背景知识】

1. Web.Config

Web.Config 文件是一个 XML 文本文件，它用来储存 ASP.NET Web 应用程序的配置信息（如最常用的设置 ASP.NET Web 应用程序的身份验证方式），它可以出现在应用程序的每一个目录中。当通过 VB.NET 新建一个 Web 应用程序后，默认情况下会在根目录自动创建一个默认的 Web.Config 文件，包括默认的配置设置，所有的子目录都继承它的配置设置。如果想修改子目录的配置设置，可以在该子目录下新建一个 Web.Config 文件。它可以提供除从父目录继承的配置信息以外的配置信息，也可以重写或修改父目录中定义的设置。

2. <authentication>节点

在应用程序的 Web.Config 文件中使用<authentication>节点，可以设置 ASP.NET 应用程序需要的身份验证类型。

```
<system.web>
  <authentication mode="Windows|Forms|Passport|None">
  </authentication>
</system.web>
```

<authentication>节点用 mode 属性设置要使用的身份验证模式。其选项包括 Windows、Forms、Passport 和 None。表 7–2 解释了这些选项。

表 7–2　身份验证模式

提 供 程 序	说　明
Windows	Windows 身份验证与 IIS 身份验证一起使用。IIS 以如下方式进行验证：basic、digest 或 Integrated Windows Authentication。IIS 验证完成后，ASP.NET 就使用已验证的身份授予访问权限。这是默认设置
Forms	未通过验证的请求使用 HTTP 客户端重定向功能重定向到一个 HTML 窗体上。用户要提供登录信息，并提交该窗体。如果应用程序验证该请求，系统就发送一个窗体，该窗体包含重新获得身份的凭证或密钥
Passport	这是 Microsoft 提供的一个集中式身份验证服务，它为成员站点提供了一个登录和核心配置服务。Microsoft 从 2004 年年末开始不再强调这种验证模式
None	不使用任何身份验证模式

3. <allow>和<deny>节点详解

<allow>和<deny>节点不仅可以操作特定的用户，还可以操作组。这两个元素支持表 7–3 中的属性。

表 7–3　属 性 列 表

属　性	说　明
Users	允许通过域和/或名称指定用户
Roles	允许指定允许或拒绝访问的访问组
Verbs	允许指定允许或拒绝访问的 HTTP 传输方法

在使用这些属性时，可以用星号（*）指定所有的用户：

```
<allow roles="*" />
```

在这个例子中，允许所有的用户访问应用程序。这些属性可以使用的另一个符号是问号（?），它表示所有的匿名用户。例如，如果阻止所有的匿名用户访问应用程序，可使用下面的代码：

```
<deny users="?" />
```

在<allow>或<deny>元素中使用 users、roles 或 verbs 属性时，可以指定多个项，这些值用逗号隔开。如果允许多个用户访问，可以把这些用户放在不同的元素中，代码如下所示：

```
<allow users="MyDomain\User1" />
<allow users="MyDomain\User2" />
```

也可以使用下面的代码：

```
<allow users="MyDomain\User1, MyDomain\User2" />
```

在定义多个角色和动词时，语法与上相同。

【任务小结】

——你掌握了吗？

学会使用身份验证措施保护站点。

任务三　根据数据库中的值进行验证和窗体身份验证

【任务要点】

1. 基于窗体的身份验证
2. 根据数据库中的值进行验证

【导学实践，跟我学】

【案例 1】

使用数据库中的值验证和窗体身份验证限制用户对特定页面的访问

如果不希望所有的用户都能访问 EShopTest 程序中的 Admin 文件夹里的页面，只允许通过管理员登录页面的用户才能访问，那么下面可以来制作一个管理员登录页面，并完成相关的安全设置，只允许从管理员登录页面正确登录的用户访问 Admin 文件夹中的页面。

【具体步骤】

（1）制作管理员登录页面。

① 打开 EShopTest 应用程序，在 Admin 文件夹下新建页面，并命名为 AdminLogin.aspx。

② 在页面中插入布局表格，并设置表格背景（背景图片位于应用程序的 images 文件夹中），完成后设计模式下的页面如图 7–19 所示。

③ 添加输入管理员账号和密码的两个 TextBox 并分别更改 ID 为 txtAName、txtPwd。设置 txtPwd 的 TextMode 属性为 Password。

④ 添加两个 RequiredFieldValidator 控件，控件属性设置见表 7–4。

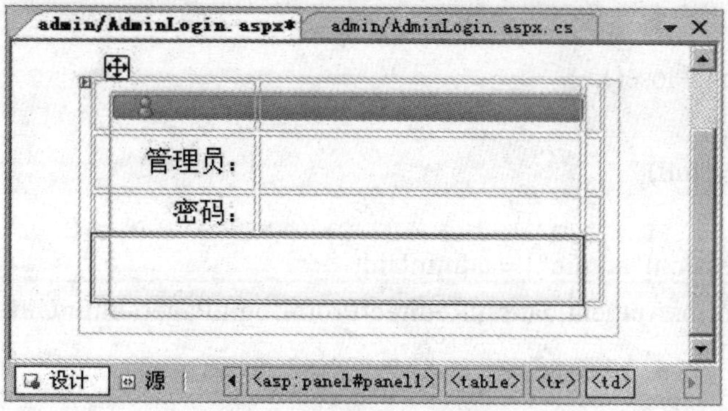

图 7–19　管理员登录页面设计

表 7–4　RequiredFieldValidator 控件属性设置

ID	ControlToValidate	ErrorMessage
valrAName	txtAName	X
valrPwd	txtPwd	X

⑤ 添加 Button 控件并更改其 ID 属性为 btnLogin，Text 属性为“登录”。

⑥ 添加 btnLogin 的 btnLogin_Click 事件，事件代码如下：

```
protected void btnLogin_Click(object sender, EventArgs e)
    {
        string adminUid = txtAName.Text;
        string adminPwd = txtPwd.Text;

        SqlConnection con;
        SqlCommand cmd;
        string sql;
        sql = "select uid,password from administrator where uid='" + adminUid + "' and
password='" + adminPwd + "'";
        con = new
SqlConnection("server=zhubaiming\\sql2000;uid=sa;pwd=sa;database=EShop");
        cmd = new SqlCommand(sql, con);
        con.Open();

        string id;
        try
        {
            id = (string)cmd.ExecuteScalar();
        }
        finally
```

```
        {
            con.Close();
        }
        if (id != null)
        {
            Session["admin"] = adminUid;
            FormsAuthentication.RedirectFromLoginPage(adminUid, true);
        }
        else
        {
            Response.Redirect("AdminLogin.aspx");
        }
    }
```

在 AdminLogin.aspx.cs 页面代码中添加 using System.Data.SqlClient;引用。

登录窗体制作完成后运行效果如图 7–20 所示。

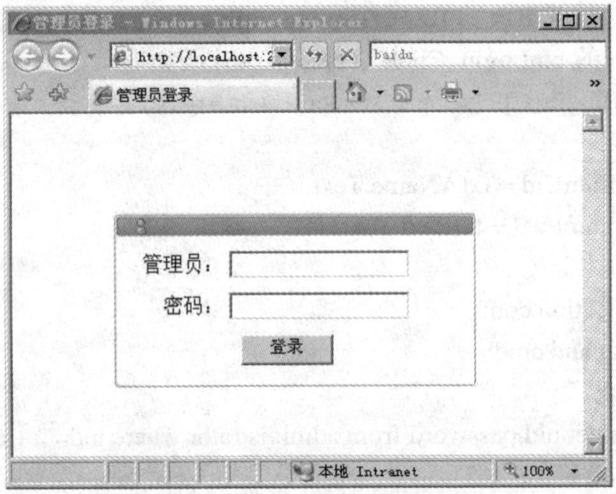

图 7–20　管理员登录窗体运行效果

⑦ 对 Web.Config 文件中的代码作如下更改：

```
<configuration>
<appSettings/>
<connectionStrings/>
<system.web>
    <authentication mode="Forms">
        <forms name="EShopTest" loginUrl="admin/AdminLogin.aspx" path="/"
timeout="1"/>
    </authentication>
    <authorization>
```

```
            <allow users="*"/>
        </authorization>
        <compilation debug="true"/>
    </system.web>
    <location path="admin">
        <system.web>
            <authorization>
                <deny users="?"></deny>
            </authorization>
        </system.web>
    </location>
</configuration>
```

【示例解释】

管理员登录页面是管理员访问 Admin 文件夹下页面的入口，只有正确登录后才能访问 Admin 文件夹里的页面。在 AdminLogin.aspx 页面输入的用户名密码要到数据库中查找。

```
sql = "select uid,password from administrator where uid='" + adminUid + "' and password='" + adminPwd + "'";
```

如果用户名和密码都正确，则转向访问请求的页面。

```
if (id != null)
    {
        Session["admin"] = adminUid;
        FormsAuthentication.RedirectFromLoginPage(adminUid, true);
    }
```

下面对 Web.Config 中代码作出解释。

先启用窗体身份验证和默认登录页：

```
<authentication mode="Forms">
<forms name="EShopTest" loginUrl="admin/AdminLogin.aspx" path="/" timeout="1"/>
</authentication>
```

设置网站可以匿名访问：

```
<authorization>
<allow users="*"/>
</authorization>
```

然后设置根目录下的 Admin 目录拒绝匿名登录。注意这个小节在<system.web>小节下面。

```
<location path="admin">
    <system.web>
```

```
        <authorization>
            <deny users="?"></deny>
        </authorization>
    </system.web>
</location>
```

【背景知识】

FormsAuthentication 类

从本章的窗体身份验证一节的各例子可以看出，许多任务的实现都取决于 FormsAuthentication 类。下面介绍一下这个类。

FormsAuthentication 类有许多方法和属性，可以读取和控制验证 Cookie 以及其他信息（例如请求的返回 URL）。表 7–5 列出了 FormsAuthentication 类的一些方法和属性。

表 7–5 FormsAuthentication 类的一些方法和属性

方法/属性	说　明
Authenticate	这个方法用于验证存储在配置文件(例如 Web.Config)中的凭证
Decrypt	返回一个有效的加密验证票据实例，该实例从 HTTP cookie 中提取，是 FormsAuthenticationTicket 类的一个实例
Encrypt	创建一个字符串，其中包含一个有效的加密验证票据实例，该实例可用于 HTTP cookie
FormsCookieName	给当前应用程序返回 cookie 的名称
FormsCookiePath	给当前应用程序返回 cookie 的路径(cookie 的位置)
GetAuthCookie	给指定的用户提供一个验证 cookie
GetRedirectUrl	返回一个 URL，用户通过登录页面授权后，就会重定向到这个 URL 上
HashPasswordFor Storing InConfigFile	创建所提供的字符串密码的散列。这个方法带两个参数，一个是密码，另一个是要在字符串上实现的散列类型。散列值可以是 SHA1 和 MD5
Initialize	通过从 web.config 文件中读取配置设置，以及获取应用程序的给定实例中使用的 cookie 和加密键，来执行 FormsAuthentication 类的初始化
RedirectFromLogin Page	把 HTTP 请求重定向回最初请求的页面。只能在用户获得授权后执行这个操作
RenewTicketIfOld	在 FormsAuthenticationTicket 实例上有条件地更新可变的过期时间
RequireSSL	指定 cookie 是否应只通过 SSL(HTTPS)传输
SetAuthCookie	创建一个验证票据，把它关联到输出响应包含的 cookie
SignOut	删除验证票据
SlidingExpiration	提供一个布尔值，表示过期时间是否可变

【任务小结】

——你掌握了吗?

学会使用数据库中的值验证与窗体验证保护站点。

任务四　通过 IIS 进行保护站点

【任务要点】

1. IP 地址和域名限制
2. 使用文件扩展名

【导学实践，跟我学】

【案例 1】

设置 IIS 目录安全允许特定的 IP 地址对网站的访问

有些时候并不想让所有的计算机都能访问网站，下面可以通过设置把访问权限只授予 192.168.1.0 子网上的服务器（由 Linksys 路由器定义）。

【具体步骤】

（1）可打开 IIS 管理器，右击【默认网站】节点，从弹出的快捷菜单中选择【属性】命令，在弹出的对话框中打开【目录安全性】选项卡，如图 7–21 所示。

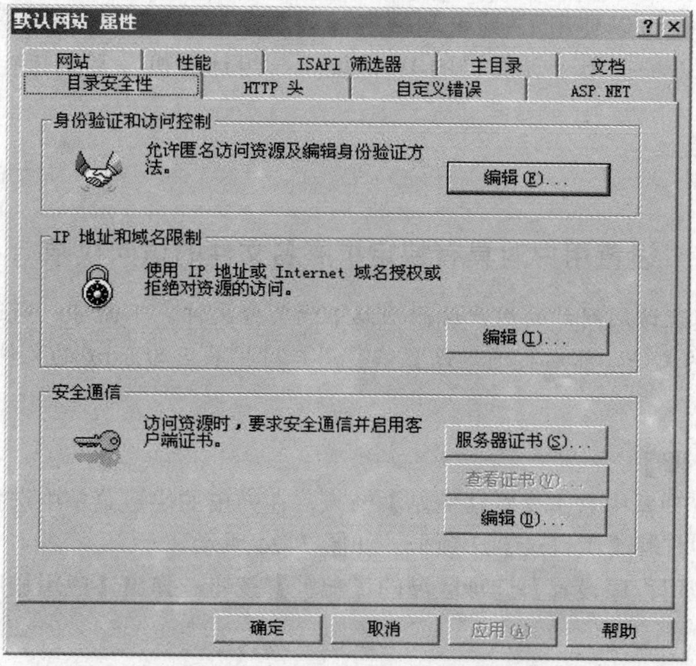

图 7–21 【默认网站属性】对话框

（2）单击【IP 地址和域名限制】选项区域中的【编辑】按钮，会打开一个对话框，如图 7–22 所示。

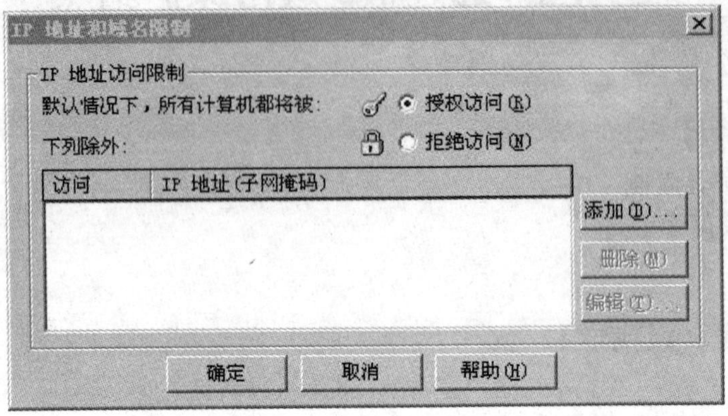

图 7–22　设置 IP 地址和域名限制

（3）在对话框中选中【拒绝访问】单选按钮，然后单击【添加】按钮，弹出【授权访问】对话框，在对话框的【网络标识】和【子网掩码】文本框中输入要限制的 IP 地址和子网掩码，如图 7–23 所示。

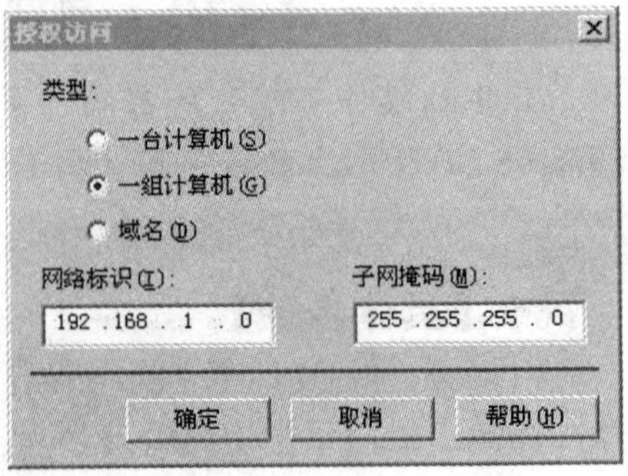

图 7–23　授权访问设置

【示例解释】

在 Windows Server 2003、Windows 2000 Server 或 Windows NT 中，可以使用 IP 地址和域名的限制功能。通过 IIS，可以根据单个计算机的 IP 地址、一组计算机，甚至指定的域名来应用某些限制。

【案例 2】

设置用户对具有特定扩展名文件的访问权限

有些时候不想让访问网站的用户访问网站下的某些文件，下面可以通过设置拒绝用户访问扩展名为.aspx 的文件，然后再通过设置恢复用户对扩展名为.aspx 的文件访问。

【具体步骤】

（1）在 IIS 管理器中右击【默认网站】节点，在弹出的快捷菜单中选择【属性】命令，在弹出的对话框中打开【主目录】选项卡。如图 7–24 所示。

（2）单击【应用程序设置】选项区域的【配置】按钮，弹出【应用程序配置】对话框，如图 7–25 所示。

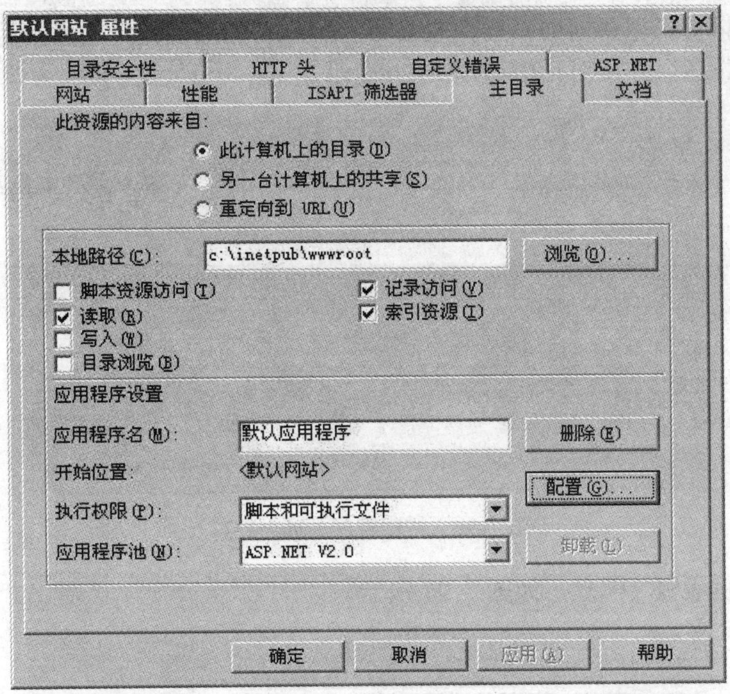

图 7–24　默认网站属性

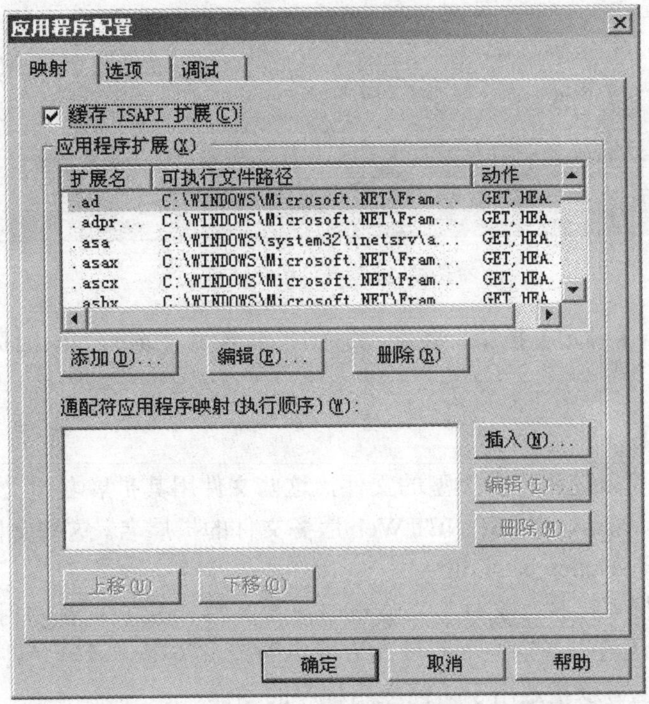

图 7–25　应用程序配置

在【应用程序扩展】选项区域中选择扩展名为“.aspx”的行，然后单击【删除】按钮。单击【确定】按钮后，网站中扩展名为“.aspx”的页面就会被拒绝访问。

（3）现在来恢复可以访问网站中扩展名为“.aspx”的页面：单击【应用程序扩展】对话框中的【添加】按钮，弹出对话框如图 7–26 所示。

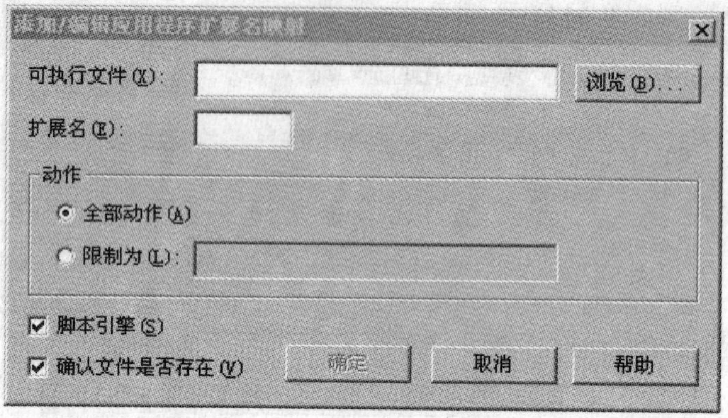

图 7–26　应用程序扩展名映射

在对话框中填写相关信息，如图 7–27 所示。

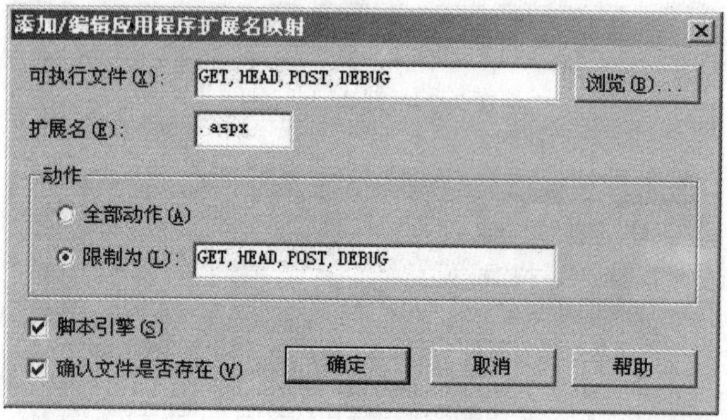

图 7–27　填写相关信息

填写完成后单击【确定】按钮。现在网站中扩展名为“.aspx”的网页就可以访问了。

【背景知识】

在 ASP.NET 中可以使用许多类型的文件，这些文件用其扩展名定义。例如，.aspx 是一般的 ASP.NET 页面，.asmx 是 ASP.NET Web 服务文件的扩展名。这些文件都是由 IIS 映射给 ASP.NET DLL 的，即 aspnet_isapi.dll。

在图 7–26 对话框“可执行文件”文本框中，所有的.aspx 页面都映射到 ASP.NET 2.0 中的 aspnet_isapi.dll，还可以指定应用程序允许发出的请求类型。可以允许使用所有的动词(例如 GET 或 POST)，也可以指定用于访问应用程序的动词。

这些映射的一个要点是，列表中看不到.html、.htm、.jpg 和其他扩展名，如.txt。应用程序不把对这些文件的请求传送给 ASP.NET。在运行本章的各个安全性例子时，要把与.aspx 页面相同类型的安全措施应用于这些文件。例如，如果要在为 ASP.NET 应用程序请求的窗体验证模型中包含所有.html 页面，就必须给列表添加.html（或其他文件扩展名）。

在处理站点的安全性时，必须记住未包含在默认映射表中的所有文件，并把需要的文件添加到同一个安全结构中。

【能力大比拼，看谁做得又好又快】

对 EShopTest 网站进行安全配置，要求不允许某一地址段的用户访问网站，网站内扩展名为.asp 的网页禁止访问。只有通过身份验证的管理员才能访问后台页面。

【任务小结】

——你掌握了吗?

学会通过设置 IIS 对站点进行保护。

项目八　Web Service、模块与一般处理程序

【项目任务】

在大型企业或组织中，如何实现不同系统之间的通信？目前来说，Web Service 提供了完美的解决方案。本项目通过创建和使用 Web 服务，掌握 Web 服务的调用方式，为以后跨平台访问 Web 服务打下基础。

在 ASP.NET 中，通常使用一个管道模型来处理 HTTP 请求，这个模型有两个核心机制 HttpModule 和 HttpHandle。本项目通过具体的应用来掌握在 ASP.NET 中进一步地处理 HTTP 请求。

【学习目标】

☆ 了解 Web Service 的概念和用途
☆ 掌握如何创建 Web Service
☆ 掌握如何在客户端调用 Web Service
☆ 掌握 HttpHandle 的使用
☆ 掌握 HttpModule 的使用

任务一　创建 Web Service

【任务要点】

1. 了解 Web Service
2. 创建 Web Service

【导学实践，跟我学】

【案例 1】

创建手机归属地查询的 Web Service，运行效果如图 8-1 所示。

当输入手机号后，单击【调用】按钮，则返回查询结果的 XML 文件，如图 8-2 所示。

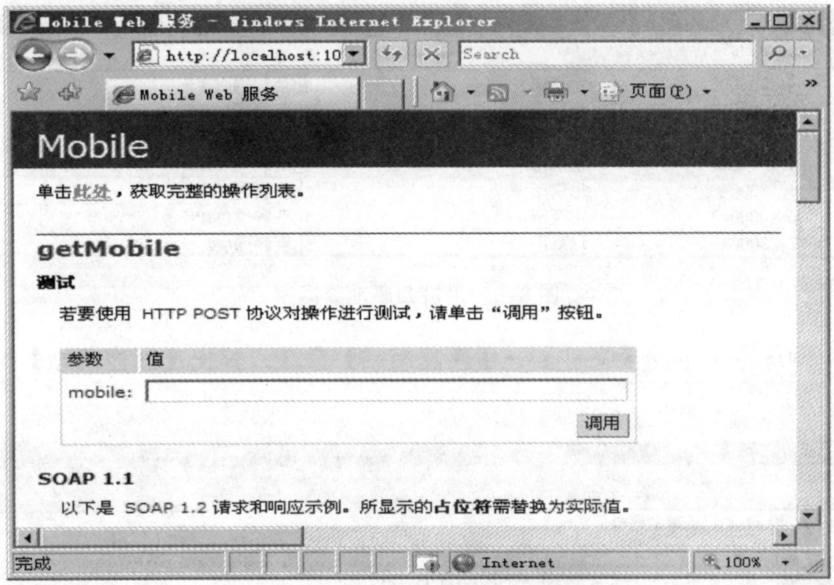

图 8–1　程序运行效果

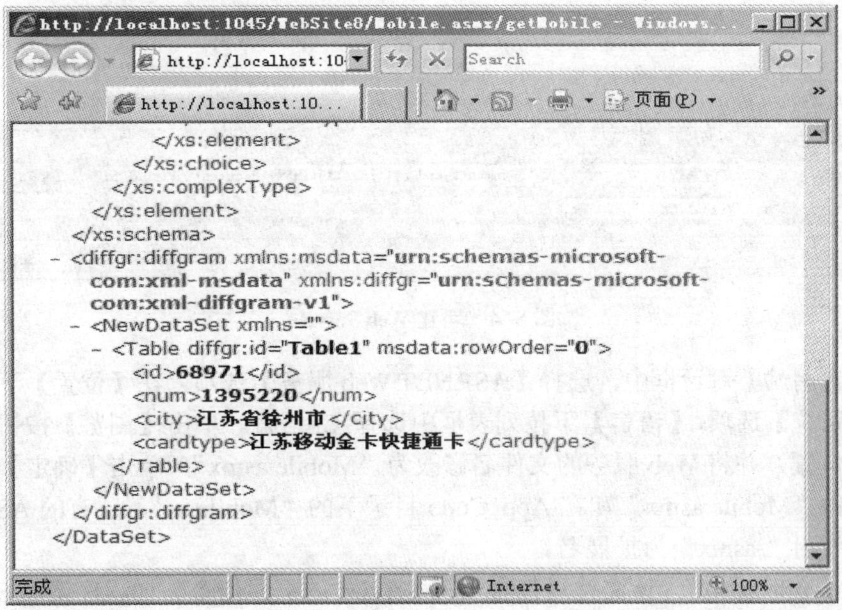

图 8–2　XML 文件

【具体步骤】

（1）创建 Web Service。在建立 Web 服务之前，首先必须有一个手机信息数据库，数据库中存放了手机归属地信息，本项目中手机归属地信息存放在 Mobile.mdb 数据库中的 list 表中，通过 Web 服务访问，如图 8–3 所示。

list : 表

id	num	city	cardtype
1	1300000	北京市	北京联通GSM卡
2	1300010	北京市	北京联通GSM卡
3	1300011	北京市	北京联通GSM卡
4	1300045	北京市	北京联通GSM卡
5	1300046	北京市	北京联通GSM卡
6	1300047	北京市	北京联通GSM卡
7	1300048	北京市	北京联通GSM卡

图 8–3 手机归属地数据库

选择 VS 2005 菜单中的【文件】→【新建网站】命令，弹出【新建网站】对话框，如图 8–4 所示。

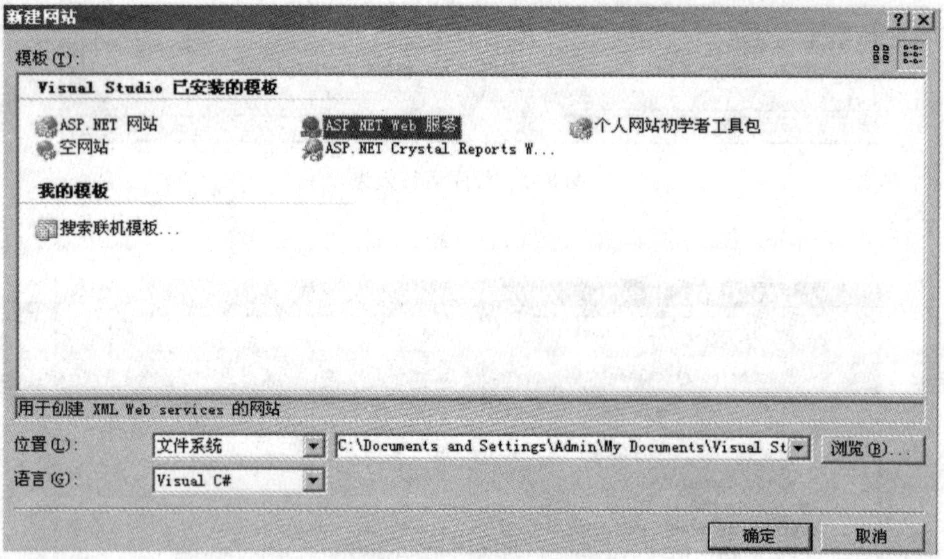

图 8–4 新建 Web Service

在【新建网站】对话框中，选择【ASP.NET Web 服务】选项，在【位置】下拉列表框中选择【文件系统】选项，【语言】下拉列表框中选择 C#语言。单击【浏览】按钮，选择存放 Web 服务的位置，并将 Web 服务的文件名修改为“Mobile.asmx”，单击【确定】按钮，此时生成两个文件“Mobile.asmx”和在 App_Code 目录下的“Mobile.cs”，所有的 ASP.NET Web 服务文件都使用“.asmx”为扩展名。

打开“Mobile.asmx”，该文件只包含 Web Service 的页面指令。如程序清单 8–1 所示。

```
<%@ WebService Language="C#" CodeBehind="~/App_Code/Mobile.cs" Class="Mobile" %>
```

程序清单 8–1

其中“Class”属性用于定义方法和数据类型的类，“CodeBehind”用于指定 Web 服务逻辑类文件的位置。

打开后台代码文件“Mobile.cs”，该文件包含了 Web Service 的后台处理代码，如程序清单 8–2 所示。

```
[WebService(Namespace = "http://tempuri.org/")]
```

```
[WebServiceBinding(ConformsTo = WsiProfiles.BasicProfile1_1)]
public class Mobile : System.Web.Services.WebService {
    public Mobile () {
        //如果使用设计的组件，请取消注释以下行
        //InitializeComponent();
    }
    [WebMethod]
    public string HelloWorld() {
        return "Hello World";
    }
}
```

程序清单 8–2　Web Service 后台处理代码

用语句[WebService(Namespace= “http://localhost/”)]替换语句[WebService (Namespace = “http://tempuri.org/”)]，这是一个临时的命名空间，可以用更有意义的名称代替，并且在访问时不出现建议提示。

（2）创建 Web 服务方法 getMobile。文件中已有一个 Web 服务方法 HelloWorld，用下面的 Web 服务方法 getMobile 替换 HelloWorld 方法。具体代码如程序清单 8–3 所示。

```
public DataSet getMobile(string mobile)//根据手机号码查询归属地
    {
     try
     {
     string strSql = "SELECT * from list where [num]='" + mobile + "'";
     OleDbConnection objConn = new
OleDbConnection("Provider=Microsoft.Jet.OLEDB.4.0;Data Source=" + Server.MapPath("./") +
"Mobile.mdb");//连接数据库
    objConn.Open();
    OleDbDataAdapter dat = new OleDbDataAdapter(strSql, objConn);
        DataSet ds = new DataSet();
            dat.Fill(ds);
            objConn.Close();
            return ds;//返回数据集合
        }
     catch (Exception Ex)
        {
            throw Ex;//抛出异常
        }

    }
```

程序清单 8–3　getMobile 方法

（3）测试 Web Service。按 F5 键运行此服务，将显示图 8–5 所示的界面。

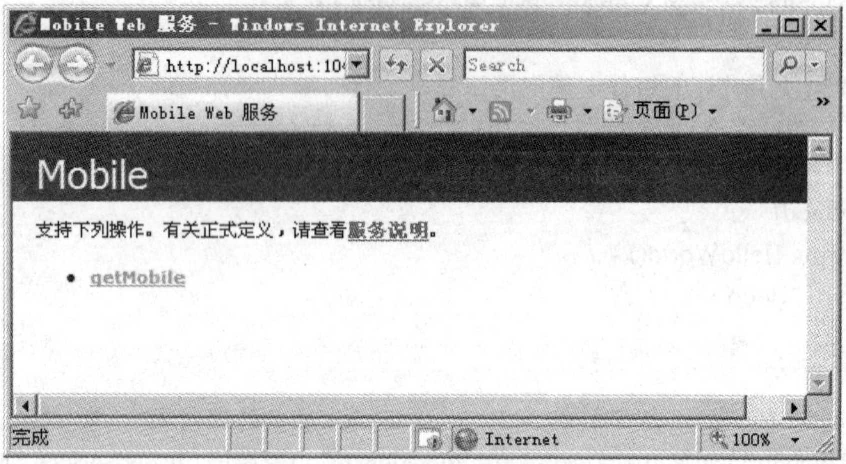

图 8–5 程序运行效果

点击“getMobile”超链接，此时程序运行效果如图 8–1 所示。

【背景知识】

Web Service 简介。Web Service 是一段位于 Internet 上的业务逻辑，可以通过标准的 Internet 协议（如 HTTP、SOAP、WSDL 或 SMTP）进行访问。它实现了一种在异构环境中各个组织内部及组织之间任意数量的应用程序，或者应用程序组件与平台和编程语言无关的编程模型。Web Service 是一门新兴技术，Web 服务模型正在改变传统软件的模式，同时也改变了分布式的计算方式。Web 服务实现的功能既可以响应客户端一个简单的请求，也可以完成一个复杂的商务流程，尤其在企业应用方面，降低了企业之间的壁垒。Web 服务发布后，其他的应用程序和 Web 服务就可以通过 Web 进行查找发现和调用该服务。

Web 服务作为一个通用的应用程序接口，它具有以下几个特征。

（1）松散耦合：Web 服务的用户不直接与 Web 服务关联，Web 服务的接口可以随时发生变化，并且不会降低客户和 Web 服务之间的交互能力。采用松散耦合体系结构使软件系统更加便于管理，并且使不同系统间的集成更加容易。

（2）完好的封装性：Web 服务是一种部署在 Web 上的对象，自然具备对象的良好的封装性，对于使用者而言，仅能看到该对象提供的功能列表。

（3）使用标准协议规范：通过使用 XML 作为所有 Web 服务协议和应用的数据表示层，在传输过程中消除了操作系统或平台绑定的限制，提供了异构平台之间无缝衔接的技术手段。

（4）高度可集成性：由于 Web 服务屏蔽了不同软件平台的差异，无论是 CORBA(通用对象代理架构)，DCOM(分布式组件对象模型)还是 EJB(Enterprise JavaBeans)都可以通过这一种标准的协议进行互操作，实现了在当前环境下最高的可集成性。

（5）容易发布和部署：Web 服务体系结构方案通过 UDDI、WSDL、SOAP 等技术协议，能够很容易地实现系统的部署。

Web 服务的封装性、松散耦合、使用标准协议规范和高度可集成能力的特点，很好地适应了企业应用集成发展的要求。与传统的企业应用集成技术相比，Web 服务应用于企业应用集成具有简单性、开放性、灵活性、动态性等特点。

【任务小结】
——你掌握了吗？

（1）理解 Web 服务的概念。

（2）如何创建 Web 服务？

任务二　调用 Web Service

【任务要点】

客户端调用 Web Service。

【导学实践，跟我学】

【案例 1】

在 ASP.NET 页面上调用 Web Service。运行效果如图 8–6 所示。

图 8–6　程序运行效果

【具体步骤】

（1）打开 VS 2005，新建一个 ASP.NET 网站，语言选择“C#”，项目名称为“WebServiceClient”。在默认的 Default.aspx 页面中添加一个表格，在表格中添加一个文本框，用来接受用户输入的手机号，添加一个 Label，用来显示查询结果，具体代码如程序清单 8–4 所示。

```
<form id="form1" runat="server">
    <div>
        <table width="604" border="1" align="center" cellpadding="6" cellspacing="0"
style="border-collapse:collapse">
            <tr>
                <td colspan="2"><div align="center">在线手机归属地查询</div></td>
            </tr>
            <tr>
                <td>
                     输入手机号：</td>
                <td><asp:TextBox ID="TextBox1" runat="server"></asp:TextBox></td>
            </tr>
            <tr>
                <td> 手机归属地：</td>
                <td> <asp:Label ID="Label1" runat="server"
Width="187px"></asp:Label></td>
            </tr>
            <tr>
                <td style="height: 36px"> </td>
                <td style="height: 36px"><asp:Button ID="Button1" runat="server"
OnClick="Button1_Click" Text="查询" BorderStyle="Groove" /></td>
            </tr>
        </table>
    </div>
</form>
```

程序清单 8–4

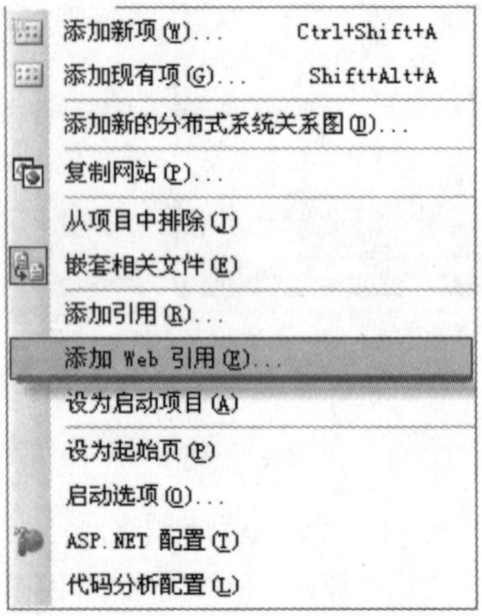

图 8–7 添加 Web 引

（2）建立 Web 服务客户端代理。选择 VS 2005 菜单中的【项目】→【添加 Web 引用】命令，弹出【添加 Web 引用】对话框，如图 8–7 和图 8–8 所示。

在对话框中的“URL(U)”下拉列表框中输入 Web 服务的 URL，这个 Web 服务一般应在远程计算机中。本例 Web 服务和客户端在同一台计算机中，其 URL 为 http://localhost:1045/WebSite8/Mobile.asmx，它集成环境自带的 Web 服务器端口号。当输入完 URL 地址后，单击【前往】按钮，如果此 URL 上有相应的 Web 服务，此时服务将在左边的下拉框中显示出来。对于 Web 引用名，用户可以根据自己需要，自行修改为有意义的引用名。添加引用完成后，网站目录下多了 App_WebReferences 目录，此目录下还生成了一个以 Web 引用名命名的文件夹，如图 8–9 所示。

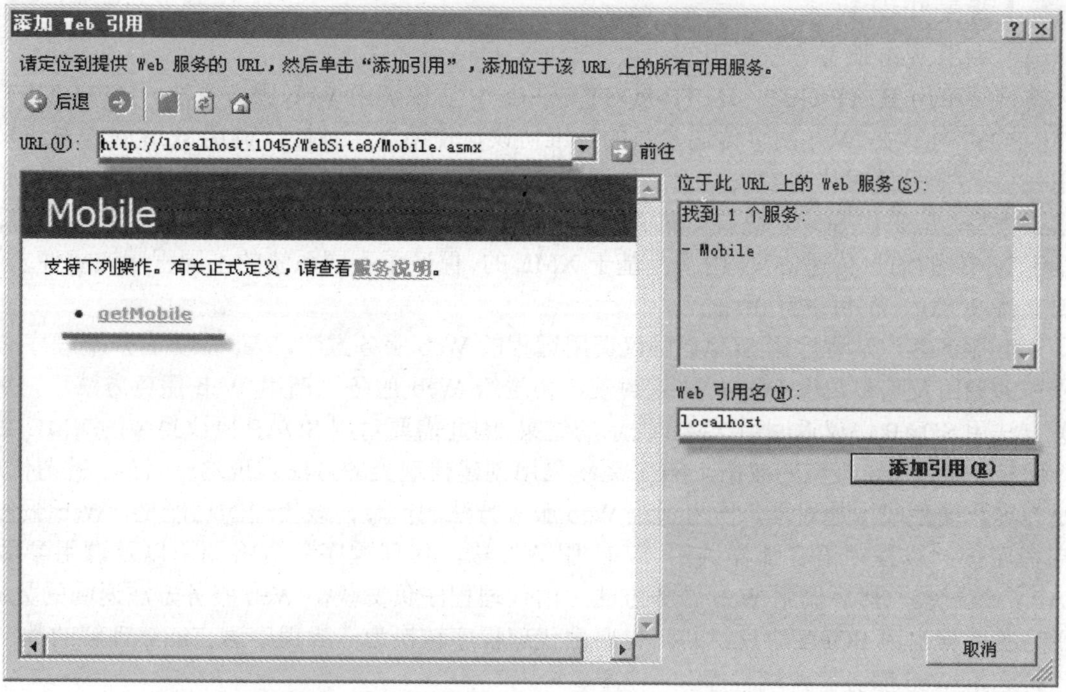

图 8–8 【添加 Web 引用】对话框

（3）添加查询按钮事件代码。添加完引用后，在查询按钮事件代码中添加以下代码，如程序清单 8–5 所示。

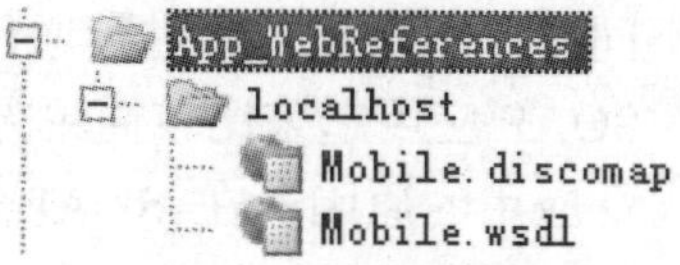

图 8–9　Web 引用文件夹

```
try
  {
    localhost.Mobile mb = new localhost.Mobile();//创建
    Web 服务代理对象 DataSet dtm = mb.getMobile(TextBox1.Text.Substring(0, 7));//获取
    数据集合
        if (dtm.Tables[0].Rows.Count > 0)
            Label1.Text = dtm.Tables[0].Rows[0][3].ToString();
        else
            Label1.Text = "没有查到相关信息";
  }
catch (Exception ep)
  {
    Response.Write(ep.Message);
  }
```

程序清单 8–5

添加完成后，运行程序则实现图 8–6 所示的效果。

【背景知识】

（1）调用 Web 服务方法采用的协议。

客户端可用 HTTP-GET、HTTP-POST 或 SOAP 协议调用 Web 服务方法。HTTP-GET 和 HTTP-POST 协议是 Web 网页传递参数的标准协议，使用这两种协议调用 Web 服务方法只能采用变量名/变量值对传递参数，无法传递像 DataSet、二进制文件等数据类型，为了传递复杂数据类型，应采用 SOAP 协议。SOAP（Simple Object Access Protocol）简单对象访问协议，是基于 XML 的消息传递协议，由于是基于 XML 的，保证了不同系统的不同程序或组件之间，只要支持 SOAP，都可以互相通信。

Web 服务客户端程序用 SOAP 协议调用远程的 Web 服务方法，Web 服务客户端程序必须把程序的调用及其参数用 SOAP 协议封装，传送给 Web 服务。调用 Web 服务方法后，Web 服务方法用 SOAP 协议返回用 XML 表示的结果，因此需要对用 SOAP 协议封装的 XML 文档进行解析，得到指定类型的数据。.NET 系统采用创建代理类的方法实现这一目的。所谓代理，就是在客户端生成本地对象，作为远程 Web 服务方法的前端，该代理的功能是，Web 服务客户端程序按一般程序语言那样调用 Web 服务方法，代理程序负责将调用以及调用参数用 SOAP 协议封装，然后调用 Web 服务方法，由代理程序负责获得 Web 服务方法返回的数据，由于这些数据也用 SOPA 协议封装，也要由代理程序转换为一般程序语言能够理解的数据类型，传送给 Web 服务客户端程序。

（2）SOAP 是一个用来在分散、分布式的环境中交换信息的简单协议。由于 SOAP 消息的格式是标准的，并且基于 XML，所以 SOAP 可以用在不同的计算机体系结构、不同的语言和不同的操作系统之间进行通信。Web 服务就是使用 SOAP 作为它的标准通信协议。

SOAP 应用起来比较简单方便，可以用在 HTTP、SMTP 或其他协议传输上。这就是 SOAP 被广泛应用的原因所在。SOAP 传输的主要是 SOAP 消息，它主要包括 SOAP 信封(Envelope)，可选的 SOAP 报头（Header）和必须的 SOAP 实体（Body）。SOAP 信封是 SOAP 消息的顶级元素，是必需的，它包含两个子元素 Header 和 Body。SOAP 报头是可选的，它是一种用来向 SOAP 消息添加额外特性的通用机制。SOAP 报体 Body 元素中包含发送给最终目标节点的信息，它是必需的。SOAP 消息的最终接收者必须要正确处理 Body 元素。SOAP 信息包的具体结构如图 8–10 所示。

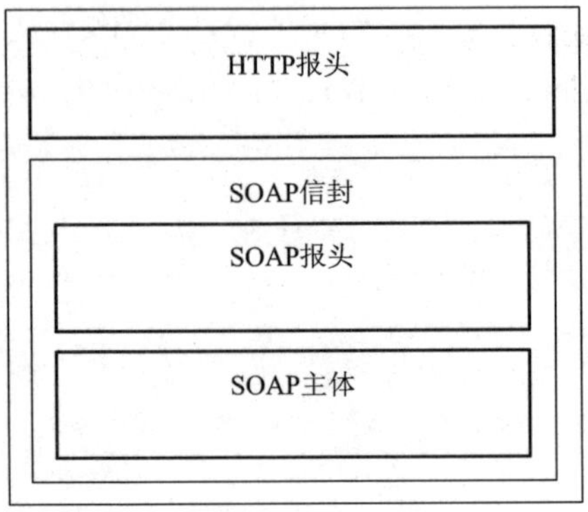

图 8–10　SOAP 信息包结构

SOAP 使用 HTTP 来包装和传输，就像使用邮局的信封一样，SOAP 信封就相当于邮局的信封，SOAP 头和 SOAP 体相当于信封里面的内容，而 HTTP 报头相当于信封上的实际通信地址。

【能力大比拼，看谁做得又好又快】

创建求两个数字的和的 Web 服务，并在客户端进行调用，运行结果如图 8–11 所示。

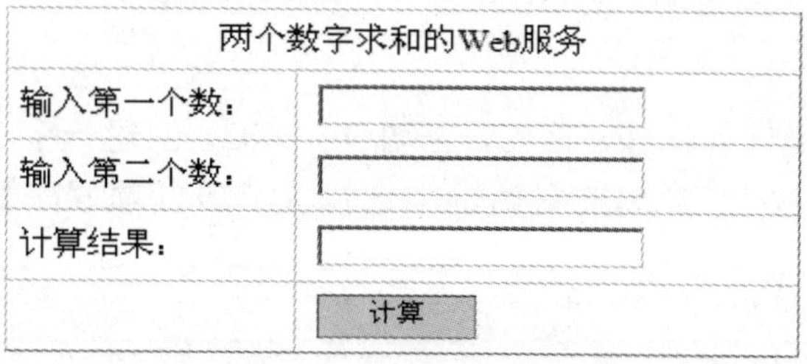

图 8–11 程序运行效果

【任务小结】

——你掌握了吗?

（1）了解 Web 服务协议。

（2）在客户端如何调用 Web 服务？

任务三 HttpHandle 的使用

【任务要点】

1. HttpHandle 的概念
2. 使用 HttpHandle 实现复杂操作

【导学实践，跟我学】

【案例 1】

实现页面验证码，每次刷新并生成新的验证码，具体运行效果如图 8–12 所示。

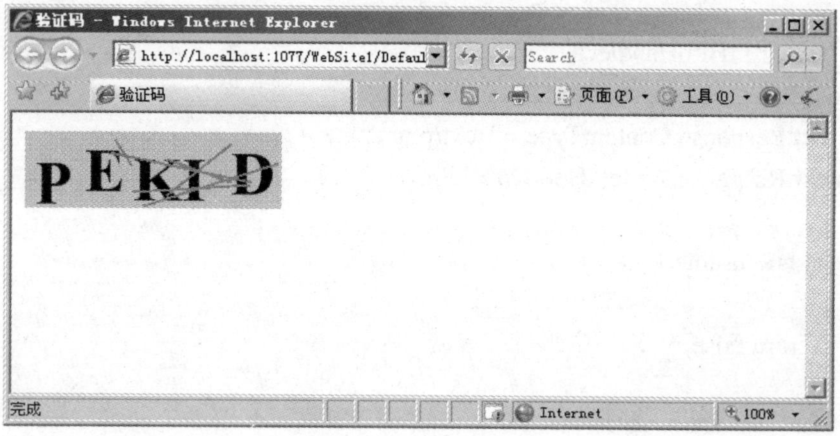

图 8–12 程序运行效果

【具体步骤】

（1）创建 HttpHandle 处理程序。首先，启动 VS 2005，创建一个 ASP.NET 网站，选择【项目】→【添加新项】命令，在弹出的对话框中选择【一般处理程序】选项，如图 8–13 所示。

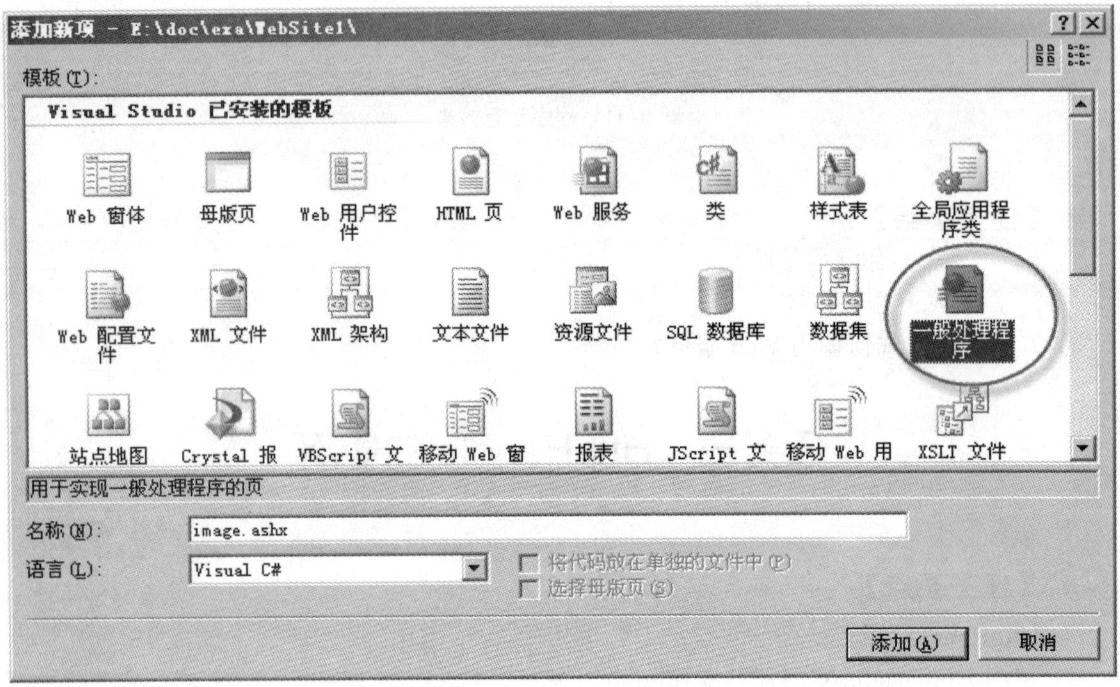

图 8–13　创建一般处理程序

将处理程序的名称修改为“image.ashx”，单击【添加】按钮后，系统将自动添加以下代码，如程序清单 8–6 所示。

```
<%@ WebHandler Language="C#" Class="Handler" %>
using System;
using System.Web;
public class Handler : IHttpHandler {
    public void ProcessRequest (HttpContext context) {
        context.Response.ContentType = "text/plain";
        context.Response.Write("Hello World");
    }
    public bool IsReusable {
        get {
            return false;
        }
    }
}
```

程序清单 8–6

（2）修改处理程序代码，如程序清单 8–7 所示。

```
<%@ WebHandler Language="C#" Class="image" %>
using System;
using System.Drawing;
using System.Drawing.Imaging;
using System.Text;
using System.Web;
using System.Web.SessionState;
public class image : IHttpHandler, IRequiresSessionState
{
    public void ProcessRequest (HttpContext context) {
        context.Response.ContentType = "image/gif"; //建立 Bitmap 对象，绘图
        Bitmap basemap = new Bitmap(200, 60);
        Graphics graph = Graphics.FromImage(basemap);
        graph.FillRectangle(new SolidBrush(Color.Gold), 0, 0, 200, 60);
        Font font = new Font(FontFamily.GenericSerif, 48, FontStyle.Bold, GraphicsUnit.Pixel);
        Random r = new Random();
        string letters = "ABCDEFGHIJKLMNPQRSTUVWXYZ0123456789";
        string letter;
        StringBuilder s = new StringBuilder();
        //添加随机的五个字母
        for (int x = 0; x < 5; x++)
        {
         letter = letters.Substring(r.Next(0, letters.Length - 1), 1);
            s.Append(letter);
          graph.DrawString(letter, font, new SolidBrush(Color.Black), x * 38, r.Next(0, 15));
        }
        //混淆背景
        Pen linePen = new Pen(new SolidBrush(Color.Gray), 2);
        for (int x = 0; x < 6; x++)
            graph.DrawLine(linePen, new Point(r.Next(0, 199), r.Next(0, 59)), new
Point(r.Next(0, 199), r.Next(0, 59)));
        //将图片保存到输出流中
        basemap.Save(context.Response.OutputStream, ImageFormat.Gif);
        context.Session["CheckCode"] = s.ToString();
        context.Response.End();
    }
    public bool IsReusable {
        get {
```

```
                return false;
            }
        }
}
```

程序清单 8–7 创建验证码图片

◎ 小提示

Handler 类不仅需要实现 IHttpHandler 接口，为了在这个 Handler 类中使用 SessionState，还需要实现 IRequiresSessionState 接口。

（3）在需要调用的页面中添加调用图像代码，如程序清单 8–8 所示。

```
<img src="image.ashx" alt="图片验证码" />
```

程序清单 8–8

添加完成后，运行程序则可以实现如图 8–12 所示的效果。

【案例 2】

使用 HttpHandler 实现对站点下所有图片加水印“Asp.net 教程”。运行效果如图 8–14 所示。

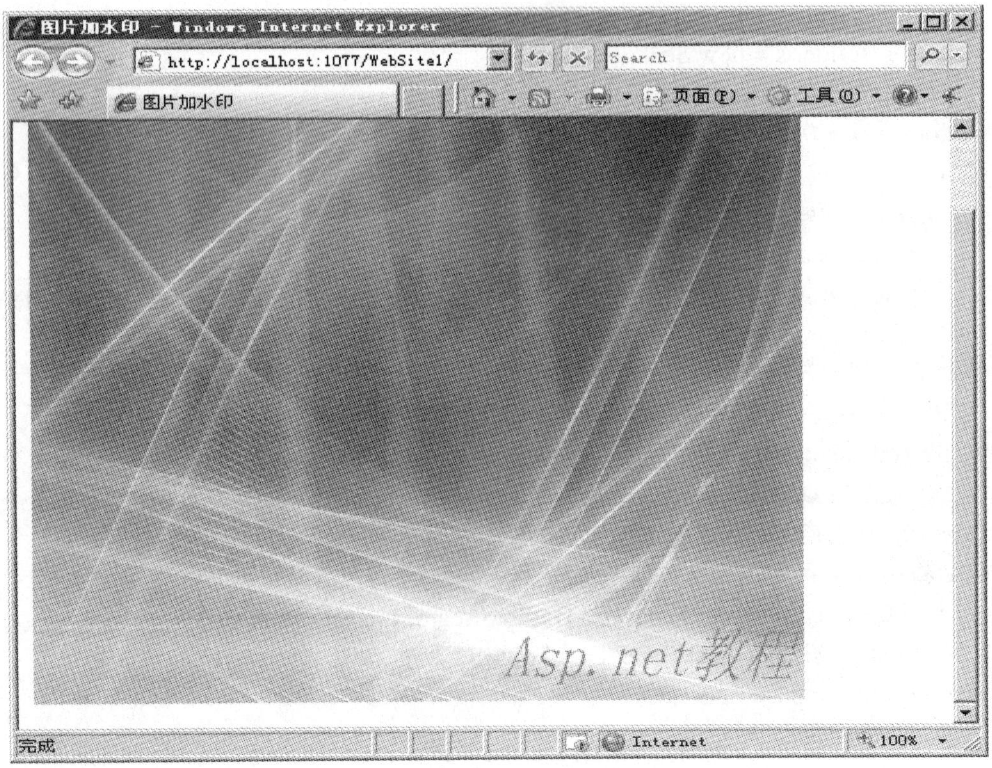

图 8–14 程序运行效果

【具体步骤】

（1）创建 HttpHandle 处理程序。首先，启动 VS 2005，创建一个 ASP.NET 网站，选择【项目】→【添加新项】命令，在弹出的对话框中选择【类】选项，将类的名称修改为“WaterMark”，如图 8–15 所示。

图 8–15　添加类

单击【添加】按钮，在生成的类中，修改类代码，让其实现 IHttpHandler 接口，具体代码如程序清单 8–9 所示。

```
using System;
using System.Web;
using System.Drawing;
using System.Drawing.Imaging;
public class WaterMark : IHttpHandler
{
    public WaterMark()
    {
    }
    public void ProcessRequest(HttpContext context)
    {
        string imagePath = context.Request.PhysicalPath;
        Bitmap image = null;
        image = new Bitmap(imagePath);
        image = AddWaterMark(image);
```

```
        image.Save(context.Response.OutputStream, ImageFormat.Jpeg);//将添加水印的图片输
入到当前流中
    }
    public bool IsReusable
    {
        get
        {
            return false;
        }
    }
    //给图片加水印
    private Bitmap AddWaterMark(Bitmap image)
    {
        string text = "Asp.net 教程";//水印文本
        int fontSize = 80;//大小
        Font font = new Font("宋体", fontSize,FontStyle.Italic);
        Brush brush = Brushes.DarkGoldenrod;
        Graphics g = Graphics.FromImage(image);
        SizeF size = g.MeasureString(text, font);
        g.DrawString(text, font, brush, image.Width - size.Width, image.Height - size.Height);
        g.Dispose();
        return image;
    }
}
```

程序清单 8–9　实现图片水印

（2）修改 Web.config 文件。在<system.web>节点之间添加 <httpHandlers>节点，具体代码如程序清单 8–10 所示。

```
<httpHandlers>
    <!--
            如果处理某个目录下面的图片，直接修改 path 属性
    -->
      <add path="*.jpg" verb="*" type="WaterMark"/>
</httpHandlers>
```

程序清单 8–10

修改完成后，运行程序则可以实现图 8–14 所示效果。

（3）程序的部署。在 IIS 中部署此类程序需要注意，由于在默认情况下 IIS 对“.jpg”类型的图片不做任何处理，所以在部署时，首先应打开网站属性对话框，如图 8–16 所示。

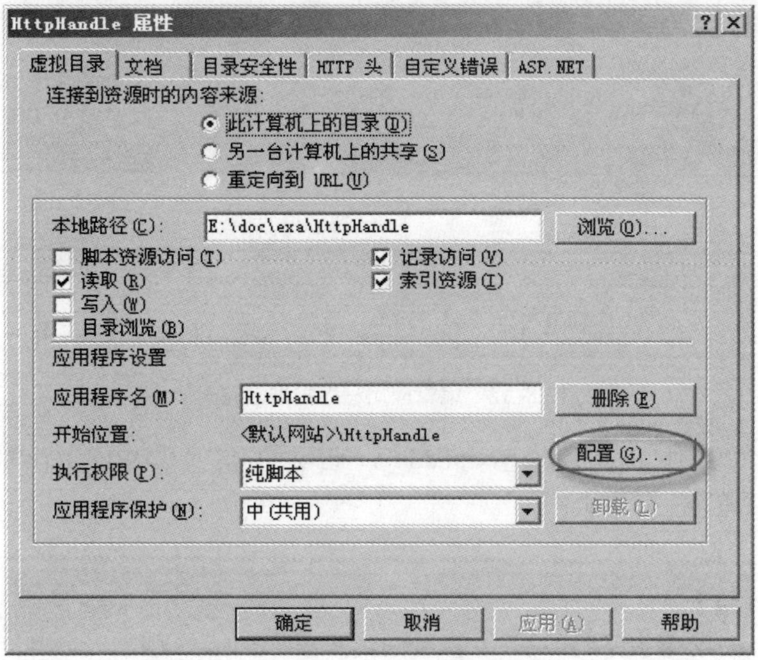

图 8–16　配置 IIS 属性

单击【配置】按钮，此时弹出【应用程序配置】对话框，如图 8–17 所示。

图 8–17　IIS 应用程序配置

单击【添加】按钮，弹出【添加/编辑应用程序扩展名映射】对话框，如图 8–18 所示。

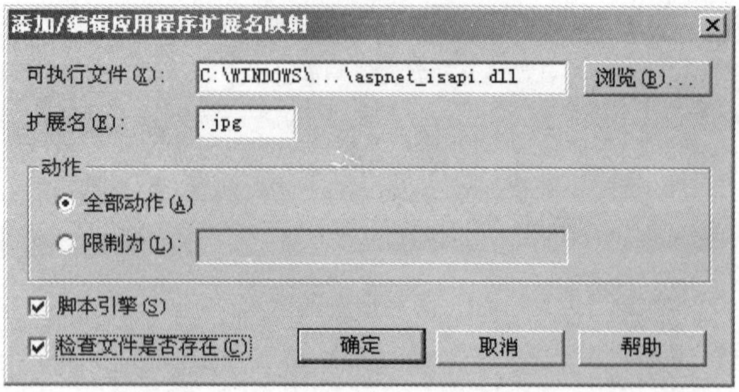

图 8-18 编辑应用程序扩展名映射

选择可执行文件为“aspnet_isapi.dll”，此文件在“C:\WINDOWS\Microsoft.NET\Framework\v2.0.50727”目录下。

【任务小结】

——你掌握了吗?

（1）如何创建 HttpHandle?

（2）使用 HttpHandle 实现复杂操作。

（3）在 IIS 中如何部署 HttpHandle 程序?

任务四 HttpModule 的使用

【任务要点】

1. HttpModule 的概念
2. 使用 HttpModule 实现对请求的过滤

【导学实践，跟我学】

【案例 1】

使用 HttpModule 实现对整个站点的访问控制，也就是用户必须通过登录页面进入系统，防止用户直接输入 URL 地址访问系统页面。准备两个或两个以上的页面，在没有获得授权之前，在地址栏输入其他任何页面地址都会跳转到登录页面，省去了在 ASP 中每个页面都需要判断会话的麻烦。具体运行效果如图 8-19 所示。

如果登录成功，此时将在所有页面上显示欢迎语“欢迎您！xxxxxx！”，效果如图 8-20 所示。

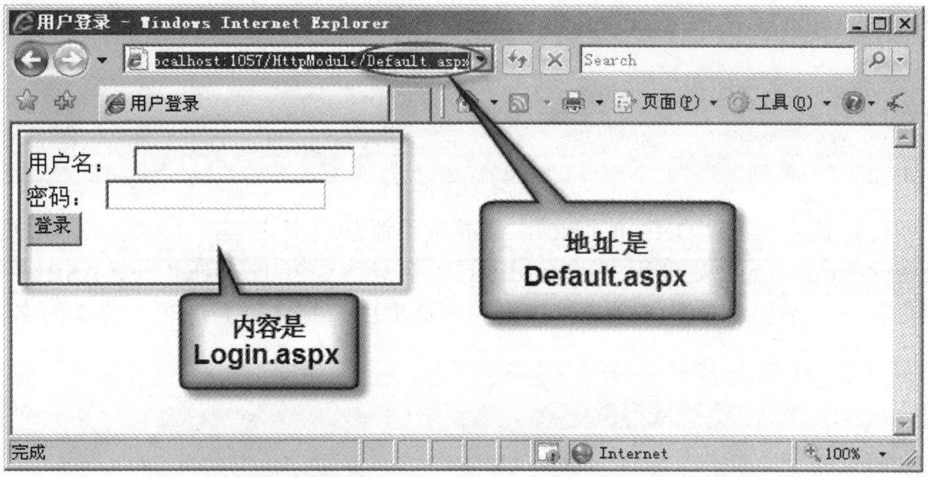

图 8–19 程序运行效果（1）

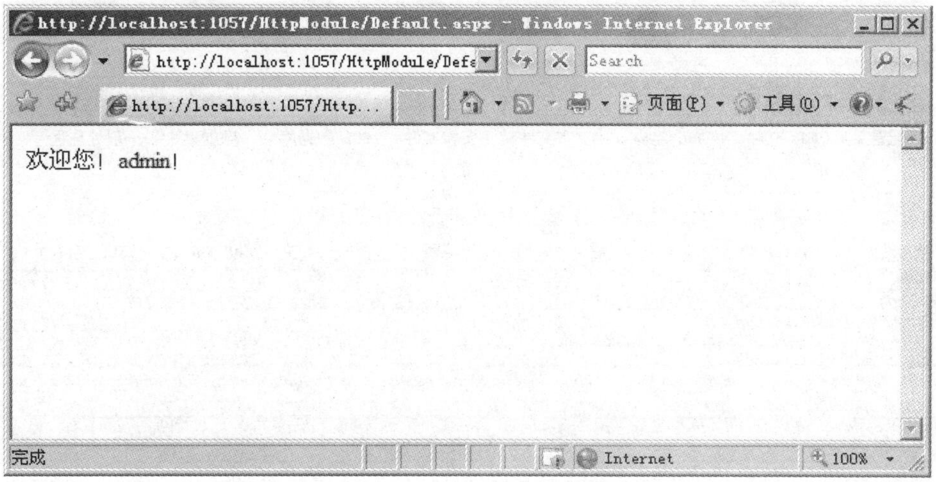

图 8–20 程序运行效果（2）

【具体步骤】

（1）创建登录页面“Login.aspx”，主要包括用户名和密码两个文本框，具体代码如程序清单 8–11 所示。

```
<form id="form1" runat="server">
  <div>
        <asp:Label ID="Label1" runat="server" Text="用户名："></asp:Label>
         <asp:TextBox ID="UserName" runat="server"></asp:TextBox>
        <br />
        <asp:Label ID="Label2" runat="server" Text="密码："></asp:Label>
        <asp:TextBox ID="UserPwd" runat="server"></asp:TextBox><br />
```

```
        <asp:Button ID="Button1" runat="server" OnClick="Button1_Click" Text="登录"
/></div>
    </form>
</body>
```

程序清单 8–11

（2）创建默认主页面“Default.aspx”，页面中不添加任何内容，主要用来输出欢迎词。

（3）创建 HttpModule 处理程序“Validator”。启动 VS 2005，创建一个 ASP.NET 网站，选择【项目】→【添加新项】命令，在弹出的对话框中选择【类】选项，将类的名称修改为“Validator”，如图 8–21 所示。

图 8–21 添加类

单击【添加】按钮，在生成的类中，修改类代码，让其实现 IHttpModule 接口，具体代码如程序清单 8–12 所示。

```
using System;
using System.Data;
using System.Configuration;
using System.Web;
using System.Web.Security;

public class Validator :IHttpModule
{
    public Validator()
    {
```

```
        //
        //TODO: 在此处添加构造函数逻辑
        //
    }
    public void Dispose()
    { }
    public void Init(HttpApplication app)
    {

        app.AcquireRequestState += new EventHandler(context_AcquireRequestState);

    }
    void context_AcquireRequestState(object sender, EventArgs e)
    {
        //获取应用程序
        HttpApplication application = (HttpApplication)sender;
        HttpContext context = application.Context;
        //检查用户是否已经登录

        if (context.Session==null||context.Session["UserName"] == null)
        {
            //获取 Url
            string requestUrl = application.Request.Url.ToString();
            string requestPage = requestUrl.Substring(requestUrl.LastIndexOf('/') + 1);
            //如果请求的页面不是登录页面，重新定向到登录页面
            if (requestPage != "Login.aspx")
            {
              application.Server.Transfer("Login.aspx");

            }
        }
        else
        {
            //已经登录，向每个请求的页面打印欢迎词
            application.Response.Write(string.Format("欢迎您！{0}！",
context.Session["UserName"]));
        }
    }
}
```

程序清单 8-12 Validator 验证模块

（4）注册模块。在 Web.Config 中<system.web>节点之间添加以下代码，如程序清单 8-13 所示。

```
<httpModules>
    <add  name="validator" type="Validator"/>
</httpModules>
```

程序清单 8-13

注册完成后，运行程序则可以实现图 8-19 和图 8-20 所示效果。

【背景知识】

（1）HttpModule 和 HttpHandler 程序运行模型。ASP.NET 请求处理过程是基于管道模型的，在模型中 ASP.NET 把 HTTP 请求传递给管道中的所有模块。每个模块都接收 HTTP 请求并有完全的控制权限。模块可以用任何自认为适合的方式来处理请求。一旦请求经过了所有 HTTP 模块，就最终被 HTTP 处理程序处理。HTTP 处理程序对请求进行一些处理，并且结果将再次经过管道中的 HTTP 模块。具体的运行模型如图 8-22 所示。

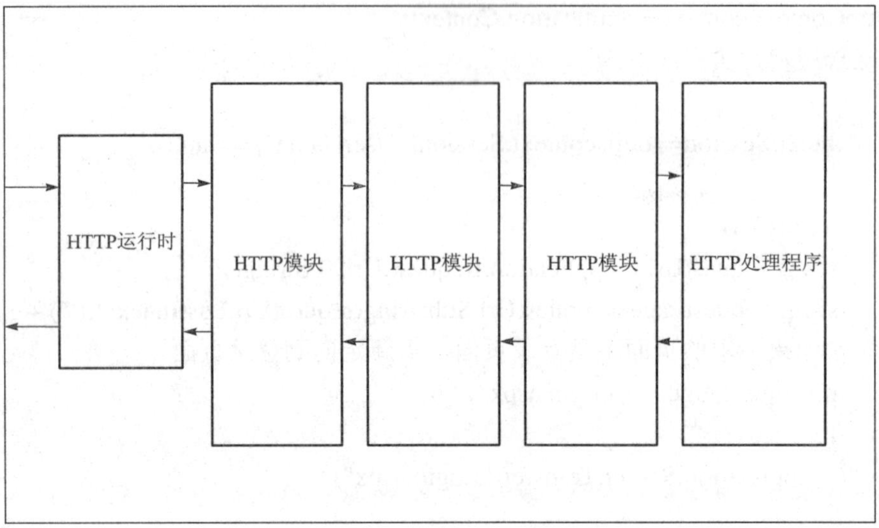

图 8-22 HttpModule 和 HttpHandler 程序运行模型

从图 8-22 中可以看出，ASP.NET 在处理管道中通过 HTTP 模块来传送每个入站请求，并且允许在管道中存在多个 HTTP 模块来处理每个请求。入站请求经过处理模块后就传送给 HTTP 处理程序，它负责处理请求。尽管一个请求可以经过多个模块处理，但是最终只能由一个处理程序来处理。

（2）HttpHandler 处理程序：HttpHanlder 处理程序是实现了 System.Web.IHttpHandler 接口的.NET 组件。任何实现了 IHttpHandler 接口的类都可以用于处理输入的 HTTP 请求。HTTP 处理程序与 ISAPI 扩展有些类似。HTTP 处理程序和 ISAPI 扩展的差别在于在 URL 中可以使用 HTTP 处理程序的文件名称直接调用它们，与 ISAPI 扩展类似。

HTTP 处理程序实现了下列方法。

1)ProcessRequest，这个方法实际上是 HTTP 处理程序的核心。调用这个方法来处理 HTTP 请求；

2）IsReusable，调用这个属性来决定 HTTP 处理程序的实例是否可以用于处理相同其他类型的请求。HTTP 处理程序可以返回 True 或 False 来表明它们是否可以重复使用。

为了给 Web 应用程序添加 HTTP 处理程序，可以使用<httpHandlers>和<add>节点。实际上，处理程序都带有<add>节点，列举在<httpHandlers>和</httpHandlers>节点之间。下面是添加 HTTP 处理程序的一个普通的例子。

```
<httpHandlers>
  <add verb="*" path="path" type="namespace.classname " />
<httpHandlers>
```

在上面的 XML 中，Verb 属性指定了处理程序支持的 HTTP 动作。如果某个处理程序支持所有的 HTTP 动作，请使用“*”，否则使用逗号分隔的列表列出支持的动作。因此如果处理程序只支持 HTTP GET 和 POST，那么 Verb 属性就应该是“GET, POST”。

Path 属性指定了需要调用处理程序的路径和文件名（可以包含通配符）。例如，如果希望处理程序只有在 test.jpg 文件被请求的时候才被调用，那么 path 属性就包含“test.jpg”，如果希望含有.xyz 后缀的所有文件都调用处理程序，path 属性应该包含“*.jpg”。

Type 属性用名字空间、类名称和部件名称的组合形式指定处理程序或处理程序工厂的实际类型。

维护会话状态是 Web 应用程序执行的最通常的事务。HTTP 处理程序也需要访问这些对话状态。但是 HTTP 处理程序的默认设置是没有激活对话状态的。为了读取和/或写入状态数据，需要 HTTP 处理程序实现下面的接口之一。

① IRequiresSessionState；

② IReadOnlySessionState。

当 HTTP 处理程序需要读写对话数据的时候，它必须实现 IRequiresSessionState 接口。如果它只读取对话数据，实现 IReadOnlySessionState 接口就可以了。

（3）HttpModule 模块处理程序：HTTP 模块是实现了 System.Web.IhttpModule 接口的.NET 组件。这些组件通过在某些事件中注册自身，把自己插入 ASP.NET 请求处理管道。当这些事件发生的时候，ASP.NET 调用对请求有兴趣的 HTTP 模块，这样该模块就能处理请求了。

下面列举

HTTP 模块实现 IhttpModule 接口的一些方法。

1）Init()：这个方法允许 HTTP 模块向 HttpApplication 对象中的事件注册自己的事件处理程序。

2）Dispose()：这个方法给予 HTTP 模块在对象被垃圾收集之前执行清理的机会。HTTP 模块可以向 System.Web.HttpApplication 对象暴露下面一些方法注册。

① AcquireRequestState：当 ASP.NET 运行时准备好接收当前 HTTP 请求的对话状态的时候引发这个事件。

② AuthenticateRequest：当 ASP.NET 运行时准备验证用户身份的时候引发这个事件。

③ AuthorizeRequest：当 ASP.NET 运行时准备授权用户访问资源的时候引发这个事件。

④ BeginRequest：当 ASP.NET 运行时接收到新的 HTTP 请求的时候引发这个事件。

⑤ Disposed：当 ASP.NET 完成 HTTP 请求的处理过程时引发这个事件。

⑥ EndRequest：把响应内容发送到客户端之前引发这个事件。

⑦ Error：在处理 HTTP 请求的过程中出现未处理异常的时候引发这个事件。

⑧ PostRequestHandlerExecute：在 HTTP 处理程序结束执行的时候引发这个事件。

⑨ PreRequestHandlerExecute：在 ASP.NET 开始执行 HTTP 请求的处理程序之前引发这个事件。在这个事件之后，ASP.NET 把该请求转发给适当的 HTTP 处理程序。

⑩ PreSendRequestContent：在 ASP.NET 把响应内容发送到客户端之前引发这个事件。这个事件允许在内容到达客户端之前改变响应内容。可以使用这个事件给页面输出添加用于所有页面的内容。

⑪ PreSendRequestHeaders：在 ASP.NET 把 HTTP 响应头信息发送给客户端之前引发这个事件。在头信息到达客户端之前，这个事件允许改变它的内容。可以使用这个事件在头信息中添加 Cookie 和自定义数据。

⑫ ReleaseRequestState：当 ASP.NET 结束所搜有的请求处理程序执行的时候引发这个事件。

⑬ ResolveRequestCache：引发这个事件来决定是否可以使用从输出缓冲返回的内容来结束请求。这依赖于 Web 应用程序的输出缓冲是怎样设置的。

⑭ UpdateRequestCache：当 ASP.NET 完成了当前的 HTTP 请求的处理，并且输出内容已经准备好添加给输出缓冲的时候，引发这个事件。这依赖于 Web 应用程序的输出缓冲是如何设置的。

除了这些事件之外，还可以使用四个事件。可以通过实现 Web 应用程序的 global.asax 文件中一些方法来使用这些事件。

1）Application_OnStart：当第一个请求到达 Web 应用程序的时候引发这个事件；

2）Application_OnEnd：准备终止应用程序之前引发这个事件；

3）Session_OnStart：用户对话的第一个请求引发这个事件；

4）Session_OnEnd：放弃对话或者对话超期的时候引发这个事件；

为了在 Web 应用程序中使用 HttpModule，还必须在 Web.Config 文件中注册模块程序，直接在配置文件中添加<httpModules>和<add>节点，并且<add>节点列举在<httpModules>和</httpModules>节点之内，如下面的代码实现了模块程序的注册：

```
<httpModules>
    <add type="classname, assemblyname" name="modulename" />
<httpModules>
```

其中：

① Type 属性用类和部件名称的形式指定了 HTTP 模块的实际类型；

② Name 属性指定了模块的友好名称。其他应用程序可以使用这个名称来识别 HTTP 模块。

【能力大比拼，看谁做得又好又快】

根据以上所学知识，实现网站图片防盗链功能，站内访问显示正常图片，站外访问显示错误图片，具体效果如图 8–23 和图 8–24 所示。

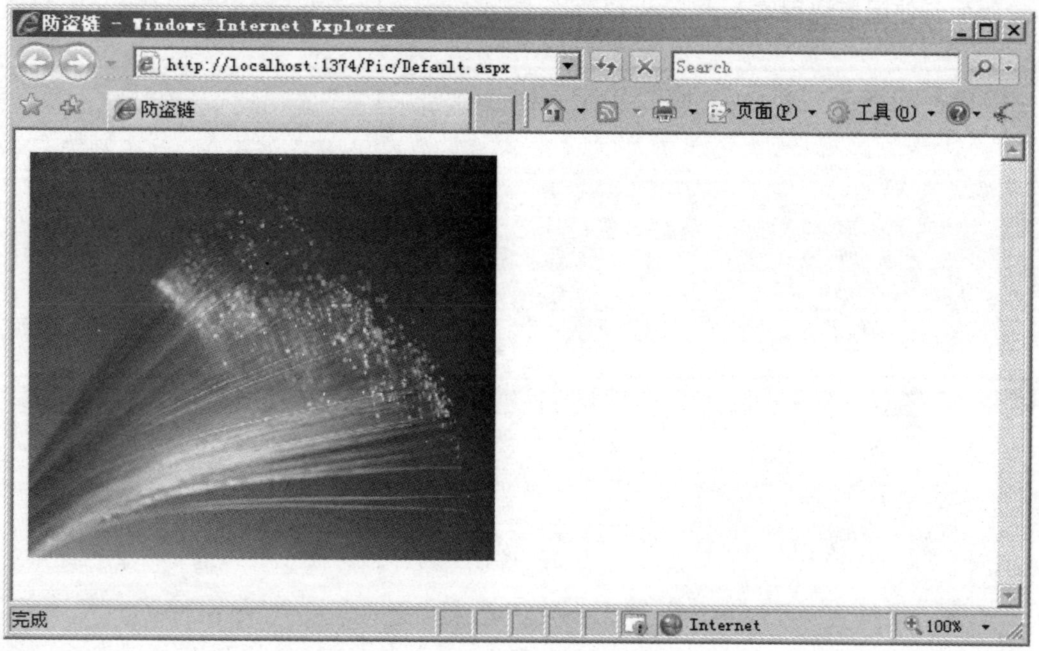

图 8–23 正常访问页面程序运行效果

图 8–24 非法访问页面程序运行效果

【任务小结】

——你掌握了吗?

（1）理解模块的运行环境。

（2）如何使用模块程序？

项目九　调试及打包与部署

【项目任务】

本项目主要讲解对 Web 应用程序的调试、发布、打包与部署。通过任务一先来了解错误的类型然后进行程序的调试，调试中主要掌握逐过程和逐语句调试；通过任务二来学习 Web 应用程序在服务器中的发布，以及在 VS 2005 中对 Web 应用程序进行打包并将打包后的程序进行安装部署。

【学习目标】

1. 错误类型
2. 调试程序
3. Web 应用程序发布
4. Web 应用程序打包
5. Web 应用程序打包后的安装部署

任务一　调试与错误处理

【任务要点】

1. 掌握错误类型
2. 学会调试程序

【导学实践，跟我学】

【案例 1】

掌握逐语句调试与逐过程调试

“逐语句”与“逐过程”都是单步执行的一种形式，这两个命令都指示调试器指向下一行的代码。它们的区别是如果某一行包含函数调用，“逐语句”仅执行调用本身，然后在函数内的第一个代码行处停止，而“逐过程”执行整个函数，然后在函数外的第一行处停止。即如果要调试函数调用的内容，则使用“逐语句”。若要避免单步执行被调用函数代码则使用“逐过程”。

【具体步骤】（在 Windows XP 中完成）

（1）新建一个网站并命名为 WebSite5，然后添加一个公共类，方法如下：在【解决方案资源管理器】的项目根目录上右击，在弹出的快捷菜单中选择【添加新项】命令，在弹出的对话框中选择【类】选项，并在【名称】文本框中输入 calc.cs。单击【添加】按钮，在弹出的对话框中单击【是】按钮。【解决方案资源管理器】结果如图 9–1 所示。

（2）在【解决方案资源管理器】中双击 calc.cs，在出现的页面中输入以下代码：

```
public int sum(int x,int y)
    {
        int He = x + y;
        return(He);
    }
```

结果如图 9–2 所示。

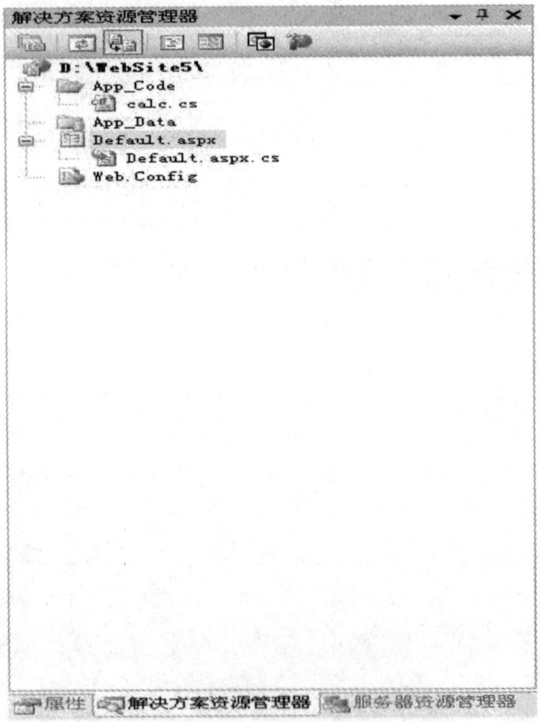

图 9–1　解决资源管理器

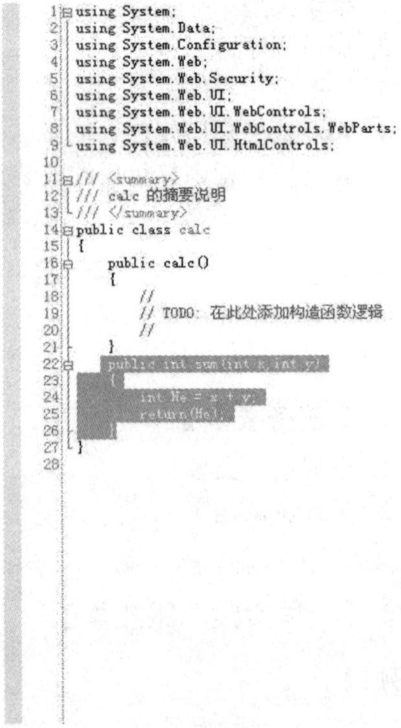

图 9–2　输入代码

（3）在【解决方案资源管理器】中双击 Default.aspx.cs，打开代码页，并在第 17 行设计断点，然后不停地按 F11 键，并关注调试页是否从 Default.aspx.cs 转到 calc.cs 中去，关注在【局部变量】中变量的名称是否有 He 这个在类中函数中定义的变量，【局部变量】中所监视的变量名称是否发生改变。图 9–3 所示的是在按 F11 键的过程中的一个截图。

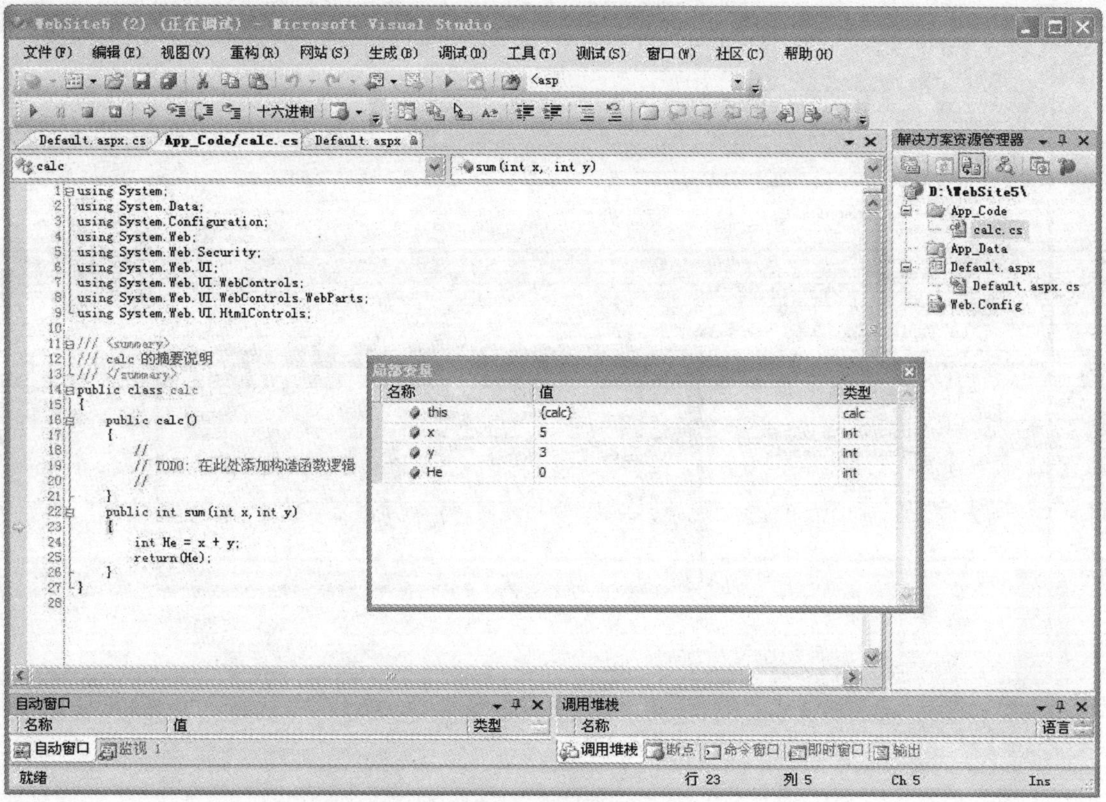

图 9–3 【局部变量】窗口（1）

◎ 小提示

在第三次按 F11 键时，调试页发生了转移，并且监视的变量发生了变化。此时程序的调试已经深入到被调用的函数中去了。

（4）在【解决方案资源管理器】中再次双击 Default.aspx.cs，打开代码页，仍保持第 17 行的断点，然后不停地按 F10 键，监视调试页面是否转移。此时调试时是深入到被调用的函数，还是将函数的运行结果带到下一个代码行中去呢？【局部变量】窗口所监视的变量名称有没有变化？图 9–4 所示的是在按 F10 键的过程中的一个截图。

【示例解释】

这个案例可以很好地帮助读者学会并掌握“逐语句”调试和“逐过程”调试这两个概念。这时要关注这两个调试中【局部变量】窗口中所监视的变量名称以及被调用函数是否是逐行调试。如果无须调试被调用的函数，则使用“逐过程”，否则使用“逐语句”。

【背景知识】

一、错误类型

错误可以分为语法错误、语义错误和逻辑错误。

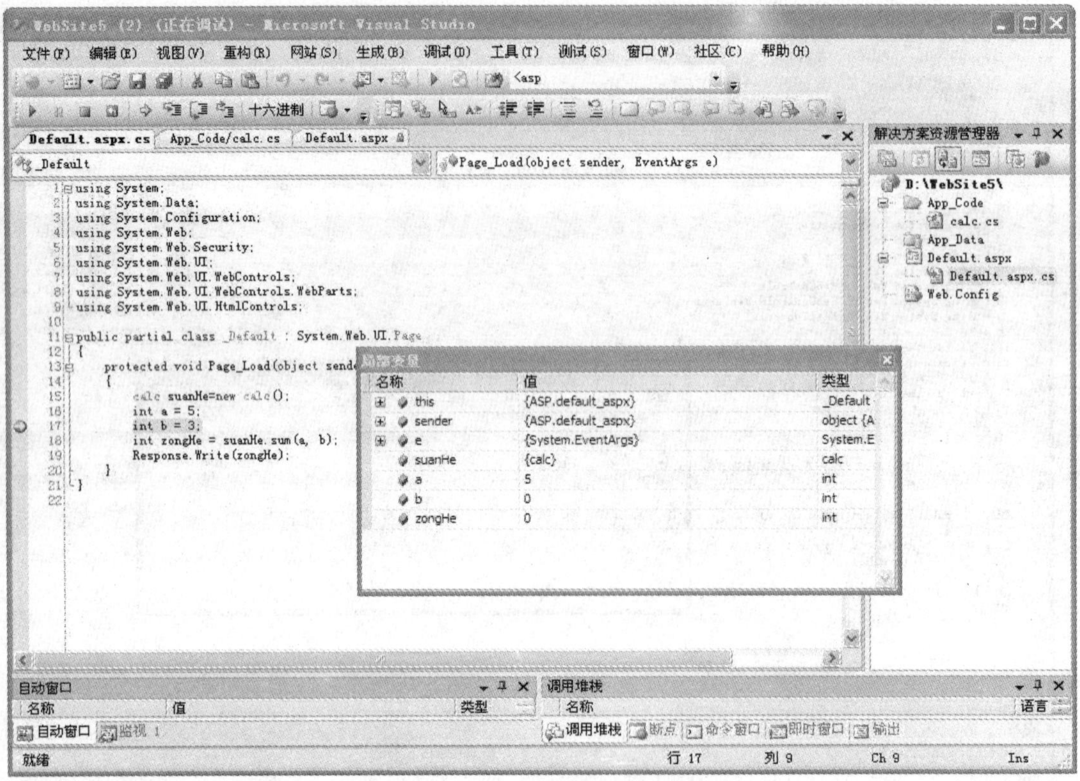

图 9–4 【局部变量】窗口（2）

1. 语法错误

语法错误是一种程序错误，会影响编译器完成工作。它是最简单的错误，几乎所有的语法错误都能够被编译器发现，并将错误消息显示出来提醒程序开发人员。

2. 语义错误

程序源代码的语法正确，但语义或意思与程序开发人员本义不同时，就是语义错误。此类错误比较难以察觉，它通常在程序运行过程中出现。语义错误会导致程序非正常终止。例如，在将数据信息绑定到表格控件时，经常会出现“未将对象引用设置到对象的实例中”这种错误现象。

3. 逻辑错误

在某些语义错误下，程序仍可以继续执行，但执行结果却不是开发人员想要的，此类错误就演变成了逻辑错误。例如，在程序中需要计算两个数相加，但在编程的过程中却写两个数相减。像这样的错误，调试器也不能以异常的错误告诉开发人员，这类错误就是逻辑错误。可以通过调试来解决此类错误。

二、程序调试

在.NET 的开发环境中集成了调试器，该调试器提供了功能强大的命令来控制应用程序的执行。

在调试之前，一般先设置好“断点”。断点通知调试器应用程序应在某代码行暂停程序的执行，此时进入中断模式。进入中断模式后应用程序并不是终止或结束执行，而是将所有元素（变量、对象等）都保留在内存中，执行可以随时继续。断点有三种方法，在要设置断点行旁边的灰色空白中单击；右击要设置断点的代码行，在弹出的快捷菜单中选择【断点】→【插入断点】命令；单击要设置断点的代码行，选择菜单中的【调试】→【切换断点】命令。插入断点后，就会在设置断点的行旁边的灰色空白处出现一个红色圆点，其所在的代码行也会呈高亮显示。

插入断点后可以使用以下几种方法进行调试。

1. 逐语句

一次执行一行语句。“逐语句”会在当前执行行上进入中断模式。如果此语句是对一个过程的调用，下一个被显示的语句就是该过程内的第一个语句。在调试时此菜单项会开始执行，并在第一行程序被执行前进入中断模式。如果没有指定当前执行点，“逐语句”命令可能不会有任何作用，除非以某种方式引发了代码，例如在文档上点一下。

2. 逐过程

与“逐语句”相似。只有在当前的语句含有一个对过程的调用时，两者才会有差异。

“逐过程”是将过程视为一个基本单位来执行，执行完一个语句后再继续执行下一个语句。不过，下一个被显示的语句，就是当前过程中的下一个语句，不会因为当前语句为一个过程调用而有所改变。此功能只有在中断模式中可以使用。

跳出：执行当前断点所在函数中剩余未执行的行。下一个被显示的语句是紧随在该过程调用后的语句。所有在当前与最后的断点间的代码都会被执行。此功能仅在中断模式中有效。

3. 运行到光标处

如果在调试过程中想执行到代码中的某一行然后中断，可以通过在要中断的位置设置断点，接着在代码窗口中右击某行，并从快捷菜单中选择【运行到光标处】命令。

说明：“逐语句”与“逐过程”的区别是在函数调用上。如果深入被调用的函数内部再逐行调试执行则为“逐语句”；如果把调用函数的语句仅当作“一行”代码而不深入到函数内部执行，则为“逐过程”。这种区别在是否调试每个被调用的函数时作出选择。

三、关于中断执行与停止执行

1. 中断执行

程序运行到断点或发生异常或手动中断执行时，调试器将停止所有在调试器下运行的程序的执行，但程序并不退出，并随时可以恢复执行。

2. 停止执行

停止执行调试，意味着终止当前正在调试的程序并结束调试会话。这与中断执行不同，中断意味着暂停正在调试的进程，但调试会话仍处于活动状态。

【能力大比拼，看谁做得又好又快】

根据所学技能与知识，在公共类中定义两位数的加法，并在首页 Default.aspx 中显示结果。请使用“逐过程”和“逐语句”来调试本 Web 应用程序。

【任务小结】

——你掌握了吗？

（1）错误类型。

（2）如何进行“逐语句”调试？

（3）如何进行“逐过程”调试？

（4）“逐语句”和“逐过程”调试的区别有哪些？

（5）如何将程序“运行到光标处”？

（6）如何理解中断执行与停止执行？

任务二　Web 程序的发布、打包与安装

【任务要点】

1. 掌握 Web 应用程序在 IIS 中的发布
2. 掌握 Web 应用程序的打包
3. 掌握 Web 应用程序的安装

【导学实践，跟我学】

【案例 1】

Web 应用程序的发布

ASP.NET 网站开发完毕后或被创建以后都可以发布网站，可以将网站发布到本地计算机的任何位置或网络上能够访问的其他位置。“发布网站”首先对网站中的页和代码进行预编译，将编译器中的输出写入指定的文件夹，然后将输出复制到目标 Web 服务器，并在目标服务器中运行此 Web 程序。发布后.cs 文件会编译成.dll 文件，这样网站的安全性也会相对地得到提高。

说明：下面将对 EShop 网站进行打包。

【具体步骤】（在 Windows XP 中完成）

（1）打开要发布的网站，在【解决方案资源管理器】的项目根目录上右击，在弹出的快捷菜单中选择【发布网站】命令，在弹出的对话框中的【目标位置】文本框里输入要存储的位置 d:\EShop，单击【确定】按钮，如图 9–5 和图 9–6 所示。

（2）在编译完成后，有“发布成功”的提示字样，如图 9–7 所示。

（3）在【资源管理器】(Windows+E 快捷键）中，找到 EShop，右击，在弹出的快捷菜单中选择【共享与安全】命令，在弹出的对话框中打开【Web 共享】选项卡，如图 9–8 和图

9–9 所示。

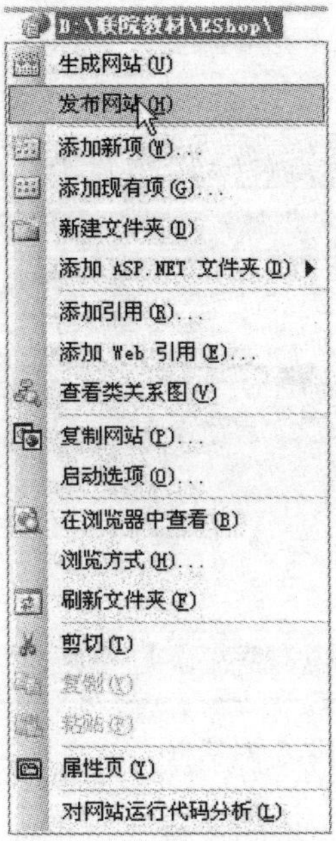

图 9–5 【发布网站】命令

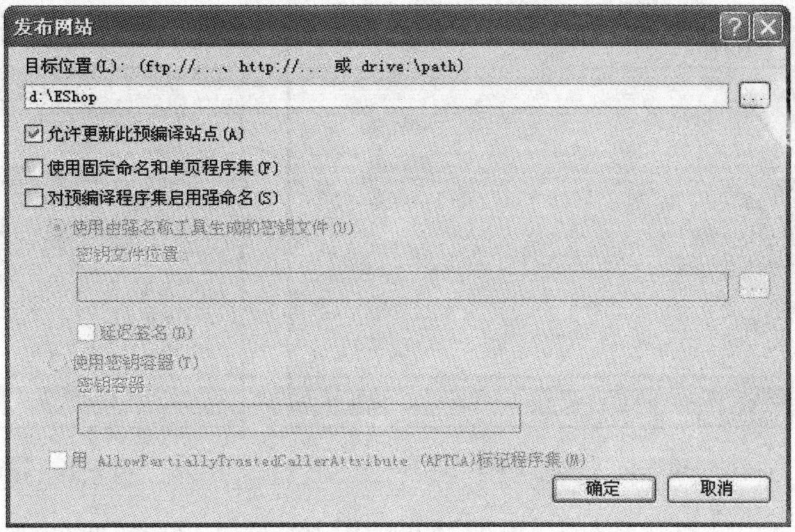

图 9–6 【发布网站】对话框

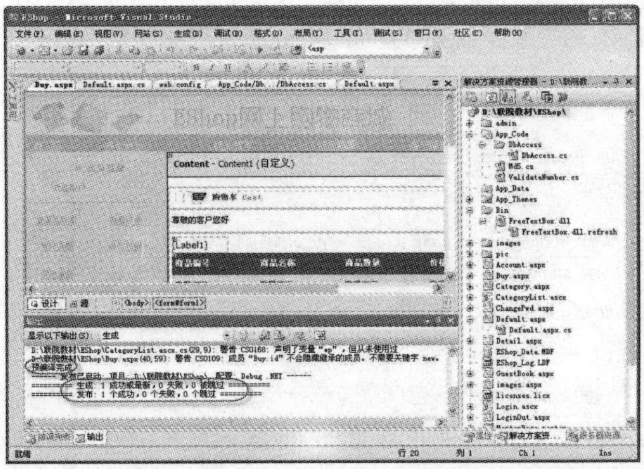

图 9–7　发布成功

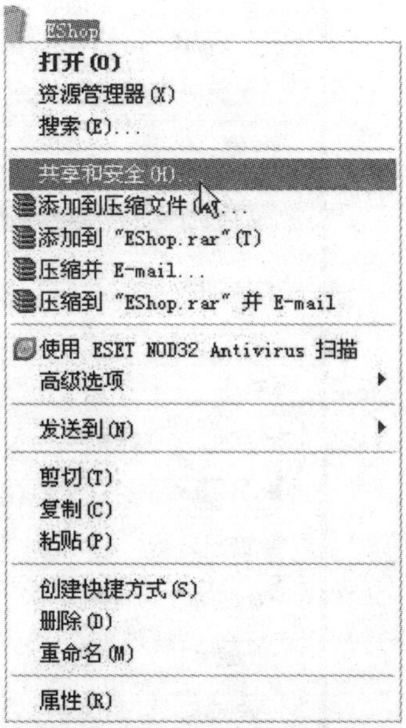

图 9–8 【共享和安全】命令

（4）选中【共享文件夹】单选按钮，弹出【编辑别名】对话框，此时保留默认的别名并单击【确定】按钮，如图 9–10 所示。

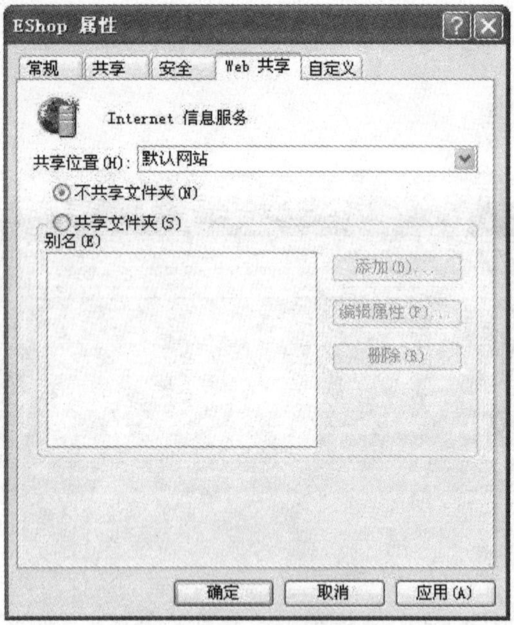

图 9–9 【Web 共享】选项卡

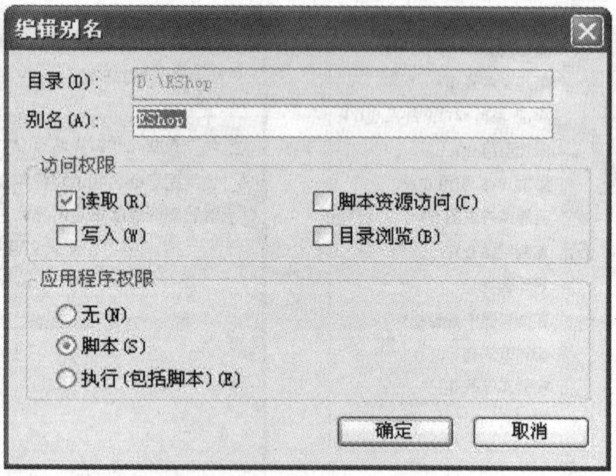

图 9–10 【编辑别名】对话框

（5）打开浏览器，输入“http://192.168.25.41/EShop/Default.aspx”，按回车键后可出现图 9–11 所示的页面。

图 9–11 运行效果

◎ 小提示

经过以上（3）~（5）步，就可以在 IIS 中产生一个名为“EShop”的网站。这里 http://192.168.25.41/EShop/Default.aspx 中的 192.168.25.41 指的是我的计算机的 IP。

【示例解释】

本案例的（3）～（5）步，也可以在 IIS 中设置虚拟目录来代替完成。

【案例 2】

Web 应用程序打包

虽然 Web 应用程序可以直接发布，但有时候为了便于在目标服务器上部署（发布网站），一般会对网站进行打包。

◎ 小提示

打包后会将生成的.dll 文件打包，这样网站的安全性也会相对地得到提高。

【具体步骤】（在 Windows XP 中完成）

（1）打开要发布的网站，选择【文件】→【添加】→【新建项目】命令，如图 9–12 所示。

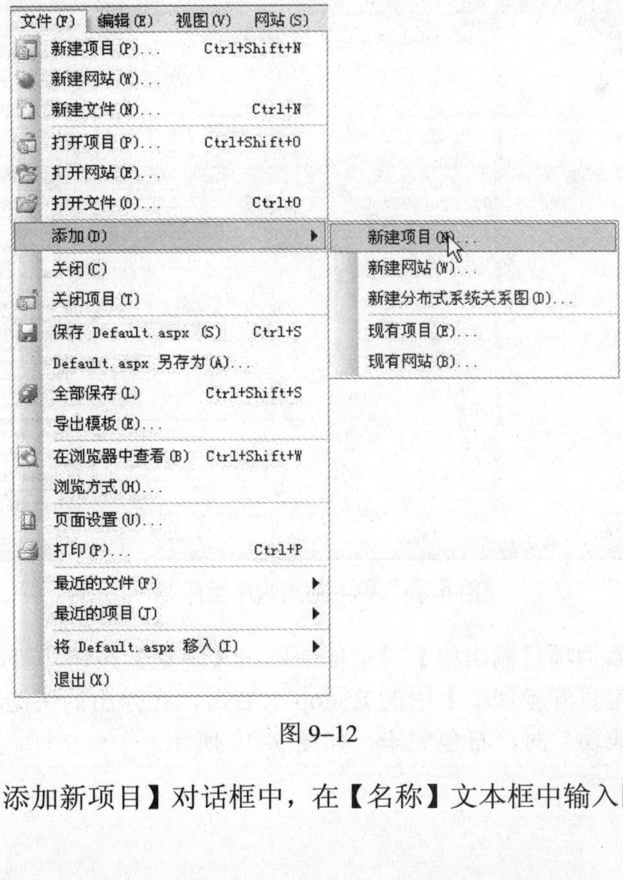

图 9–12

（2）在弹出的【添加新项目】对话框中，在【名称】文本框中输入网站名称，在【位置】

下拉列表框中选择默认位置并单击【确认】按钮。如图 9–13 所示。

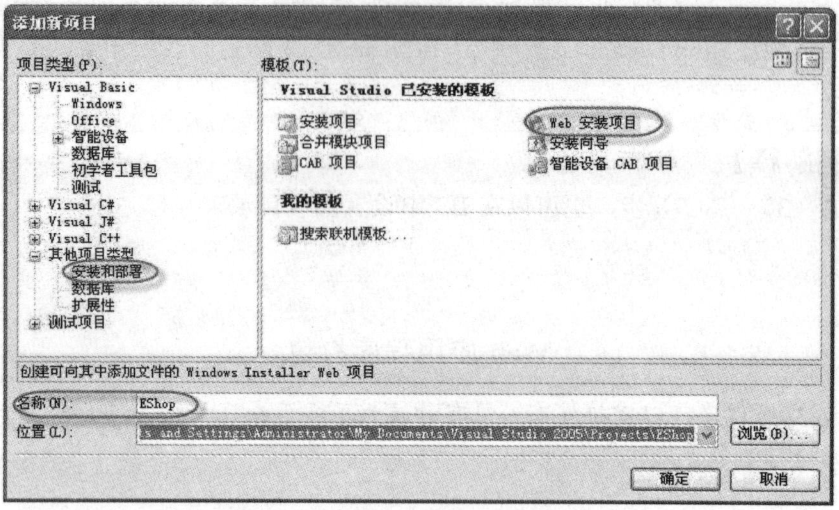

图 9–13 【添加新项目】对话框

（3）如图 9–14 所示，在【Web 应用程序文件夹】上右击，在弹出的快捷菜单中选择【添加】→【项目输出】命令，如图 9–15 所示。

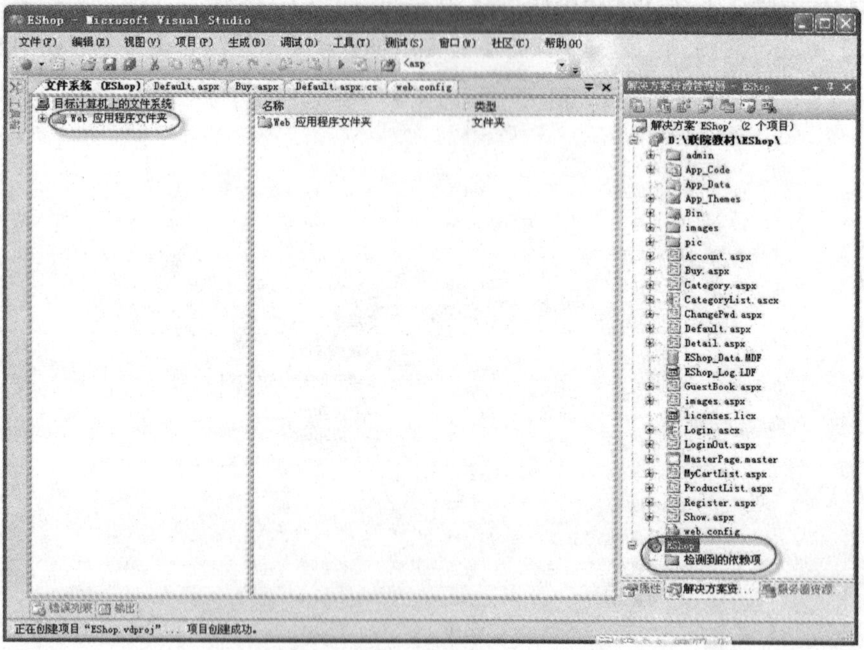

图 9–14 Web 应用程序文件夹

（4）在弹出的【添加项目输出组】对话框中单击【确定】按钮即可，如图 9–16 所示。

（5）在【解决方案资源管理器】中的 EShop 上右击，在弹出的快捷菜单中选择【生成】命令，等出现“生成成功”时，打包完毕，如图 9–17 所示。

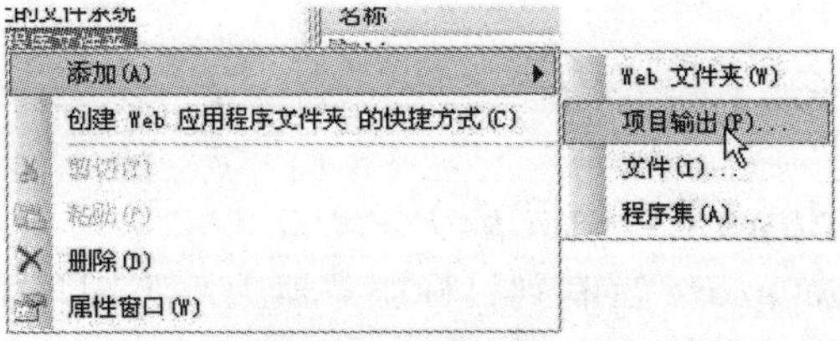

图 9–15　项目输出

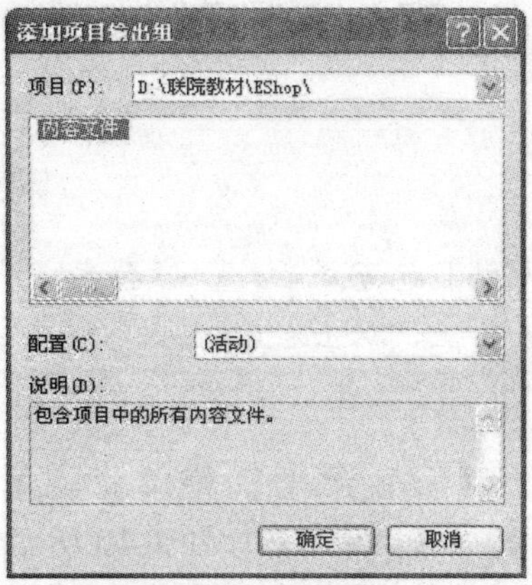

图 9–16 【添加项目输出组】对话框

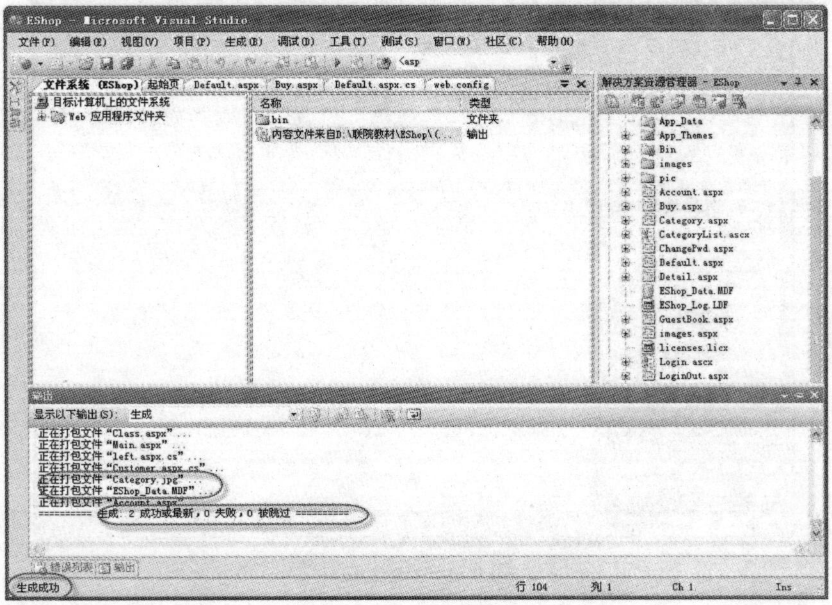

图 9–17　生成成功

（6）打包完成后，生成两个文件，一个是 setup.exe，另一个是 EShop.msi。在【输出】窗口中，可以找到存放这两个文件的路径，如图 9–18 所示。

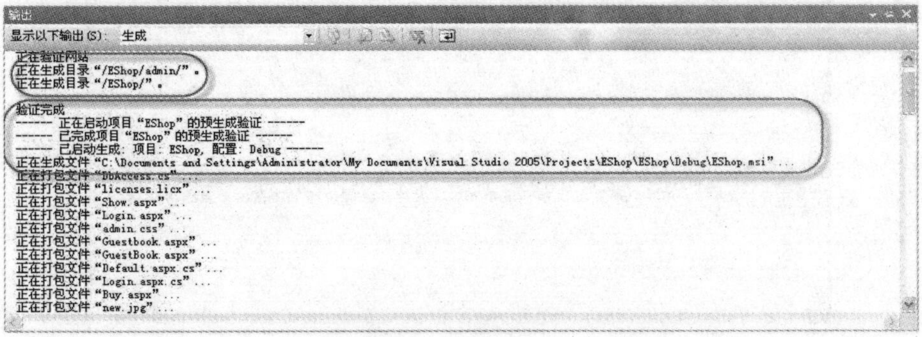

图 9–18 【输出】窗口

【案例 3】

网站打包后的安装部署

网站打包完成后，一般会生成两个文件，到网站的安装部署只要将此两个文件复制到目标服务器上，双击 setup.exe 即可安装部署。

【安装部署的具体步骤】（在 Windows XP 中完成）

（1）将【案例 2】中图 9–19 所示的生成的 setup.exe 复制到目标服务器上，双击即可安装，在弹出的对话框中单击【下一步】按钮，如图 9–20 所示。

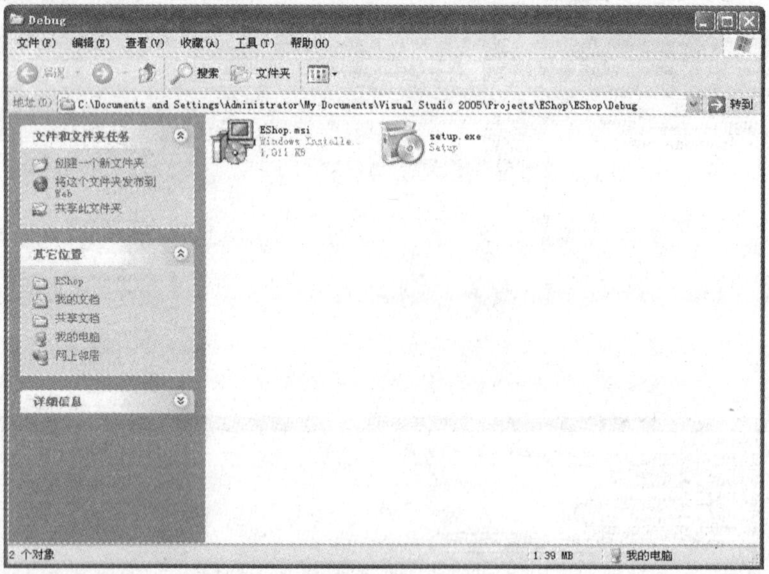

图 9–19 setup.exe

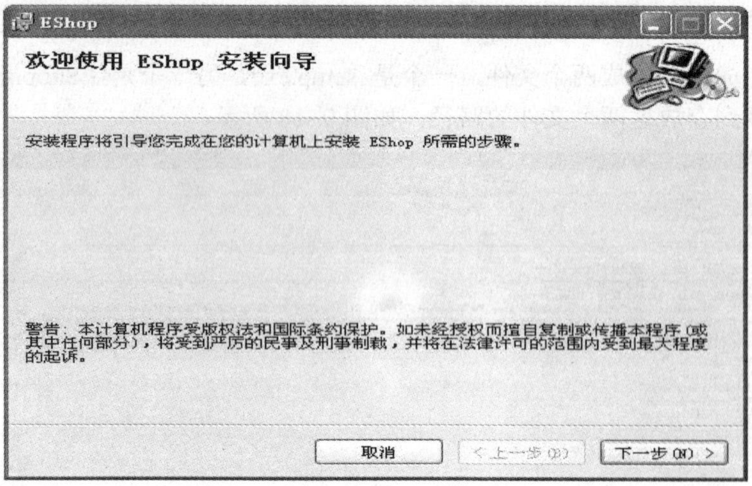

图 9–20 安装 EShop

（2）在弹出的【EShop】对话框中，注意【站点】下拉列表框中为“默认网站”选项，并在【虚拟目录】文本框中输入“EShop”。如图 9–21 所示。

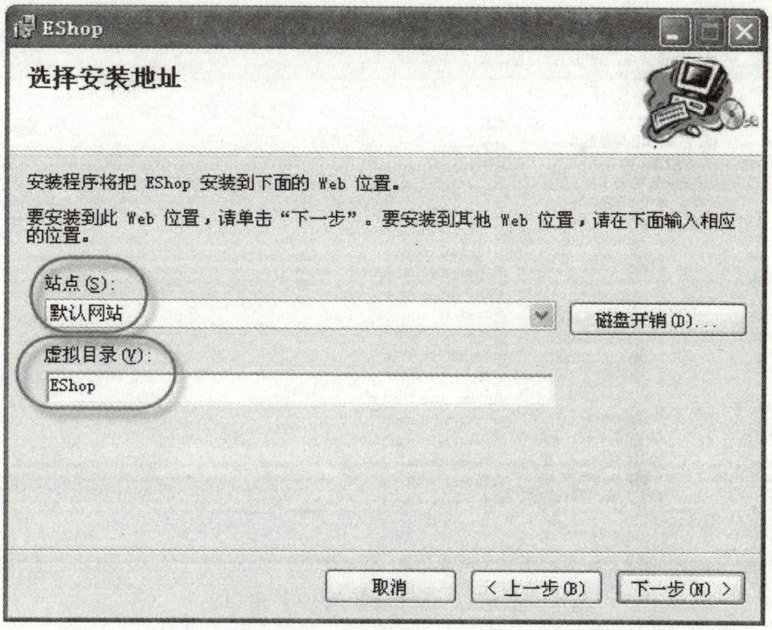

图 9–21　选择安装地址

◎ 小提示

【站点】下拉列表框中的“默认网站”和【虚拟目录】文本框中的“EShop”是与 IIS 有关连的，这等同于在 IIS 中新建【虚拟目录】并设置别名为 EShop。

（3）单击【下一步】按钮，直到单击【关闭】按钮，如图 9–22 所示。

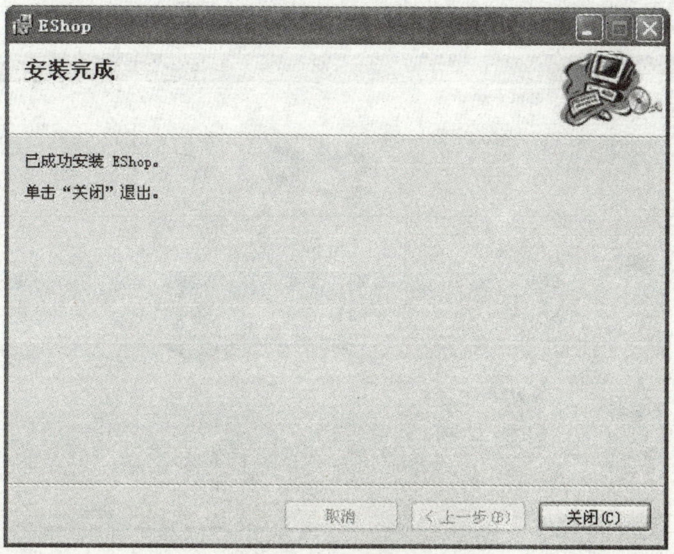

图 9–22　安装完成

（4）在桌面上，右击【我的电脑】，在弹出的快捷菜单中选择【管理】→【Internet 信息服务】→【网站】→【默认网站】→【EShop】命令，如图 9–23 所示。

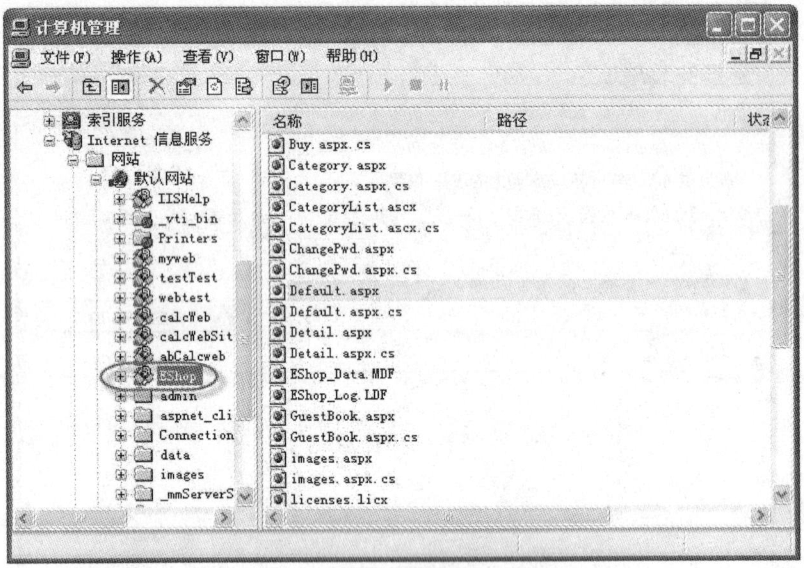

图 9–23 【计算机管理】窗口

（5）在【计算机管理】右侧的窗口中找到 Default.aspx，右击，在弹出的快捷菜单中选择【浏览】命令，将在浏览器里浏览该网站，如图 9–24 所示。

图 9–24 EShop 网站

【背景知识】

一、网站发布

发布网站也是ASP.NET开发很重要的一环。网站创建或完毕后就要发布。可以在本地计算机或远程计算机上来发布网站。“发布网站”首先对网站中的页和代码进行预编译，将编译器中的输出写入指定的文件夹，然后将输出复制到目标Web服务器，并在目标服务器中运行此Web程序。

和简单地将网站复制到目标Web服务器中相比，发布网站有以下几个优点。

（1）经过编译，单独页的初始化速度更快，简单复制到目标服务器的网页第一次被请求时需再编译；

（2）不会随站点部署任何程序代码，从而为Web应用程序提供了一项安全保障。

二、网站打包与安装部署

1. 关于打包

打包是指将应用程序包装成易于部署的形式，包装好后的应用程序可以很方便地安装到目标服务器上。打包后，在目标位置会有setup.exe 和WebSetup.msi两个文件。双击setup.exe文件，即可以对网站的“打包”进行安装部署。

在【案例2】的打包过程中，在生成之前，还可以对安装时需要的“系统必备”作设置。

【具体步骤】

（1）打开EShop网站，在【解决方案资源管理器】中找到【EShop】，右击，在弹出的快捷菜单中选择【属性】命令，如图9–25所示。

图9–25 选择【EShop】的【属性】命令

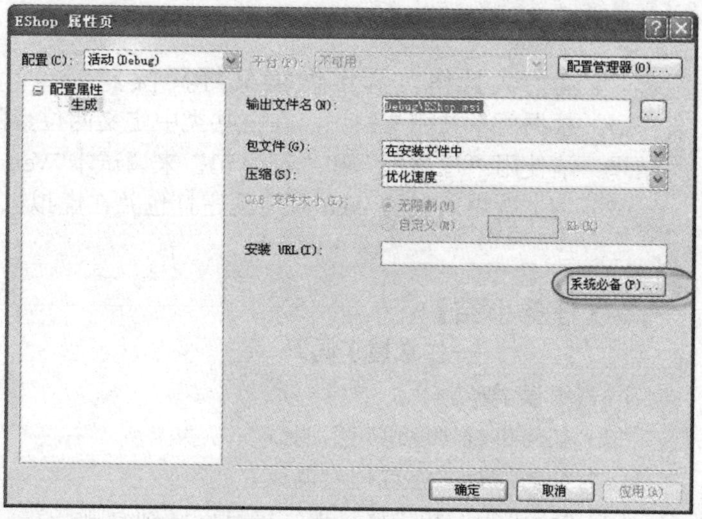

图9–26 【Eshop属性页】

（2）在弹出的【EShop属性页】的对话框中单击【系统必备】按钮，如图9–26所示。在弹出的【系统必备】对话框中对单选按钮和复选框进行选择，如图9–27所示。

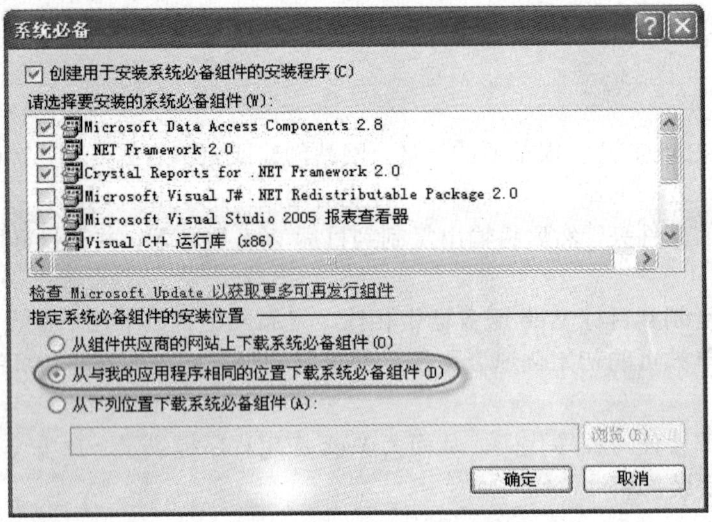

图 9–27 【系统必备】对话框

◎ 小提示

关于必备组件的第二个复选框勾选的说明：.NET Framework 2.0 版改进了缓存，从而提高了应用程序的可扩展性和性能，它的勾选是可打包的同时也将.NET Framework 2.0 版开发应用程序时所需的.NET Framework 运行库及相关文件包含进来。

关于安装部署：网站打包成后，一般会生成两个文件，到网站的安装部署只要将此两个文件复制到目标服务器上，双击 setup.exe 即可安装部署。它在安装部署时，就像安装一般的应用程序软件一样简单、便捷。

【能力大比拼，看谁做得又好又快】

（1）根据所学技能与知识，在公共类中定义两位数的加法，并在首页 Default.aspx 中显示结果。请使用“逐过程”和“逐语句”来调试本 Web 应用程序。

（2）将上题中所做的 Web 应用程序打包并在虚拟机中（或本地计算机）进行安装部署。

【任务小结】

——你掌握了吗?

（1）错误类型。

（2）如何进行“逐语句”调试?

（3）如何进行“逐过程”调试?

（4）“逐语句”和“逐过程”调试的区别有哪些?

（5）如何将程序“运行到光标处”？

（6）如何理解中断执行与停止执行?

（7）Web 应用程序的打包。

（8）Web 应用程序的安装部署。

项目十　在线购物系统

【项目任务】

Web 开发技术的飞速发展促进了电子商务的普及。目前，越来越多的商业活动开始转移到 Internet 中来进行，一种新的购物方式——电子购物正在悄然兴起，这种购物方式无疑给商家和消费者带来了极大的便利，使以前很多不可能的商业活动变得异常快捷。本项目通过设计一个在线电子购物商城系统，实现用户在线购物，管理员后台进行管理等常用操作。同时对于广大 ASP.NET 初学者来说，学习本章知识可以对前面所学内容进行总结，也可以提高对各种应用技术的整合能力。

【整体功能划分】

根据系统功能要求，在线网络购物系统整体功能分为两个模块：针对普通用户实现在线购物功能模块和管理员后台管理功能模块。

在线购物基本功能模块包括以下一些操作。

① 会员注册：用户可以自行注册为会员，只有成为网络会员才可以进行网络购物。

② 在线购物：会员登录后，可以对现存商品实现购物功能。

③ 在线充值：会员在进行购物时，会员的账户中必须有足够的金钱。

④ 查看余额：会员登录系统后，可以随时查看个人账户余额。

⑤ 修改密码：会员登录系统成功后，可以自行修改密码。

⑥ 客户留言：会员在购物时如果有建议或意见可以直接在线留言。

后台管理功能模块包括以下一些操作。

① 修改密码：管理员可以自行修改个人密码。

② 商品类别管理：管理员可以对商品的类别进行添加，修改和删除操作。

③ 商品管理：管理员可以对商品的信息进行添加和修改操作。

④ 会员管理：管理员可以对会员信息进行管理。

⑤ 留言管理：管理员可以对用户的留言进行管理。

在线购物系统整个逻辑功能结构示意图如图 10–1 所示。

【系统数据库设计】

（1）用户信息表 UserInfo，用来保存注册会员的信息。具体结构见表 10–1。

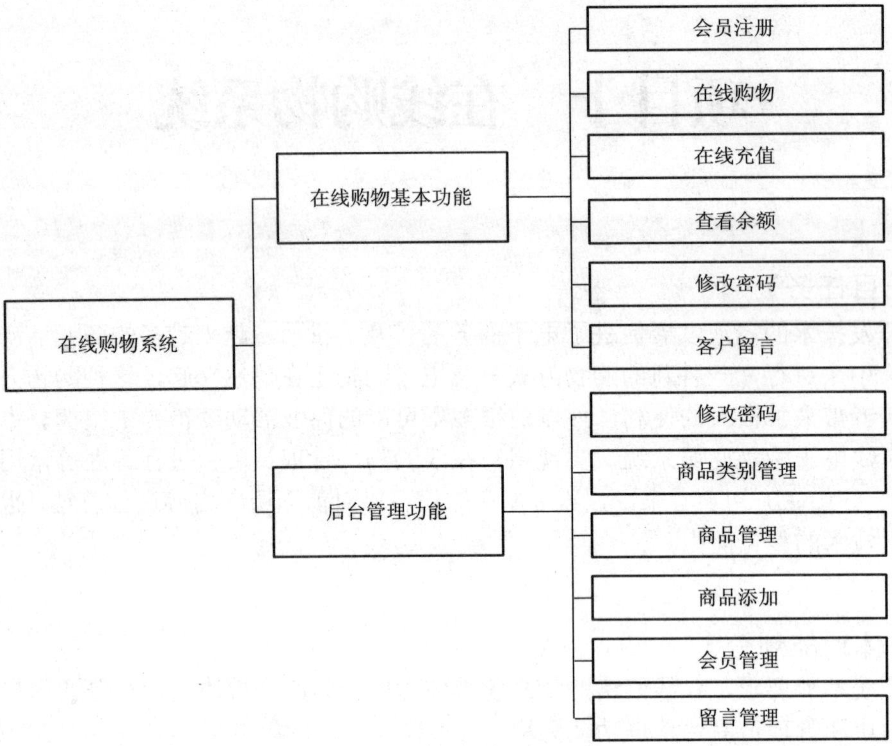

图 10–1　系统逻辑功能结构图

表 10–1　UserInfo 表结构

字　段	类　型	说　明
id	int	自动增加列
uid	Varchar(50)	会员登录编号
pwd	Varchar(50)	会员密码
email	Varchar(50)	会员邮箱
uname	Varchar(50)	会员姓名
uaddress	Varchar(50)	会员住址
uphone	Varchar(50)	会员电话
uregtime	datetime	会员注册时间
account	money	会员账户余额

（2）商品分类表 Category，用来保存商品分类的信息。具体结构见表 10–2。

表 10–2　Category 表结构

字　段	类　型	说　明
id	Int	自动增长列
Category	Varchar(50)	商品分类的名称

（3）商品表 Product，主要用来保存管理员上传的商品信息。具体结构见表 10–3。

表 10–3　Product 表结构

字　段	类　型	说　明
ProId	Int	自动增长列，主键
ProName	Varchar(50)	商品的名称
Content	Text	商品的备注
IsHot	Bit	是否热卖
IsSale	Bit	是否特价
IsFaience	Bit	是否为精品推荐
ProPic	Varchar(50)	产品图片
MemberPrice	Money	会员价
MarketPrice	Money	市场价
Category	int	所属分类
ProDate	Datetime	提交商品时间
ProNum	Int	商品数量

（4）用户订购商品表 UserOrder，主要用来保存用户购买商品的时间，会员的编号和唯一标识。具体结构见表 10–4。

表 10–4　UserOrder 表结构

字　段	类　型	说　明
OrderGuid	Varchar(50)	根据时间生成的唯一标识
UserId	Varchar(50)	购买商品的会员编号
Ordertime	Datetime	购买商品的时间

（5）用户订购商品详细表 OrderDetail，主要用来保存用户购买商品的明细。具体结构见表 10–5。

表 10–5　OrderDetail 表结构

字　段	类　型	说　明
OId	Int	自动增长，主键
ProId	Int	商品的编号
ProName	Varchar(50)	商品名称
MemberPrice	Money	会员价
ProNum	int	购买商品的数量
OrderGuid	Varchar(50)	用户订购商品表中编号的外键
Ordertime	Datetime	购买商品的时间

（6）用户留言 GuestBook 表，用来保存用户的在线留言信息。具体结构见表 10–6。

表 10–6　GuestBook 表结构

字　段	类　型	说　明
id	Int	自动增长，主键
Name	Varchar(50)	用户姓名
Title	Varchar(50)	标题
Content	Varchar(50)	留言内容
Sendtime	Datetime	留言时间

表的具体关系图如图 10–2 所示。

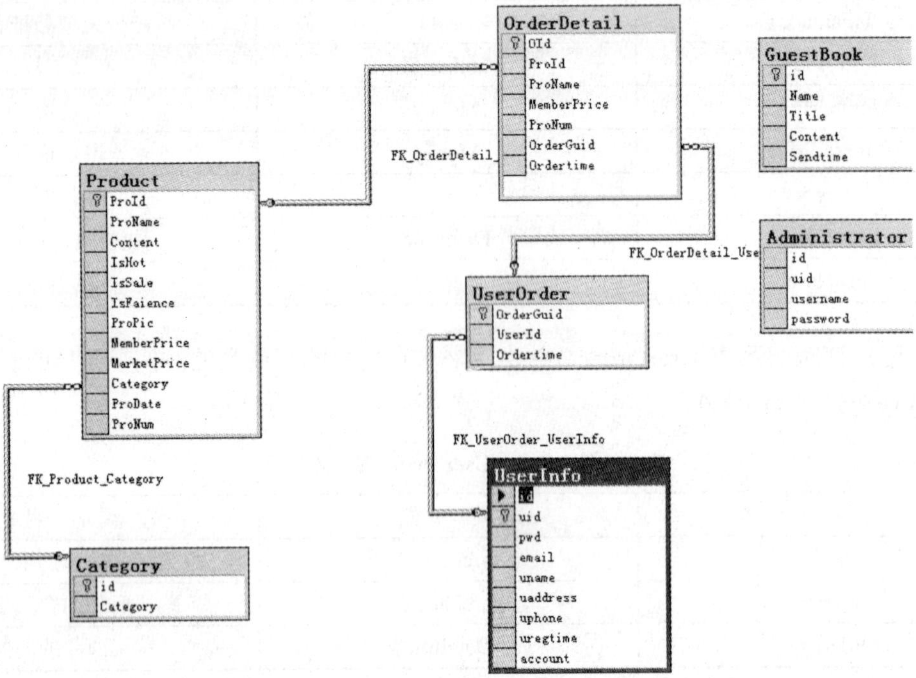

图 10–2　表关系图

（7）创建视图 PDetail，主要用于商品表和商品分类表进行关联，具体如图 10–3 所示。

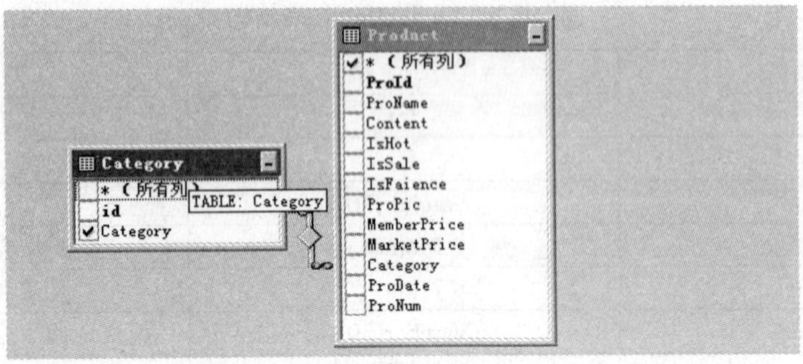

图 10–3　创建视图

（8）创建视图 cartlist，主要用于对会员每次购物的汇总，具体如图 10–4 所示。

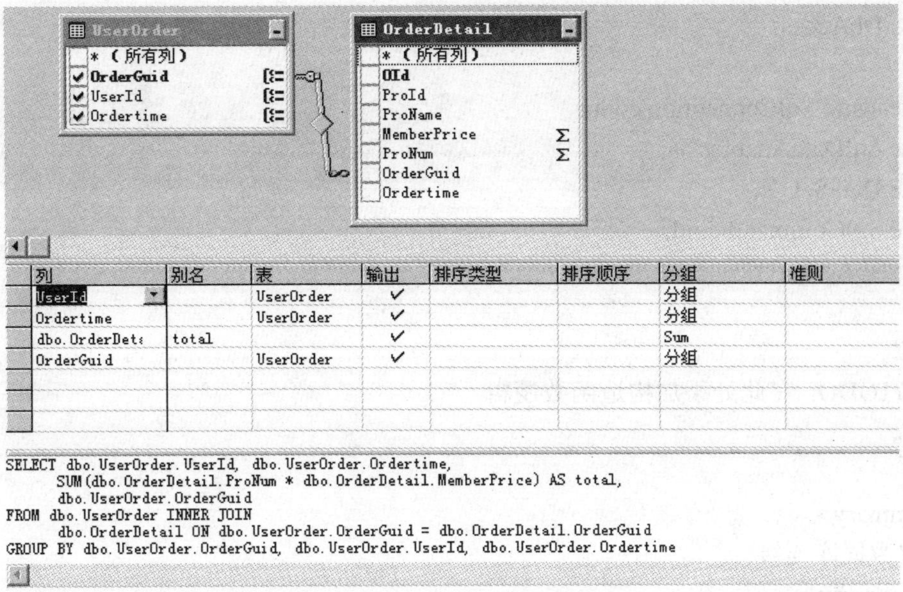

图 10–4 会员购物汇总视图

【数据库访问配置和实现】

1. 配置 Web.Config 文件

本系统采用 AdO.NET 方式访问 SQL Server 2000 数据库，首先在 Web.Config 文件中配置访问数据库的链接字符串，在配置文件中添加以下代码，如程序清单 10–1 所示。

```
<connectionStrings>
<add name="ConnectionString"
connectionString="server=(local);uid=sa;pwd=sa;database=EShop"
providerName="System.Data.SqlClient"/>
    </connectionStrings>
```

程序清单 10–1

其中，server 是数据库的名称或 IP 地址，uid 是访问数据库的用户名，pwd 是访问数据库的密码，database 是要访问的数据库。

2. 访问数据库操作

访问数据库操作，主要包括建立数据库连接、对数据库表查询返回 DataSet 类型数据、对数据库表更新操作和断开数据库连接操作。具体代码如程序清单 10–2 所示。

```
using System;
using System.Data;
using System.Configuration;
using System.Data.SqlClient;
//<summary>
//DbAccess，访问数据库类
//</summary>
```

```
public class DbAccess
{
    private static SqlConnection conn;
    private SqlDataAdapter da;
    private DataSet ds;
    private SqlCommand cmd;
    public DbAccess()
    {
        //
        //TODO: 在此处添加构造函数逻辑
        //
    }
    //<summary>
    //获取数据库连接
    //</summary>
    //<returns>获取数据库连接</returns>
    internal static SqlConnection GetConn()
    {
        try
        {
            //从 web.Config 中读取数据库链接字符串
            string cstr =
ConfigurationManager.ConnectionStrings["ConnectionString"].ConnectionString;
            conn = new SqlConnection(cstr);
            if (conn.State != ConnectionState.Open)
            {
                conn.Open();
            }
            return conn;
        }
        catch (Exception e)
        {
        }
        return null;
    }

   //<summary>
   //关闭数据库链接
   //</summary>
    internal static void CloseConn()
```

```
    {
        if (conn.State != ConnectionState.Closed)
        {
            conn.Close();
        }
    }
//<summary>
//执行 Sql 语句，包括添加，删除，和修改语句
//</summary>
//<param name="sql">sql 语句</param>
//<returns>数据库影响的行数</returns>
    public bool ExecuteSql(string sql)
    {
        try
        {
            conn = GetConn();

            if (conn.State != ConnectionState.Open)
            {
                conn.Open();
            }
            cmd = new SqlCommand(sql, conn);
            int flag = cmd.ExecuteNonQuery();
            return flag > 0;
        }
        catch (Exception e)
        {
        }
        finally
        {
            conn.Close();

        }
        return false;
    }
    //<summary>
    //根据 sql 语句返回 DataSet 类型数据集
    //</summary>
    //<param name="sql">Sql 查询语句</param>
    //<returns>DataSet 数据集</returns>
```

```
public DataSet GetDataSet(string sql)
{
    try
    {
        conn = GetConn();
        da = new SqlDataAdapter(sql, conn);
        DataSet dst = new DataSet();
        da.Fill(dst);
        return dst;
    }
    catch { }
    finally
    {
        conn.Close();
    }
    return null;
}
```

程序清单 10–2　数据库访问类

【在线购物基本功能页面分析】

1. 用户控件

用户控件是 ASP.NET 控件封装最简单的形式，它可以大大提高代码的重用。由于在系统中每个页面都要判断用户的登录功能和商品的分类功能，所以创建了两个用户控件：用户登录控件和显示商品分类的控件。

（1）用户登录控件。右击【项目】，在弹出的快捷菜单中选择【添加新项】命令，在弹出的对话框中选择【Web 用户控件】选项，如图 10–5 所示。

图 10–5　创建 Web 用户控件

在生成的用户控件的前台代码中添加判断会员在登录成功和没有登录情景下对应的代码，如程序清单 10–3 所示。

```
<%@ Control Language="C#" AutoEventWireup="true" CodeFile="Login.ascx.cs"
Inherits="Login" %>
 <%if (Session["user"]!=null)
          { %>
      <table width="100%" height="200" border="0" cellspacing="0" cellpadding="1"
style="background-color:#fff;" >
          <tr>
            <td colspan="3" align="center" class="category"><img src="images/login.jpg"
width="93" height="34" /></td>
          </tr>
          <tr>
            <td align="right" class=" category " style="width: 387px">欢迎用户</td>
            <td colspan="2" align="left" class=" category " style="width:
332px"><%=Session["user"].ToString()%></td>
          </tr>
          <tr><td colspan="2"><hr style="color:Gray;" /></td></tr>
          <tr>
            <td align="center" class=" category " style="width: 387px; height: 27px">
                <a href="Buy.aspx">查看购物车</a></td>
            <td colspan="2" align="center" class=" category " style="height: 27px; width:
332px;"><a href="MyCartList.aspx">查看订单</a></td>
          </tr>
          <tr>
         <td align="center" class=" category " style="width: 387px; height: 32px;">
                 <a href="Account.aspx">账户余额</a></td>
         <td align="center" valign=middle class=" category " style="height: 32px; width:
517px;"><a href="ChangePwd.aspx">修改密码</a></td>
          </tr>
           <tr>
         <td align="center" class=" category " style="width: 387px; height: 32px;">
              <a href="LoginOut.aspx"> 退出登录</a></td>
       <td colspan="2" class=" category " align=left style="height: 32px; width: 332px;"></td>
          </tr> </table>
          <%
          }
          else
          {%>
```

```
        <table width="100%" height="200" border="0" cellspacing="0" cellpadding="1"
style="background-color:#fff;"   >
            <tr>
              <td colspan="3" align="left" class="hei12"><img src="images/login.jpg"
width="93" height="34" /></td>
            </tr>
            <tr>
            <td align="center" class=" category " style="width: 72px; height: 32px;">
                    用户:</td>
             <td colspan="2" align="left" class=" category " style="height: 32px">
              <asp:TextBox ID="userId" runat="server" CssClass="login"
Width="110px"></asp:TextBox></td>
            </tr>
            <tr>
      <td align=center style="width: 72px; height: 27px">密码:</td>
              <td colspan="2" align="left" class="hei12" style="height: 27px"><asp:TextBox
ID="password" runat="server" CssClass="login"   TextMode="Password"
Width="110px"></asp:TextBox></td>
            </tr>
            <tr>
    <td align="center" style="width: 72px; height: 32px;">验证:</td>
              <td align="left" style="height: 32px; width: 29px;"><asp:TextBox ID="checkCode"
runat="server" CssClass="code"    Width="49px"   ></asp:TextBox></td>
              <td align="left" valign=middle style="height: 32px; width: 517px;"><span
style="height: 32px"><img src="images.aspx" id="yzm" name="yzm"
onclick="document.getElementById('yzm').src='images.aspx?temp='+ (new
Date().getTime().toString(36)); return false" alt="请输入验证码,看不清楚？点击换一个"
height="22" width="55" /></span></td>
            </tr>
             <tr>
              <td align="right" style="width: 72px; height: 32px;">
                  <asp:Button ID="btLogin" runat="server" Text="登陆" CssClass="submit"
OnClick="btLogin_Click" OnClientClick="return Validator.Validate(form1,2);" Width="49px"
/></td>
              <td colspan="2" align=left style="height: 32px"> <asp:Button ID="btReg"
runat="server" Text="注册"   CssClass="submit" Width="51px" OnClick="btReg_Click"
/></td>
            </tr>
        </table>
```

```
<%} %>
```

程序清单 10–3　用户登录控件

在登录控件的前台代码中，主要通过对会员的 Session 进行判断，如果会员已经登录，则显示会员的常用操作菜单，否则直接显示登录对话框。当会员单击【登录】按钮时，添加【登录】按钮的后台处理代码，如程序清单 10–4 所示。

```
protected void btLogin_Click(object sender, EventArgs e)
    {
        try
        {
            string vCode = checkCode.Text;
            string vCode1 = Session["Vnumber"].ToString();
            if (vCode.CompareTo(vCode1) !=0)
            {
                Page.ClientScript.RegisterStartupScript(this.GetType(), "", "alert('验证码输入
错误')", true);
            }
            else
            {
                DbAccess db = new DbAccess();
                string uid = userId.Text;
                if (uid == string.Empty)
                {
                    Page.ClientScript.RegisterStartupScript(this.GetType(), "", "alert('用户名不
能为空')", true);
                }
                else
                {
        string upwd = Md5.getMd5(password.Text);//获取 MD5 加密后的字符串
        string sql = "select uid,pwd from UserInfo where uid='" + uid + "' and pwd='" + upwd + "'";
                    DataSet dsUser = db.GetDataSet(sql);
                    if (dsUser.Tables[0].Rows.Count > 0)//登录成功
                    {
                        Session["user"] = uid;
                    }
                    else//登录失败
                    {
        Page.ClientScript.RegisterStartupScript(this.GetType(), "", "alert('用户名密码错误')",
true);
                    }
```

```
                }
            }
        }
        catch
        {
        }
    }
```

程序清单 10-4　会员登录验证

对于新用户注册为会员时，对【注册】按钮添加后台处理代码，主要实现页面的转向，如程序清单 10-5 所示。

```
protected void btReg_Click(object sender, EventArgs e)
{
    Response.Redirect("Register.aspx");
}
```

程序清单 10-5　会员注册

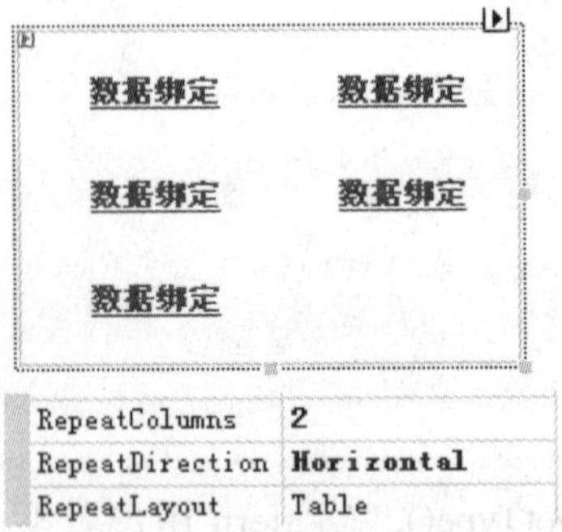

图 10-6　配置 DataList 属性

（2）商品分类控件。右击【项目】，在弹出的快捷菜单中选择【添加新项】命令，在弹出的对话框中选择【Web 用户控件】选项，输入控件名称“CategoryList.ascx”，在分类控件的前台页面中添加一个 DataList 控件“dlstCategory”，如图 10-6 所示，并修改其相应的属性。

修改控件“dlstCategory”的数据项模板，将表格的开始标记放在数据项的头部模板中，结束标记放在底部模板中，中间所有的数据项放在单元格中，具体代码如程序清单 10-6 所示。

```
<%@ Control Language="C#" AutoEventWireup="true" CodeFile="CategoryList.ascx.cs"
Inherits="CategoryList" %>
<asp:DataList ID="dlstCategory" runat="server" RepeatColumns="2"
RepeatDirection="Horizontal" Width="129px">
  <HeaderTemplate>
          <table width="200" height="20" border="0" cellpadding="2" cellspacing="2"
style="background-color:#fff;"class="category"><tr></HeaderTemplate>
            <ItemTemplate>
            <td style="color:Gray; line-height:3.0; font-size:12px; text-align:center;
font-weight:bold;">
                <a href='<%# String.Format("Category.aspx?cat={0}",Eval("id")) %>' >
<%#Eval("Category") %></a>
            </td></ItemTemplate>
        <FooterTemplate></tr></table></FooterTemplate>
</asp:DataList>
```

程序清单 10–6　商品分类

添加控件在页面调入时的后台代码，主要实现对控件“dlstCategory”的数据绑定。具体代码如程序清单 10–7 所示。

```
protected void Page_Load(object sender, EventArgs e)
    {
            if (!Page.IsPostBack)
            { try
              {//数据绑定
                DbAccess db = new DbAccess();
                DataSet ds = db.GetDataSet("select * from Category");//获取分类
                dlstCategory.DataSource = ds.Tables[0].DefaultView;
                dlstCategory.DataBind();
              }
            catch (Exception ep)
              {
              }
        }
    }
```

程序清单 10–7　数据绑定

（3）文件上传控件。文件上传控件主要实现对商品图片的上传，返回图片的文件名称，并验证图片的格式。具体前台布局如图 10–7 所示。

图 10–7　文件上传组件

【上传】按钮的后台事件代码如程序清单 10–8 所示。

```
protected void btnUpload_Click(object sender, EventArgs e)
    {
        string extend = this.FileUpload1.FileName;//获取扩展名
        extend = extend.Substring(extend.LastIndexOf(".")+1);
            string name = DateTime.Now.ToString("yyyyMMddHHmmssffff")+"."+extend;//文件名字
            string size = this.FileUpload1.PostedFile.ContentLength.ToString();//文件大小
            string type = this.FileUpload1.PostedFile.ContentType;//文件类型 type ==
"image/pjpeg" || type == "image/gif" || type == "x-png"
            string path = Server.MapPath("~/pic/") + "//" + name;//实际路径
            string datapath = "pic/" +name;
            if (Convert.ToInt32(size) > 2048*1000)
            {
```

```
            this.lblMsg.Text = "上传失败文件大于 2m";
        }
        else if (type.Equals("image/gif") || type.Equals("image/bmp") ||
type.Equals("image/pjpeg") || type.Equals("image/x-png") || type.Equals("image/jpg"))
        {
            this.FileUpload1.SaveAs(path);
            this.lblMsg.Text = "上传成功";
            this.fileimages.Text = datapath;
        }
        else
        {
            this.lblMsg.Text = "文件类型不对上传失败";
        }
    }
```

程序清单 10–8

◎ 小提示

用户在页面中添加用户自定义控件，可以直接将控件拖入页面。

2. 页面模板

由于系统多个页面要使用相同的布局方式，对于所有的在线购物功能页面中使用统一模板，并且在模板中使用用户控件，可以大大方便代码的重用。

右击【项目】，在弹出的快捷菜单中选择【添加新项】命令，在弹出的对话框中选择【母版页】选项，输入母版页名称“MasterPage.master”，然后对母版页面进行布局，具体布局效果如图 10–8 所示。

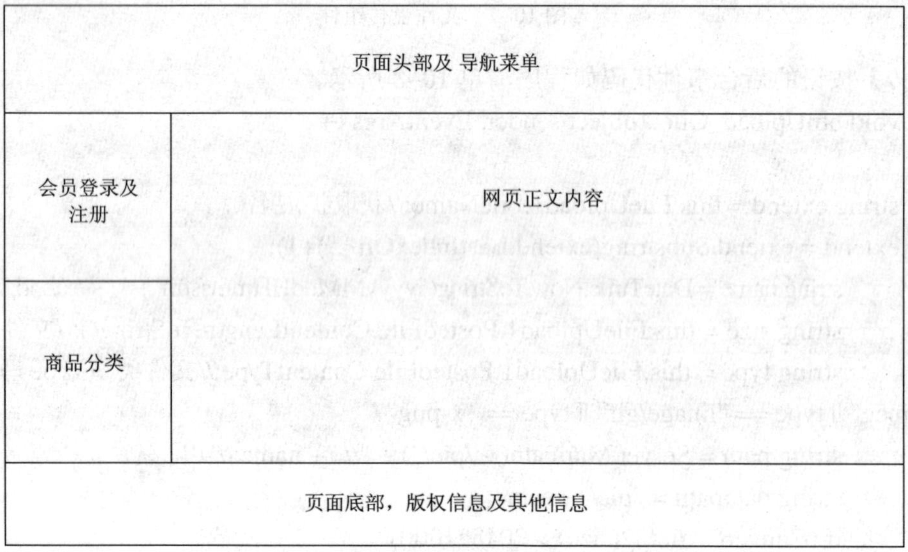

图 10–8　模板页面布局

在模板页面中，根据布局添加相应的页面元素及控件，具体的代码如程序清单 10–9 所示。

```
<%@ Master Language="C#" AutoEventWireup="true" CodeFile="MasterPage.master.cs"
Inherits="MasterPage" %>
<%@ Register Src="CategoryList.ascx" TagName="CategoryList" TagPrefix="uc2" %>
<%@ Register Src="Login.ascx" TagName="Login" TagPrefix="uc1" %>
<!DOCTYPE html PUBLIC "-//W3C//DTD XHTML 1.0 Transitional//EN"
"http://www.w3.org/TR/xhtml1/DTD/xhtml1-transitional.dtd">
<html xmlns="http://www.w3.org/1999/xhtml" >
<head runat="server">
 <style type="text/css">
<!—在 GridView 中让指定列不显示，但是可以获取到值
.hid {
width:1px;
display:none;
}
-->
</style>
</head>
<body style="margin:0px auto 0px;" bgproperties="fixed">
    <form id="form1" runat="server">
        <table style="width: 800px; height: 840px" border="0" cellpadding="0" cellspacing="0"
align="center" class="table">
            <tr>
                <td colspan="3" style="height: 88px" class="tp" valign="bottom">
                    <table style="width: 670px;font-size:14px;" border="0" cellpadding="0"
cellspacing="0" >
                        <tr>
        <td style="width: 62px; height: 21px" align="center" valign="bottom">
                        <a href="Default.aspx">首  页</a></td>
        <td style="width: 128px; height: 21px" align="center" valign="bottom">
                    <a href="ProductList.aspx?type=1"> 热卖商品</a></td>
        <td style="width: 123px; height: 21px" align="center" valign="bottom">
                    <a href="ProductList.aspx?type=2"> 精品推荐</a></td>
        <td style="width: 106px; height: 21px;" align="center" valign="bottom">
                    <a href="ProductList.aspx?type=3">特价商品</a></td>
        <td style="width: 106px; height: 21px" align="center" valign="bottom">
                <a href="GuestBook.aspx">客户留言</a></td>
                        </tr>
                    </table>
```

```
                    </td>
                </tr>
                <tr>
        <td style="width: 180px; height:809px;" valign="top" class="left">
          <table width="180" height="660" border="0" cellpadding="1" cellspacing="0">
   <tr>
       <td style="height:200px; width: 290px;" valign="top"><uc1:Login ID="Login1"
runat="server" />
       </td>
   </tr>
   <tr>
   <td style="width: 290px; height: 30px" class="leftBottom">
                                    </td>
                                </tr>
                                <tr>
             <td style="width: 290px; height: 430px" valign="top">
             <uc2:categorylist id="CategoryList1" runat="server"></uc2:categorylist>
                                    </td>
                                </tr>
</table>
                    </td>
                        <td style="width: 620px; height: 809px;" colspan="2" valign="top">
                  <asp:ContentPlaceHolder ID="ContentPlaceHolder1" runat="server">
                        </asp:ContentPlaceHolder>
                    </td>
                </tr>
                <tr>
                        <td colspan="3" style="height:120px" valign="top" align="center"
class="bottom">
     <br />
                        @CopyRight  EShop 网络商城有限公司<br />
                        <hr />
                        2009-2010<br />
                    </td>
                </tr>
            </table>
      </form>
</body>
</html>
```

程序清单 10–9　母版页

【具体功能页面实现】

1. 系统默认页面“Default.aspx”

在默认页面中，首先使用上面创建的母版页，在内容区域中添加三个栏目：最新上架，精品推荐和特价商品。在每个栏目中添加一个 DataList 控件，用来显示对应的商品，并设置相应的属性，如图 10–9 所示。

设置完成后，单击 DataList 控件的任务快捷菜单，选择【编辑模板】选项，如图 10–10 所示。

RepeatColumns	4
RepeatDirection	Horizontal
RepeatLayout	Table

图 10–9　配置 DataList 属性

图 10–10　编辑模板

在模板编辑窗口中，对 ItemTemplate 进行编辑，具体效果如图 10–11 所示。

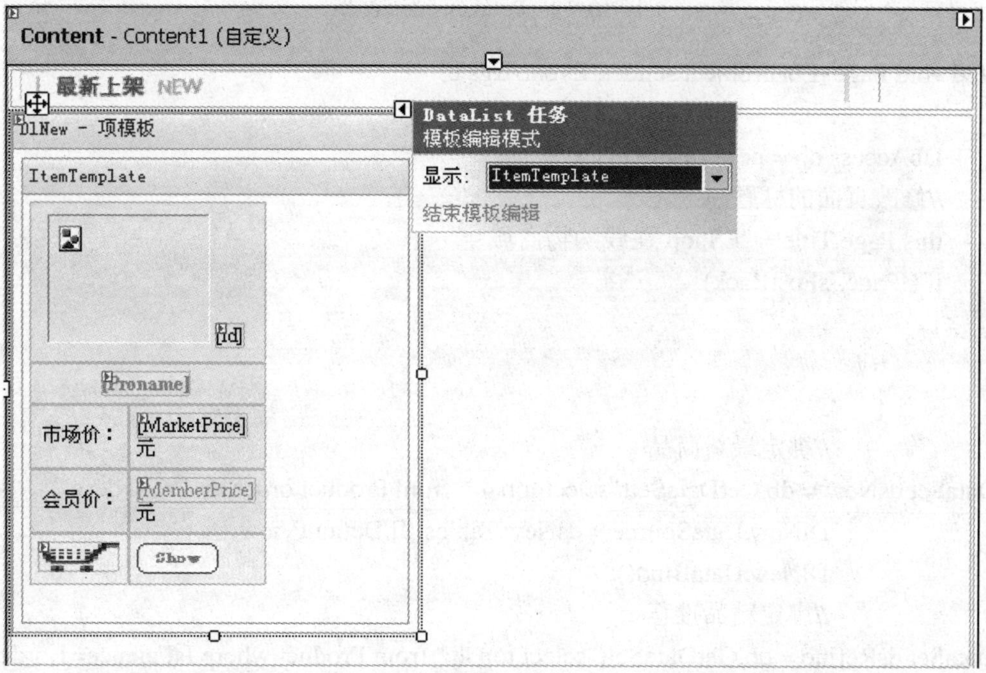

图 10–11　编辑 DataList ItemTemplate

编辑 ItemTemplate 完成后，返回到默认页面，此时页面效果如图 10–12 所示。

以同样的方式完成其他两个栏目的 DataList 设置。完成页面的前台设计部分后，首先添加页面载入代码，实现 DataList 的数据绑定，具体代码如程序清单 10–10 所示。

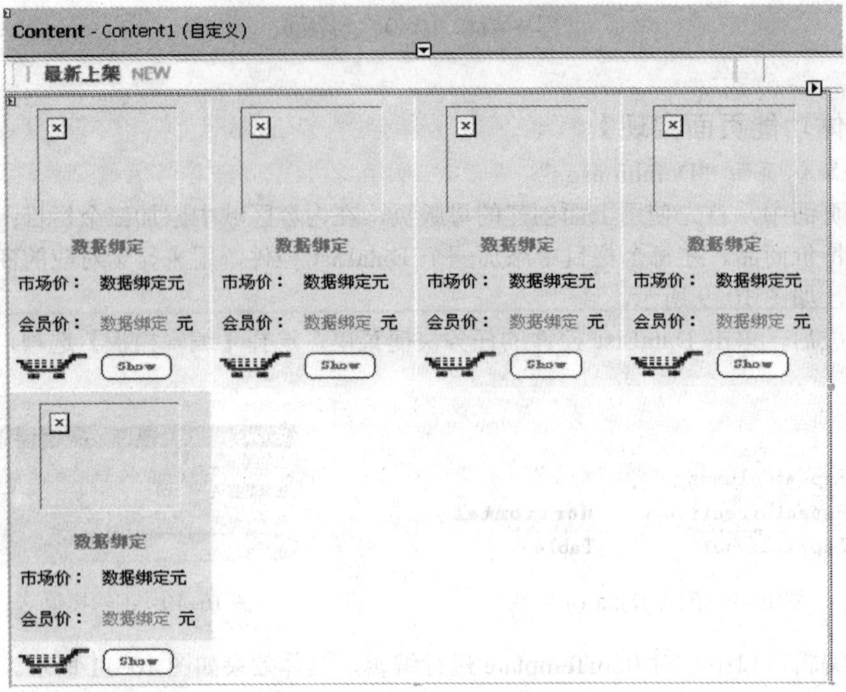

图 10–12　DataList 设计效果

```
protected void Page_Load(object sender, EventArgs e)
    {
        DbAccess db = new DbAccess();
        //修改页面的标题
        this.Page.Title = "EShop 在线购物商城";
        if (!Page.IsPostBack)
        {
            try
            {
                //绑定最新商品
    DataSet dsNew = db.GetDataSet("select top 4 * from Product order by ProId desc");
                DlNew.DataSource = dsNew.Tables[0].DefaultView;
                DlNew.DataBind();
                //绑定精品推荐
    DataSet dsRefine = db.GetDataSet("select top 4 * from Product where IsFaience=1 order by
ProId desc");
                DlRefinement.DataSource = dsRefine.Tables[0].DefaultView;
                DlRefinement.DataBind();
                //绑定特价商品
    DataSet dsSale = db.GetDataSet("select top 4 * from Product where IsSale=1 order by ProId
desc");
```

```
            DlSale.DataSource = dsSale.Tables[0].DefaultView;
            DlSale.DataBind();
        }
        catch(Exception ep)
        {
        }
    }
}
```

程序清单 10-10　DataList 数据绑定

其次，添加 DataList 数据项模板中的【添加到购物车】按钮的事件绑定，具体代码如程序清单 10-11 所示。

```
protected void buy(DataListCommandEventArgs e)
    {
      if (e.CommandName == "buy")
      {
      Session["Id"] = ((Label)e.Item.FindControl("Id")).Text;//商品编号
     Session["Proname"] = ((Label)e.Item.FindControl("Proname")).Text;//商品名称
     Session["MemberPrice"] = ((Label)e.Item.FindControl("MemberPrice")).Text;//商品单价
          Response.Redirect("Buy.aspx");
      }
    }
  protected void DlNew_ItemCommand(object source, DataListCommandEventArgs e)
    {
        buy(e);//购买最新商品
    }
  protected void DlRefinement_ItemCommand(object source, DataListCommandEventArgs e)
    {
        buy(e);//购买精品推荐商品
    }
  protected void DlSale_ItemCommand(object source, DataListCommandEventArgs e)
    {
        buy(e);//购买热卖商品
      }
```

程序清单 10-11　事件绑定

对于显示商品详细信息按钮，通过在模板中定义链接的方式来定义，具体定义代码如程序清单 10-12 所示。

```
<a href=show.aspx?id=<%#Eval("ProId")%>&type=1>
<imgheight="19" src="images/show.jpg" width="50" align="absMiddle" border="0" /></a>
```

程序清单 10-12

最终默认页面运行效果如图 10–13 所示。

图 10–13　程序运行效果

2. 会员注册“Register.aspx”

会员注册页面也使用了母版页，主要实现用户在线注册为会员，运行效果如图 10–14 所示。

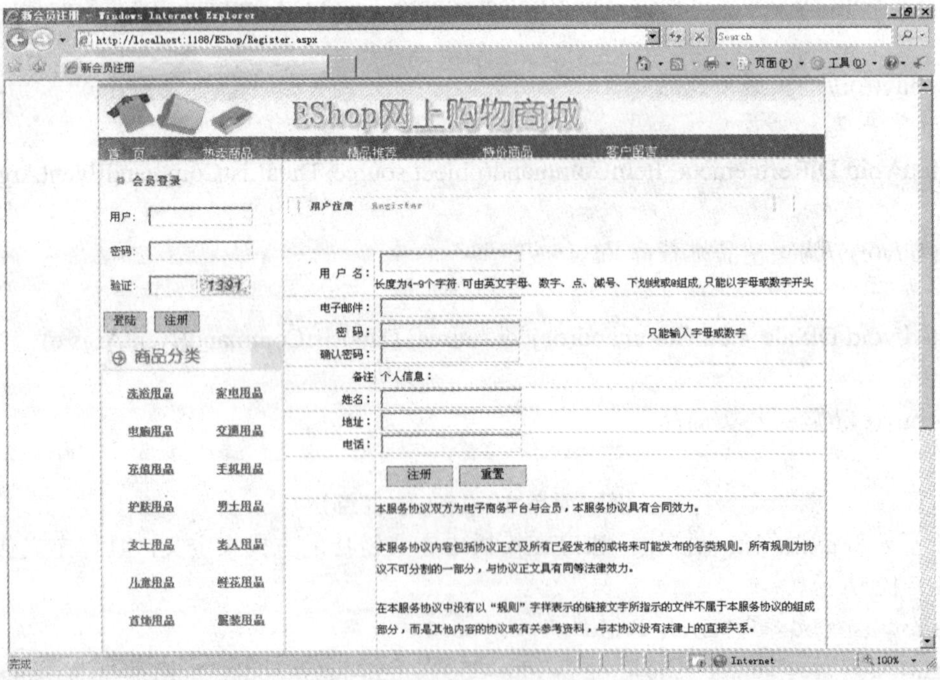

图 10–14　新会员注册

在新会员注册过程中，首先对用户输入的内容进行验证，是否符合指定格式。具体验证代码如程序清单 10–13 所示。

```
<tr>
        <td align="right" bgcolor="#ffffff"   width="17%">
            用户名：
        </td>
        <td bgcolor="#ffffff"   width="83%">
             <asp:TextBox ID="tbUid" runat="server"
CssClass="reg"></asp:TextBox>
            <asp:RequiredFieldValidator ID="RequiredFieldValidator1" runat="server"
ControlToValidate="tbUid"
                ErrorMessage="*"></asp:RequiredFieldValidator>
            <asp:RegularExpressionValidator ID="RegularExpressionValidator1"
runat="server" ControlToValidate="tbUid"
                ErrorMessage="格式不对"
ValidationExpression="^[a-zA-Z0-9][a-zA-Z0-9\.\-@]{3,10}$"></asp:RegularExpressionValidator>
            <br />
            长度为 4-9 个字符。可由英文字母、数字、点、减号、下划线或@组成,只
能以字母或数字开头</td>
    </tr>
    <tr>
        <td align="right" bgcolor="#ffffff"   style="height: 27px">
            电子邮件：</td>
        <td bgcolor="#ffffff"   style="height: 27px">
             <asp:TextBox ID="tbEmail" runat="server"
CssClass="reg"></asp:TextBox>
            <asp:RegularExpressionValidator ID="RegularExpressionValidator2"
runat="server" ControlToValidate="tbEmail"
                ErrorMessage="格式不正确"
ValidationExpression="\w+([-+.']\w+)*@\w+([-.]\w+)*\.\w+([-.]\w+)*"></asp:RegularExpression
Validator></td>
    </tr>
    <tr style="color: #000000">
        <td align="right" bgcolor="#ffffff" >
            密　码：</td>
        <td bgcolor="#ffffff" >
             <asp:TextBox ID="tbPwd" runat="server" CssClass="reg"
TextMode="Password" Width="148px"></asp:TextBox>
            <asp:RequiredFieldValidator ID="RequiredFieldValidator2" runat="server"
```

```
ControlToValidate="tbPwd"
                    ErrorMessage="*"></asp:RequiredFieldValidator>
                <asp:RegularExpressionValidator ID="RegularExpressionValidator3"
runat="server" ControlToValidate="tbPwd"
                    ErrorMessage="只能由字母和数字组成"
ValidationExpression="^[A-Za-z0-9_]{1,20}$"></asp:RegularExpressionValidator>只能输入字母
或数字</td>
        </tr>
        <tr>
            <td align="right" bgcolor="#ffffff" >
                确认密码：<br />
            </td>
            <td bgcolor="#ffffff" >
                 <asp:TextBox ID="tbPwd1" runat="server" CssClass="reg"
TextMode="Password" Width="147px"></asp:TextBox>
                <asp:RequiredFieldValidator ID="RequiredFieldValidator3" runat="server"
ControlToValidate="tbPwd1"
                    ErrorMessage="*"></asp:RequiredFieldValidator>
                <asp:CompareValidator ID="CompareValidator1" runat="server"
ControlToCompare="tbPwd"
                    ControlToValidate="tbPwd1" ErrorMessage="两次密码不一样
"></asp:CompareValidator></td>
        </tr>
        <tr>
            <td align="right" bgcolor="#ffffff" >
                备注</td>
            <td bgcolor="#ffffff" >
                 个人信息：</td>
        </tr>
        <tr>
            <td align="right" bgcolor="#ffffff" >
                姓名：</td>
            <td bgcolor="#ffffff" >
                 <asp:TextBox ID="tbName" runat="server"
CssClass="reg"></asp:TextBox>
                <asp:RequiredFieldValidator ID="RequiredFieldValidator4" runat="server"
ControlToValidate="tbName"
                    ErrorMessage="只能输入汉字"></asp:RequiredFieldValidator>
```

```
                <asp:RegularExpressionValidator ID="RegularExpressionValidator4"
runat="server" ControlToValidate="tbName"
                    ErrorMessage="只能输入汉字"
ValidationExpression="^[\u0391-\uFFE5]+$"></asp:RegularExpressionValidator></td>
        </tr>
        <tr>
            <td align="right" bgcolor="#ffffff" >
                地址：</td>
            <td bgcolor="#ffffff" >
                 <asp:TextBox ID="tbAdd" runat="server"
CssClass="reg"></asp:TextBox>
                <asp:RequiredFieldValidator ID="RequiredFieldValidator5" runat="server"
ControlToValidate="tbAdd"
                    ErrorMessage="*"></asp:RequiredFieldValidator></td>
        </tr>
        <tr>
            <td align="right" bgcolor="#ffffff" >
                电话：</td>
            <td bgcolor="#ffffff" >
                 <asp:TextBox ID="tbPhone" runat="server"
CssClass="reg"></asp:TextBox>
                <asp:RequiredFieldValidator ID="RequiredFieldValidator6" runat="server"
ControlToValidate="tbPhone"
                    ErrorMessage="*"></asp:RequiredFieldValidator></td>
        </tr>
        <tr>
            <td bgcolor="#ffffff"   style="height: 46px">
                <br />
            </td>
            <td bgcolor="#ffffff"   style="height: 46px">
                 
                <asp:Button ID="btnReg" runat="server" OnClick="btnReg_Click" Text="注
册" Width="73px" />
                <asp:Button ID="btnReset" runat="server" CausesValidation="False" Text="重
置" Width="75px" OnClick="Button2_Click" /></td>
        </tr>
```

程序清单 10-13　注册验证

◎ 小提示

在注册验证中，使用了正则表达式验证，如果读者不了解正则表达式，参考有关正则表达式教程。

添加注册按钮的后台事件代码，如程序清单 10–14 所示。

```
protected void btnReg_Click(object sender, EventArgs e)
  {
    try
    {
        string uid = tbUid.Text;//会员 ID
        string umail = tbEmail.Text;
        string upwd =Md5.getMd5(tbPwd.Text);
        string uname = tbName.Text;
        string uadd = tbAdd.Text;
        string uphone = tbPhone.Text;
        DbAccess db = new DbAccess();
        //验证会员 ID 是否已经存在
        string sql = "select uid from UserInfo where uid='" + uid + "'";
        DataSet dsUser = db.GetDataSet(sql);
        if (dsUser.Tables[0].Rows.Count > 0)
        {
            Page.ClientScript.RegisterStartupScript(this.GetType(), "", "alert('此会员 已经
存在')", true);
         }
         else
         {
            //添加会员信息
            sql = "insert into UserInfo values('" + uid + "','" + upwd + "','" + umail + "','" +
uname + "','" + uadd + "','" + uphone + "','" + DateTime.Now.ToString("yyyy-MM-dd HH:mm:ss")
+ "',0)";
            if (db.ExecuteSql(sql))
            {
              Session["user"] = uid;
              Response.Redirect("Default.aspx");
            }
            else
                Page.ClientScript.RegisterStartupScript(this.GetType(), "", "alert('会员注
册失败')", true);
         }
```

```
    }
    catch
    {
    }
}
```

程序清单 10–14　注册会员信息添加

3. 购买商品“Buy.aspx”

会员如果实现在线购买商品，必须登录成功后方可进行购物。具体的购物流程图如图 10–15 所示。

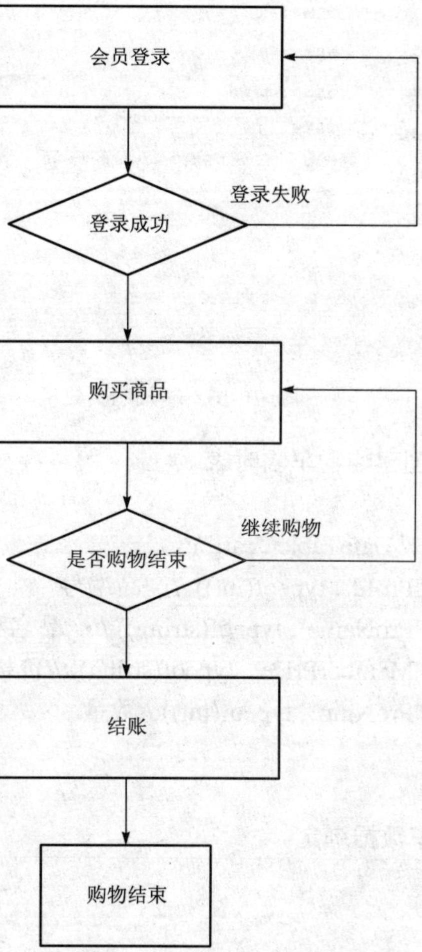

图 10–15　购物流程图

当会员单击【购买商品】按钮，此时将显示商品的详细信息，并接受会员输入购买商品的数量，如图 10–16 所示。

对于购物车的实现，将会员购买的商品首先放入一个 DataTable 中，在将这个 DataTable 放入 Session 中，会员不断更改购物车中的商品信息，此时将更新 DataTable 中的商品信息，并将 DataTable 与 GridView 控件进行绑定。具体实现代码如程序清单 10–15 所示。

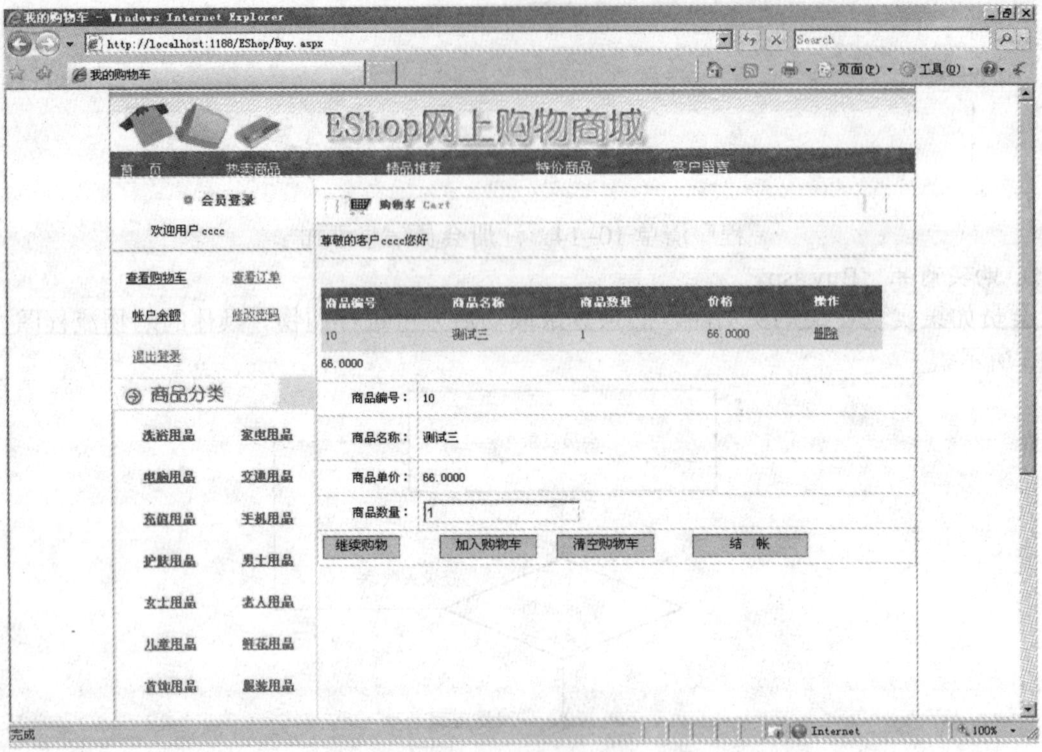

图 10–16 输入购买数量

```
public DataTable cart()//创建购物车临时表
    {
        DataTable dt = new DataTable("cart");
        dt.Columns.Add("ProId", typeof(int));//产品编号
        dt.Columns.Add("ProName", typeof(string));//产品名称
        dt.Columns.Add("MemberPrice", typeof(string));//价格
        dt.Columns.Add("ProNum", typeof(int));//数量
        return dt;
    }
public void binder()//购物车数据绑定
    {

        if (Session["cart"] == null || Session["cart"].ToString() == "")
        {
            lblMsg.Text = "暂无商品";
            gdvList.Visible = false;
            lblSum.Text = "";
        }
        else
```

```
            {
                DataTable dt = (DataTable)Session["cart"];
                if (dt.Rows.Count == 0)
                {
                    lblMsg.Text = "暂无商品";
                    lblSum.Text = "";
                    gdvList.Visible = false;
                }
                else
                {
                    gdvList.Visible = true;
                    this.gdvList.DataSource = dt.DefaultView;
                    this.gdvList.DataBind();
                    decimal sum = 0;
                    for (int i = 0; i < dt.Rows.Count; i++)
                    {
                        sum += (int.Parse(dt.Rows[i]["ProNum"].ToString()) *
decimal.Parse(dt.Rows[i]["MemberPrice"].ToString()));
                    }
                    lblSum.Text = sum.ToString();
                    lblMsg.Text = "";
                }
            }
        }
```

程序清单 10–15

会员输入完产品数量后，单击【加入购物车】按钮，此时将先判断用户输入的数量和此商品的所有数量进行比较，如果输入商品的数量大于商品的所有数量，此时将提示会员，否则将商品放入购物车。具体实现代码如程序清单 10–16 所示。

```
protected void btnAdd_Click(object sender, EventArgs e)
    {
        //判断数量
        DbAccess db = new DbAccess();
  string sql = "select ProNum from product where ProId=" + int.Parse(id.Text) + "";
        DataSet dsPro = db.GetDataSet(sql);
        if (int.Parse(num.Text) > int.Parse(dsPro.Tables[0].Rows[0][0].ToString()))
         Page.ClientScript.RegisterStartupScript(this.GetType(), "", "alert('商品数量超出库存数
量目前此商品剩余" + dsPro.Tables[0].Rows[0][0].ToString()+ "件')", true);
        else
        {
```

```
//添加到购物车
if (Session["cart"] == null)
{
    DataTable dt = cart();
    DataRow dr = dt.NewRow();
    dr["ProId"] = int.Parse(id.Text);
    dr["ProName"] = Proname.Text;
    dr["MemberPrice"] = MemberPrice.Text;
    dr["ProNum"] = int.Parse(num.Text);
    dt.Rows.Add(dr);
    Session["cart"] = dt;
    binder();
}
else//购物车已经存在，查找并修改数量
{
    bool find = false;
    DataTable dt = (DataTable)Session["cart"];
    int i;
    for (i = 0; i < dt.Rows.Count; i++)
    {
if (int.Parse(id.Text) == int.Parse(dt.Rows[i]["ProId"].ToString()))
        {
            dt.Rows[i]["ProNum"] = int.Parse(dt.Rows[i]["ProNum"].ToString())
+ int.Parse(num.Text);
            find = true;
            break;
        }
    }
    if (!find)//如果没有此商品，添加新商品
    {
        DataRow dr = dt.NewRow();
        dr["ProId"] = int.Parse(id.Text);
        dr["ProName"] = Proname.Text;
        dr["MemberPrice"] = MemberPrice.Text;
        dr["ProNum"] = int.Parse(num.Text);
        dt.Rows.Add(dr);
    }
    Session["cart"] = dt;//添加完成后保存到 Session 中
    binder();//重新绑定
```

```
            }
        }
    }
```

程序清单 10–16　添加商品到购物车

会员在没有结账之前，可以对选择的商品进行删除，此时只是从 DataTable 中删除商品信息，删除后重新绑定 GridView。具体代码如程序清单 10–17 所示。

```
protected void gdvList_RowDeleting(object sender, GridViewDeleteEventArgs e)
  {
  int ProId = int.Parse(this.gdvList.Rows[e.RowIndex].Cells[0].Text.ToString());
      DataTable dr = (DataTable)Session["cart"];
      for (int i = 0; i < dr.Rows.Count; i++)
      {
          if (ProId== int.Parse(dr.Rows[i]["ProId"].ToString()))
          {
             dr.Rows.RemoveAt(i);//删除行
             binder();//重新绑定
          }
      }
  }
```

程序清单 10–17　删除购物车中商品信息

如果需要清空购物车，只需要将 Session 会话中的购物车对象设置为 null，然后重新绑定 GridView 即可，具体代码如程序清单 10–18 所示。

```
protected void btnClear_Click(object sender, EventArgs e)
  {
      Session["cart"] = null;
      binder();
  }
```

程序清单 10–18　清空购物车

最后当会员结账时，单击【结账】按钮，系统首先验证会员的账户余额，如果余额不足，则购物失败，然后验证用户选择的商品数量和现有的商品数量进行比较，如果现有的数量小于会员购买的数量，将会员购买的数量修改为商品现有的数量。具体实现代码如程序清单 10–19 所示。

```
  protected void btnChk_Click(object sender, EventArgs e)
    {
      if (Session["cart"] == null)
      {
          Page.ClientScript.RegisterStartupScript(this.GetType(), "", "alert('还没有买东西呢
');\nlocation.href='Default.aspx';",true);
      }
```

```
else
{
    DataTable dr = (DataTable)Session["cart"];
    DbAccess db = new DbAccess();
    string guid = DateTime.Now.ToString("yyyyMMddHHmmssffff");
    string user = Session["user"].ToString();
    //判断账户余额是否充足
    DataSet dsAccount = db.GetDataSet("select account from userinfo where uid='" +
user + "'");
    if (lblSum.Text == string.Empty || decimal.Parse(lblSum.Text) >
decimal.Parse(dsAccount.Tables[0].Rows[0][0].ToString()))
    {
        Page.ClientScript.RegisterStartupScript(this.GetType(), "", "alert('帐户余额不
足');\nlocation.href='Account.aspx';", true);
    }
    else
    {
        //添加结账时间、用户信息
        string sql = "insert into UserOrder values('" + guid + "','" + user + "','" +
DateTime.Now.ToString() + "')";
        if (db.ExecuteSql(sql))
        {
            if (db.DtbAdd(dr, guid, user))
            {
                Session.Remove("cart");
                Session["cart"] = null;
                Page.ClientScript.RegisterStartupScript(this.GetType(), "", "alert('结
账成功');\nlocation.href='MyCartList.aspx';", true);
            }
            else
                Page.ClientScript.RegisterStartupScript(this.GetType(), "", "alert('结
账失败');\nlocation.href='Default.aspx';", true);
        }
        //修改账户余额
        decimal account = (decimal.Parse(dsAccount.Tables[0].Rows[0][0].ToString())
- decimal.Parse(lblSum.Text));
        sql = "update userInfo set account=" +account.ToString() + " where uid='" +
user + "'";
        db.ExecuteSql(sql);
```

```
            }
        }
    }
    //将购物车中商品信息添加到数据库
public bool DtbAdd(DataTable dt,string guid,string uid)
    {
      try
      {
            string sql = "";
           SqlConnection   conn =DbAccess.GetConn();
            if (conn.State != ConnectionState.Open)
            {
               conn.Open();
            }
            DataSet dl=new DataSet();
            int Leave = 0;//剩余数量
            int buy = 0;//购买数量
            for (int i = 0; i < dt.Rows.Count; i++)
            {
                  //获取剩余数量
                  sql = "select ProNum from product where ProId=" +
dt.Rows[i]["ProId"].ToString() + "";
                  da = new SqlDataAdapter(sql, conn);
                  da.Fill(dl);
                  if (int.Parse(dt.Rows[i]["ProNum"].ToString()) <=
int.Parse(dl.Tables[0].Rows[0][0].ToString()))//购买数量小于现有商品数量
                  {
                        Leave = int.Parse(dl.Tables[0].Rows[0][0].ToString()) -
int.Parse(dt.Rows[i]["ProNum"].ToString());
                        buy = int.Parse(dt.Rows[i]["ProNum"].ToString());
                  }
                  else
                  {
                        Leave = 0;
                     buy = int.Parse(dl.Tables[0].Rows[0][0].ToString());
                  }
                  dl.Clear();
                  sql="insert into OrderDetail
values('"+dt.Rows[i]["ProId"].ToString()+"','"+dt.Rows[i]["ProName"].ToString()+"',"+decimal.Par–
```

```
se(dt.Rows[i]["MemberPrice"].ToString())+","+buy+","'"+guid+"','"+DateTime.Now.ToString("yyyy
-MM-dd HH:mm:ss")+"')";
                    sql = sql + "\n" + "update Product set ProNum=" + Leave + " where ProId=" +
dt.Rows[i]["ProId"].ToString() + "";
                    cmd = new SqlCommand(sql, conn);
                     int flag = cmd.ExecuteNonQuery();
                    if(flag>0)//添加成功
                        continue;
                    else
                        break;
                }
                return true;
            }
            catch(Exception ep)
            {
             return false;
            }
finally {
                conn.Close();
            }
 return false;
 }
```

程序清单 10–19 购物结账

4. 查看购物清单 “MyCartList.aspx”

会员只要登录系统，就可以查询到会员的历次购物清单及明细，点击【查看购物清单】链接，则显示该会员的所有购物清单，如果需要查看对应的明细，直接点击【详细】链接即可，如图 10–17 所示。

购物清单 MyCartList.aspx 的页面使用了 MasterPage.master 母版页，在母版页的内容区域添加一个 GridView 控件，用来显示会员的购物清单，对于页面的后台处理代码如程序清单 10–20 所示。

```
protected void Page_Load(object sender, EventArgs e)
   {
        this.Page.Title = "我的购物清单";
            if (!IsPostBack)
            {
                if (Session["user"] == null)
                { }//会员没有登录
                else
                {
```

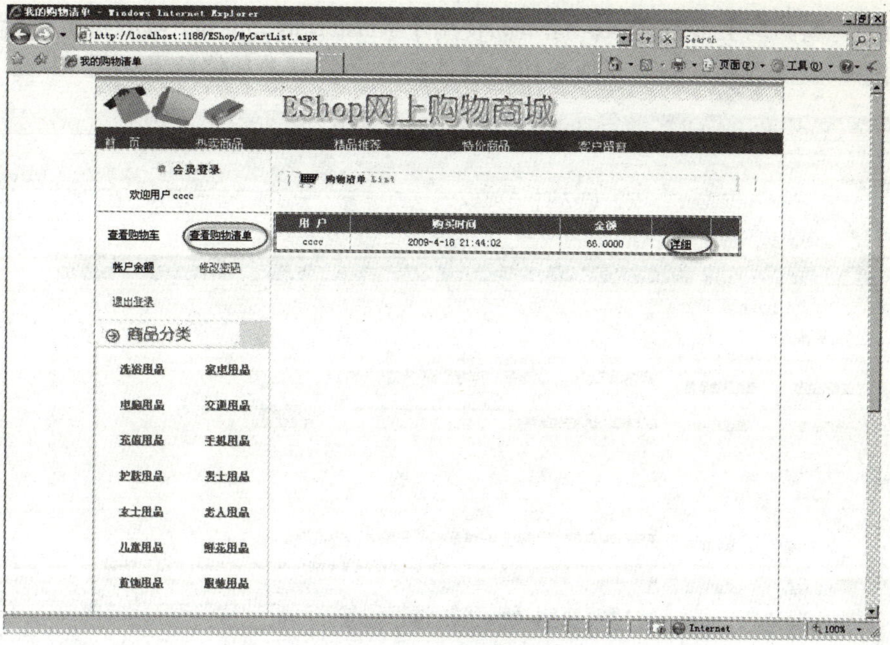

图 10–17　查看购物清单

```
                string user = Session["user"].ToString();
                DbAccess db = new DbAccess();
                //根据会员编号，查询对应的购物清单
                DataSet cList = db.GetDataSet("select * from cartlist where userid='" +
user + "'");
                gdList.DataSource = cList.Tables[0].DefaultView;
                gdList.DataBind();
            }
        }
    }
    protected void gdList_RowDataBound(object sender, GridViewRowEventArgs e)
    {
        //创建详细链接
        if (e.Row.RowType == DataControlRowType.DataRow)
        {
            e.Row.Cells[4].Text = "<a href='Detail.aspx?sid=" + e.Row.Cells[3].Text + "'>详细
</a>";
        }
    }
```

程序清单 10–20

5. 在线充值 “Account.aspx”

在线充值主要实现增加会员的账户金额，当然在实际的运作过程中应该使用其他的方式来代替此功能，例如网上银行转账。此页面使用了 MasterPage.master 母版页，在母版页的内容区域添加输入金额的输入框，充值按钮和其他的文字信息。具体效果如图 10–18 所示。

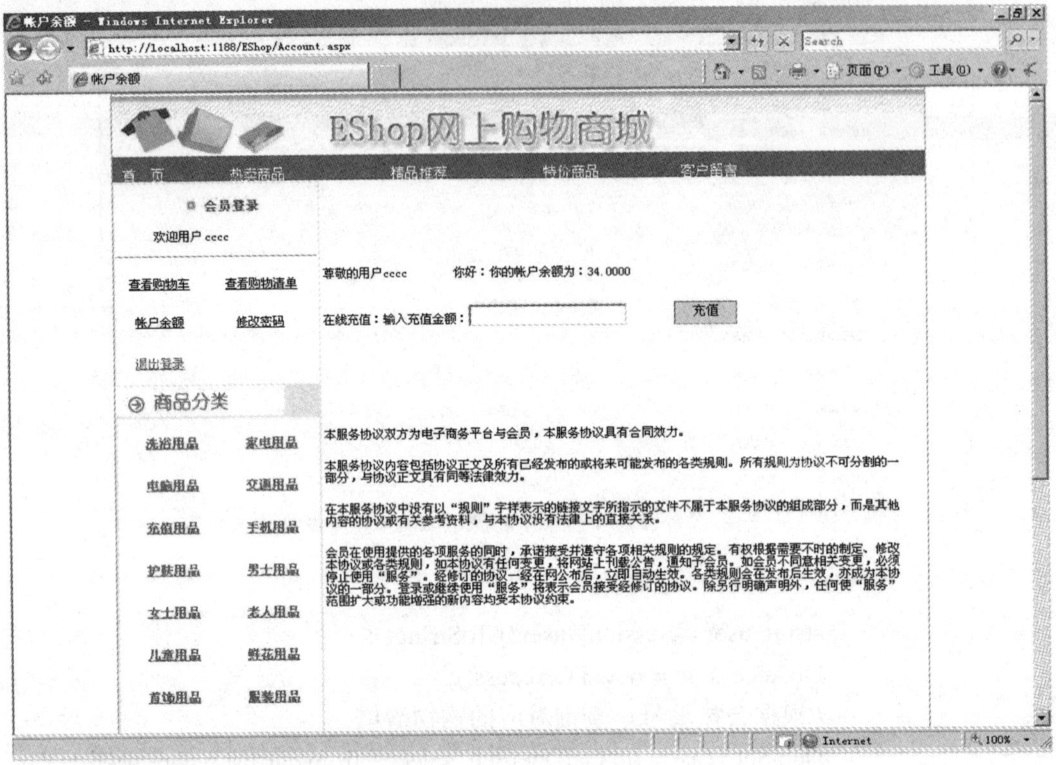

图 10–18 具体效果图

页面具体代码如程序清单 10–21 所示。

```
protected void Page_Load(object sender, EventArgs e)
    {
        if (!Page.IsPostBack)
        {
            if (Session["user"] == null)
            {
                Page.ClientScript.RegisterStartupScript(this.GetType(), "", "alert('请登录');
\nlocation.href('Default.aspx');", true);
            }
            else
            {//查询会员账户信息
                DbAccess db = new DbAccess();
                string uid = Session["user"].ToString();
  DataSet ds = db.GetDataSet("select account from userInfo where uid='" + uid + "'");
                lblUser.Text = uid;
```

```
                lblAccount.Text = ds.Tables[0].Rows[0][0].ToString();
            }
        }
    }
    protected void btnCharge_Click(object sender, EventArgs e)
    {
        string account = TextBox1.Text;
        try
        {//实现在线充值
            DbAccess db = new DbAccess();
            string uid = Session["user"].ToString();
            string sql = "update userInfo set account=account+" + decimal.Parse(account) + "
where uid='" + uid + "'";
            if (db.ExecuteSql(sql))
            {
                Page.ClientScript.RegisterStartupScript(this.GetType(), "", "alert('充值成功
');\nlocation.href('Default.aspx');", true);
            }
            else
            {
                Page.ClientScript.RegisterStartupScript(this.GetType(), "", "alert('充值失败
');\nlocation.href('Default.aspx');", true);
            }
        }
        catch
        {
        }
    }
```

程序清单 10–21

6. 在线留言 “GuestBook.aspx”

如果用户在购物过程中有一些建议，可以直接在线留言，具体效果如图 10–19 所示。

【留言】按钮的事件处理代码如程序清单 10–22 所示。

```
protected void btnAdd_Click(object sender, EventArgs e)
    {
        string uname = tblName.Text;//姓名
        string title = tblTitle.Text;//标题
        string content = tblContent.Text;//留言内容
        try
        {
```

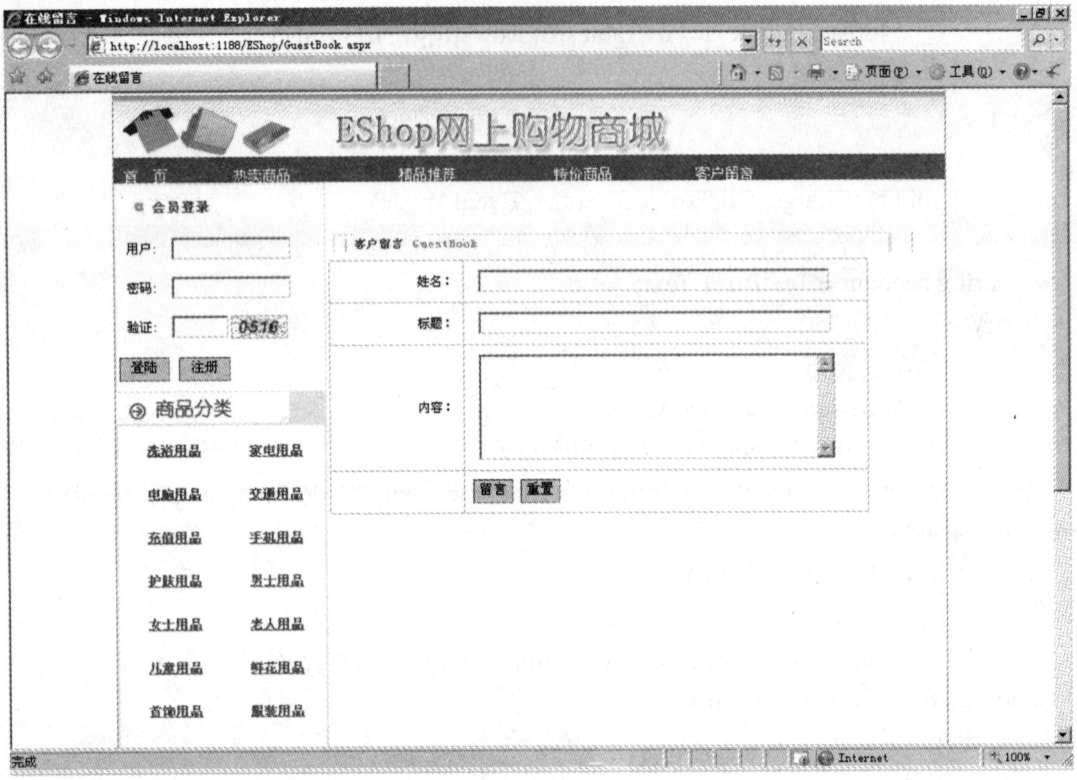

图 10–19　客户留言

```
                DbAccess db = new DbAccess();
                string sql = "insert into GuestBook values('" + uname + "','" + title + "','" + content +
"','" + DateTime.Now.ToString() + "')";
                if (db.ExecuteSql(sql))
                {
                    Page.ClientScript.RegisterStartupScript(this.GetType(), "", "alert('添加成功')",
true);
                }
                else
                {
                    Page.ClientScript.RegisterStartupScript(this.GetType(), "", "alert('添加失败')",
true);
                }
            }
            catch
            {
            }
        }
```

程序清单 10–22

7. 商品详细信息“Show.aspx”

在需要浏览商品详细信息时，直接单击【Show】按钮，具体效果如图 10–20 所示。

图 10–20　商品详细信息

具体的后台代码如程序清单 10–23 所示。

```
protected void Page_Load(object sender, EventArgs e)
    {
        if (!Page.IsPostBack)
        {
            try
            {
                object id = Request.QueryString["id"];
                if (id == null)
                {
                    Response.Redirect("Default.aspx");
                }
                else
                {
```

```
                    DbAccess db = new DbAccess();
                    DataSet dsProd = db.GetDataSet("select * from PDetail where ProId=" +
int.Parse(id.ToString()) + "");
                    if (dsProd.Tables[0].Rows.Count > 0)
                    {
                        Proname.Text = dsProd.Tables[0].Rows[0][1].ToString();//名称
                        lblMarketPrice.Text = dsProd.Tables[0].Rows[0][8].ToString();//市场价格
                        lblMemberPrice.Text = dsProd.Tables[0].Rows[0][7].ToString();//会员价格
                        decimal d = decimal.Parse(dsProd.Tables[0].Rows[0][8].ToString()) -
decimal.Parse(dsProd.Tables[0].Rows[0][7].ToString());//计算差价
                        lblCha.Text = d.ToString();
                        lblLb.Text = dsProd.Tables[0].Rows[0][12].ToString();
                        lbDetail.Text = dsProd.Tables[0].Rows[0][2].ToString();//详细信息
                        imgGoods.ImageUrl = dsProd.Tables[0].Rows[0][6].ToString();//图片路径
                    }
                }
            }
            catch
            {
            }
        }
    }
```

程序清单 10–23

8. *后台商品分类管理“Class.aspx”*

后台商品分类管理主要对分类的增加，删除和修改操作，前台页面布局如图 10–21 所示。

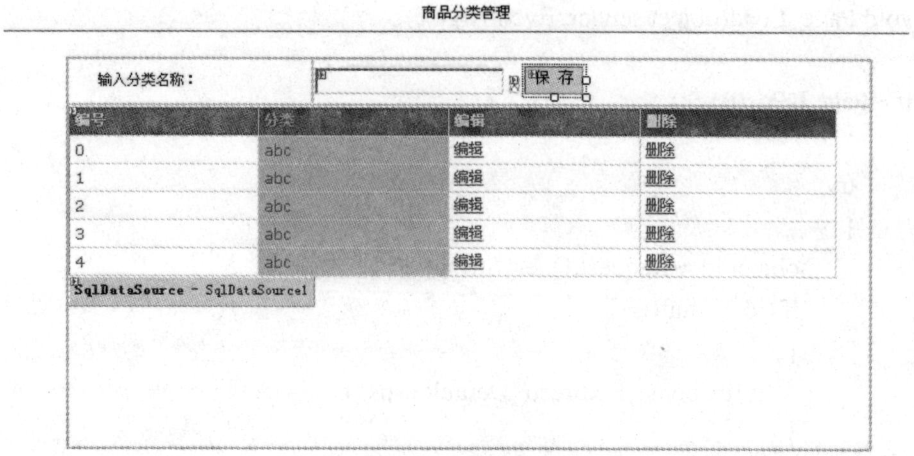

图 10–21　商品分类管理

后台处理关键代码如程序清单 10–24 所示。

```
protected void btnSave_Click(object sender, EventArgs e)
    {//添加分类
        string cat = txbCname.Text;//获取分类名称
        SqlDataSource1.InsertParameters[0].DefaultValue = cat;
        SqlDataSource1.Insert();
        txbCname.Text = "";
    }
    protected void GridView1_RowDataBound(object sender, GridViewRowEventArgs e)
    {
        //如果是绑定数据行
        if (e.Row.RowType == DataControlRowType.DataRow)
        {
            if (e.Row.RowState == DataControlRowState.Normal || e.Row.RowState ==
DataControlRowState.Alternate)
            {//添加删除确认对话框
                ((LinkButton)e.Row.Cells[3].Controls[0]).Attributes.Add("onclick",
"javascript:return confirm('你确认要删除：" + e.Row.Cells[1].Text.Trim() + "吗?')");
            }
        }
    }
```

程序清单 10–24

9. 后台商品管理“Manager.aspx”

后台商品管理主要是对目前在线商品信息进行修改，通过 GridView 绑定 SqlDataSource 数据源进行数据显示和分页，具体的前台页面布局如图 10–22 所示。

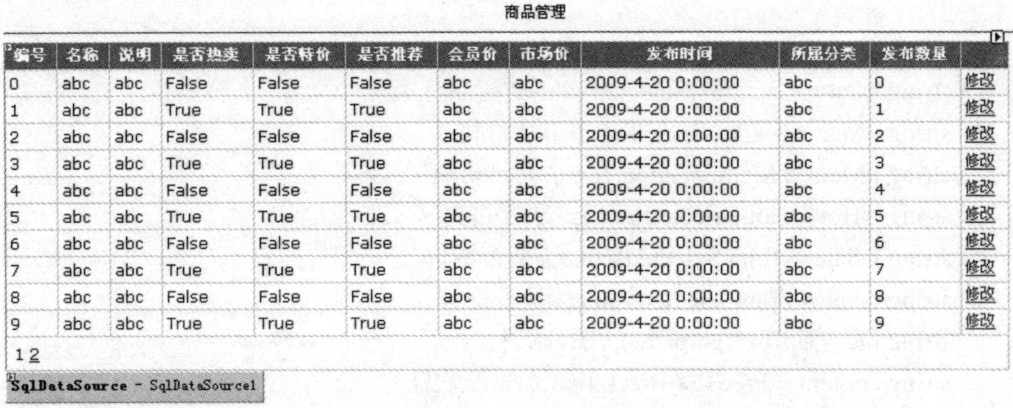
商品管理

编号	名称	说明	是否热卖	是否特价	是否推荐	会员价	市场价	发布时间	所属分类	发布数量	
0	abc	abc	False	False	False	abc	abc	2009-4-20 0:00:00	abc	0	修改
1	abc	abc	True	True	True	abc	abc	2009-4-20 0:00:00	abc	1	修改
2	abc	abc	False	False	False	abc	abc	2009-4-20 0:00:00	abc	2	修改
3	abc	abc	True	True	True	abc	abc	2009-4-20 0:00:00	abc	3	修改
4	abc	abc	False	False	False	abc	abc	2009-4-20 0:00:00	abc	4	修改
5	abc	abc	True	True	True	abc	abc	2009-4-20 0:00:00	abc	5	修改
6	abc	abc	False	False	False	abc	abc	2009-4-20 0:00:00	abc	6	修改
7	abc	abc	True	True	True	abc	abc	2009-4-20 0:00:00	abc	7	修改
8	abc	abc	False	False	False	abc	abc	2009-4-20 0:00:00	abc	8	修改
9	abc	abc	True	True	True	abc	abc	2009-4-20 0:00:00	abc	9	修改

1 2

SqlDataSource - SqlDataSource1

图 10–22　商品管理

10. 后台商品添加“GoodsAdd.aspx”

后台商品添加主要是添加新的上线商品，包括了商品的基本信息和图片信息，前台布局如图 10–23 所示。

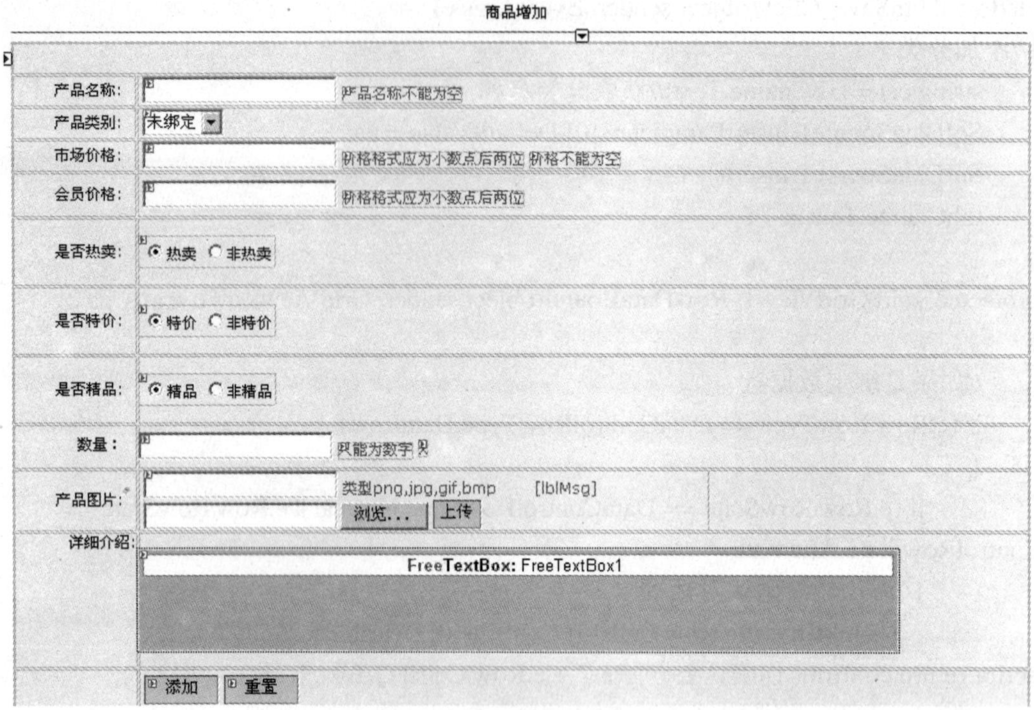

图 10–23 商品添加

管理员在添加新商品时，首先对商品的一些信息进行验证，像产品名称，市场价格等。【添加】按钮具体的实现代码如程序清单 10–25 所示。

```
protected void btnAdd_Click(object sender, EventArgs e)
    {
      try
      {
          string pName = ProName.Text;//商品名称
          string pCat = Category.SelectedValue;//商品分类
          string pMar = MarketPrice.Text;//市场价格
          string pMem = MemberPrice.Text;//会员价格
          string isHot = Hot.SelectedValue;//是否热卖
          string isSale = Tejia.SelectedValue;//是否特价
          string isFal = Jipin.SelectedValue;//是否推荐
          string pic = Upfile1.getpath();//图片名称
          string content = FreeTextBox1.Text;//商品介绍
          string proNum = tblNum.Text; //商品数量
          if (proNum == null)
             proNum = "0";
```